全国首批国家级特色专业

市场营销专业本科系列教材

公共关系学

GONGGONGGUANXIXUE

■主编 冉 戎 吴 颖

重庆大学出版社

内 容 提 要

《公共关系学》是全国首批国家级特色专业——市场营销专业本科系列教材之一，全书共8章。本书在详尽探讨公共关系理论的同时，辅以大量案例，对公共关系的基本内涵、公共关系的构成要素、公共关系的组织与人员、公共关系的类型、公共关系的四步工作法、公共关系的调查与实施、公共关系礼仪、危机公关的含义和预防等进行了详细阐述和剖析。

全书构思新颖，内容充实，案例丰富，具有很强的实用性。本书既可以作为高等院校市场营销、管理类、广告类、新闻传播类等相关专业的教材，也可作为公共关系行业的企业培训教材和公共关系从业人员继续教育教材，还可以作为各种组织的公共关系实务参考手册。

图书在版编目(CIP)数据

公共关系学/冉戎，吴颖主编.—重庆：重庆大学出版社，2012.8(2017.1 重印)

全国首批国家级特色专业——市场营销专业本科系列教材

ISBN 978-7-5624-6660-4

Ⅰ.①公… Ⅱ.①冉…②吴… Ⅲ.①公共关系学—高等学校—教材 Ⅳ.①C912.3

中国版本图书馆 CIP 数据核字(2012)第 073660 号

公共关系学

主 编 冉 戎 吴 颖

责任编辑：尚东亮　　版式设计：尚东亮

责任校对：邬小梅　　责任印制：赵 晟

*

重庆大学出版社出版发行

出版人：易树平

社址：重庆市沙坪坝区大学城西路21号

邮编：401331

电话：(023) 88617190　88617185(中小学)

传真：(023) 88617186　88617166

网址：http://www.cqup.com.cn

邮箱：fxk@cqup.com.cn (营销中心)

全国新华书店经销

重庆市正前方彩色印刷有限公司印刷

*

开本：720mm×1020mm　1/16　印张：21.25　字数：404千

2012年8月第1版　2017年1月第2次印刷

印数：3 001—4 000

ISBN 978-7-5624-6660-4　定价：39.00元

全国首批国家级特色专业

市场营销专业本科系列教材

编委会

总序

21 世纪是中国的世纪，蓬勃发展的经济是中国腾飞和走向世界舞台的重要力量。改革开放已经经历了 30 年的风雨，这 30 年来中国经济的飞速发展，取得了举世瞩目的成就。为了适应经济全球化的发展需求，以加入世贸组织为标志，我国对外开放进入了一个全新的发展时期。面对全面开放的市场经济，要想继续维持经济的高速发展，就必须以相应的经济和管理理论作为指导。本套丛书作为全国首批国家级特色专业——市场营销专业的建设成果，分别从广告学、消费心理学、渠道建设与管理、西方经济学、计量经济学等相关学科角度，详细阐述了各个不同领域中，经济管理的相关理论，并加入了具体的案例进行分析和论证，以期读者可以从中借鉴并吸收合理的、有益的成分，以此来发展具有中国特色的经济理论体系和管理学实践，从而为加速我国的现代化建设，改善企业的实际运行状况，提高整体的经济运行水平提供借鉴和参考。

广告学、消费心理学、计量经济学、渠道建设和管理等学科都是近几十年才开始引入我国的，由于我国本土的相关理论发展不甚丰富，因此引入国外研究成果，就成了我们编写本套教材的重要内容。同时，由于我国经济发展环境和过程的特殊性，许多成型的理论在我国应用的过程中出现了“水土不服”的现象，这就要求笔者必须在了解现有理论的基础上，根据中国的实际情况，对理论进行调整和修改。他山之石，可以攻玉。列宁说过：“睁开眼睛来看资产阶级科学，注意它，利用它，批判地对待它。不放弃自己完整的和确定的世界观。”因此，在我国相关理论发展都尚未完全和从业人员技术水平有限的情况下，我们的经济理论界、管理人员、经营实践者都非常需要全面系统地了解当代经济运行中的广告学、西方经济学、消费心理学、计量经济学、渠道建设和管理等相关学科，以便取其精华，去其糟粕，使我们加快发展，少走弯路。我们编纂本教材的目的，就是为适应这种形势的需要。

本套教材有以下特色：

- 一流的作者阵容。本套教材的作者都是各自领域著名的专家，长期从事国内外相关领域的教学和研究，并有相当长的实际操作经验，历经几年终结硕果。
- 实用和操作并举。本套教材各分册中，在相关理论后，都有强化案例评述，可以使读者在阅读过程中，注重能力的培养。
- 古为今用，洋为中用。本书在阐述相关理论的同时，不是照抄照搬国外的先进理论与经验，同时结合我国经济发展的具体现状，创造性地与我国实际加以联系，在做到理论借鉴的同时，增强了理论的实用性。
- 理论体系完整严谨。每个分册中，都有严谨的理论框架和丰富翔实的内容作为支撑，有效改变了现有多数教材理论框架缺失严重的现状，有助于读者可以更好地理解相关内容。
- 创新特点鲜明突出。各分册有自己的创新点，如广告学教程中，对于广告的市场调查，小众媒体的广告制作，广告效果评估部分进行了创新性的阐述。计量经济学教程中，有大量的扩展知识，可以供学有余力的同学自行深入学习。

最后，由于经济学研究范围广阔，且学科交叉渗透程度不断提高，其理论和在实践中的应用也必然需要不断的发展和完善，再加上我们受知识和实践的限制，本套教材仍然有许多缺失和疏漏之处，在此，我们真诚地希望专家和广大读者不吝给予指正，以便我们不断修订和完善。

编委会

2009年5月

前言

“关系就是生产力”是东方生存哲学中具有上千年历史的核心组织观。《纽约时报》与《商业周刊》最佳畅销书作家约翰·马克斯韦尔也道出了西方丛林法则下组织实力的关键指标——“关系就是竞争力”。公共关系如此重要，但真正系统厘清它的主要内容和核心任务，却并不是一件容易的事情。从1882年“公共关系”一词的诞生，到21世纪初公共关系管理理论的提出，对公共关系的深入系统研究仅仅只有一百年的时间。今天，西方的公关公司和“游说”集团已经成为企业营销战略的核心环节。

毫无疑问，公共关系学已经成为现代社会组织战略的重要组成部分，是组织主动适应和协调内部、外部环境的重要手段。通过形象和信息传播，公共关系已经成为组织突破关系沟通和解决冲突的重要途径。学习、掌握和运用公共关系学，有利于完善和规范社会组织的行为，适应我国对外开放的需要，有利于加强社会组织的沟通和协调，有利于树立组织及其产品的知名度和美誉度，促进经济效益和社会效益，有利于增强政府和公众之间的双向沟通，形成和谐的社会氛围，具有深刻的意义。随着我国社会主义市场经济的蓬勃发展，体制改革的深入，现代化建设的不断推进，从事公共关系职业在我国有着令人鼓舞的辉煌前景。

本书是全国首批国家级特色专业——市场营销专业本科系列教材之一，这是国家赋予它的荣誉。对编者来说，对此书出版还有两个期望：一方面，希望当任何一个组织拿到这本书的时候，会惊喜的发现这是一本实务手册，不管是企业还是公共组织，在面临各种棘手的公关关系问题时，这本书能够提供可借鉴的丰富经典案例；另外一方面，对于还处在学校的学生来说，希望能够帮助他们抛开繁杂的研究模型和假设，摒弃枯燥的罗列理论，使他们能够轻松掌握和运用公共关系理论。

本教材主要有以下特点：

①理论体系严谨完整。本书严格按照公共关系学的理论框架来构建写作思路，包含了公共关系的基本内涵、公共关系的构成要素、公共关系的组织与人员、公共关系的类型、公共关系的四步工作法、公共关系的调查与实施、公共关系礼仪、危机公关等内容。

②案例素材典型丰富。企业或者政府等各种组织在本书中几乎可以查到各种类型的经典的公关关系案例，这些经典案例背后无不渗透着全球公共关系专家的智慧，对各级组织有重要参考价值。

③实用性较强。本书语言轻松简洁，强调快乐学习，学而有用，学而可用，学而能用，编排上注意加强与巩固相关理论的学习和领会。

④具有强烈时代感。虽然公共关系学的系统研究只有几十年的时间，但发展却是突飞猛进，作为教材和实务手册最忌讳的就是内容严重滞后于理论的发展，为此本书大量使用了最新的研究观点和数据，充分体现了企业和政府等各级组织对公共关系的最新理论认识和相关方法的运用。

本书由重庆大学冉戎和吴颖总体组织、策划、设计并承担全书的修改定稿工作。吴路芳、柏宇婷、江娅、许静、张园园、杨先锋、钟海粒、穆兰等同志参与了本书的编写。感谢在本书编写过程中，为本书提供指导和宝贵修改意见的同行，我们把这本书献给所有给我们帮助和支持的人。本书参考和引用了众多作者珍贵的资料，在此谨向有关作者表示诚挚的谢意。公共关系学的研究是一个重大课题，需要理论与实务界长期共同努力，由于我们水平有限，本书的不足、偏颇之处在所难免，恳请专家和读者批评指正，并提出宝贵的意见和建议。

编　者

2012 年 3 月

目录

第1章 公共关系概述

[本章导读]

本章主要介绍了公共关系的起源和发展的5个阶段,并从公共关系的基本内涵出发,进一步探讨了公共关系的职能和作用。要求在理解公共关系的本质和完整含义的基础上把握现代国内外公共关系现状,以解决公共关系在组织运营中"做什么""有什么用"和"怎样用"3个问题。学习本章对于全面、准确、科学地把握公共关系思想与理论,开拓中国特色公共关系事业具有重大意义。

[案例导入]

三菱帕杰罗事件

对13亿中国消费者来说,在世纪之交一系列令人费解的事情发生以前,"日本制造"4个字犹如一块金字的招牌,让人对日本产品无论是质量还是服务都不会有丝毫的怀疑,它几乎成了"高档商品"的代名词,中国消费者非常信任它。

然而,2000年发生的三菱帕杰罗V31,V33越野车严重质量事件却着实让中国消费者大吃一惊。三菱公司明知自己的产品有严重质量问题却故意隐瞒,并且继续向中国大量出口,置中国消费者的生命财产损失于不顾,被揭露后又以"个别现象""中国路况不好"为由百般推诿责任,其做法不仅违背了诚实、信用的基本的企业经营之道,更违反了积极、诚恳的危机公关的基本原则。

2001年2月9日,中国国家出入境检验检疫局已发布紧急公告:从即日起,吊销日本三菱帕杰罗V31,V33越野车的进口商品安全质量许可证书,禁止其进口。随着两款帕杰罗出事后,其他三菱车出现滞销。三菱公司自己酿造的这杯苦酒最终要由它自己吞下。

由此,我们不能说三菱公司的产品都有问题,更不能说所有日本产品都有问题。然而联系2000年发生的东芝笔记本电脑事件以及后来发生的日航事件,中国消费者不禁要问:为什么一向以质量著称的日本产品,也有这么多的"假冒伪劣"?为什么会有这么多的纠纷在中国发生?

公共关系是在19世纪随着商品经济和民主政治的兴起,以及大众传播技术的出现而逐步产生发展起来的。当今社会不断开放,文明不断进步,公共关系的社会作用也就日益增强,并越来越成为每一个现代组织必不可少的一种经营管理功能和手段。

1.1 公共关系的基本内涵

1.1.1 关于"公共关系"的不同理解

"公共关系"一词是英语"Public Relations"的中文译称。"Public"通常有两种用法:其一是作为形容词——公开的、公共的;其二是作为名词——公众。中文译称"公共关系"中的"公共"一词实际上包含了这两种含义。

公共关系是现代社会的产物。它作为现代社会中一种客观的、普遍的社会现象越来越受到人们的关注。自公共关系产生100多年以来,关于什么是公共关系的解释和说法众说纷纭,令人眼花缭乱。人们从各自的学科、不同的角度,分别给公共关系以不同的理解和表述。

目前,国内外对公共关系的定义有几百种,归纳起来,较有代表性的主要有:

1)侧重于公共关系的管理职能

以美国的莱克斯·哈罗博士为典型代表,他认为:公共关系是一种特殊的管理功能。它帮助一个组织建立并保持与公众之间的认可、理解、交流与合作;它参与处理各种问题与事件;它帮助管理部门了解民意,并对之作出反应;它确定并强调企业为公众利益服务的责任;它作为社会趋势的监视者,帮助企业与社会变动保持同步;它使用有效的传播技能和研究方法作为基本工具。

2)强调公共关系的传播手段

如英国的弗兰克·杰弗金斯在《公共关系》一书中提出:"公共关系就是一个组织为了达到与它的公众之间相互了解的确定目标,有计划地采用一切向内和向外的传播方式的总和。"

[案例]

北京申办亚运会成功

当年,与北京竞争的日本长岛志在必得,长岛市长表示:如申办失败,立即辞职。因为当时日本有着3个有利条件:一是日本长岛当年城市建立100周年;二是日本长岛当年是原子弹爆炸45周年纪念;三是日本长岛给每个评委都赠送了一份厚礼。因而,在评委们公开议论和表决中,都同意日本长岛而不同意北京申办。但在评委们秘密投票时，却投了北京，结果北京申办亚运会成功。日本长岛市长回去后立即辞了职。为什么北京能成功呢？最主要原因是北京在评委们秘密投票前的两周里，举办了为期两周的电影周，其中的主要内容就是北京风光片，这样，使评委们看后的确感到北京环境比日本长岛好，进而改变了评委们投票支持日本长岛的决定。这是公关宣传的一大典范。

3）认为公共关系是社会关系的一种，必须从社会关系入手来把握和分析公共关系的实质

如美国普林斯顿大学教授希尔兹指出："公共关系就是我们所从事的各种活动、所发生的各种关系的通称，这些活动与关系都是公众性的，并且具有其社会意义。"

［案例］

蒙牛—超女

"蒙牛"请第一届"超女"季军张含韵作为其产品的形象代言人，并量身定做广告曲"酸酸甜甜就是我"出现在电视广告、广播以及一线二线城市的灯箱和路牌上，"蒙牛"的一切活动，如产品包装、海报、电视广告、网络广告、广播广告都与"超女"挂钩，"蒙牛"的 300 多场街头演唱及派发的 200 多万张 DM，这些湖南卫视无法依靠自身网络完成的工作，由"蒙牛"来完成，既为"超女"推波助澜，也提高了湖南卫视的整体形象。蒙牛这一举措，把企业与社会团体联系起来，抓住消费者对社会活动和群体的关注，来加大自己的宣传，可见公关并不是孤立的，而是各种关系的总和，是具有公众性的。

4）从直观、具体、通俗的角度给予公共关系以形象生动的描述

如："公共关系是企业管理机构经过自我检讨与改进后，将其态度公诸社会，借以获得顾客、员工及社会的好感和了解的经常不断的工作。""公共关系就是内求团结、外求发展。""公共关系使公司得到的，就是那些在个人称为礼貌与德性的修养。""公共关系就是要争取对你有用的朋友"等。

5）有的则把公共关系的各种表征综合起来加以全面阐述

虽然公共关系定义五花八门，但我们认为总的来说，仍然可以把各类说法归结为从静态和动态两个角度来理解什么是公共关系。

1.1.2　对公共关系静态和动态的把握

从静态的角度来说，公共关系是指一种状态，即指一个社会组织，如工厂、公司、宾馆、商店、学校、军队、政府机关、党派团体等,同其所处的社会环境中各个公众之间的关系的组合状态。它一方面反映社会公众对社会组织了解、信赖、联系和支持的程度,另一方面表明组织在公众中树立的形象及其相互之间关系发展的程度。我们通常所说一个单位的公共关系搞得好,就是指这个单位在其所处的社会环境中,同它的各个公众之间的关系处理得好。它在人们心目中的形象好,知名度高,也就是公共关系状态佳。

照此标准,如果一个企业深受其主管部门和地方政府的重视,同它的产、供、销的合作伙伴关系融洽,与周邻单位友好相处,顾客、消费者非常喜爱它的产品,企业内部也上下团结,协调一致,广大职工向心力强,工作积极性高,那么,这个企业的公共关系就处于一种良好状态。

从动态的角度来讲,公共关系是一种活动,是具体的公共关系实务工作。它是一个社会组织为了塑造自身的良好组织形象而从事的各种实务活动,即人们在公共关系理论指导下,为改善公共关系状态所做的一系列实践工作。其中主要包括组织同公众之间的协调、沟通、传播等活动。我们通常所说的一个单位离不开公共关系,必须要开展公共关系工作,就是从动态、公共关系实务的角度来讲的。

如一个新公司的开张、产品的推销宣传、危机事件的处理,以及学校的招生工作,都必须要借助于一定的公共关系活动来提高知名度,吸引社会公众,化解矛盾冲突,开辟新局面。这些就是动态的公共关系。

按照高低不同的等级,公共关系实务活动可分为 3 个不同的层次:初级层次为接待型公共关系,主要包括交际应酬、迎来送往、接待联络等;中级层次为传播销售型公共关系,主要包括信息传递、公关促销、公关广告等;高级层次为管理策划型公共关系,主要指公共关系进入管理,参与组织决策。这是公共关系的最佳作用,最理想地位。

无论何种公共关系定义,以及无论是从静态还是动态的把握,公共关系都有一个万变不离其宗的核心思想。

1.1.3 公共关系的核心思想

公共关系的核心思想就是:一个组织采用传播手段,通过与公众双向沟通,来树立自身美好形象,以获得公众的好感和支持,为自身发展创造良好的社会环境。这个核心思想包含以下基本要点:

①从事公共关系活动的主体是社会组织。

②公共关系活动针对的对象是该组织的公众。

③开展公共关系活动的手段是传播沟通。

④公共关系活动的内容是树立组织美好的整体形象。

⑤公共关系活动的目的是争取获得公众对组织的好感和支持。

可见，公共关系的核心思想既体现了公共关系最基本的特征，又反映了公共关系活动最根本的目标。不管对公共关系有何种理解，最终都要符合这个核心思想的根本要求，否则就不叫公共关系。

比如1984年，美国总统里根访华时，刚开业不久的北京长城饭店公关部争取到了里根总统访华的答谢宴会在该饭店举行的机会。这是第一次打破了只能在人民大会堂举行招待政府首脑级盛大宴会的惯例。来自世界各地的500多名记者报道了宴会盛况，卫星电视进行了现场转播，致使长城饭店名声大振。正如当时一名美国记者所说："长城饭店跟着里根总统跑遍了全世界的每一个角落。"这次活动充分体现了公共关系的核心思想：长城饭店利用现代传播技术手段，在全世界面前树立起了自己的美好形象，加深了海内外广大公众对自己的了解和信任，从而为日后的经营发展打下了良好的基础。

再如20世纪八九十年代重庆天府可乐集团公司曾在数年春节期间，租用重庆市所有的双层公共汽车，在规定的线路上免费提供给"山城"市民乘坐。车身贴有充满热情语言的公关标语，车上的天府可乐公关小姐热忱为乘客服务。各种传播媒介纷纷给予报道。此举在广大公众中深得人心。这也是公共关系利用传播手段，树立美好形象，以获得公众好感的核心思想的典型表现。

1.1.4　公共关系与公共关系学

在严格意义上，公共关系与公共关系学是有区别的。公共关系是指一种社会存在状态，是现代社会的一种客观现象，而公共关系学则是对公共关系存在状态和实践活动的意识反映，是研究公共关系活动的现象及其规律的科学理论。也就是说，公共关系是公共关系学研究的对象，公共关系学是以公共关系作为研究对象的一门学科。

从以上角度来定义，公共关系学则是研究组织与公众之间传播沟通的行为、规律和方法的一门综合性学科。即公共关系学的研究对象就是"组织与公众之间的传播沟通"中的现象和活动。

公共关系学是一门综合性的学科，这门学科在性质上的特征就在于综合性。

首先，公共关系学是一门综合性的应用传播学、组织传播学，是现代传播学发展的一个分支。现代传播学是一门研究人类社会信息交流的学科。公众关系——组织与公众之间的信息交流，是人类社会中各式各样信息交流现象和活动中的一种。传播和沟通是公共关系活动的本质；公共关系则是人类传播沟通活动的一种具体表现。传播学所研究的"传播要素与模式""传播主体分析""传播对象分析""传播内容分析""传播媒介分析""传播效果分析"等基本理论，均在公共关系学中得到专门的阐述和发挥。传播学所研究的各种不同层次的传播行为和方式，如“人际传播”“团体传播”“大众传播”等，也在公共关系学中得到具体的反映。而传播学的许多应用分支，如新闻学、广告学、舆论学、交际学等，也是公共关系实务的重要内容。因此，把公共关系学首先定位在“传播”，是符合该学科的基本性质的。实际上，传播学是公共关系学的基础学科，公共关系则是传播学的一个应用分支。

其次，公共关系学是现代传播学在组织经营管理中的应用和发展。它专门研究组织经营管理过程中的公众传播沟通问题，或者说，用现代传播学的理论和方法来研究和处理组织的公众关系和公众形象问题。因此，公共关系学是经营管理学科与传播学科相结合的产物。

由于公共关系学是传播学在组织经营管理中的具体运用，因此它也就构成了现代管理学和市场营销学的一个部分。现代的经营管理理论是一个开放的系统，随着组织条件和环境因素的变化，经营管理的理论和方法也在不断变化。在开放、竞争和信息的社会环境中，组织与环境之间的传播沟通活动日益活跃，到了一定的程度，就需要把这种组织传播行为职能化，形成组织经营和管理中的一些传播沟通的原则和方法，这些原则和方法逐步系统化，便成为现代公共关系的理论和学科。公共关系学在管理学和市场学中的位置，反映了现代经营、管理理论的时代特征。在现代信息社会和大众传播时代，公共关系学是管理学和市场营销学不可缺少的一部分。

1.2　公共关系的起源与发展

“公共关系”(Public Relations)作为一个严格的科学概念是在现代社会才出现的。它有着明显的时代性。所谓现代社会是指建立在现代生产力和生产关系基础上的人类生产和生存方式，其具体表现特征是信息的重要性、文明的普遍性和社会的关联性，如果没有这个社会的背景条件，就没有公共关系观念，更没有公共关系事务或行为。尽管如此，由于公共关系的实质是人类社会中一种协调社会组织与社会公众之间关系的艺术或社会组织经营和管理的软性手段，从这个角度出发来研究公共关系的历史，完全可以认为古代社会一定也有“准公共关系”的观念或公共关系的“事件”。人类社会的一个显著特点就是集群和合作。这就需要协调各成员或组织之间关系的手段，以维持其生存和发展。缺乏协调就意味着存在摩擦、矛盾和斗争。

现代公共关系作为一种全新的思想，作为一种科学而系统的理论和一种新型的职业，兴起于 19 世纪末 20 世纪初的美国。1882 年，美国律师多尔曼·伊顿(D. Eaton)在耶鲁大学法学院对毕业班所作的《公共关系与法律职业的责任》的演说，首次使用“公共关系”一词，但那时该词表示的并非现代意义上的公共关系，而是“大众利益”的意思。

1897年，美国铁路协会在其《铁路文献年鉴》中，首次使用“公共关系学”这个概念。1903年，艾维·李(Ivy Lee)首次将公共关系作为一种职业，在纽约创办了第一家公共关系咨询事务所。1906年，他发表了著名的《原则宣言》，这个宣言是现代公共关系的“里程碑”。可以说现代公共关系产生于1903年，艾维·李也被美国公关界称为“现代公关之父”。著名公共关系专家爱德华·伯尼斯(Edwardl Bernays)于1923年完成了世界上第一部公共关系专著《公众舆论之凝结》(Crystllizing Public Opinion)，并在纽约大学开设公共关系课程，使公共关系逐渐发展成为一门新的学科。之后，他又继续出版了《公共关系》等14部专著，对公共关系的形成与发展作出了重大贡献，被尊称为“现代公关泰斗”。所以，从严格意义上说，现代公共关系产生于19世纪末20世纪初的美国。这是与当时美国的社会、经济、文化、科学技术等情况密不可分的。

其发展过程大致可以分为5个阶段。

1.2.1　孕育时期(巴纳姆时期)

19世纪下半叶，正值美国的废奴运动、立宪运动和总统竞选等重大政治活动频繁发生的时期，特别需要公共关系，美国的总统竞选在一定程度上就是“形象竞选”，是公共关系的一次集中运用和表演。然而，真正促使公共关系在美国兴起和发展的，是19世纪下半叶蓬勃发展的美国商品经济，它的源头可以追溯到19世纪30年代。

19世纪30年代，美国报界由《纽约太阳报》领头，掀起了一场“便士报”运动。这在美国报业史上是一个具有里程碑意义的时期，美国以大众为读者对象的通俗化报纸，就是在这个时期诞生的。在此之前，由于报纸价格昂贵，只有贵族阶层才能买得起，使报业的发展十分缓慢。由于《纽约太阳报》等提出一便士就可买一份报纸，使一般劳动者也能买得起，至此，报纸从贵族手中解脱出来，走向大众。便士报的兴起，一方面引起报纸发行量大增(变成日报)，另一方面，广告费用猛增。于是，一些公司或组织为了节省广告费，趁稿件短缺之机，雇用专门的“报刊宣传员”炮制新闻，挑起论战，以吸引广大公众的好奇心与注意力。当时，最有代表性的报刊宣传员就是巴纳姆，他因宣传、推动马戏演出事业而闻名于世。他曾在报纸上制造过这样一个神话:美国有个黑人女奴叫海斯，已经160多岁了，她在100年前，曾养育过美国第一任总统乔治·华盛顿。消息发表后，立即引起轰动，人们争相抢购报纸。这时，巴纳姆又顺势以不同笔名向报纸寄出“读者来信”提出疑问，人为地制造一场广泛讨论。后来，尽管有了解内情的人指出，巴纳姆的故事是一个骗局，但是,巴纳姆却厚颜无耻地说:"只要我巴纳姆的名字在报纸上经常出现,我不在乎文章怎么评价我。"他的信条是:"凡是宣传皆是好事"。

19世纪30年代,美国的报刊宣传活动,是很不光彩的活动,以此作为现代公共关系的源头,也是很不光彩的。因为,这个时期,是"公众被愚弄"的时期,这个时期,是不讲道德、不顾事实、不负责任、任意编造谎言、欺骗公众的时期。但是,作为现代公共关系,大众传播的开始,那时的"黑暗""不光彩"却成为反面教材,为以后公共关系奉行实事求是、诚实公正、维护公众利益的原则和精神提供了借鉴,并且显示了有组织的大众传播工具对控制舆论、塑造形象的功效。

1.2.2　萌芽时期(艾维·李时期)

19世纪末20世纪初,美国进入了垄断资本主义时期,当时,全国五分之三的财富掌握在百来个经济巨头手中。他们控制政府,采取种种欺骗、收买手段,肆无忌惮地搜刮民脂民膏,激起了广大民众的强烈不满,这时,一些正义的新闻工作者趁机掀起了揭露这帮强盗大王丑行的运动。以达维、格雷厄姆、菲力菲为代表的一批新闻记者利用全国发行量最大的50余家报刊以及其他传播手段,专门搜集资本家的丑闻,写成文章,画成漫画予以发表,进行抨击。据统计,从1903—1912年的10年间,共发表了2 000多篇揭露丑闻和阴暗面的文章。这就是后来美国近代史上著名的"扒粪运动"。在这种情况下,昔日的巴纳姆式的(编造假话的)报刊宣传活动,必然要被"讲真话"的报刊宣传活动所替代,其中最有影响的人物则是美国的艾维·李。

艾维·李出生于美国佐治亚州的一个牧师家庭,毕业于普林斯顿大学,曾在《纽约时报》《纽约世界报》等几家报刊当过记者。1903年,艾维·李在纽约创办了公共关系顾问事务所,为需要办理新闻代理事务的人提供服务。这是最早向客户提供公共关系咨询服务而收取报酬的盈利性公共关系机构,也是现代公共关系诞生的重要标志。1905年,艾维·李发表了阐述其活动宗旨的《原则宣言》。他指出:"这不是一个秘密的新闻机构,我们所做的一切是公开的,我们的责任,是代表企业单位及公众组织,就公众关心并与公众利益相关的问题,向新闻界和公众提出迅速而真实的消息"。他主张"讲真话""公众必须被告知"。他毫不掩饰地指出:对公众有益的,从长远看对企业也同样有益。这些认识,在我们今天可能不以为然,但在那时,却是耸人听闻的说法。艾维·李用他的智慧驱散了罩在大公司与其公众关系上的神秘和冷漠的气氛。在洛克菲勒财团面临公共关系极端恶化的局面时,艾维·李建议洛克菲勒财团邀请劳工领袖协商解决劳资纠纷,广泛进行慈善捐赠,改变自己在公众心目中的不良形象。在处理宾夕法尼亚铁路公司发生的人员伤亡事故时,他果断地采取公布事故真相,向死难者家属提供赔偿,对受伤者支付治疗费,向社会各方面诚恳道歉等措施,取得了良好的效果。1904 年总统竞选期间,他还为尚未登上总统宝座的罗斯福组织了一次成功的公共关系活动。这一切,使艾维·李名声大振。同时,在他的推动下,一些工商企业也纷纷改变他们对待公众的态度,企业家们已开始认识到,企业的兴衰成败与公众关系的好坏有直接关系。

艾维·李创造了“公共关系”这一专门职业,使公共关系事业在美国各行各业蓬勃发展起来。由于艾维·李为现代公共关系实务奠定了基础,所以,人们称他为“现代公共关系之父”。

1.2.3　生长时期(伯尼斯时期)

艾维·李对现代公共关系产生和发展的贡献是巨大的,人们对其赞誉也是不少的。但是,艾维·李也是有缺陷的。缺陷之一就在于他没有构建系统的公共关系理论。公共关系在艾维·李那里,只是工作、艺术,而不是科学。真正为公共关系奠定理论基础,使公共关系现代化、科学化的是爱德华·伯尼斯。爱德华·伯尼斯,1891 年出生于奥地利,次年随父母移居美国,是世界著名的奥地利精神学家弗洛伊德的侄子。1913 年,伯尼斯被聘为福特汽车公司的公共关系部经理。在职期间,他为该公司筹划并实施了一系列员工和社会服务、福利计划,树立了企业承担社会责任的榜样,为促进福特公司的发展起了重大作用。第一次世界大战爆发后,威尔逊总统成立了一个“公共信息委员会”,他是该委员会的成员之一,主要负责向国外的新闻媒介提供有关美国参战情况的背景和解释性材料。战后,伯尼斯主要从事公共关系的理论研究和教学工作。1923 年,他出版了世界上第一部公共关系经典著作《舆论之凝结》,论述了公共关系的原理、实践和理论。同年,他又以教授的身份在纽约大学首次开设并主讲了世界上第一堂公共关系课程。他于 1928 年出版了《舆论》一书,于 1952 年又编纂了教科书《公共关系学》,从理论上对 20 世纪美国公共关系的实践进行了概括和总结,并为公共关系的职业化、学科化作出了极为突出的贡献。据统计,截止到 1978 年,伯尼斯已出版了 16 本有关公共关系、舆论和宣传方面的著作,参与撰写的公共关系著作达 56 本之多,发表了近 300 篇公共关系的论文和文章。伯尼斯是将公共关系从属于新闻出版界的地位中分离出来,使之成为一门独立而系统的科学的奠基人,他的公共关系思想对后世有相当大的影响。

伯尼斯公共关系思想的核心是“投公众所好。”他认为,组织开展的公共关系活动要有针对性,应该先了解公众的需求与期望,在确定了公众的价值观和态度后,再进行公共关系工作。这就改变了艾维·李的单向提供信息的工作方式,发展成为双向的信息沟通。伯尼斯时期公共关系发展的内容,可概括为如下几点:第一,伯尼斯时期的信条:投公众所好,劝说的巨大威力要靠科学理论指导。第二,伯尼斯时期的特点:公共关系理论体系化、理论与实践一体化、公共关系意识跨入高层次。第三,伯尼斯时期的价值:创立了公共关系理论体系,是公共关系学科化、课程化的第一个里程碑,为公共关系的科学化奠定了理论基础。

1.2.4 繁荣时期(卡特李普时期)

20 世纪 50 年代,公共关系得到了突飞猛进的发展,其中最有代表性的是卡特李普、森特等公共关系专家和大师。

公共关系管理大师斯科特 · 卡特李普,1915 年出生于西弗吉尼亚,1939 年获 Syracune 大学学士学位,1941 年获威斯康星大学哲学硕士学位,1971 年在西弗吉尼亚卫斯理学院获文学博士学位,曾担任过记者、编辑。1941—1942 年任西弗吉尼亚公路委员会公共关系主任,1946—1975 年,历任威斯康星大学副教授、教授、副校长。1975 年任 Mtury Gready 新闻传播学院院长。1952 年他与阿伦 · 森特、格伦 · 布鲁姆合著的《有效的公共关系》一书,第一次明确提出了双向交流的公共关系原则,从而创造了公共关系的“双向对称”模式。

卡特李普认为:公共关系就是一个组织为与公众建立良好关系而运用的传播原理和方法。他们认为:一方面要把组织的想法和信息向公众进行传播和解释,另一方面又要把公众的想法和信息向组织进行传播和解释,其目的是使组织与公众结成一种和谐关系。他们还认为:利益和信息都是双向均等的,唯有双向均等才是公平的,这是规律,也是公共关系的本质。只有注重公众利益,才能同时得到组织利益,这是公共关系人员必须遵循的职业道德。

卡特李普提出的利益双向均等、信息双向沟通的双向对称模式,纠正了偏差和倾斜,揭示了公共关系的本质规律,使公共关系又向前迈进了一大步。目前为止,任何国家无论怎样针对自己国家的国情开展公共关系活动,都没能超越卡特李普提出的以上原则,它们当之无愧地占据了公共关系思想发展的制高点。

1.2.5 发展时期(现代管理时期)

到 20 世纪末期和 21 世纪初期,公共关系在中国等发展中国家得到迅猛发展,公共关系在被广泛应用于企业、政府、军队等各类社会组织的同时,一些专家学者开始对公共关系进行理性思考,以期发挥更大的作用。这一时期的重点是研究公共关系的核心概念,专家学者们著书立说,提出了“组织形象说”“传播沟通说”“协调说”等,其后,组织文化与公共关系、CI 战略与公共关系成为理论界研究的热点。到了 21 世纪初期,又提出了“公共关系管理”理念,开始对如何高效运用公共关系资源进行探索和研究,力求科学、高效地运用公共关系以提高组织的综合素质。

总之,回顾现代公共关系发展的历史过程,我们可以看到:以巴纳姆为代表的第一种公共关系思想,一切为了自己,制造各种谎言愚弄公众,全然不顾公众利益,没有任何职业道德准则可言。他们的所作所为,连现代资本主义社会规范也不容许,这种 19 世纪 30 年代出现的以报刊宣传活动为源头的公共关系,带有明显的资本主义的肮脏印记。以艾维·李为代表的第二种公共关系思想,主张要讲真话,尽可能地向公众提供所需要的各种真实信息,但也是明显地为垄断资本家阶级服务的,是一种单项功利的公共关系思想。以伯尼斯为代表的第三种公共关系思想,强调公共关系的兴趣和要求,然后围绕着公众的态度,进行有的放矢的公共关系活动,坚持投其所好的原则。伯尼斯的这种双向模式,虽然有所进步,但他是以实现组织自身利益为目的,因而是一种有着一定倾斜度的双向模式,利益和道德的尺秤也是倾斜的。以卡特李普等为代表的第四种公共关系思想,强调公共关系的科学化和职业道德,主张利益均等、沟通对称,是科学的、道德的。以中国的专家学者为代表的第五种公共关系思想,强调公共关系管理,主张科学高效地运用公共关系资源,提高组织的整体效益和综合素质。

1.3　公共关系的职能和原则

公共关系的职能,是指公共关系在组织中应发挥的作用和应承担的责任。从根本上讲,公共关系的职能就是调动一切可以调动的力量,运用一切可以运用的手段,塑造良好的组织形象,赢得良好的生存环境,促进组织的生存发展,使组织在激烈的竞争中取胜。

1.3.1　公共关系的职能

公共关系的职能可以概括为:采集信息、咨询建议、沟通协调、树立形象。

1)采集信息

采集信息是指社会组织自觉地利用各种渠道,采集与组织相关的各种信息。在现代信息社会,任何一个组织的生存和发展都离不开信息。谁赢得更多、更有效的信息资源,谁就能在激烈的竞争中占据优势。

(1)信息采集的内容

公共关系部门为监测环境,需要采集对组织发展有用的各类信息,主要包括产品形象信息、组织形象信息、组织环境信息等。

①产品形象信息。产品形象信息主要包括消费公众对产品和服务的质量、价格、性能、款式、包装和用途等各项指标的反映,同时也包括对产品和服务的优点和缺点两个方面的意见和建议。产品是组织与消费公众之间发生关系的最根本原

因，产品形象与社会组织的生存和发展直接相关，因此公共关系部门必须优先注意这一方面信息的采集。

[案例]

酒店公关活动

重庆某宾馆，统一配备了自认为较为高档的住宿设施，对员工进行较为专业的服务和能力培训，一切都看似完美，开业之初，生意还不错，但是渐渐的顾客少起来，回头顾客也很少，这不得不引起宾馆管理人员的注意。经过一番思考之后，其决定，在每个房间都设置一本意见留言簿，客人可以在住房之后，向宾馆写下自己想写的话。这一计划开始实施以后，宾馆收到很多来自顾客的反映，比如说，有些顾客比较喜欢软一点的床，有些顾客希望宾馆可以提供早餐，有些顾客觉得环境有点吵，还有些顾客希望服务人员能给人带来很亲切的感觉，通过这个途径，宾馆管理人员了解到了很多来自顾客对自己提供服务的要求和建议，宾馆根据大多数顾客的意见，采取了一系列相关措施，业绩逐渐提高，这个方法也一直采用下去，给宾馆带来更多的顾客。

②组织形象信息。组织的整体形象，还反映在公众对组织其他要素的评价上。这些要素主要包括以下 3 个方面。

第一，公众对组织机构的评价。如组织机构的设置是否合理完善，运转是否灵活高效，以及对领导能力、创新意识、组织氛围等要素的评价。

[案例]

重庆雨台花园居民小区的物业管理机构人员设置臃肿，各个人员的工作任务分配不清晰，发生紧急情况后物管人员也不能高效地解决，小区居民对该物业管理组织的评价非常的低。某日，小区王某家里的水管爆了，需找物业管理的维修工修理。于是找到了物管办公室，办公人员叫其在登记簿上登记情况，登记完以后，王某在家等了 2 个多小时维修工才来。问其原因是因为在维修工得知要去王某家修水管之前，办公人员还必须把情况报给物管主任批示，主任外出办事耽搁了时间，回来了解情况后才联系维修工去王某家修理水管。王某对该物管机构十分的不满，认为由于物管的行动不高效而导致的家里木地板泡湿的费用应由物管公司全权负责。

第二，公众对组织管理水平的评价。公众这方面的评价主要有：经营方针是否正确，组织的发展目标是否合理，用人是否得当等。

[案例]

汶川地震发生后,伊利集团在第一时间启动了企业社会责任应急预案,向灾区捐款100万元,并同时紧急调配了大量乳品,成立救援队,深入灾区为受灾民众提供救援物资。该行为立即被新闻媒体报道出来,伊利在接受采访时表示,伊利将密切关注灾区情况,并继续尽最大努力调拨救援物资。伊利此举向广大的公众传达出了伊利集团的组织发展目标不仅仅是经济利益,同时伊利也是一个极负有社会责任感的企业。把伊利的组织发展目标提高了一个层次而更为公众所认可。

第三,公众对组织人员素质的评价。对组织各类人员素质的评价主要包括基本素质、工作能力、观念意识、职业道德、服务态度、敬业精神等。

[案例]

四川省三台县有一座海拔1 800米高的南瓜山,该县的古井镇心妙乡就为于海拔1 500米的位置。心妙乡的李某想买台冰箱,可一想到运输问题就心里打怵,他试着询问了几处商场,可负责人一听是"心妙乡"就直截了当说"不送货",因为到心妙乡必须经过一处险峻的悬崖,没有商家愿意冒险。这事让海尔售后服务部门的许经理知道了,他告诉李某"我们海尔给送货"。许经理专门找了6个有登山经验的人为其送货,第二天下午,李某就收到了他想要的冰箱。李某对海尔的服务、工作能力以及职业道德都赞叹不已。

社会公众对组织的认可和评价,对组织的发展至关重要。了解公众心目中的组织形象,可根据公众的要求和建议,及时改进工作思路。因此,公共关系人员应重视采集整理与组织自身有关的信息,及时传播给公众,作为公众全面了解和正确评价组织的依据。

③组织环境信息。公共关系部门要特别重视对组织环境的监测。在这个战略制胜的年代,战略研究的关键是对政策、市场和竞争环境的深入调研,判断并识别机遇和挑战、分析自身的优势与劣势,从而制订出科学合理的战略目标。组织环境信息主要包括政策立法信息和市场竞争信息。

第一,政策立法信息。这是指直接关系到社会组织运行发展的方针政策、法律条文。对这些政策和法规必须予以高度重视,并在搜集整理和研究的基础上,贯彻到社会组织运行的各个环节,成为组织制订目标策略的重要依据,从而使组织能够依法生产、守法经营。

[案例]

2008年6月28日位于兰州市的解放军第一医院收治了首例患"肾结石"病症

的婴幼儿,据家长们反映,孩子从一出生就一直食用三鹿奶粉。过后两个月,除甘肃省外,陕西、宁夏、湖北、湖南、山东、安徽等地都有类似案例发生,经调查发现患者多有食用三鹿奶粉的历史。党中央国务院对严肃处理三鹿奶粉婴幼儿事件作出部署,成立应急处置领导小组。该领导小组指出,三鹿奶粉部分批次奶粉中含有三聚氰胺,是不法分子为增加原料或奶粉的蛋白质含量而人为加入的。最后三鹿集团的4名高级管理人员被控生产伪劣产品判处无期徒刑。

第二,市场竞争信息。市场信息包括商品的供求状况、行情变化、竞争对手、各类公众等。及时采集分析这类信息,组织才能有针对性地开发新产品,制订新策略,提供新服务,创造新业绩。

[案例]

世界上最大的零售商沃尔玛公司,它作为一家经营零售业的公司,却能长期占据500强前十的位置,靠的除了企业文化和优秀的管理方式外,就是沃尔玛对市场竞争信息的敏锐。

在美国,每一家沃尔玛的店面都有与公司其他电脑以及公司服务器相连接的电脑。这些电脑将记录每一笔在柜台形成的交易,同时,每天,店主都将把当天销量最大、缺货、评价最高等相关的商品分类上传。沃尔玛将有专人汇总这些信息,并分析市场的需求,同时在不同的店面之间进行缺货商品的调剂余缺。

(2)采集信息的原则

①广泛性原则。即凡与组织有关系的信息资料,无论直接或间接,都要尽可能采集。

②客观性原则。即所采集的信息必须客观地记载对象、时间、地点、事件等。

③科学性原则。即要求所采集的资料必须采用科学的方法进行加工整理和分析。

④连续性原则。即要求所采集的信息能连续地反映事物发展的全过程及其规律性。

⑤时效性原则。即要求对组织内外部的有关信息,特别是有关竞争对手的信息要及时、准确地进行采集。

(3)采集信息的方法

采集信息的方式和方法多种多样。直接的信息来源,可以通过社会调查。既可运用科学手段和方法,对有关社会现象进行有目的、系统的考察,也可以直接听取公众的反映,主要有接待来访者和投诉者、现场面谈、专题采访、追踪调查等形式。间接的信息来源主要是借助传播媒介。既要重视新闻媒介的社会舆论,注意听取有关专家、政府相关部门、上级相关部门及同行的建议和意见，也可以充分利用各种活动、会议，如学术交流会、演讲会、展览会、座谈会、宴会等采集信息。

2）咨询建议

公共关系咨询建议，是指公关部门在掌握足够信息的基础上，向决策部门提供有关形象建设等方面的意见和建议，从而使决策更加科学化和系统化，使组织形象更加完善、与公众关系更加和谐。咨询建议是公共关系最有价值的职能，1978 年在墨西哥召开的世界公共关系大会上提出的公共关系定义中，着重强调了公共关系的咨询建议、参与决策功能。咨询建议的主要内容有：组织形象建议、产品形象建议、组织目标建议。

（1）组织形象建议

这类建议主要是在公关部门收集到有关组织形象方面的信息后，进行正确的分析评估，找出组织自我期望形象和实际社会形象之间的差距，并提出改善组织形象的建议，以供领导决策参考。特别是在组织出现“形象危机”时，公关部门应在第一时间向决策层提供有关事件的全部信息和建设性意见，并通过公关活动的开展，引导公众行为、转变社会舆论、维护组织的形象。在商品经济高度发展、竞争日益激烈的情况下，组织形象建设是组织发展的根本。及时地把客观准确的信息和切实可行的建议反馈给领导层，这既是公关部门的基本职责，又对组织的发展决策有着极为重要的参考意义。

（2）产品形象建议

产品形象是组织形象的客观基础，只有产品被接受并受欢迎，组织存在的价值才能得到社会的认可。因此，公关部门首先应通过各种渠道了解用户对企业产品的质量、性能、包装、商标等方面的不同意见和需求，进行综合分析反映给企业有关部门，以便不断改善和更新产品。其次，公关部门还要了解市场的需求和公众的消费心理，为有关部门提供产品市场状况和发展趋势咨询。最后，还要了解竞争对手的产品形象，以明确本企业产品的竞争优势、潜力及不足。

[案例]

美国最大的汽车厂商 GM 旗下有诸多品牌，包括雪佛兰、别克和凯迪拉克等。而每一个品牌的汽车都有其独特的家族前脸，也就是汽车前部进气口等相关部件的造型。在大街上，只要看到经典的“钻石切割”线条的前脸，就知道这是大名鼎鼎的美国总统御用品牌——凯迪拉克。

凯迪拉克的“钻石切割”家族前脸，就是凯迪拉克在很多年前，其公关部门在不断地市场调查和探索中找到的最受好评的设计，并且，“钻石切割”的线条，与凯迪拉克一贯秉承的运动、上进和充满激情的企业形象一脉相承。

“钻石切割”的线条彰显高贵和奋进，盾牌式的凯迪拉克Logo更是迎合了相信风水理论的东方用户，给用户以有了盾牌的标志，可以避邪的心理暗示。

此外，在众多汽车品牌的家族前脸中，采用“钻石切割”的仅凯迪拉克一家，这样更能得到一大批用户的情有独钟。

[案例评述]

独树一帜，并且与自身企业形象一脉相承的产品形象是至关重要的，公关部门的市场调查、用户反馈，对于产品形象的设计也是至关重要的。

(3)组织目标建议

任何一个企业要发展都必须有一个合理的目标，这是组织一切活动的立足点和出发点，而组织目标的制订，必须建立在充分的调查研究和掌握大量信息的基础上。为企业发展目标的制订提供咨询建议是公关部门的重要职能。为此，公关部门要在广泛采集信息的基础上，为组织提供客观的、有价值的咨询和建议，使组织目标既能够反映组织发展的要求和员工的利益，又能符合社会公众的需求。

[案例]

随着人类工业化的不断加深，人类生产生活活动对环境的污染和生态环境的破坏也越来越严重。出现了很多全球性的环境问题。目前全球性的环境问题首推气候变化问题。众所周知，气候变化是由于温室气体的排放，而造成了地球的温室效应，致使全球气候变暖。如不加以控制，最终将使两极冰川融化，海平面上涨，淹没众多陆地。

要控制温室气体的排放，最主要的是要控制碳的排放，要倡导人们过低碳生活。

苹果公司的公关部门顺应了节能减排、低碳生活的时代主题，致力于把苹果的公共形象塑造为一个重视环保的公司。前CEO乔布斯在换肝手术出院后，接受采访时不谈苹果的iPad，iPhone产品，而是畅谈苹果公司的“绿化”目标。希望苹果的产品“从摇篮到坟墓”都要节能减碳。这获得了环保人士的肯定，受到了公众的赞扬。

3)沟通协调

公共关系活动的沟通协调过程，就是组织与公众之间进行信息传播与沟通协调的过程。公共关系学中的沟通协调，是指组织与其公众之间通过信息沟通，对内提高组织的向心力和凝聚力，对外争取公众的好感与支持，为组织的生存和发展创造一个“人和”的环境。

(1)沟通协调的类型

公共关系的沟通协调,一般分为内部沟通协调和外部沟通协调。

①内部沟通协调。组织内部关系是组织生存和发展的基础。如果组织内部形成了团结一致的融洽关系,就能激发员工的士气和工作热情。一个内耗严重的组织,既不会有活力,也不会有出色的表现。内部关系的协调包括以下内容:

首先,要协调内部人际关系。这包括领导层之间的关系、员工之间的关系和上下级之间的关系。公关部门要努力协调好组织内的各种关系,保持良好的团体精神和高昂的士气,产生有效的协同作用;要经常向上级反映员工情况、意见和要求,并协助领导制订有关措施;同时积极做好上情下达工作,及时向员工介绍宣传组织的目标、方针和政策,以消除或弥补可能产生的误解或摩擦。

其次,要协调组织内部各管理部门之间的关系。公关部门要通过沟通信息渠道加强部门之间的联系,形成一种相互信任、相互支持、相互谅解和团结合作的气氛,实现各部门的协同发展。

[案例]

某世界500强银行一分行,内部部门众多,主要有营业部、公司部、个贷部、计财部、会计部等。由于各部门的业绩与各自员工的待遇直接相关,就造成了各部门争风吃醋,合作出现障碍,不真诚的情况,严重影响了整个分行的健康发展。

新上任的行长采取了多种措施,轮换部门领导,改变工资制度,使部门保护主义渐渐消失,并且还利用非正式组织,使不同部门的员工建立了良好的关系,使各部门的经理齐心协力,把分行的利益放在首位,而不是本部门的利益。

②外部沟通协调。外部关系的沟通与协调,是指沟通与协调组织与外部公众和外部环境之间的关系。任何一个组织在发展过程中,都必然与外部组织和公众产生这样或那样的矛盾,进而影响到组织目标的实现。外部关系的协调包括以下内容。

首先,要协调业务往来关系。如顾客与用户关系、原材料与能源供应关系、产品与销售网络关系、物流与运输关系、信贷及投资关系等,以保证组织业务关系的正常开展。

其次,要协调组织与管理部门之间的关系。如工商、税务、审计、商检、海关、环保、市政、公安及司法部门等,要争取这些管理部门的理解和支持。

再次,要协调好媒介、社区关系,以争取有利的社会舆论,树立良好的组织形象。

最后,要协调组织与消费者之间的关系,妥善处理与消费者的纠纷。

(2)组织发展的不同时期沟通与协调的任务

传播与沟通是一项艺术性很强的工作,在组织发展的不同时期、不同情况下,其任务和内容也极为不同。

①组织初创时期。这一时期传播与沟通的主要任务,是争取公众对组织有良好的第一印象,为其进一步发展创造条件。其工作重点是造声势,创牌子,显示组织特色,扩大组织知名度。

[案例]

荷兰壳牌在中国建立子公司时,将其公司形象定位于负责任的企业公民为目标,广泛发起并参与各种类型的社会公益活动,称为社会投资。壳牌中国公司在成立之初,就秉承积极从事社会投资宗旨,并选择了环保、道路安全与教育作为其三大主题。其1994年成立的"自然之友"和1996年成立的"地球村"为代表的民间环保团体十分活跃。随着以媒体为代表的公众对环保关心程度与日俱增,壳牌中国公司选择京、沪、粤三地,与教委合作开展"壳牌美镜行动",鼓励学生动手动脑,由学生自己动手设计环保方案,经评选获奖的方案可获壳牌3 000元资金支持,该活动赢得三地2万余名学生踊跃参加,并在社会引起热烈良好的反应,成功地树立了其积极的企业形象。

②组织发展时期。这一时期传播与沟通的主要任务,是维护组织在公众心目中的形象和声誉,在巩固现有声誉的基础上进一步扩大影响。其工作重点是居安思危,着眼未来,为推动组织的今后发展而努力。社会组织把传播与沟通工作延伸到组织发展一帆风顺时期具有重要意义。组织形象作为公众的主观评价,将随时间的推移而淡化,如不采取相应措施加以巩固,组织形象就会在公众心目中流失。因此,形象树立如逆水行舟,不进则退,即使风平浪静,也需要不断努力,才能保持其良好的发展势头。

[案例]

2003年可谓是拥有上千家企业的中国乳品业的多事之秋,几家被曝光、几家被收购;几家欢喜几家忧。在这纷纷扰扰中却始终有一个品牌独树一帜、高歌猛进,它就是来自蒙古草原的蒙牛。2003年3月份伊拉克战争期间,蒙牛集团抓住央视大规模战争报道形成的收视高峰,率先进行事件营销,获得了极大成功,此后,他们与央视协商建立了一个应对突发新闻事件的快速反应机制,以确保蒙牛广告能在第一时间赢得商机;"非典"期间,很多企业纷纷停下广告,蒙牛集团不但没有撤出广告,反而加大投放,并增加了公益广告的力度,"非典"过后,马上得到了市场的回报;10月份,蒙牛又利用获得"航天员专用牛奶"称号这一机会进行大规模"举起你的右手,为中国喝彩”的公关活动;到11月,蒙牛则一举夺得中央电视台的广告标王,再次成为社会关注的焦点。可以说,正是这娴熟的公关营销使蒙牛品牌知名度和美誉度大幅提升,并由此树立起一个具有民族内涵的大品牌形象,同时使蒙牛的产品销量一路奋进,目前已由行业的乳业第四一举上升至榜眼之位,而液态奶部分更是攀升为行业霸主。

③组织危难时期。这一时期传播沟通的主要任务是消除误解,争取信任,扭转形象,重振声威。其工作应注意分析原因,力争消除危机,挽回影响。

[案例]

作为一家庞大的代工企业,富士康有着成熟的企业运营经验,但对于危机管理的成熟度却没有上升到相应的高度。2006年,富士康与当时批评其为血汗工厂的《第一财经日报》打了一场轰动全国的诉讼战,就显示出这家庞大企业严重欠缺的危机管理能力——官司最后的狼狈收场不仅使富士康名声扫地,而且给公众造成傲慢、自大、对抗舆论的负面形象。面对汹涌而来的危机,富士康一开始采取的是回避与沉默姿态。但随着自杀人数的不断攀升,董事长郭台铭终于坐不住了。2010年5月26日,11跳后,郭台铭终于亲临深圳,陪同媒体参观工厂,召开新闻发布会,鞠躬道歉。随着富士康开展系列的危机公关策略:主动配合政府彻查事件;宣布为所有员工加薪30%以上;成立庞大的心理咨询团队进驻富士康,定期为员工提供心理咨询;邀请外部专家成立企业监察团,监察富士康用工情况,同时为富士康企业管理提供决策参考;在全工厂加装防自杀防护措施等。2010年的跳楼事件教训,使富士康不仅认识到危机管理的重要性,更认识到在一个透明化的时代企业进行透明化管理的重要性。

4)树立形象

社会组织在公众心目中的形象,与组织的日常行为密不可分,公共关系的一个重要职能,就是不断调整组织的行为,争取信任,赢得支持,树立良好形象。

组织形象是社会公众对组织整体的印象和评价。在现代社会,组织形象的优劣直接影响着组织目标的实现,关系到组织的决策和行为能否得到公众的支持和赞同。因此,社会组织应特别注意克服“酒香不怕巷子深”的陈腐观念,牢固树立通过公共关系树立组织形象,扩大组织影响的意识。形象的类型包括组织自身的形象、产品(或服务)的形象。

(1)组织自身的形象

所谓组织自身的形象,是指组织管理水平、决策能力、竞争机制等方面在公众心目中的综合反映。以企业为例,一个企业要树立自身形象,可以通过以下几个途径。

①创造名牌。要通过创造名牌产品来实现创造名牌企业的目的。企业从创造名牌产品入手,从地区到全国,从国内到国外,成为全国知名、世界知名的企业。

[案例]

海尔的品牌战略

名牌战略阶段(1984—1991 年)

只生产冰箱一个产品,探索并积累了企业管理的经验,为今后的发展奠定了坚实的基础,总结出一套可移植的管理模式。

多元化战略阶段(1992—1998 年)

从一个产品向多个产品发展,从白色家电进入黑色家电领域,以“吃休克鱼”的方式进行资本运营,在最短的时间里以最低的成本把规模做大,把企业做强。

国际化战略阶段(1998—2005 年)

产品批量销往全球主要经济区域市场,有自己的海外经销商网络与售后服务网络,Haier 品牌已经有了一定知名度、信誉度与美誉度。

全球化品牌战略阶段(2006—)

为了适应全球经济一体化的形势,运作全球范围的品牌,进入第四个发展战略创新阶段:全球化品牌战略阶段,即在每一个国家的市场创造本土化的海尔品牌。

第一个十年,创业,创出中国第一名牌;

第二个十年,创新,走出国门,创国际化企业;

第三个十年,创造资源,实施全球化品牌战略。

②创造良好的环境形象。良好的环境形象不仅指优美的工作环境,也指和谐的人际环境,要在组织内与员工之间建立起相互信赖和相互合作的关系。

[案例]

2002 年 8 月的一天,南方某钻石厂的车间丢失了 4 颗钻石。当时,管理层没有选择适当的方式调查或报警,而是擅自在公司内对员工进行“搜身”并要求脱光衣服。这个事件,一时在厂内引起千层浪,并导致员工的不满……虽然大多数员工后来接受了厂方的道歉和赔偿,但遗留下的心理阴影,却永远不会抹去;剩下的 6 名员工表示还要诉诸法律……公司在处理此次事件时,显然打破了“信任”基础,“员工关系管理”也就无从谈起了。我们知道对员工的“不信任”可以影响员工关系的管理。同样,在组织内如果缺乏沟通,处事不公平、不公正,对员工漠不关心,甚至回避矛盾,也会阻碍良好员工关系的建立。由此产生的后果,比如缺勤、骨干员工的流失等,对企业发展造成的损失,不可估量。

③创造良好的员工形象。员工形象的创造不仅仅停留在外在形象上,更应在内在素质上下工夫。员工敬业爱岗、行为规范及具有良好的职业道德与较强的业务能力等内在素质都是组织良好形象的体现。

[案例]

美国《时代周刊》曾这样评价 IBM:“没有任何企业会这样对世界产业和人类生活方式带来和将要带来如此巨大的影响。”探究 IBM 成功的原因,关心和积极帮助员工的个人成长,并把员工自身价值的实现与企业的发展有机地结合起来,让员工与企业共同成长,是 IBM 成功的真正奥秘。企业的成功在很大程度上取决于能否吸引人才并为他们提供良好的职业发展道路。与公司共同成长是员工的最高追求,也是知识经济时代企业发展的必然要求。企业关注自己员工的成长与发展,就是关注企业本身的成长与发展。

因为企业发展需要,IBM 要经常招纳新员工,补充新鲜血液。在招聘过程中,IBM 最看中的是员工的个人发展潜力,因为 IBM 认为这关系到员工学习新知识、接受新观念、适应新环境的能力,关系到员工是否能够和公司一起发展。IBM 对员工的成长有很大的期望,所以,IBM 向员工提供管理和专业两种成长渠道,使员工有多种机会和广阔的空间去发展自己的职业生涯,实现个人的职业理想。同样作为国际知名大公司的微软,终身学习和成长则是其员工任职的首要条件。因为只有如此,才能确保自己在软件行业里的霸主地位。

(2)产品(或服务)的形象

对于企业组织来说,只有提供优质实用的产品和周到的销售服务,产品的形象才能树立。另外,对于那些非营利性组织,如党政机关、科教文卫等部门,则应当牢固树立为人民服务这一宗旨,以其优良的传统、廉洁的作风、为人民群众排忧解难的实干精神,服务于民,取信于民,树立形象。

[案例]

1985 年,美国可口可乐公司因为销售额比百事可乐公司低而处于竞争的劣势。为了增强产品的市场竞争力,可口可乐公司决定把老配方打入冷宫,宣布采用新配方。公司曾对 19 万消费者进行品尝调查,其中有 55% 的消费者喜欢用新配方制成的饮料,据此,公司就以新配方进行生产,没想到激起许多人的强烈抗议。公司每天接到无数抗议信和抗议电话。一位女顾客在心中说:“我一生只有两件事是最重要的,上帝和可口可乐。但是,你们现在夺走了一件。”不少顾客认为,老可口可乐风味独特,新可口可乐淡而无味。当年 6 月份,在美国旧金山竟发生了“全国老可口可乐饮户协会”举行的一场抗议新可口可乐的大示威。在其他地方,有几十万人签名要求恢复可口可乐老配方,有些顾客组织了"老可口可乐俱乐部",发动老可口可乐爱好者上街游行示威,甚至向法院提出控告。他们认为可口可乐公司改变配方是轻举妄动,盲目创新,忽视传统价值。更为重要的是,从当年5月份改用新配方后,可口可乐销售大跌。在公众的巨大压力下,7月份,可口可乐公司召开紧急会议,决定恢复老配方生产。7月10日宣布恢复老配方并冠以新商标——"古典可口可乐",同时,也采用新配方生产可口可乐新品种,以满足不同顾客的需要。这样一来,便形成了新老可口可乐两面夹击百事可乐的攻势。于是,可口可乐公司的股票每股猛涨了2.75美元。

[**案例评述**]

从1886年至今可口可乐已经120多岁了。它是个有着百年历史的世界著名品牌,是全世界最大的饮料公司,也是软饮料销售市场的领袖和先锋,透过全球最大的分销系统,畅销世界超过200个国家及地区,每日饮用量达10亿杯,占全世界软饮料市场的48%,其品牌价值已超过700亿美元,如今的可口可乐已经成为了一种全球性的文化标志。截止到现在,中国已成为可口可乐的全球第五大市场,同时也成为在中国最具知名度的国际品牌。

案例中提到的一段历史,表明可口可乐当时在人们心中已留下永不改变的味道。它的品牌塑造了强有力的公司产品形象,人们不愿它轻易地改变,老朋友突然变得陌生,是极其无法忍受的,这表明可口可乐用它特有的高质量的产品属性和一直秉承服务大众的理念将企业思想文化、价值观和社会声誉等表达得淋漓尽致。正因为可口可乐的定位精确而独到,因此它在众多产品中脱颖而出,让消费者能够在第一时间进行区分并记忆,并且融入消费者的生活中,向消费者传递一种思想、一种态度、一种生活方式。同时,为满足吸引年轻人,努力推陈出新,不沉溺于旧式,敢于突破,再次张扬了它的产品价值。

1.3.2 公共关系的原则

公共关系的基本原则是指组织开展公共关系活动中必须遵循的准则。组织所面对的公众是极其复杂的,不同的组织具有不同的公众,同一组织需要面对不同类型的公众,而面对同一类公众有可能面临不同问题。因此,处理组织与公众之间的关系,没有普遍适用的模式,只有普遍适用,且必须遵照执行的原则。公共关系的基本原则有实事求是、平等互惠、双向沟通、全员公关4个原则。

1)实事求是原则

实事求是原则,是指组织在开展公共关系活动时,要尊重事实,实事求是。公关部门的大部分工作是信息传递工作,信息传递的首要原则是真实可信,报喜也报忧。要以事实为依据,如实向公众传递组织的信息,特别是当组织出现问题时,绝不掩盖和隐瞒。

首先,信息的传递要建立在真实性的基础上。任何虚假信息的出现,都会使组织受到怀疑,那么,公共关系工作就很难取得预期的效果,甚至会一败涂地。其次,当组织出现问题时,绝不能掩盖和隐瞒事实。任何组织,特别是企业组织,在经营过程中都可能出现问题,产生过失。在这种情况下,掩盖和隐瞒都不能解决问题,反而会导致更大的损害。其实,发现问题,勇敢地承认,及时采取相应措施,不仅能得到公众的谅解,还更有利于组织形象的建设。

[**案例**]

在日本的一次国内电器订货会上,厂家同销售方的谈判不仅互不相让,而且相互指责挑剔,双方剑拔弩张,情绪生硬,找不到共同点,使得订货会无法收场。万般无奈之中,只好延长一天。

第二天,松下幸之助一进会场,就走到销售团体面前,诚恳地低下头说:“一切都是我们不对。”销售商们一时愣住了。松下接着说:“大约 30 年前,我们制造了灯泡,为了让诸位都买,我曾一一拜访过你们。坦率地说,产品质量还不能算优秀。因此,诸位对我们强行推销的做法面有难色,但是,我请求大家关照,给我们一个争取产品质量在同行中名列前茅的机会。你们听了我的表白,终于理解了我,同意为我们代销。托大家的福,现在松下电器生产的灯泡,已经名副其实位居同行之首,公司也因此得到了很大的发展。”“这本来是应该时刻铭记的,但是在这次会议上,我们却同诸位争吵不休,讨价还价,就在这一瞬间,把诸位对我的帮助忘记了,实在对不起。从今天起,我悔过自新,从头做起,因此还请诸位多多关照。”松下这番话使会场气氛为之一变。许多销售公司代表为松下的真情所感动,纷纷与之签约。这不仅使当年松下电器公司创下了创业以来的最高销售额,而且松下公司成为众多销售公司最可信赖的合作伙伴,为松下公司跻身于世界著名的大公司开辟了道路。

2)平等互惠原则

平等互惠原则是指公共关系应以公众利益为导向,使组织与公众的利益要求都得到满足,以谋求组织与公众的共同发展。

公共关系是为组织利益服务的,但公共关系并非仅考虑组织利益,组织与公众联系的过程,实际上就是双方利益相互满足的过程。社会组织只有找准公众利益的基准点,保证公众利益的实现,才能获得自身的赢利与发展。平等互惠原则把公众利益作为首要因素来考虑,把能否充分满足公众利益作为衡量公关活动效果的

重要尺度,把组织与公众的“双赢”作为目标。

3)双向沟通原则

公共关系的双向沟通原则,指的是社会组织在开展公关活动时,要使组织与公众双方互相沟通、了解和影响,从而达到相互理解和信任的目的。组织与公众之间建立良好的公共关系的过程,其实质就是信息的交流、反馈和修正,以及组织与公众之间相互理解和适应的过程。一方面,组织应通过各种渠道把有关信息告知公众,如借助大众传播、人际传播向社会公众发布信息,使公众了解、理解和支持组织;另一方面,组织也应通过各种渠道广泛收集有关公众的信息,及时把握公众的动态。例如以下4种情况。

①社会对话活动。组织领导和专业人士,就公众关心的热点问题,利用公关活动的形式,直接征询公众意见,回答公众提问,解释有关政策,寻求共识。

②大型公众咨询活动。在重大决策出台前,发动广大公众参与讨论,群策群力,集思广益,使决策的制订更加合理,更能符合公众利益。

③举办开放日活动。可以定期向公众开放组织或者有计划地组织公众参观,让公众了解组织,认识组织并对组织产生好感。

④建立信访和热线电话制度,接待各种咨询、来访和投诉,及时解决公众的有关问题。

贯彻双向沟通原则应注意以下几个方面。

①双向沟通应具有一定的“共识区域”,否则,双方就无法沟通。

②沟通双方应互为角色,即一方是传播者,另一方是接受者;反之,也一样,使沟通成为一种良性循环活动。

③社会组织应根据反馈信息进行自我调节,不断完善自身形象。

[案例]

广州市委、市政府先后举办过直接为市长做参谋的“假如我是广州市长”征文活动(后定名为“市长参谋活动”),为政府职能部门出谋献策的“房改方案千家谈”“菜篮子工程千家谈”等“千家谈系列活动”,讨论广州市风和广州人精神的“羊城新风传万家”和“羊城居委新形象”等大型公众活动,运用报纸、杂志、广播、电视等媒介,动员了成千上万的市民参政议政,各抒己见,都收到了良好的社会效果,提高了政府对市民的凝聚力。

4)全员公关原则

全员公关原则简称为“全员 PR”原则,即通过对全体员工的公共关系教育与培训,增强全员的公共关系意识,提高全员公共关系的自觉性,形成浓厚的公共关系氛围与公共关系文化。

组织的公关工作不仅仅是公关专业人员的职责，而且是组织内所有成员共同的责任。组织形象的建立、公共关系目标的达成，仅凭几个公关人员的努力、几次公关专题活动是远远不够的，需要组织内上至最高领导，下到普通员工共同努力。因为组织每一成员都处在对外公共关系的第一线，其一言一行都代表组织形象。如电话接线员甜美的声音、礼貌的语言，可以给公众留下良好的印象；同样，门卫衣衫不整、粗鲁无礼也会破坏组织的形象。因此，公共关系部门首先要培养员工的公关意识，使其在对外公关第一线上发挥作用。

[案例]

新加坡航空公司在国际航空业群雄角逐的激烈竞争中独占鳌头，多年连续被国际民用航空组织评为优质服务第一名。新航的服务有很多独特之处，他们把西方的先进技术及管理手段与东方的殷勤待客传统有机地融合在一起，把“乘客至上”的公关思想贯穿于服务的全过程，给每一位乘客留下极为深刻的良好印象，使来自各国的乘客自然成为新航的义务宣传员，再加上通过新闻媒体做广告宣传，公司的形象就不胫而走，誉满五洲。

新航的服务准则是：对所有乘客一视同仁地施以关心和礼貌，在一切微小的服务细节上给乘客留下难忘的印象，并树立公司的整体形象。这些服务准则通过每一位工作人员的良好举止体现出来。这些服务的措施有：①订票时可得座位号，登机时对乘客以姓相称；②殷勤款待，乘飞机如同做客；③照顾乘客休息用餐，将饭店服务方式搬进机舱；④纪念品加优待券，希望你再来光顾。以上这些及其他各项服务措施，构成新加坡航空公司充满活力的公共关系，使新航在国际航线上赢得了声誉，赢得了顾客，在激烈的国际竞争中胜人一筹。

[案例评述]

新航为塑造本组织的形象，从公关基本原理出发，实行了完善服务的一系列措施，是以行动作为目的实际得到社会公众的好评，树立组织的良好形象。新航在整个旅行过程中，让旅客时刻都能感受到乘务员无微不至的热情，使旅行生活显得丰富多彩，充满情趣。服务型公关模式有效地使人际沟通达到“鲜能行动”层次，是一种最实在的公共关系。新航开展“全员公关”活动，让公关意识融入每个员工的头脑，体现在每个员工的行动中，贯穿于公司的每次活动之中，这是树立企业形象的根本。因此有人说“全员公关是组织公共关系的最佳状况”，企业要处理好与顾客的关系，得到顾客的信任和支持，必须强化服务。作为运输性企业，要搞好公共关系工作，除保证旅途运输的安全外，为顾客提供周到细致的服务显得更为重要。建立良好的顾客关系的目的，是促使消费者形成对组织及其产品或服务的良好印象

和评价，提高组织及其产品或服务的知名度和美誉度，增加对市场的影响力和吸引力，实现组织与顾客利益的双赢。

1.4　公共关系的功能和作用

公共关系的作用指的是公共关系机构或从业人员在履行公共关系职责的过程中产生的客观效果和影响。公共关系的作用是多方面、多层次的，每一个方面，每一个层次的公共关系活动都有其相对独立的作用，但同时又彼此联系，相互渗透，共同发挥着公共关系的整体性作用。从公共关系实践过程来看，公共关系活动不仅直接对社会组织产生积极作用，而且也间接地对个人和社会产生积极作用。

1.4.1　公共关系对社会组织的作用

1）树立组织形象

树立组织形象，是公共关系对社会组织最根本的作用，也是社会组织开展公共关系活动的出发点和归宿。公共关系的首要功能是在其职责范围内，通过深入细致、持之以恒的具体工作，取得社会公众对组织的理解和接受，进而赢得公众的信任和支持，为组织发展创造良好环境。首先是提供优质服务，公共关系需要以行动来证实诚意，优质的服务可以有效地密切组织与公众之间的关系；其次是加强宣传，公关以各种传播媒介为工具，围绕某个特定主题向公众有意识地传播有关信息，加强社会公众对组织机构的了解程度，从而创造于己有利的社会舆论环境；最后，公益赞助，组织公共关系以举办各种社会性、文化性、公益性活动为主要手段，塑造组织的文化现象、社区公民形象，提高组织整体的社会知名度、美誉度。此外，组织还可通过增强社交，妥善处理危机事件等方法，树立组织良好形象。

［案例］

苏宁历经15年发展，已成为中国家电连锁零售企业龙头，犹如一架巨型飞机，外形庞大但结构缜密，专业化分工井井有条。在营销界有这样一句名言，“真正的销售始于售后”。“至真至诚，苏宁服务，服务是苏宁的唯一产品，顾客满意是苏宁服务的终极目标。”这是苏宁的服务观。为坚持服务导向，苏宁在企业内部明确重申，全员服务，全程服务，上至公司最高领导，下至公司普通员工，人人都是服务人员。每一个苏宁员工最在意的是顾客的感受。把服务作为苏宁品牌的核心品性和基础调性，苏宁走过了一个“从盲目到自觉，从被动到主动的过程”。苏宁电器掌门人张近东早在创业初期就意识到“要在激烈的市场竞争中长期当赢家，做好、做活买卖，必须靠真本领。而搞好售后服务，彻底消除顾客的后顾之忧，更是商家应练就的真功夫。”苏宁是从空调经营起步的，空调本身是一种半成品，配送、安装、维修是空调必不可少的服务环节。在20世纪90年代初，社会上还没有专业的空调服务队，工厂的售后服务力量也凤毛麟角。苏宁决然选择走专业自营的服务道路。随着苏宁销售规模的扩大，苏宁服务队伍日益壮大。1994年苏宁服务的人员数量首次超过业务和管理人员的数量，服务网点的数量超过营业网点的数量。对服务人员进行军事化的行为规范训练、专业化的技能训练成为苏宁服务的基本功。凭借十多年专业自营的服务优势，中国家电连锁巨头——苏宁电器，厚积薄发，铸就了中国最优秀的家电专业自营服务商，同时具备了同行无可比拟的服务优势。2003年非典、2008年南方雪灾、2008年汶川地震、2009年莫拉克台风和2010年西南旱灾之后苏宁电器都启动重大灾害应急公益基金。苏宁电器自发成立了中国第一个企业社工服务品牌——“1+1阳光行社工志愿者行动”，号召苏宁近10万名员工每人每年捐献一天的工资进行社会公益捐助，拿出一天的时间从事社工服务。自此，苏宁将公益理念作为一项制度在企业内部推行。

2）增强组织凝聚力

“内求团结，外求发展”是公共关系职能目标的具体体现。内求团结是组织生存和发展的前提条件。在现代社会里，一个具有强大竞争力的组织的形成，不仅仅依靠组织中各种要素的数量递增，更重要的是依靠组织内部全体成员目标一致的共同努力。员工的团结协作是一个组织取得出色成就、理想效益的坚实基础。公共关系工作能通过建立和完善组织内部的各种传播沟通渠道和协调机制，促进组织内部信息交流，做到上情下达、下情上达，员工之间和睦相处，相互支持，创造组织内部融洽、和谐的人事环境。

社会组织内部成员关系的维系，常常是由经济因素决定的，但又并不仅仅受制于经济因素，它还常常依赖于相互之间的情感沟通和心理认同。公共关系的凝聚作用是通过信息交流、人际互动来沟通社会组织成员之间的心理情感，从而使他们同心协力地为实现组织的各项目标而努力工作。组织内部的凝聚力就是组织的竞争力和战斗力。

[案例]

广州花园酒店是广州较著名的五星级酒店。酒店管理层认为员工是酒店真正的主人翁，只有把员工放在第一位，尊重他们的劳动和尊严，使他们处处感受到自己是酒店不可或缺的一分子，认识到“花园”的荣辱与他们息息相关，酒店才能顺利发展。原酒店的总经理是位精通公共关系技巧，具有丰富经验的著名酒店管理专家。在他的支持下，花园酒店最高决策层制订出一系列协调员工关系、激励员工士气的措施。比如，每月固定一天为员工日，届时高层管理人员一起下厨为员工炒几道拿手菜；酒店公共关系部定期召开“员工亲属联谊会”，向亲属们征询意见，介绍酒店经营状况以及员工们的工作业绩，以争取他们的了解和支持；如果哪位员工工作成绩突出，会收到总经理签发的嘉奖信；每位员工生日的当天都会收到总经理赠送的生日贺卡；每位员工都可以对酒店的管理提出意见和建议，酒店设立意见奖，最高管理层对有建设性的意见保证在 3 天内答复，并给予奖励……这些措施的实行，使员工们的工作积极性大大提高，责任心加强，他们得到了尊重，有了归属感和认同感，酒店有了凝聚力。短短半年时间，广州花园酒店的形象和经济效益都得到了很大提高，员工们的内聚力使酒店整体的外张力大大增加了。

3）调节作用

对于任何社会组织来说，首先要确立正确的组织目标，其次必须通过有效的运行才能实现目标。任何组织在其运行过程中都必然会产生各种矛盾，各种摩擦，这时公共关系要充分发挥其调节作用。它主要表现在两方面：一是预先调节，即通过一系列的公共关系活动减少或避免摩擦的产生，如上下对话、信息沟通、感情互动、微笑服务等方法，尽量及早发现问题，避免产生直接摩擦，做到防患于未然。二是事后调节，即危机处理。在摩擦、纠纷发生后，能及时地防止事态的扩大，最大限度地减少摩擦、纠纷带来的危害。当摩擦或纠纷发生后，公共关系人员通过各种传播、解释活动来争取公众的谅解，虚心地听取公众意见，通过调查，澄清事实真相，并与公众交流以达成谅解，同时应及时向组织的决策层反馈信息，帮助决策层了解组织运行状况，并向决策层建议需要改进的环节。

[案例]

杰克兄弟的名字对于许多成年人来说没有任何意义，但是，最近一次针对美国在校学生的民意测验结果表明，美国学生对杰克兄弟的熟悉程度甚于米老鼠。宁顿公司售出的 4 000 多万张超级杰克兄弟的软件，成为长期最畅销的电子游戏系列。这不表明竞争对手对此无动于衷，有些对手推出了极富竞争力的产品。然而不幸的是，那么多的年轻人还是着迷于宁顿公司的产品，以至于国际电器公司只能占有不足 10% 的美国市场。宁顿公司如何占领了电子游戏市场？其成功的秘诀就是在员工以及签约商中产生高度凝聚力，并获得了高生产率与高利润的回报。在宁顿公司的研究与开发中心，一群群不修边幅的年轻工程师们聚集在屏幕前，全神贯注地反复试验、操作研发中的电子游戏软件。有时，研究与开发中心的主任还将其 200 名员工分成竞争小组，相互竞赛。其结果是：工程师们学到了更多的诸如游戏是如何运行的、什么设计是有效的、什么设计是需要改进的等方面的知识。他们热爱自己的工作，那些不愿意因下班而中断工作的员工们得到的加班费相当丰厚。宁顿公司并未将电子游戏的开发仅仅局限于自己的研究与开发中心的人员。90%的游戏来源于外面的签约开发商，他们承担着开发与营销新产品的风险。如果某个开发商的某个游戏被认定值得加进宁顿公司的产品线中，那么该开发商就要与宁顿公司签约，给宁顿公司支付游戏软件的生产费用、营销与广告费用，并同意不将该游戏提供给其他公司生产。而签约开发商也会在每一个新的合作项目中得到一笔数目可观的专利权税。纳卡姆四年前开发的“龙之问”销售了1 000多万套，如今的纳卡姆早已是百万富翁。而他仅仅是被称为“一群自我实现的百万富翁”签约开发商中的一位。纳卡姆自己的公司与宁顿公司合作密切。从宁顿公司那里，纳卡姆学会了要保持高凝聚力，应如何对待自己的员工。最近，他带着自己的20名员工到夏威夷度假。宁顿公司发现，开发这些游戏是如此的激动人心，以至员工们看来都忘我地投身于工作之中。未来的计划更是令人激动的挑战：公司目前正致力于开发出更多针对成年人的游戏，并推出新一代游戏机，它比现在的游戏机能够制作出更多的电子游戏形象；还试图开展全国性的电子游戏联赛，客户能够在自家起居室中通过将宁顿产品和计算机、电话线连接来参加竞赛。同时公司也并不准备放弃青年人的市场。宁顿公司最近向某理工学院支付了300万美元用以研究小孩们是如何学习的。显而易见，公司希望客户与开发商和签约商一样为电子游戏而着迷。

4)应对突发事件

由于社会组织是在复杂的现实环境中运行，即使有完善的预警系统，也不能对组织运行中可能发生的情况作出完全准确的预见，也不能保证组织与公众之间的关系始终处于最佳状态。出现突发事件是正常的，当事件发生后，必须充分听取公众的意见，设法查清事实真相，与公众进行必要的沟通，相互之间达成谅解，从而妥善解决矛盾，维护组织的信誉和形象。公共关系在处理突发事件中起着非常重要的作用。

[案例]

劳尔斯是纽约的一家小型化妆品公司，由于市场竞争激烈，公司员工压力很大，部门内部和各部门之间都经常发生冲突，经常互相指责，让人事部十分头疼。最后，人事部的斯蒂尔小姐想到了一个好点子。

这就是快乐杯。快乐杯是一个很大的金杯，放在公司的茶水间门口。当有人帮了你的忙，做了让你觉得感激或者感动的事情，你就可以把你对他的谢意写下来，投入这个金杯。办公室里爆发矛盾时，当事人就要自己去金杯里抽取一张纸条，大声读出来。

有一次，研发部的普莱斯和销售部的金德，因为新唇膏用什么颜色发生争执，双方从争执变成了谩骂，其他人也没办法工作了。斯蒂尔小姐走出来，让金德和普莱斯从金杯里抽一张纸条。

金德抽中的是客服部的南希写给前台戴安娜的，纸条上这样写道："亲爱的戴安娜，每天来上班，我都能看到你美丽灿烂的微笑，这个微笑是我一天工作的开始，给了我很大的鼓励。"读完这个纸条，斯蒂尔笑着对金德说："金德，也请你给我们分享一个微笑吧！"金德看着大家，惭愧地笑。

普莱斯抽中的恰好是一张她写给金德的纸条："亲爱的金德，谢谢你给我的门票，我带儿子去看了木偶剧，他很开心。"那是金德送给普莱斯的生日礼物。普莱斯想起当天和儿子度过的快乐时光，再想想刚才自己对金德的大骂，也很羞愧。

从此之后，快乐杯成了劳尔斯公司最受欢迎的东西。有矛盾的时候，士气低落的时候，都会有个人去抽一张纸条出来分享赞美和感激之情，公司的氛围也越来越向上。

工作情绪影响工作效率。战斗力来自凝聚力。凝聚力就是整个团队拧成一股绳。团队成员在协作之中一定会产生矛盾和分歧。只要大家对事不对人，只要大家多想想对方的好处，只要多用感激的心对待对方，才会有亲密无间的合作，才会享受合作成果带来的真正的快乐。"快乐杯"的好处在于：能够在双方愤怒的时候，让他们冷静下来，让他们从同事的感激之辞中，清楚朝夕相处的同事，给自己带来了那么多支持、鼓励和无尽的快乐。

1.4.2 公共关系对社会的作用

1）有利于优化社会氛围

公共关系在构建和谐社会中具有十分独到的地位和突出的作用。这是因为，公共关系学本身就是一门通过传播沟通行为达到社会和谐的学问。公共关系是以真实、诚信、沟通、交流、协作、互惠互利为特色来开展公关活动的，通过一系列的公关活动，协调社会组织与社会组织之间、社会组织与人之间、人与人之间的关系，使得人际交往和社会经济生活中那种你死我活的生存斗争、势不两立的激烈对抗逐渐趋于缓和，互惠互利的公关原则，使人们在和谐的社会环境中共同发展。这样，公共关系就在无形中起到了协调社会行为、构建和谐社会的作用。

2）有利于优化社会心理环境

人是群体动物，有交往、倾诉、相互理解、相互了解的需要。但随着社会经济的发展，竞争越来越激烈，生活节奏加快，再加上计算机、因特网的使用，人与机器的对话增加了，而人与人之间的距离却拉大了。许多人相互猜疑、防范、不信任，彼此不交往，甚至相互仇视。由于得不到情感倾诉，很多人心情苦闷、精神压抑，最后导致心理失衡，形成心理障碍、心理疾病，而公共关系是以交流、沟通、诚信、友爱等为基本观念，恰好给社会提供了一种良好的关系氛围。它可以用真诚广泛的社会交往、双向沟通交流的方法，帮助人们摆脱孤独、恐惧、忧虑和隔阂，帮助人们提高心理适应能力和心理承受能力，从而营造一种良好的社会心理环境。

3）有利于繁荣社会经济

公共关系是在市场经济中产生的。随着市场经济的发展，导致社会分工越来越细，竞争越来越激烈，促使社会组织必须与公众加强联系，建立良好的协作关系。公共关系通过协调组织与公众之间的关系、提供信息咨询、协助组织科学决策等，帮助组织争取最好的经济效益，同时促进组织经济的横向联合、协调发展，从而促进整个社会经济的繁荣发展。公共关系有助于建立和维护地区、国家良好的经济环境，为该地区、国家内的企业提供良好的发展条件，也有利于吸引更多的外部资源（如投资、技术、人才）进入该地区，从而促进该地区整体经济的发展。

4）有利于促进民主政治

民主政治是公共关系产生和发展的社会政治条件，公共关系的不断发展又会反过来促进民主政治的发展。公共关系强调公众第一，主张社会组织的一切行为都应立足于满足公众的各种需要，热忱为他们提供各种优质服务。这种观念的培养和树立及其在整个社会的不断普及，使公众权益被尊重，公众在社会政治生活中的地位也大大提高。同时，由于自己的意见和要求得到重视，权利得到尊重，公众参与社会事务、国家事务的意识增强，这样就会在社会形成一种积极、健康的政治环境，这将大大有利于民主政治的健全和发展。

本章小结

从静态的角度来说，公共关系是指一种状态。从动态的角度来讲，公共关系是一种活动，是具体的公共关系实务工作。

公共关系的核心思想就是：一个组织采用传播手段，通过与公众双向沟通，来树立自身美好形象，以获得公众的好感和支持，为自身发展创造良好的社会环境。

公共关系学的研究对象就是“组织与公众之间的传播沟通”这种公共关系的现象和活动。19 世纪末 20 世纪初，在美国现代公共关系作为一种全新的思想，作为一种科学而系统的理论和一种新型的职业兴起；到 20 世纪末期和 21 世纪初期，公共关系在中国等发展中国家得到迅猛发展。

公共关系的职能，是指公共关系在组织中应发挥的作用和应承担的责任。从根本上讲，公共关系的职能就是调动一切可以调动的力量，运用一切可以运用的手段，塑造良好的组织形象，赢得良好的生存环境，促进组织的生存发展，使组织在激烈的竞争中取胜。

公共关系的作用指的是公共关系机构或从业人员在履行公共关系职责的过程中产生的客观效果和影响。公共关系的作用是多方面、多层次的，每一个方面，每一个层次的公共关系活动都有其相对独立的作用，但同时又彼此联系，相互渗透，共同发挥着公共关系的整体性作用。

自测题

1. 公共关系的核心思想是什么？包含哪些基本要点？

2. 公共关系与公共关系学的区别有哪些？请举例说明。

3. 以中国专家学者为代表的现代公共关系思想与其他时期公共关系思想有什么区别？

4. 公共关系中采集信息应注意哪些方面？

5. 什么是组织形象建议？它有什么作用？

6. 公共关系有哪些分类？它们各自有什么特点？

第2章 公共关系构成要素

［本章导读］

本章着重介绍了构成公共关系的三大要素："主体""客体"和"过程"。需要在了解公共关系对象基础上，了解公共关系管理的基本意义和公共关系管理的基本模式，同时把握公共关系主体跟客体间的关系，区别、分析并初步解决实际生活中的公共关系问题，并能提出自己的见解。

［案例导入］

重庆市某大学校园旁，有一家KTV歌屋，这家KTV歌屋与这所大学教学人员的住宅区隔墙相望。有一段时间，这家KTV歌屋生意红火，到晚上11点时还有人唱歌，一直到深夜。可是这段时间，正是人们进入睡眠的"黄金时间"，他们需要一个安静的环境，使自己的大脑进入休息状态。然而，从仅隔一墙的KTV歌屋传来的"震耳欲聋"的流行音乐，却破坏了他们的睡眠环境，使他们无论如何也无法进入正常休息的睡眠状态。这大大影响了人们第二天的工作情况，这也引起了大学教学人员住宅区里人们的不满和愤怒。大学教师们找到小区的物业公司，希望物业公司出面与歌屋进行交涉，物业公司经理进行交涉后说，这些门市房都是个人产权，产权人出租出去干什么，物业也管不了。知道居民被打扰，但是一直也解决不了这个问题。大学教师也曾多次找歌屋经理交涉，可要不就是被歌屋人员以老总不在的理由挡在门外，要不就是双方沟通不良，每次都闹得不欢而散。所以始终没有得到结果。无奈，住宅区人们不得不采取行动，投书报纸，呼吁社会舆论的支持及政府的干预。

这就是发生在我们身边的事件，怎样才能处理好它呢？我们需要了解社会公共关系有哪些构成要素。

2.1 公共关系主体——社会组织

纵观20世纪以来的社会发展史，我们可以看出，社会组织演化的速度不断加快,形式不断创新,人们对社会组织的理论研究日益深入,为公共关系的发展提供了条件。在这一进程中,社会组织作为公共关系的构建者和实施者,也分化为组织内部专门从事公共关系活动的公共关系部门、组织外部专门从事公共关系活动的公共关系公司及公共关系社会团体。本章将从不同角度对社会组织进行考察。

2.1.1 社会组织的概念及特征

1)社会组织的概念

社会组织是人类社会中的一种群体形式。社会学家们对其定义纷纭。孔德认为,社会组织是"普遍的社会同意"。马克思·韦伯认为,社会组织是一个法人团体,是一个用规章制度限制外人进入的一个封闭的团体。我们认为,社会组织是按照一定的目的、任务和形式建立起来的社会群体。人们为了实现共同的目标,为了完成共同的任务,按照一定的形式聚集成为社会群体,社会组织就此形成。在组织内部,有明确的目标、职能和分工,组织成员具有协作意愿,通过组织结构关系和规章制度成为一个完整的有机体。同时,社会组织也是一个复杂的社会群体,在现实生活中,表现为大小不一、功能各异、形态万千,经过长期的发展演化成了国家、政府、工商企业、学校、医院、社会团体等形形色色的社会组织。

[案例]

2006 年,丰田全球汽车销量已达到 901 万辆,仅次于通用的 918 万辆,超越后者指日可待。丰田不仅是全球最有影响力的汽车厂商之一,也是著名的"丰田生产方式"的创造者。丰田在原有事业部制的基础上,在日本率先创建了基于"公司内部设立分公司"思想的"公司制"。当年 4 月,丰田将 19 个事业总部改编成 8 个作为事业单位的公司。每个公司负责一系列产品,配备有相应的设计,研发,市场营销人员,其"总裁"比原有的事业总部部长拥有更大的责任和权限。该项措施使丰田在内部效益和销售产量实现了重大的提升。

公共关系学社会组织的构成要素主要包括两个方面,一是作为组织构成有形要素的物质条件,即人、财、物、信息等,构成组织的人流、资金流、物流和信息流;另一方面是作为组织构成无形要素的精神条件,包括组织的理想、宗旨、信念、社会观、价值观等。社会组织通过有形要素的流动,与外部进行能量交换,实现组织的生存与发展。在这一过程中形成的组织观念、组织风格、组织信誉,成为社会组织宝贵的精神财富。

[案例]

青岛海尔集团创立于 1984 年,那时,海尔是个亏损 147 万元、濒临破产的小厂——青岛电冰箱总厂。后来在张瑞敏的领导下，因为有了海尔的企业文化作为先导，海尔集团经过十几年的精心雕琢，逐步形成了以服务、创新、质量、信誉为一体的企业文化，以及“提出理念——推出典型案例——形成制度”的三部曲海尔模式，成为当今中国家电行业的排头兵。海尔集团的企业文化不但得到国内专家和舆论的高度评价，被美国哈佛大学等世界著名学府收入 MBA 案例库。

2）社会组织的特征

（1）目的性

汉普顿说：“每当人们联合起来去实现某一目标时，他们就创造了一个组织，或者说是一个社会机器，它有潜力完成任何个人独立所不能完成的工作”。任何社会组织的建立都有着明确的目标，这个目标代表了社会组织存在的意义和奋斗的方向。组织目标是确立其宗旨、原则、规范的依据，是调动组织资源、发挥组织群体效应、完成组织任务的前提和基础，也是区分不同社会的类型、性质和职能的标准。社会的一切活动都是围绕组织目标进行的，组织的行为必须服从和服务于组织目标的实现。没有目标的社会组织的存在是毫无意义的，也是不可能存在下去的。所以，组织目标是社会组织形成的基本条件之一，目的性是组织的根本属性之一。

（2）系统性

社会组织是一个有机的整体，有着严密的组织结构、严格的分工和制度规范。通过计划、组织、指挥、协调和控制职能，实现组织目标。组织的系统性表现在 3 个方面。第一，社会组织是一个开放的系统。它不断地从外界环境中输入能量，经过内部转化，以新的形态输出去，通过技术、管理、产品、服务、信息等的交换，使自己适应环境的要求，持续不断地运行和发展。第二，社会组织是一个完整的系统。它由各个子系统组成，彼此相互依存，相互作用，每个子系统既有自身的目标和利益，又必须服从组织整体目标的需要。第三，社会组织是一个复杂的系统。一个组织既包括结构要素和技术要素，又包括管理要素和社会心理要素，不仅体现为物与物的关系，也体现为人与物、人与人之间的关系，彼此交叉，相互作用，错综复杂。所以，在组织活动中，必须统筹兼顾，以组织目标为导向，正确处理好各个方面的关系，形成组织强大的凝聚力和向心力。

[案例]

联想集团于 2004 年调整了企业战略，并做了相应的组织结构变革。首先是统一了中央市场部，再进一步识别细分客户的需求，同时指导整体市场的工作。与此同时，重新划分整合了七大销售区，结果使得营销更加贴近用户，便于深耕细作区域市场。联想集团组织结构调整后，原六大业务群调整为三大业务群组：信息产品业务群,主要包括PC、笔记本电脑业务;移动通信业务群,主要包括移动、通信业务;IT服务业务群,主要是IT服务业,国际业务归为其他业务。进行组织变革后,联想集团的各职能部门能更好地进行内部协调,同时适应变化了的企业战略和多变的市场形势。在组织活动中,统筹兼顾,以组织目标为导向,处理好各种关系,形成组织强大的凝聚力和向心力。

(3)变动性

社会组织处于一个变动的社会环境之中,时刻受到外部因素和内部因素的影响。组织必须适应环境的变化,不断调整组织战略、经营策略、管理模式、人员构成等。在组织的不同发展时期,上述目标应有所区别。

[案例]

杜邦公司的组织战略适应环境的调整

整个19世纪,杜邦公司基本上是单人决策式经营但其局限性很大。

正当公司濒临危机,无人敢接重任,家族拟将公司出卖给别人的时候,三位堂兄弟出来力挽家威,以廉价买下了公司。首创了集团式经营,这种经营最主要的特点是建立了"执行委员会",隶属于最高决策机构董事会之下,是公司的最高管理机构。

之后,杜邦公司经过周密的分析,提出了一系列组织机构设置的原则,创造了一个多分部的组织机构。在执行委员会下,除了设立由副董事长领导的财力和咨询两个总部外,还按各产品种类设立分部,而不是采用通常的职能式组织如生产、销售、采购等。

20世纪60年代以后,杜邦公司的组织机构又发生了一次重大的变更,建立起了"三头马车式"的组织体制。

3)社会组织的分类

在现实生活中,社会组织数量众多,形式多样,缺乏统一的分类标准。国内外学者提出了多种分类方法,从不同角度对社会组织进行了分类和阐释。美国结构功能主义大师塔尔科特·帕森斯把社会组织分为生产组织(包括生产性的企业、服务性组织等)、整合组织(用来调整社会关系、维持社会秩序的组织,如法院等)和政治组织(为了保证整个社会达到自己的目标进行权力分配的组织,如政党等)三大类。美国社会学家彼得·布劳和里查德·斯科特以分析获利者的类型为标准,把社会组织划分为4种类型:互惠互利组织(这类组织的目标是对所有参加者都有好处,如贸易协会等)、服务性组织(如大学、民权组织等,它使服务的对象受益受惠)、经营性组织(如商店、银行等,组织的目的在于获得利益)、大众福利组织(如邮局、机场等,这种组织为社会和一般公众谋利益)。与此相适应,国内有的专家把社会组织分为营利性组织、互利性组织、服务性组织和公益性组织 4 种类型。营利性组织指工商企业、金融机构、旅游服务业等以追求利润为目标的社会组织,它们面临的首要问题是经营问题,公共关系方面最重要的任务是与投资者和消费者建立良好关系;互利性组织指党派机构、职业团体、宗教团体等以实现内部成员的共同利益为目标的社会组织,公共关系方面最重要的任务是加强组织凝聚力和归属感,以及健全内部沟通网络;服务性组织指学校、医院、社会福利工作机构,它们以为服务对象谋求利益为目标,公共关系方面要与其资助者、协助者保持稳定良好的关系;公益性组织指政府部门、公共安全机关等以谋求整个社会的公众利益为目标的社会组织,公共关系方面要保证各类公众的利益都得到同等重视和保护。

在我国,较为权威的分类方法是按照社会生活基本领域来划分,把社会组织分为经济组织、政治组织、文化组织、群众组织和宗教组织五大类。经济组织是最基本的社会组织,以实现所有者和经营者的经济利益为目标,包括各类工商企业和营利性的服务性组织;政治组织是以代表和实现某一个阶级、阶层利益为目标的社会组织,政党、政府、军队、监狱等都属于政治组织;文化组织是以满足人们的文化需求为目标,以从事文化活动为基本任务的社会组织,如文化艺术团体、教育科研单位等;群众组织是由某一群体、领域的人们组成的、代表群体利益的社会组织,如工会、共青团、妇联、文联、社科联等;宗教组织是由具有共同宗教信仰的人们组成的社会组织,如佛教协会、道教协会、基督教会等。

目前,较为流行的是公共管理学派分类方法。公共管理学者将社会组织分为公共组织和私人组织。公共组织是以谋取公共利益为目的建立起来的公共权力机关(即政党和各类各级政府组织)和社会中介组织(即学校、社团、社区等组织),其主要职能是制定和实施公共政策,管理社会公共事务,为社会公众服务;私人组织是以谋取私人利益为目的建立的私人企业及相关组织,其主要职能是从事物质生产和商品市场交换活动。

上述分类方法有助于我们从不同角度认识各类社会组织。但是,从公共关系学研究的角度来看,社会组织分类应着重于分清公共关系学适用于哪些组织,这些组织在公共关系中有哪些特点和作用,采用哪些适宜的方法和策略有针对性地开展公共关系活动。所以,本书按照公共关系的对象,将社会组织划分为政府组织、企业组织、社区组织、大众传播媒介组织和事业组织与社会团体。

(1)政府组织

政府,即国家行政机关,是国家权力机关的执行机关,是对社会进行统一、有序管理的权力机构。政府依据国家的法律与法规,对国家和社会各方面事务进行指导和管理。其他社会组织必须服从政府及其职能部门的管理。

与其他社会组织相比，政府是一个权力共同体，在拥有权力、掌握资金、了解信息、控制舆论等方面占有绝对优势。在社会生活中，政府以国家强制力为后盾，依法对国家事务和社会公共事务进行管理，因而具有绝对的权威性。

政府部门作为公共关系主体，应有效地进行管理，争取得到广大公众的信任和支持，其工作重心是提高政府的美誉度，塑造良好的政府形象，提高政府的行政管理效能。在现代社会，公共关系学在政府部门已得到广泛应用，政府公共关系已成为政府从事管理的重要组成部分，成为政府与公众充分沟通和协调内外关系的强有力的手段。

决定政府公共关系状态的关键因素是政府自身的行为与政策。政府或其相关的工作人员推出某项政策或实施某种管理行为，会对公众产生一定的影响。公众在了解或接受到这一影响之后，便以他们自己的价值观去评判该项政策或行为，直接影响到政府的公共关系状态。

所以，政府组织的威信、形象或工作绩效与政府公共关系直接相关。政府组织公共关系工作做得好，政府的威信就高，工作绩效也就越为明显；否则，政府的工作就会极为被动。政府组织公共关系协调工作主要体现在两个方面。其一是主动地、有计划地收集信息。这包括广泛开展各种形式的民意调查，听取公众呼声，接受群众的监督。这就需要建立规范的信息系统，设立专门的调查统计机构，使信息收集、分析处理工作做到科学化、专业化、定期化。其二是及时准确地传播信息。政府应有效地利用各种信息传播媒介和渠道及时向社会公众提供普遍关注的信息，宣传政府的工作方针和政策等。

(2)企业组织

企业组织是公共关系运用得最多、最充分且是受益最大、最明显的主体。企业组织是一个独立运作的经济实体，营利性是它的显著特征。同时，企业组织是所有社会组织中面临公众对象最多，并且需求最复杂、利益矛盾和冲突最为突出的公共关系主体，不仅存在着合作者的利益需求，还存在着竞争者、媒介和政府的种种挑战、监督与制约。因此，企业组织必须建立良好的公共关系，协调好与诸多的公众对象之间的关系，满足各方面公众的需求，得到公众的信任与支持。只有这样，才能使自己在激烈的市场竞争中，永远立于不败之地。

企业公共关系必须确立顾客至上的信条，以优质的产品、优良的服务满足顾客多方面的需求。要善于捕捉有利时机，大力对外宣传，提高组织的知名度和美誉度，塑造良好的组织形象。重要的是，必须牢固树立形象意识和全员公共关系意识，增强企业凝聚力，通过全体员工的共同努力，实现组织目标。目前，采用“全员PR管理”已成为企业的共识和普遍做法。所谓“全员PR管理”，即通过全员的公共关系教育与培训，增强全员的公共关系意识，提高全员公共关系行为的自觉性，加强整体的公共关系配合与协调,发动全员的公共关系努力,形成浓厚的组织公共关系氛围与公共关系文化。

[**案例**]

上海市某百货商店。12月30日是商店新楼开业1周年,为此商店特别请电视台录制了一部专题片,进行公关宣传:片中感谢全市居民一年来对商店的厚爱,并保证今后将为顾客提供更优质的服务。而且在片中特意提到此商店新开设了一个"店中店",专为顾客提供精制商品和最优服务。顾客现场购物,售货员面带微笑,不厌其烦,热情周到,令人心暖如春,小李正巧经过商店,看到了倍感亲切。第二天上街采购元旦用品,小李自然而然直奔此百货商店,并特意光顾了"店中店",高高兴兴地来到"店中店",哪知一进门看到的却是一幅令人始料不及的画面:只见鞋帽组的一个营业员正面带怒气地往盒子里摔鞋,同组的其他营业员也正叨叨咕咕地说着什么。最引人注意的是对面服装组的一个营业员,正扯着嗓子喊:"像这种人别理她,事儿倒不少,瞎折腾人。"被营业员围攻的一对夫妇,两个人正在办理退款手续。面对营业员的围攻,只见那个女顾客心平气和地说:"你们怎么这样,你们的鞋剩下的都有毛病。挑不出好的来,不买还不行。"而那个男顾客在一边劝他的妻子"算了,别吵了,像什么样子!"面对这种场景,小李再也没有买东西的欲望,就连一分钟都不想多待,逃难般地离开了"店中店"。

[**案例评述**]

一个企业要想建立良好的信誉,成功地开展公共关系活动,要靠全体员工的共同努力,从每一个人做起,真正做到全员公关管理。

(3)社区组织

社区原指居民相对比较集中的居住区。在公共关系中,社区指组织所在区域及与组织相邻的环境,包括政府、学校、企业、其他社团与居民等。地域相邻且利益相关使各类组织和个人结成社区。

社区是组织生存和发展的基础。社区不仅为组织提供生产资料和生活资料,而且还会成为组织稳定的消费市场,为组织发展提供有利的社会环境。两者相互作用、相互影响、相互促进,形成一个有机的利益共同体。社会学者曾指出,社区既可以使组织得到最有价值、最有影响的声誉,也可以使组织遭受危害性最大的指责。所以,社会组织必须注重社区关系,加强与社区公众的沟通,自觉维护社区环境,支持社区公益活动,促进社区的安定与繁荣。

[**案例**]

青岛市南市区主要围绕构建和谐社区这个中心,致力于培育服务型社区社会组织，紧贴社区居民的需要，成立社区服务社，构建“15 分钟社区服务圈”，开展包括卫生保洁、家电维修、管道疏通等一系列服务项目。为满足老年人、残疾人的特殊需求，成立空巢老人服务站、残疾人康复站，为老年人、残疾人提供生活照料、康复护理、精神慰问、法律服务等特殊服务。在八大湖街道社区内企业退休人员多，困难、下岗失业人员多，学校幼儿园多，老人小孩多，社会治安情况较为复杂，成立了 12 支特色服务队（包括医疗保健、文化娱乐、房产咨询、法律援助、就业帮扶等），对不同群体的不同需求提供服务和帮助，使社区中各方相互沟通协调、互帮互助。

(4) 大众传播媒介

大众传播媒介既指作为社会组织的报刊、杂志、电台、电视台，也指在这些组织中工作的记者、编辑人员。大众传播媒介是社会组织与公众联系沟通的最主要渠道，也是公共关系最主要的传播手段，是影响公众、塑造组织形象最主要的方式。大众传媒的基本特征是：受众数量巨大，分布面广，且传播时间迅速；内容繁简兼备，且能大量复制和文字化；信息客观、真实。

大众传播媒介具有双重人格身份。一方面，它是公共关系的主体，也要树立良好的社会形象；另一方面，它又是组织公共关系的客体，是组织努力追求的公众。因此许多社会组织都重视交结“无冕之王”，保持与媒体的良好关系为公共关系的重要内容。

(5) 事业组织与社会团体

事业组织通常是指那些由政府出资设立的满足社会某种需要的专门机构，如学校、图书馆等。社会团体是指具有共同利益需求或背景的人们为实现某种社会理想自愿结合而成的非营利性组织，如专业学术团体、宗教团体等。事业组织和社会团体由于其本身的非营利性特点，其公共关系除了具有与其他社会组织共有的特征外，还有其自身的特色，表现在以下 3 个方面。第一，确立一种良好的社会认识及道德楷模形象。事业组织与社会团体在社会公众中树立的形象目标是：担当着崇高的社会道义责任；具有强烈的献身于社会的奉献精神；表现较高的文化知识水平和社会道德水准。第二，以自身的行为积极影响社会舆论。第三，积极参与和组织各种社会活动，既可使广大社会公众受益，又可扩大组织自身的影响，并能通过与社会公众的有效沟通得到更多的理解和支持。

[案例]

美国威斯康星大学创建于 1848 年，它地处麦迪逊市。几十年间，都是规模很小的非教派学院。到了 20 世纪初，查尔斯·范海斯担任校长期间正是威斯康星州的农业小麦转向畜牧业和乳制品为主的转型期，对专门技术和管理的需求十分迫切。范海斯校长顺应这一需求，提出“大学必须为社会发展服务”的办学理念。他明确提出:"服务应当成为大学的唯一理想","大学应当成为服务于本州全体人民机构","教学、科研和服务都是大学的主要职能"。他说:"州立大学的生命力存在于它和州的紧密关系中。州需要大学来服务,大学对于州应有特殊的责任。教育全州男女公民是州立大学的任务。"学校为州立法提供咨询等多方面服务,学校教师和州政府官员相互兼容。学校全心全意为全州人民发展生产和经济服务。范海斯担任校长有一句名言:"鞋子上沾满牛粪的教授是最好的教授。"当时的媒体评价说:威斯康星大学对于农民来说,就像猪圈和农舍一样近在咫尺;对于工人来说,就像他们的工会大厅一样可以随时出入;对于制造商来说,大学的实验室随时为之开放。威斯康星大学开创的大学直接为社会服务的办学理念被后人称之为"威斯康星思想"。随后,威斯康星大学成功转型,成为州立大学的典范,也被全州人民信赖,树立起了"为全州人民服务"的大学形象,也吸引了更多的学子投入到社会服务的威斯康星大学中来。

[案例评述]

威斯康星大学的办学思想,突出树立"为全州人民服务"的大学形象,可见学校的公关建设是很重要的。这一办学理念体现了社会服务思想,是塑造大学形象的核心理念,对我国高校形象建设具有借鉴意义和实践价值。

2.2　公共关系客体——公众

公共关系的传播对象是公众。公众即与特定的公共关系主体相互联系及相互作用的个人、群体或组织的总和,是公共关系对象的总称。向公众传播是现代社会的主要活动。

2.2.1　公众的分类

公众的分类对于公共关系人员明确自己的传播对象具有重要的意义。公众的分类标准很多,一般常用的分类方法如下。

1) 内部公众和外部公众

根据公众与组织的关系,可以把公众分为内部公众和外部公众。

内部公众是组织内部的成员。它包括员工和股东。这类公众与组织的关系最为直接和密切。

[案例]

沃尔玛是排名第一的连锁集团。沃尔玛与员工的关系是一种真正意义上的伙伴、同仁关系。沃尔玛除为员工提供一些基本待遇外,还向每位员工实施其"利润分红伙伴计划""购买股票计划""员工折扣规定"等。另外,在教育方面也体现了这种伙伴关系,每一项计划都是遵循山姆先生所说的"真正的伙伴关系"而制订的,这种关系使每一个参与者都成赢家。

员工们在沃尔玛的奖励下贡献着自己的力量。他们为消减成本出谋划策,发明了灵活多样的促销方式。一位员工发现送货上门服务可以由原本行驶在相同路线上的沃尔玛货车代替,这每年为沃尔玛节省开支100万美元以上。一位员工关于现金收支报告周转合理化的建议,每年节省开支9 000万美元以上。

外部公众是组织内部公众以外的有利害关系的全部公众,它包括组织的客户、竞争者、合作者、金融机构、新闻媒介、政府机构、社会团体、社区组织等众多关系。

[案例]

某小区,拖欠物业管理费的情况比较严重。开始,物业公司工作人员上门和业主做了些思想沟通,但效果并不理想。

经过调查,物业公司对情况进行分类。一、家庭经济困难,家庭成员生病,无能力支付;二、家庭经济困难,夫妇双双下岗;三、家庭经济无困难,因与物业有疙瘩,拒付管理费;四、无任何理由,拒付管理费。

针对以上情况,管理处制定相应的对策。一、对第三种情况,物业上门家访,改善关系;二、与居委会合作,帮助失业业主再就业。三、对一时确实困难的租户,按照有关政策减免租金;四、对无理由而拒付的业主,上门交流;五、对反复交流仍拒付的,发出律师函;对发出律师函仍拒付的,通过法律解决。最后,该物业通过与业主、居委会以及相关法律部门的合作,圆满地解决了自己的问题。

2)首要公众、次要公众和边缘公众

(1)首要公众的重要性:员工的影响

[案例]

员工是组织形象的设计师和创造人,是组织与外部公众接触的触角。他们每天工作在生产经营第一线,他们的衣着、风貌、举止、言行,都是组织形象的体现和象征。他们和蔼可亲的态度,热情周到的服务,正直诚实的美德,将给组织带来无穷的效益。良好的雇员关系有助于培养员工的主人翁责任感,使人人珍惜组织的信誉和形象,从根本上改善和提高组织的素质。美国迪斯尼公司非常注意处理员工关系,其宗旨是:使员工有高度的满意感。公司把每一位员工都称为"主人",如"饮食主人""保安主人""市容主人"等,为的是增强员工的使命感,让游客有宾至如归之感。公司不像其他大企业那样日常称呼先生、小姐,而是彼此称呼名字,不分等级,令游乐场充满友善和无拘无束的气氛,迪斯尼的行政人员必须每年参加为期一周的"交换角色"节目,他们担任游乐场卖爆米花或收票的角色,亲身体验员工的工作情况。迪斯尼公司之所以在员工关系上花这么大精力,原因就在于它知道服务行业所推销的纯粹是员工的表现。对顾客而言,公司员工就是公司的化身,如果员工心境不佳,视工作为糊口,终日板着面孔,无疑是自绝客路,受损害的是公司自己。相反,员工对身为迪斯尼一分子感到骄傲,热爱工作,善待游客,迪斯尼公司的业务一定会一天天发展。

[案例评述]

由此可见,现代公共关系首先是促使组织把自身的工作做好,然后才是对外沟通传播。要把自己的工作做好,首先要内部员工精诚团结,共同努力。因此协调员工关系,培养员工的认同感和归属感,增强组织的向心力和凝聚力,就成为公共关系工作的起点。

(2)次要公众的重要性:政府的影响

[案例]

自1975年微软公司创立以来,在短短的27年里,比尔·盖茨创造了一个个现代神话,建造了童话般的"微软帝国"。把市场"蛋糕"切掉一大块揣入自己的腰包而欲独吞的微软公司,不可避免成为众矢之的。以微软中国为例,近十年来,微软中国的公众形象除了"巨无霸"之外就是太张扬,舍我其谁的强势文化在微软中国的身上打上了深深的烙印。人们在为微软的先进技术折服的同时,也被它的过分张扬和霸道所激怒。最可悲的是,2001年12月28日,有史以来中国政府软件采购最丰盛的一顿圣诞大餐摆上桌面时,六家国产软件厂商产品全部中标,而软件公司微软却未能分到一杯羹,这对它来说不啻一记闷拳。称霸软件市场20多年、一贯骄横傲慢的微软经过一番包装后,变得"温顺"多了。在中国市场,打开微软中国公司网页,有几行谦恭的话语令人耳目一新:"微软中国公司深知自己的成功离不开政府部门的支持、业界伙伴的信任和广大用户的厚爱。翘首未来,微软愿与中国信息产业携手,继续努力,共同迈向更加灿烂的21世纪。"微软中国前任总裁唐骏曾提出了三个著名论断。一是中国方式论:"既然我们在这里安家,当然要做一个优秀的企业公民。我们要用中国的方式跟政府打交道,政府是我们的领导,我们要服从领导。"二是合资友好论:"合资是一种友好,一种形象。"三是想做雷锋论:"要通过加大对中国社会的回报来改变微软形象,学习雷锋做好事。"

[案例评述]

尽管这一切都悄无声息,润物无声,但这个世界上最强的企业以及其在全球拥有的5万名员工,都在切切实实地发生这变化!因此,任何社会组织都不能忽视与政府的关系。与政府建立良好的关系,常常会给社会组织带来意想不到的效益。

根据公众对组织的重要程度,可以把公众分为首要公众、次要公众和边缘公众。

①首要公众是对组织的生存、发展和信誉有着举足轻重影响的公众,是与组织联系最密切、最频繁的一部分,对组织的发展前途和现状均有重要的制约力和影响力。它包括股东、重要客户(原料供应者、代销商、批发商)、员工中的骨干等。首要公众是组织生存发展的“生命线”,是公共关系对象中最为关键的公众,因此,公共关系人员对这部分公众需要投入最多的时间、人力和资金,以维护和改善组织与他们之间的关系。

②次要公众是对组织的生存和发展具有一定影响力,但并不起决定性作用的公众。它包括政府、社区、传播媒介、金融机构、组织的竞争者等。组织在保证首要公众利益的前提下,应适当兼顾次要公众,因为次要公众人数众多,在一定条件下会转化为首要公众。

③边缘公众是与组织联系最不密切,对组织的存在与发展并不十分重要的一部分公众。

它包括一般社会大众、慈善团体、宗教团体、学校等。对这部分公众,公共关系人员不必投入很多时间、人力和资金来维持和改善组织与他们之间的关系。但要注意在某种变故或某些特殊情况下,这类公众中的一部分存在着转化为比较重要公众的可能性。就一个组织来说,它的首要公众、次要公众和边缘公众的区分有着较大的相对性。他们在不同的时期可以互相转化,今天的首要公众可以变成明天的次要公众或边缘公众,今天的次要公众或边缘公众可以变成明天的首要公众。这种变化主要由组织的目标决定,同时也取决于组织的环境条件。这就要求组织的公共关系部门应根据组织的需要和形势的变化来确定公共关系的主要对象——首要公众,并努力处理好与他们的关系。

3)顺意公众、逆意公众和独立公众

[案例]

三鹿毒奶粉事件揭开了乳业集体添加三聚氰胺的黑幕,中国乳业厂家几乎全年覆没。近几年来“苏丹红”“人造蜂蜜”“大头娃娃”等骇人听闻的事件不绝于耳,而乳品中添加三聚氰胺事发之后,包括中国台湾、德国、美国的众多知名奶粉品牌相继传闻含有毒甚至致癌物质的报道一次又一次地触动了公众关于食品安全问题敏感而又脆弱的神经。蒙牛特仑苏奶粉的 OMP 事件,中国质检部门与美国食品和药物管理局声音相互矛盾,更让普通百姓莫衷一是。

［案例评述］

在这一事件中，乳业企业多数的内部员工、经销商都有可能成为他们的顺意公众，他们作为顺意公众是组织的财富，应重点培养。而因三聚氰胺等事件出离愤怒的消费者，则构成了庞大的逆意公众群体，转变逆意公众是组织公关工作的重点。其独立公众则很有可能具有一定的专业背景，如医生、律师、咨询行业从业人员，具有较强的独立思考能力，要努力防止他们成为逆意公众，将其转变为顺意公众。

根据公众对组织的态度，可以把公众分为顺意公众、逆意公众和独立公众。

①顺意公众是对组织的政策和行为持赞成和积极的态度，推动组织积极发展的公众。顺意公众是组织的财富，应重点培养。公共关系人员在制订计划时，必须要有利于加强同他们的联系与沟通，避免由于社会情况变动或组织自身的变化引起这类公众态度的逆转，不让他们被竞争对手争取过去，产生不利于组织的影响。

②逆意公众是对组织的政策和行为持否定态度，甚至敌视态度的公众。一般来讲，公共关系人员必须主动与这部分公众进行有效的信息沟通和情感联系，不计较眼前的得失，争取对方的理解，促使他们转变态度。在公共关系中，如何争取逆意公众态度的转变是一个难题。但对于组织而言，不能因为困难就放弃，因为处理不好与这部分公众之间的关系会对组织产生很大的消极作用。

③独立公众是对组织的政策和行为态度不明朗，持中间态度的公众。独立公众的态度具有极强的可塑性。公共关系人员必须耐心、主动地做好这部分公众的工作，引导他们成为顺意公众。即便一时间不能把独立公众改变为顺意公众，也要防止他们成为逆意公众。

4）非公众、潜在公众、知晓公众和行动公众

根据公众受组织影响的不同发展阶段，可以把公众分为非公众、潜在公众、知晓公众和行动公众。

①非公众是指虽处在组织的影响范围之内，但在一定的条件下不受组织影响，也不对该组织产生作用的公众。例如，一般条件下，棉布店可以被看做是轴承厂的非公众，婴幼儿可以被看做是成人用品商店的非公众。划分出组织的非公众，可以减少工作的盲目性，避免不必要的浪费。但要注意，非公众也有可能发展成为潜在公众。

②潜在公众是指将来可能与组织发生利害关系的公众。潜在公众是组织进行公共关系调查和预测的重要对象，要分析他们的发展态势，制订出应对方案，积极引导事件向好的方向发展。

③知晓公众是由潜在公众发展而来的，已明确意识到自己面临的问题与特定组织有关，迫切需要进一步了解与该问题有关的所有信息，并开始向组织提出有关

权益要求的公众。组织应采取积极主动的姿态与之及时沟通,主动传播信息,满足公众渴望知晓的心理,使公众对组织产生信赖感,从而主动控制局势。

[案例]

尼克松水门事件

在1972年的总统大选中,为了取得民主党内部竞选策略的情报,1972年6月17日,以美国共和党尼克松竞选班子的首席安全问题顾问詹姆斯·麦科德为首的5人闯入位于华盛顿水门大厦的民主党全国委员会办公室,在安装窃听器并偷拍有关文件时,当场被捕。事件发生后,尼克松和他的顾问们面对电视台长时间公开而深入的全程直播,一如既往地拒绝承认他们在非法闯入水门大楼事件中所扮演的角色。特别是尼克松总统的反应,在固执中透着古怪。并且命令下属列出在此事件中做出过负面报道的记者的名字。但在随后对这一案件的继续调查中,尼克松政府班子里的许多人被陆续揭发出来,并直接涉及尼克松本人,从而引发了严重的宪法危机。1973年10月23日,美国众议院决定由该院司法委员会负责调查、搜集尼克松的罪证,为弹劾尼克松作准备。1974年6月25日,司法委员会决定公布与弹劾尼克松有关的全部证据。7月底,司法委员会陆续通过了三项弹劾尼克松的条款。尼克松迫于各方面的压力,于8月8日宣布将于次日辞职,从而成为美国历史上首位辞职的总统。

[案例评述]

对于这一案例。美国前总统尼克松在处理"水门事件"时,由于没有满足或正视知晓公众的要求,失去了引导公众舆论的时机,导致自己越来越被动,最后只好辞职下台。因此,能否以积极的态度、正确的方法对知晓公众开展公共关系活动,关系到公共关系工作的及时性,往往是成败的关键。

④行动公众是由知晓公众发展而来的,不仅意识到问题的存在,而且正准备或正在采取行动以求得到问题解决的公众。行动公众的形成可能给组织的公共关系工作带来一定的困难,迫使组织采取相应的对策,是组织公关工作必须重视的对象。从非公众到行动公众,这是一个由组织行为引起的公众态度、行为连续发展的过程。组织应针对不同类型的公众划分,采取有针对性的公共关系策略,传递组织所希望公众接受的相关信息。由于各类公众对组织生存、发展和信誉具有不同的影响,同时又对组织有不同的利益要求,因此,应根据公众各自不同的特点和权益要求,综合考虑公共关系计划,以保证公共关系工作的成功。

[案例]

三鹿奶粉事件

2008 年 6 月 28 日，位于兰州市的解放军第一医院收治了首例患“肾结石”病症的婴幼儿，据家长们反映，孩子从出生起就一直食用河北石家庄三鹿集团所产的三鹿婴幼儿奶粉。7 月中旬，甘肃省卫生厅接到医院婴儿泌尿结石病例报告后，随即展开了调查，并报告卫生部。随后短短两个多月，该医院收治的患婴人数就迅速扩大到 14 名。随后迅速扩大到全国众多省份。

同时，消息一出，省委、省政府领导和各相关部门对“肾结石事件”高度重视，作出批示：“立即采取措施，及时妥善处理”，要求卫生部门及各监管部门做好患儿救治，迅速排查。党中央、国务院也对严肃处理三鹿牌婴幼儿奶粉事件作出部署，立即启动国家重大食品安全事故 I 级响应，并成立应急处置领导小组。9 月 13 日，卫生部党组书记高强在“三鹿牌婴幼儿配方奶粉”重大安全事故情况发布会上指出，“三鹿牌婴幼儿配方奶粉”事故是一起重大的食品安全事故。

三鹿集团董事长承认他们在这次事件发生前，已在内部检测出了相关问题，也对结果跟有关部门进行过汇报。但是，对于在内部检测之后为什么没有采取紧急的补救召回措施，她没有作进一步解释。

[案例评述]

对于此案例，因为三鹿集团已知奶粉出了问题而没有采取有效行动，当潜在消费者、消费者还不了解三鹿奶粉问题时是潜在公众。当首例“肾结石”病症的婴幼儿出现后，随着事件的发展，公众已经知道了奶粉存在质量问题，演变为知晓公众。受害者家属纷纷采取投报、写信、状告方式，要求三鹿集团补偿，要求政府采取相关措施等维护自己的合法利益，这些消费者已演变为了行动公众。三鹿集团从一开始就没有处理好与公众的关系，随着事态的发展，已经没有办法挽救才导致了这一悲剧事件的发生。

2.2.2　公众的特征

公众虽然与人民、群众、人群一样，同样是由一定数量的人们构成的，但其概念的含义及应用有着特殊的规定和意义，可以从 5 个方面来认识。

1)整体性

公众不是单一的群体，而是与某一组织运行有关的整体环境。任何组织的生存和发展都离不开一定的公众环境。公众环境与自然环境、地理环境不同，它是指组织运行过程中必须面对的社会关系和社会舆论的总和。这些社会关系和社会舆论范围很广，涉及组织内部和外部，以及社会各方面，而且相互关联，构成复杂。例如，一家企业既有内部的职工公众、股东公众，又有外部的社会公众，不仅包括市场上的顾客、销售商，还包括社区、政府、新闻界、文化界、体育界等有关的团体、组织或个人。公共关系工作不可以只注意其中某一类公众，而忽略其他公众。公众环境恶化必然影响组织的生存和发展。因此，首先应该将组织面对的公众看做是一个完整的环境，要用全面、系统的观点来分析自己面临的公众，注意组织与公众环境之间的整体平衡与协调。

[案例]

2005年9月20日是第17个世界爱牙日，联合利华日化有限公司在中国上海向世界展示高度3米，直径0.8米，重量达到2.8吨的中华牙膏，并以此向吉尼斯"世界之最"发起冲击。与此同时，"中华挑战世界之最"2005中华全国9市1县大型公益巡展也正式拉开了帷幕。此次活动由上海启动，途径武汉、长沙、凤凰、重庆、西安、太原、石家庄、济南，最终到达首都北京。11月2日，在北京朝阳公园举行"中华挑战之最"的闭幕仪式。活动当天呈现"万人支持中华挑战世界之最"的百米条幅，现场揭晓"中华"大牙膏挑战吉尼斯世界纪录的审批结果，并将这支具有特殊意义的"中华"牙膏捐赠给中华口腔医学会，推动中华口腔保健事业走向新的台阶。

此次公关目标：

①提升中华牙膏"专业化，国际化"的品牌特性，突出年轻化，充满活力的形象。

②加强同相关政府、行业组织的关系，在消费者中塑造领导形象。

③与全国各地的消费者充分互动，突出关注消费者健康积极沟通的企业形象。

④传播"中华本草5珍"新品的知识和信心，拉动终端购买。

⑤搭建品牌与媒体之间良好沟通的桥梁，提高媒体对"中华"品牌的好感和品牌忠诚度。

[案例评述]

"中华挑战世界之最"活动从启动仪式开始，经过巡展到闭幕式，无论从整体还是从细节都为到场的来宾与观众营造了一个热烈、欢愉的氛围，让大家充分感受到了联合利华作为一个国际跨国公司的雄厚实力。考虑到了公众当中的政府、行业组织、消费者、媒体等方面，协调和平衡了组织和公众环境之间的关系。

2)共同性

公众不是一盘散沙，而是具有某种内在共同性的群体。当某一群人、某一社会阶层、某些社会团体因为某种共同性而发生内在联系时，便成为一类公众。这种共同性即相互之间的某种共同点，如共同的利益、共同的需求、共同的目的、共同的问题、共同的意向、共同的兴趣、共同的背景等。这样一些共同点使一群人或一些团体和组织具有相同或类似的态度和行为，构成组织所面临的一类公众。例如，表面上看相互间并无联系的许多人或团体，因为同处一个社区，都面临着某家工厂的污染威胁，从而使他们的态度和行为具有内在联系，不约而同地或者有组织地针对该家工厂构成一定的公众压力、舆论压力。因此，了解和分析自己的公众，必须了解和分析其内在的共同性，内在的联系，这样才可能化混沌为清晰，从公众整体中区分出不同的对象来。

[案例]

某小区业主与物业公司再起争端。昨日，就小区公共用水问题，小区业主大会筹备小组成员再次与原物业管理公司发生了争端。

据业主大会筹备小组成员邱先生介绍，此前，供小区绿化供水用的水龙头和水管就被原物业公司取走过。为了方便卫生人员冲洗楼梯以及绿化小区，筹备小组成员集资买了水龙头、水管，并重新安装上，但是没有想到当天又被原物业管理公司的工作人员拿走了。

小区内有些居民认为，水管等设施都是小区的公共设施，是为了小区的绿化之用，而重新安装的水管又被无端取走，更是说不过去。

市交通物业管理有限公司对此则有另一番解释，一位工作人员告诉记者，目前水表、电表账户的户主依然是该公司，业主如果用水应该提前与他们协商沟通，但业主却擅自接通了水管，他们对这种行为表示不满。这位工作人员还说，在小区选出业主委员会，并作出决定聘请新的物业管理公司时，他们会依照程序办理小区水电过户手续，在这之前，他们主张双方就出现的问题进行沟通协商。

[案例评述]

小区居民由于拥有共同的利益、共同的需求、共同的目的、共同的问题、共同的意向、共同的兴趣、共同的背景，构成组织所面临的一类公众，不约而同地或者有组织地针对该家公司构成一定的公众压力、舆论压力。

3）多样性

公众的存在形式不是单一的，而是复杂多样的。公众仅是个统称，具体的公众对象形式可以是个人，可以是群体，也可以是团体或组织。日常的公共关系工作对象包括各种各样的公共关系基础：个人关系、群体关系、团体关系、组织关系等。即使是同一类的公众对象，也可以有不同的存在形式。例如，消费者公众可以是松散的个体，也可以是特殊的利益团体（如消费者协会），也可以是一个严密的组织（如使用产品的其他公司乃至政府）等。又如，媒介关系可以表现为前来采访的记者，也可以是与记者协会、新闻学会的关系,或与报社、电台、电视台编辑部等新闻单位的关系。公众对象具体形式的多样性,决定了公共关系沟通方式和传播媒介的多样性。认识公众就必须认识公众具体的存在方式。

4)变化性

公众不是封闭僵化、一成不变的对象,而是一个开放的系统,处于不断变化发展的过程中。任何组织面临的公众,其性质、形式、数量、范围等均会随着主体条件、客观环境的变化而变化。有的关系产生了,有的关系消失了;有的关系不断扩大,有的关系不断缩小;有的关系越来越稳固,有的关系越来越动荡;有的甚至发生性质上的变化——竞争关系转化成协作关系、友好关系转变成敌对关系等。公众环境的变化必然导致公共关系工作目标、方针、策略、手段的变化。反过来,组织自身的变化也会导致公众环境的变化。如组织的政策、行为、产品的变化,使公众的意见、评价、态度或行为发生相应的变化,这种变化的结果又可能倒过来对组织产生作用和影响。例如,可口可乐公司曾决定生产一种新型的(带甜味)可乐,却在顾客中引起了强烈不满,这种公众舆论立即迫使可口可乐公司慎重考虑其决策,以免导致公众环境的剧变。可见,必须以发展的眼光来认识自己的公众。

5)相关性

公众不是抽象的、各组织"通用"的,而是具体的、与特定的组织相关的。公众总是相对一定的公共关系行为主体(组织或个人)而存在。一群人之所以成为某一组织的公众,是因为他们与该组织具有一定的相关性、互动性,即他们的意见、观点、态度和行为对该组织的目标和发展具有实际或潜在的影响力、制约力,甚至决定组织的成败;同样,该组织的决策和行为也对这些公众具有实际或潜在的影响力、作用力,制约着他们利益的实现、需求的满足、问题的解决等。这种相关性是组织与公众形成公共关系的关键。寻找公众、确定公众很重要的就是寻找和确定这种相关性,并把他们具体地揭示出来,分析清楚,从而确定自己的目标公众。正确地认识公众的相关性、差异性是制订公关政策的依据。

[案例]

电信天翼V博试用体验与几大门户相比,中国电信没有庞大的网友规模;与中国移动相比,中国电信也没有可观的潜在用户。但电信有一个明确的定位,这就是面向全国各大高校的学生群体。从这一出发点来看,与人人网的起步有一定的相似之处。学生群体拥有最高的活跃度,这将有益于天翼V博迈出的第一步。虽然隶属于中国电信,但天翼V博并没有对将注册范围限制在天翼用户之中,即使普通用户也可以进行注册,唯一需要注意的是用户必须填写自己的家乡与就读院校。当然用户也可以以天翼用户的身份进行注册,这时需要用户提交自己的电信手机号码来获得验证码进行注册。除了“天翼 V 博”“我的首页”“我的天翼 V 博”之外，网站还设计有“随便看看”“天翼校园之星”等标签。正值世界杯期间，天翼 V 博还开通了“世界杯游戏”“V 博评球”等趣味项目。在天翼 V 博的首页页面，我们还看到了“精彩视频”“排行榜”“知名院校”的标签。网友们可以在这里分享自己喜欢的视频，寻找最热门的 V 博，参与评选最佳人气、最佳博主、最热评论家。世界杯期间，天翼 V 博还为网友们开通了“世界杯游戏”与“V 博评球”两项栏目。“世界杯游戏”为用户准备了“梦幻世界杯”与“世界杯竞猜”两档游戏，让用户在收看世界杯的同时也能够感受到参与世界杯的乐趣，而通过“V 博评球”，用户可以第一时间与朋友们分享世界杯所带来的激情。

[**案例评述**]

大学生群体是一个特殊的群体，天翼在开发期 V 博过程中，针对大学生群体的相关性特点，结合大学生的现状，开发了如知名院校、世界杯游戏、V 博评球灯项目，抓住了大学生的共同心理和相关特点，可以让天翼在 V 博市场竞争中更加顺利。

从整体性、共同性、多样性、变化性、相关性五个方面来把握公众的特定含义，可以帮助我们理解这一概念与人民、人群，特别是与群众这几个概念之间的区别。传统的工作方法中有走群众路线，做群众工作，从群众中来到群众中去的经验，公共关系工作在一定意义上是与其一致的。例如，一家企业要处理好职工关系，协调好社区的居民关系，与做群众工作是一致的。除此之外，要处理好与股东的关系、与新闻界的关系等，这些关系对象难以简单划入群众的范畴之中。它们均是组织的特定公众，是公共关系工作的特定对象，被称为股东公众、媒介公众等，而不被称作股东群众、媒介群众等。

2.2.3　公众的意识

公众意识是现代公共关系观念的重要内容，也是现代经营思想的重要标志。面对日益开放、日益多元化和信息化的社会环境，任何组织都不能够漠视公众的压力。无论制订目标和政策，从事管理和经营活动，都必须高度关注公众的利益，了解公众的意见，满足公众的需求；必须加强与公众的沟通，争取公众的理解，赢得公众的支持。要真正视公众为“上帝”，“顺其者昌，逆其者亡”或者叫做“得民心者得天下”“得民心者得市场”。这是现代开放、开明的经营管理思想的重要标志。

2.2.4　公众的心理分析

研究公众对象的一个重要内容是分析公众的心理和行为，以便使传播沟通工作具有较强的针对性和科学性。在现实生活中，对于同一件事情，不同的公众会有不同的反应，会采取不同的行为。这些反应和行为的差异与公众的心理差异有关。在公共关系中，影响公众行为的心理因素很多，很复杂，但就商业交往中，要选择其主要心理。在做公共关系中特别要注意到以下心理。

1)知觉偏见

人在同一时间、同一场合中同时面对众多的事物，只能有选择地感知其中少数内容，形成清晰的知觉，而对其他事物则可能视而不见，听而不闻，这就会造成知觉的偏见。知觉的偏见就是人们在感知事物的时候，由于特殊的主观动机或外界刺激，对事物产生一种片面的或歪曲的印象。常见的原因有以下几种。

一是首因效应。即第一印象的强烈影响。事物给人最先留下的印象往往有强烈的作用，左右着人们对事物的整体判断，影响着人们对事物以后发展的长期看法。第一印象一旦形成，就比较难以消除。例如，走进商场买衣服的时候，如果在几件差别不很大的情况下，肯定是第一件试穿的衣服被选中的可能性最大。进书店买书也同样，选好内容后，第一本翻过一遍的那本被挑中的可能性最大。因此要十分注意公关传播中的首因效应，无论是人、产品、环境还是组织行为，都要尽可能给公众留下良好的第一印象，避免因为不良的第一印象而造成知觉的片面性。

[案例]

“海尔在美国大展拳脚!”美国人惊呼。而海尔走进美国是在“走出去”后实现的。1998 年、1999 年，海尔经过科学测算，在美国建一个冰箱厂的盈亏平衡点是 28 万台，当年海尔出口到美国的冰箱已经远远超过这个数字。依此，海尔拍板走进美国。从制造需求到制订标准是海尔实现的第二个跨越。到目前，海尔不仅参与了 20 项国家标准的制订，还制订了一项国际标准。

全世界最大的邮购公司德国奥托公司曾派专家来到海尔冰箱中二事业部，检验首批交货订单的质量。在严格的检验过程结束后，这位专家表示海尔可以成为奥托公司在中国的第一个质量免检供应商!

通过树立海尔在美国市场的第一良好印象，海尔在美国市场上取得了良好的业绩。如今，在美国，海尔产品全面进入美国前 10 大连锁店；在欧洲，海尔产品已进入欧洲五个主要国家前五位的大连锁店及专业电器连锁店；在日本，海尔产品进入包括山田电机、小岛电机、佳世客在内的 10 大连锁渠道……

“过去属于死神，未来属于你自己”，“企业一旦站在优势的浪头，维持的方法只有持续创新。”这是张瑞敏欣赏的两句话。要让企业永远跟上社会的步伐，就要给公众树立良好的第一印象。

[案例评述]

海尔在进入美国市场前，在技术和质量上把好关，严格控制企业的管理，保证企业进入美国市场的第一瞬间，就能给美国公众留下一个良好的企业形象，让企业的形象能够在公众中留下深刻印象，这为海尔之后的市场拓展之路埋下了良好的基础，让美国公众能够长期地信任海尔的产品，使海尔能在美国激烈的竞争市场上得以发展壮大。

二是近因效应。即最近或最后印象的强烈影响。事物给人留下的最后印象往往非常深刻，难以消失。例如，与一群初次见面的朋友交往，肯定是最后被介绍的那位更容易被记住。对一件事物或一个人接触的时间延长以后，该事物或人的新信息、最近的信息就会对认识和看法产生新的影响，甚至会改变原来的第一印象。公关传播工作也要注意这种近因效应，注意用新信息去巩固公众原来的良好印象，或改变原来的不良印象。

[案例]

1999 年 Nike 开始在中国市场推出低价体育产品，这一降价策略不但没有为 Nike 开拓新的消费市场，反而使原有的高价位产品受到了消费者的广泛质疑。面对失去消费者信任和品牌地位的危机，Nike 不得不赶紧鸣金收兵，转而巩固高档和高价位市场。在降价策略铩羽而归之后，Nike 也意识到它作为品牌在中国消费者心目中特有的文化地位和象征功能，因此在加强营销公关和流行文化宣传的同时进一步介入中国体育产业的发展，并在二级甚至三级城市增开专卖点，充分挖掘潜在的消费市场。Nike 近来进一步地拓展体育营销的模式和范围，大量投放明星代言广告，宣传时尚及个性化的品牌理念，为其品牌核心价值加分。Nike 在中国的公关营销策略至今为止仍是令人称道的，其公关之路的成就也是有目共睹的。Nike 用它的品牌和智慧，在中国语境中完成了一个文化重塑的奇迹，重塑了中国人对于体育、时尚、流行文化的观念，Nike 也借此成为中国体育消费品市场上的“王者”。

[案例评述]

Nike 在中国市场采用低价策，遭到消费市场的抵触之后，迅速改变其市场定位，通过分析中国文化和本公司的产品特征，重塑企业形象改变留给中国公众的第一印象，让公众重新认可 Nike 品牌，这是利用近因效应的良好体现。

三是晕轮效应。即一种以偏概全，以点概面的片面知觉。人们在认识事物或人时，往往会从对象的某些突出的特征或品质推广为对象的整体印象和看法，从而掩盖了对象的其他特征或品质，形成某种幻化的知觉。这种幻化的知觉会产生美化或者丑化对象的作用。公共关系活动可以适当利用这种晕轮效应来扩大影响，美化形象，如“名流公关”；同时也要避免因为滥用这种晕轮效应使公众反感甚至讨厌；更要反对利用晕轮效应来蒙骗公众。

[案例]

俄国著名的文学家、诗人、小说家普希金,曾因晕轮效应的作用吃了大苦头。他狂热地爱上了被称为“莫斯科第一美人”的娜坦丽,并且和惊艳的美人娜坦丽结了婚。然而娜坦丽虽容貌惊人,但与专情浪漫的普希金志不同道不合。当普希金每次把写好的诗读给她听时。她总是捂着耳朵说:“不要听! 不要听!”相反,她是要普希金陪她游乐,出席一些豪华的晚会、舞会,普希金为此丢下创作,弄得普希金债台高筑,最后还为她决斗而死,使一颗文学巨星过早地陨落。在普希金看来,一个漂亮的女人也必然有非凡的智慧和高贵的品格,然而事实并非如此,这种现象被称为晕轮效应。

[案例评述]

晕轮效应即一种以偏概全,以点概面的片面知觉。人们在认识事物或人时,往往会从对象的某些突出的特征或品质推广为对象的整体印象和看法,就像伟大诗人普希金,在他看来,一个外表漂亮的女人必然有非凡的智慧和高贵的品格,他以女人外表美丽这一突出特征而掩盖了或者说概括了女人的其他品质,形成某种幻化的知觉。这种幻化的知觉会产生美化或者丑化对象的作用。而在普希金这一案例中,他对女人以点概面的认识,起了美化对象的作用。总的来说,普希金被女人美丽的外表蒙蔽了!

四是定型作用。即固定的僵化印象对人的知觉的影响,也称为“刻板印象”。人们往往自觉或不自觉地凭借自己以往形成的固有经验和固定看法去判断评价某类人或事物的特征,并对该类人或事物中的个体加以类推。这种看法一旦在人的头脑中定了型,造成“先入为主”的成见,就很容易在新的认知中产生偏差,妨碍人与人之间的正常交往或对事物的正常判断。公共关系工作一方面要研究和尊重公众的某些刻板印象,使自己的形象与公众的经验相吻合;另一方面也要努力传输新观点、新知识、新经验,以改变公众某些狭隘的成见和偏见以及由此形成的误解。

[案例]

在20世纪70年代的电影中,当一个留着长发,蓄着胡子,戴着墨镜的人物一出现,你就会感觉到这不是一个好人,肯定是一个坏蛋;在日常生活中,当一个仪表堂堂、潇洒的人盗窃和杀人时,你会感到吃惊,或一个你认为十分老实的人突然干了坏事,进了班房,你往往难以接受这一现实;吃水果的朋友,也许会有这样的一种感觉,他们爱买黄皮橘子而不乐意买青皮橘子,尽管这两种橘子一样甜,一样好吃。因为在他们的印象中,青的橘子是未成熟的和酸的。喜欢看电视剧的朋友都有这种感觉,同样内容的电视剧,总是原版拍得比新版好,原版演员比新版演员演得到位,总觉得老版本是正版,新版总有偷鸡不成蚀把米之嫌。还有一个著名实验:苏联社会心理学家包达列夫做了以下实验:他向两组大学生出示了同一个人的照片,照片上的人的特点是下颌外翘,两眼内凹。在出示相片前对第一组大学生说此人是罪犯,而对第二组大学生说此人是一位科学家,然后让两组大学生用文字描绘照片的相貌,进行评价。第一组的评价是:深陷的双眼表明他内心的仇恨,突出的下巴表明其死不悔改。第二组的评价是:深陷的双眼表明其思想的深刻性,突出的下巴表明其克服困难的坚强意志等。为什么会出现这种现象呢?

[案例评述]

以上现象就称之为定型作用。比如说最后一个著名的实验所出现的现象就是由于人们对罪犯和科学家都有一定的社会刻板印象,因此就产生了认识上的不同。对各类人或某个群体形成的一种概括而固定的看法,并以此作为评价其人格的依据。定型作用有利于对某一群人作概括的认识和了解,但也容易导致对人认识的偏差,造成"先入为主"的成见,因而阻碍人际间正常的认知与交往,其影响是弊多利少。而打破刻板影响的最好的方法就是摆脱旧的思维习惯,打破思维定势,有意识地克服习惯于用旧方法解决问题的弱点,用新的眼光和思维对待问题,寻找新的解决问题的途径等。

2)从众心理

从众心理是指在社会团体的压力下,个人不愿意因为与众不同而感到孤立,从而放弃自己的意见,采取与大多数人一致的行为,以获得安全感、认同感和归属感。团体压力往往比权威命令更能制约和改变个人的行为。团体压力造成从众心理有两个条件,一是团体内部意见一致,具有足够的同一性、凝聚力和吸引力,足以满足或压抑个人的愿望和意见,使个人产生从众行为;二是个体的素质和能力较低,缺乏自信和独立性,对团体有较强的依赖性和归属感。公共关系实践中要研究如何培养和利用从众心理去增强组织的凝聚力和吸引力,创造"人和"的组织气氛。

[案例]

美国人有一段十分传神的文字,来描述人的从众心理:突然,一个人跑了起来,也许是他猛然想起了与情人的约会,也许是想起家里的门没有关,又或者偷了别人的东西赶紧逃跑。不管他想些什么吧,反正他在大街上跑了起来,向东跑去。另一个人也跑了起来,这可能是个兴致勃勃的报童,赶着去卖报纸。第三个人,一个有急事的胖绅士,也小跑起来……10 分钟之内,这条大街上所有的人都跑了起来。嘈杂的声音逐渐清晰了,可以听清"大堤"这个词。"决堤了!"这充满恐怖的声音,可能是电车上一位老妇人喊的,或许是一个交警说的,也可能是一个男孩子说的。没有人知道是谁说的,也没有人知道真正发生什么事,但是大街上两千多人都突然

奔逃起来,都一起向东跑去。

当组织有一项议案提出时,大部分人都赞成,而小部分人反对,这时,组织就可以用从众心理,教育剩下的小部分人,大家都这样做了,赞成了这个方案了,你们也不要反对了,反对就跟大部队步调不一致了。用从众心理来安抚教育剩下的小部分人,以增强组织的凝聚力。

3)逆反心理

逆反心理指作用于个体的同类事物超过了个体感官所能接受的限度而产生的一种相反的体验,使个体有意识地脱离习惯的思维轨道,向相反的思维方向探索。逆反心理会造成逆反行为、抵触行为。逆反心理形成的原因往往是出于好奇心、好胜心和抵触情绪,公众对于某些表现过分的东西,往往产生厌烦、厌恶的感觉,从而形成抵触的情绪。在这种抵触情绪的支配下,为了证实和论证自己的判断力,便力求搜集相反的信息和资料,从相反的方面得到支持和论据,形成相反的认识和判断,并根据相反的判断采取相反的行为。逆反心理的产生,会成为传播沟通的一种障碍。要防止出现公众的逆反心理,就需要注意信息量和刺激要适度,信息量过大,刺激过度都容易造成传播对象的逆反心理,导致反效果。

[案例]

我们打开电视常常可以看到一些电视购物广告,广告当中介绍的那些减肥、丰胸、去痘、去斑的产品非常吸引人,再加上广告中那些当事人声泪俱下的倾诉,让你想不相信他似乎都有点难。在现实的生活中类似这样的广告却是屡见不鲜,消费者就开始烦了,然后越烦就越觉得见得多,越觉得见得多,就越觉得烦,形成一个恶性循环。

以下是一位消费者的博客:"我是一个不十分喜欢逛商场的人,但有时也免不了进商场为家人们选购一些生活日用品,以前在商场没有导购的时候,自己可以随心所欲地挑选自己需要的东西。但自从商场有了导购以后,进商场买东西就不那么随便了。一踏进商场的门,你的身边就拥来了一群不知从什么地方冒出来的人,总是围在你的身边唧唧喳喳地说个没完没了。他们不是问你需要帮什么忙,而是没完没了地推荐他们代理的商品。他们从来也不想知道客人要买什么,也从来不问客人来买什么,只求你买他们代理的东西。有时客人不高兴了,说他们两句,他们还让你生一肚子的气。本来去商场买东西时挺高兴的,结果被他们弄得一点心情也没有了,只好草草地逛一逛,甚至连买东西的心情也没有了,东西也买不了。不知是我一人有这样的心情,还是有人与我同病相怜呢?"

[案例评述]

生活中不难发现,面对每天各类广告的狂轰滥炸,消费者已经麻木,甚至感到厌烦,加之许多广告传递虚假信息,或者夸大信息误导消费者,伤害了消费者对广告的信任,引起了消费者的逆反心理,对这类广告有了一种厌烦感,从而降低了广告在消费者心目中的地位。这个广告就起不到应有的效果了。

2.2.5　公众分析的方法及意义

公众分类是公共关系理论中的重要部分,其方法及意义是很明显的;没有区别就没有政策,就没有方法。从实践操作的角度看,公众对象的构成是非常复杂的。在制订具体的公关目标、策略、方法的时候,必须对公众的构成进行分析,区分为一些具体可操作的传播沟通对象。科学的公关工作应该建立在科学的公众分析(分类)的基础上。

1)公众分析的方法

根据不同的层次、角度和标准,可以对公众作不同的分析。不同的组织有不同的公众。

(1)根据组织的社会职能划分

公众的分类首先取决于组织的分类。最通常的是按照组织的社会职能来划分,这样可以将组织区分为经济组织、政治组织、文化组织等。经济组织如各类从事生产、流通、交换、分配的工商企业;政治组织如政党、政府、法院、公安、监察等政治行政机关;文化组织如教育、文艺、出版、体育等组织机构。组织的社会职能不同,接触的公众就不一样。例如政府公共关系工作所面临的公众,比其他任何组织的公众都要广泛得多,面对社会的各个阶层、各种组织,面对着整个公众舆论,它所要承受的公众压力比其他任何组织都要大得多,与各类公众沟通的方法也就复杂得多。

(2)根据组织的性质特征划分

根据组织的不同性质和特征,可以划分为4种类型的组织:一是公益性组织,如政府部门、市政管理机构、军事机关、公安机关等;二是互益性组织,如各类党派团体、职业社团、群众组织、宗教团体等;三是营业性组织,如工业和商业企业、金融机构、旅游酒店等;四是服务性组织,如非经营性的事业单位,如学校、公立医院、社会福利机构等。

(3)根据是否竞争营利的标准划分

实际上组织类型对于公共关系行为方式及公众类型区分影响比较大的因素主要有两个:一个是营利还是非营利,一个是竞争还是独占性。以这两项标准来划分,大致上可将社会组织划分为四类。

一般来说,公共关系与营利性的商业活动以及竞争性的社会活动联系比较密

切，这是现代公共关系活动的一般规律。

第一类组织：竞争性营利组织。这类组织为了自己的经济利益，为了在市场竞争中争取顾客，一般都有比较自觉的公共关系行为，主动地争取公众支持。但比较容易偏重于与市场活动直接相关的公众，其公共关系行为的营利性质也较为明显。

第二类组织：竞争性非营利组织。这种组织没有经济动机，但由于需要在竞争中赢得舆论的理解和公众的支持，因此也会十分重视自己的公共关系工作，尽可能广泛地去建立和发展自己的公众关系。

第三类组织：独占性非营利组织。由于缺乏自身利益的驱动，缺乏竞争的压力，往往容易忽略自己的公众或"脱离自己的公众"，公共关系管理工作一般比较薄弱。

第四类组织：独占性营利组织。由于对产品或服务具有独占性，管理机制上不容易输入公众的信息，而又有营利的动机，因此，容易产生违反公众利益的行为，容易陷入公众舆论的压力之中。当然，这种分析仅仅考虑了两种比较直接的因素，没有结合其他社会条件，只能作为一种参考，实际情况可能要复杂得多。

2）分析公众的意义

分析公众的意义有以下几个方面。

一是为公共关系的调查研究和组织形象的评估确定范围，避免公关工作的盲目性和不必要的浪费。

二是为制订公共关系政策、设计公共关系方案明确目标和方向。

三是为公共关系活动的组织和实施打下基础，有效合理地分配公共关系的各种资源，使人、财、物的投入更为科学，使整个公关活动得到良好的控制和管理。

四是为科学评审公共关系工作的效果提供依据，准确地判断公关工作的针对性、适应性、有效性。

2.3 公共关系过程——信息沟通传播

传播是公共关系的三大要素之一。公共关系活动的过程实际上就是公关主客体间的信息传播和沟通。只有遵循传播沟通活动的基本原则，巧妙而灵活地利用各种传播媒介造就有利的舆论环境，才能使公共关系活动取得满意的效果，同时，正确利用传播媒介，来完成公关活动也是衡量公共关系人员能力水平的标准之一。为此，公共关系人员必须了解有关传播的知识，并能加以灵活运用。

2.3.1 信息与传播的概述

公共关系传播的内容是信息，为了能根据信息的特点和要求选择传播方式和传播媒体,在研究传播之前,有必要了解信息的含义及其基本特征。

1)信息的含义和特征

(1)信息的含义

关于信息的含义,至今没有一个能让所有人信服的定论。一般来说,信息是事物联系的一种形态,也是事物存在的一种形式。信息是事物的本来属性,是事物的一种普遍形式。物质世界的几个基本概念分别说明了几个基本问题:时间的概念说明事物的持续性,空间的概念说明事物的广延性,运动的概念说明事物的能动性,信息的概念说明事物的组织性(联系性)。信息刻画着系统的组织程度。信息是表现事物状态和运动特征的一种普遍形式,是物质的普遍属性,是生物进化和人类社会发展的真实反映。

[案例]

一场地震,撼动了大半个中国,牵动了整个神州。跟地震波一起迅速传送的,是汶川和各地的震情以及党和政府沉着应对的消息。

灾情牵动着党中央国务院领导的心。胡锦涛总书记立即指示尽快抢救伤员,保证灾区人民生命安全;温家宝总理当即赶赴灾区,指导救灾工作。国务院成立以温家宝为总指挥的抗震救灾指挥部。仅仅几个小时后,中国地震局、国家减灾委、民政部等急援灾区,保护人民生命财产安全。这一切让人们看到了党和政府全力以赴抗震救灾的坚定决心,看到了党和政府对灾区人民的深切关怀。

灾情牵动着全国人民的心。短短几个小时内,云南、西藏等周边省区已派出地震专家驰援四川,中国扶贫基金会紧急发出募捐倡议,中国红十字会全力调拨物资救援。互联网上铺天盖地的祈愿帖子传递情感,手机中接连不断的慰问信息温暖人心。人们关注震区传来的每一点信息,关切震区人民的生命安危。

几小时内,国家和地方地震局数次召开新闻发布会披露最新震情统计数据,地震伤亡人数在互联网上实时更新,媒体滚动播出最新消息。

这场“全国直播”的震情随着电波和网络迅速传送,不仅没有扩散恐慌,反而抚平了公众的不安,凝聚起坚定沉着宁静的力量。

[案例评述]

“涉及公民、法人或者其他组织切身利益的,需要社会公众广泛知晓或者参与的”信息必须主动公开。2008 年 5 月 1 日,随着《政府信息公开条例》在全国的施行,打造公开透明的阳光政府,已经是法律的坚决要求,“公开是原则,不公开是例外”,成了新的信息发布准则。

(2)信息的特性

较之于物质和能源,信息更多地体现出它的独特性。信息具有多种自然属性,可概括为可识别性、可转换性、可存储性、可压缩性、可替代性、可扩散性、可传输性、可分享性、可再生性、可扩充性。

2)传播的含义和特征

(1)传播的含义

公共关系的传播,是社会组织利用各种媒介,就信息或观点有计划地与公众进行交流、沟通的活动。传播的基本含义包括以下两个方面:

①传播是一个有计划的完整的行为过程。“有计划”是指整个传播活动必须按照组织的公共关系总目标有步骤地进行。“完整”是指传播过程必须完全符合传播学的“五个 W 模式,即:Who(谁);Say what(说什么);Through what channel(通过什么渠道);To whom(对谁说);With the effect(产生什么效果)。

②传播是一种信息分享活动。传播双方是在传递、反馈、交流等一系列过程中获得信息的。

(2)传播的特征

①社会性。传播活动作为一种社会现象,几乎在人类社会形成的同时就已经产生。人类学家爱德华·萨皮尔认为,每一种文化形式和每一种社会行为的表现都或明或暗地涉及传播。传播是人类关系赖以存在和发展的必要条件,人类在相互传播、相互沟通中共同进步、共同发展。

[案例]

在2003年的非典疫情危机中,信息传播的失真现象普遍存在。2002年11月广东出现第一例非典病人,到2003年2月8日,“广州发生致命流感,春节以来在几家医院有数位患者死亡”的消息开始悄悄传播,手机短信和口耳相授是这个消息的主要传播渠道,恐惧开始滋生。这时,人们期待的官方信息始终没有出现,倒是有媒体“模糊”地报道:近期广州患“感冒”和“肺炎”的病人增多……10日中午,南方网谨慎地发布了官方信息:广东省部分地区先后发生部分“非典型性肺炎”病例,该病主要表现为“急性起病,以发热为首发症状,偶有畏寒,有明显的呼吸道症状,该病有一定的传染性。”预防措施包括:保持空气流通、醋熏、勤洗手和谨慎接触病人。掩藏的恐惧终于爆发:一时间,大半个广州都动起来了。“买药了吗?”和“买醋了吗?”成了广州人的见面语。板蓝根和抗病毒药物成为人们的哄抢对象。2003年2月11日,广州市政府和广东省卫生厅针对非典恐慌分别召开新闻发布会。会上主要是说明的确有一种病毒引起了“非典型肺炎”,并且公布了患病人数,总共有305例,其中广州226例,医务人员感染发病的有105例。在新闻发布会上,政府官员和传染病专家承认,病源和病因还没有分离出来,病原鉴定工作尚未能作出确切的结论,而且到目前为止,还没有特效药可以治疗,临床上采纳的主要是对症治疗,另外专家还介绍了一些预防措施和患病的特征表现，等等。通过这次电视直播的新闻发布会，广州市民对非典型肺炎的认识逐渐清晰起来。但由于传播中诸多因素的失控，新闻发布会并未达到预想的效果。

在公民与政府的关系中，“政府有义务向他的人民报告自己的决策和行为，有效的行政管理需要公众的参与和支持”。在现代民主制度下，人民有对社会生活及政府作为的知情权。这使政府公共关系的必要性随着社会主义民主和法制建设的不断加强进一步凸现出来。在完成政府职能，稳定社会秩序方面，公共关系的作用十分突出。

政府公共关系的特征包括主体的权威性、客体的复杂性和传播的优越性。上述案例，展示了典型危机中主流信息缺失的症状：公共媒体信息沟通不畅，导致市民不了解病情，才使得非正常途径的信息在私下传播、交流，其中难免产生错误的诠解，甚至以讹传讹，造成社会秩序混乱乃至失控。而及时充分的信息处理，对危机可以起到明显的化解作用。

政府应该建立健全新闻发布制度，通过主流渠道与公众沟通。

②工具性。人类的传播行为说到底是一种工具性行为，即利用传播来监测环境、适应环境，进而改造环境。因此，公关人员一定要准确灵活地选择传播媒介和进行传播活动。

③互动性。传播的互动性是指组织与公众之间信息沟通与交流是一种双向、相互的行动，它包括组织的信息向公众沟通，而公众将信息反馈给组织两个方面。现代社会完整的信息传播活动，必然包括信息传递系统与信息反馈系统两个部分，组织的信息传递是前提，公众的信息反馈是结果。在传播过程中，组织的意念、决策、目标是否正确和符合公众的实际，需要利用公众反馈的信息来检验和修正。没有组织的传递，便没有公众的反馈。如果只注意组织的信息传递，而不注意公众的信息反馈，则组织的计划、方案和决策无法得到检验和修正，也无法实现沟通和协调，达到组织与公众和谐合作的目的。根据传播的互动性特点，公共关系人员应遵循双方的利益要求，使沟通和协调的传播行为被双方所接受；而且必须注意信息收集和信息反馈工作，发挥情感的调节作用，使双向沟通与协调连续不断地进行下去。

[案例]

CCTV. com 与 2007CCTV 中国年度经济人物评选的密切结合和整体互动，为电视节目打开了一个无限宽广的网络世界，拓展了传播领域，形成了新的传播形态。

1. 通过海量整合，便于观众及时全面，深度动态了解评选活动

2007 中国年度经济人物评选网络专题充分利用网络媒体的传播特点，对节目

内容全面整合,重新梳理。通过设置8个网络专题。其内容既有鲜活的新闻动态,又有历届内容的精彩回放,观众可以通过上网遍览节目的全貌。

2. 集中推荐,整体提升评选活动影响力

从2007年12月6日2007中国年度经济人物评选投票启动开始,CCTV.com在网站首页每日头条突出位置对该活动进行了强力的推荐。

3. 强化互动,全力推动评选传播效果

互动是网络传播的一大特点,CCTV.com充分发挥和利用网络传播优势,与电视形成合力,全力推动评选活动传播效果。2006CCTV中国年度经济人物评选候选人在线交流。2008年1月30日晚颁奖晚会当天,CCTV.com在现场进行了网上图文直播,发布现场图片50余张,同时在线观看直播内容网友上万人。

④共享性。传播中的信息共享,是指公共关系人员要合理地开发和利用信息资源,使同一信息能为更多的特定公众所享用。信息的共享性不仅指时间上共享,也包括空间上的共享。就时间上共享而言,由于信息的扩散过程,也是信息的分享过程,组织的信息传递并不影响自身的信息储存和享用;就空间上共享而言,信息传递能跨地域同时为众多的使用者享用,信息作为一种资源,不管社会组织的使用者的多少,每个组织不分地区都可以完整地使用信息内容。

[案例]

美的巧厨娘活动,让活动信息充分被共享。2006年7月26日在"美的"和CCTV联合召开的新闻发布会上,"巧厨娘"活动揭开了神秘的面纱。随后,美的将产品零售终端作为活动指定报名点,贴出了大赛海报,突显"CCTV《天天饮食》合作伙伴","巧厨娘活动独家赞助商""巧厨娘——美的生活新主张"的鲜明信息和口号。同时大量的POP贴于电梯入口及家电卖场的角落,在终端形成了强大的宣传阵容。使得信息被广泛传播,并能被众多的消费者接收。

"巧厨娘"大赛更在华南、西北、西南、中南、华北几个赛区,历时近两个月。活动过程中,劲歌热舞加美的新产品的功能介绍,使现场气氛热闹非凡。美的更联合CCTV《天天饮食》栏目,播放比赛的情况,吸引了更多消费者的参与和关注。此次活动历时长,传播途径贴近消费者,并通过电视传播,使活动获得了很好的关注度,也使美的电磁炉等产品在消费者的心中烙下了印记。

⑤快速性。由于现代传播技术的发展,特别是借助于印刷和电子传播手段,使组织在较短时间内能把信息传送到最重要的公众中间,传播到天涯海角,甚至形成即时传播和共时传播。对于传播而言,要求公共关系人员从受众的需要出发,选择媒介、精选内容,注意扩大公众的受传面,做到题材的多样化、大众化,语言表达简

洁、明快，快速又准确地传播信息。

(3)公共关系传播的含义

公共关系活动实际上是一种传播活动，传播是公共关系工作的基本内容与手段，要顺利开展公共关系工作必须借助于传播技术的有效运用。所谓公共关系传播就是社会组织与其公众之间的信息交流行为。具体地说，就是社会组织通过各种有效的传播媒介把组织有关的信息传递给社会公众，以影响或改变公众的态度和行为，创造有利于组织的舆论环境的过程。因此，公共关系传播在公共关系工作中占有极为重要的地位，它是联结公共关系主体与客体的桥梁和纽带，其目的就是使组织适应社会环境的发展或者引导社会环境的变化，以树立良好的社会形象。

[案例]

1972 年 6 月，由于日本名古屋褚木电力公司下属公司没有处理好废水问题，危及了群众的生计，导致渔民闯入公司大楼，强烈地发泄他们对公司的仇恨。

怀揣着强烈的社会责任心，公司开始积极筹建几座大的核电厂以减少环境污染，同时保持电的成本低廉。但每次选定建立核电厂的地点，都遭当地渔民的反对，使得筹备工作相当困难。渔民的抗议，使公司意识到与公众利益息息相关的事业，必须首先获取公众的理解。于是，在全力建设新电厂的同时，公司成立公共关系部，改善本公司与社会公众的关系。

公共关系部成立以后，制订了一个相当庞大的长远计划，展开了持续几年的“消费者亲善运动”。每半年一个阶段，每个阶段有不同的主题。如：“让我们关心生活与电力”，“说说未来的能源”。由此向公众提供各种必要的知识、背景，以使公众了解当前日本公用事业面临的困难，并说明公司的事业正在于采取积极的措施来解决困难。

公司更制订了上门访问的工作计划，让 1.8 万名员工利用工作时间共走访 40 万名顾客，并编写了访问指南，给员工提供各种必要的资料，以保证访问的质量。这次上门访问活动，随着员工兴趣的增加，声势越来越大。他们不仅登门拜访，也会沿途与市民聊天，参与当地的慈善活动，他们与市民的关系日趋密切。

公司的诚恳态度，最终感动了“上帝”，使得公司在消费者心中的形象变得亲善而有责任心。消费者认定：这是一家具有社会责任感的公司！理解了公司的方针与困难，谅解了公司暂时的缺点与不足。对于公司采取的诸多措施，也给予了支持。

[案例评述]

能否正确处理好社会组织与其所在社区的各种公众之间的相互关系，对组织尤其是企业的生存发展有着重大的影响，而处理好与公众的关系，离不开公共传播。该案例中，日本褚木电力公司通过成立公关部，发布各种信息，获取公众的理解，最终实现了双向的沟通，才得以改变公众对之的印象。从而处理好社区关系，就能为组织的生存和发展创造一个“人和”的条件。正如俗语所说的“远亲不如近邻”那样。日本褚木电力公司社区公关的案例给予我们这样的启示：

第一，加强沟通，增进相互了解。环境污染与居民利益息息相关，处理不好就会引起社区纠纷，这是比较常见的社区问题。发电厂的环境污染问题虽然不是一个组织在短时间内所能解决的，但是组织并不能简单地一推了之，而是必须在采取力所能及的措施的前提下求得公众的理解。日本褚木电力公司在想方设法改进电厂的同时，通过持续几年的“消费者亲善运动”，与公众进行双向沟通，走出去拜访、宣传、做好事，请进来参观、座谈、提建议，逐步让公众了解公用事业面临的困难和公司正在采取的积极措施，以自己的诚恳态度和社会责任感，感动“上帝”，从而改善了形象，赢得了公众的理解和支持。第二，树立“公民意识”，关心并支持社区活动，为社区群众做好事，做实事，在社区中树立一个“好公民”的良好形象。褚木电力公司通过全员公关，登门拜访，沿途聊天，参与当地的慈善活动和社会公益活动，以实实在在的行动，在市民中树立了“好公民”的良好形象，密切了与社区公众的关系。

由于公共关系表现为社会组织与其公众之间的关系，它以组织为基点，研究组织与其公众网状关系结构的社会心理和社会环境，公共关系传播是社会组织与其公众之间的信息交流行为，因此，公共关系传播应属于组织传播的范畴。组织传播是公共关系传播赖以存在和发展的基础，也是研究公共关系传播的起点，公共关系工作的核心就是开展有效的组织传播活动。但是，为了适应社会的发展和变化，更好地实现组织与公众之间的信息交流，公共关系传播除了运用组织传播手段以外，还需要使用人际传播手段和大众传播手段，尤其是对公众具有广泛影响的大众传播手段。所以，在公共关系实务工作中，往往需要综合运用人际传播、组织传播和大众传播的技术、手段和方法来开展公共关系传播工作。

2.3.2 传播的媒介和方式

任何信息的传播都是通过一定的媒介进行的，选择传播媒介也就是选择信息传播的方式，公关人员对于传播媒介应该有深刻的认识，能够熟练的运用。下面就列举几种传播方式及其利用的媒介。

1）文字传播与印刷媒介

文字是人类最基本、最重要的传播工具，印刷媒介都必须以文字为基础。用文字进行传播能完整准确地在某区域内使接收者获得认识，且具有存储性，可以被收集、保存。文字传播所利用的媒介主要包括报纸、杂志、图书及其他一些印刷制品。

(1)报纸

报纸种类繁多,发行量大,其宣传效果不可低估。

第一,目前报纸在我国的大众传播媒介中占据主要地位,它与广大公众有着传统的密切联系。与其他传播媒介相比,报纸在传播信息的数量上较少受限制,若需要增加信息传播量,可以增加版面。

第二,报纸传播的信息深入、细致,能给受传者留下比较深的印象。不论何种报纸,总是定时出版和发送;使读报成为受传者日常生活中不可缺少的一部分。

第三,报纸便于保存,便于检索,如果受传者想长期保存需要的内容,可以剪贴、摘录,便于以后使用。

另外,报纸制作容易,且成本低。当然,利用报纸传播也有它自身的局限性:如不如电视、广播及时、生动形象,且受传者数量受到一定的限制,不能直接获得社会公众的反馈信息,获得反馈信息的时间较滞后。

[案例]

第一则广告标题:她在找一个人。

广告正文:那天在火车上,我孩子发高烧,他爸爸又不在,我一个女人家,真急得不知怎么办才好。多亏了列车长帮我广播了一下,车上没找到医生,还好有一位女同志,给了我一瓶儿童用的百服宁,及时帮孩子退了烧,我光看着孩子乐,就忘了问那位好心女同志的名字和地址,药也忘了还她,你瞧这药,中美合资的产品,没药味,跟水果似的,能退烧止痛,并且肠胃刺激又小,在我最需要的时候,百服宁保护了我的孩子。人家帮了这么大的忙,我和孩子他爸都非常感谢她,真希望能再见到她,给她道个谢!

第二则广告标题:找到她了!

广告正文:王霞,听说你在找我,其实给你一瓶药,帮你的孩子退烧,只是一件小事。

那天在火车上,我一听到广播里说你孩子发高烧又找不到医生,正好包里有一瓶医生给我孩子退烧的药——儿童用的百服宁,可以退烧止痛,肠胃刺激小,而且又有水果口味,孩子也乐意吃,所以就拿来给你救急了。那瓶药你就留着用吧,我家里还有,我孩子也常发高烧,家里总备几瓶,在最需要的时候,百服宁可以保护我的孩子,都是做妈妈的,你的心情我很了解。希望你以后带孩子出门,别忘了带施贵宝生产的儿童用百服宁!

[案例评述]

这则广告很经典,所述事件贴近老百姓的生活,吸引眼球,并且采用跟踪报道

的方法,使广告的人性效应最大化,特别是一句:百服宁可以保护我的孩子,让百服宁成了众多母亲的不二之选。

(2)杂志

杂志是普通的传播媒介,杂志有一定的专业性和固定的读者群,其发行量小于报纸,且每期之间间隔时间较长。杂志的优点是专门性强。面向专门领域的社会公众,可以使不同年龄、文化、职业、爱好的读者都能在杂志市场上各取所需;杂志可以图文并茂,文字照片相映成趣,可以使读者获得更为直观的认识。

另外,杂志也具有文字传播的一般特点,能够完整、确切、系统、深入、细致地传播信息,且有利于存储、收集。杂志最大的不足是出版周期长,不能及时地报道新闻事件。

[案例]

欧米茄作为世界十大名表之一,在众多杂志上都可以看到其广告,比如我们熟知的《MenHealth》《看天下》《男人装》《时尚芭莎》等。其广告的名人效应自不用多说,舒马赫、乔治克鲁尼、妮可基德曼、皮尔斯布鲁斯南等名人都是其代言人。欧米茄还是奥运会的指定计时器,全球知名度更是不言自明。其在杂志及平面广告中体现的不只是奢华的一面,更体现出其对时尚与完美统一的追求,让人看了都想拥有一块。

(3)图书

就图书而言,其优势是内容稳定,信息的容量大,专业权威性高,而且一般能被图书馆收藏。因此在宣传企业形象方面,也有特殊的功效。图书的缺点是印刷周期长,读者少。

(4)其他印刷媒介

海报,是一种招贴,有通知或广告的性质。适用于提供和传播简洁明了的信息,有及时、确切、直传性强的特点。

名片,是个人自我介绍和方便他人联系用的卡片式印刷品。名片上印有个人的姓名、职务、职称、家庭住址、工作单位、联系电话及传真机号码、电报挂号及业务服务范围等。名片多在社交场合中用于人与人首次见面时交换,名片使人在尽可能短的时间内相互熟悉了解对方。因此,名片对人际交流具有积极作用。

传单是经过张贴或者散发起到宣传的作用,也有广告的性质。

2)电子传播媒介

电子传播媒介是指通过电子设备和电子技术向公众进行传播的媒体,如广播、电视、电影等。

(1)广播

广播是无线电台通过无线电波发射信息,受众借助收音机收听节目而完成的传播过程。广播的优点是:第一,它由电波传播,传播信息的速度快,覆盖面广,一般不受时间和空间限制,能最广泛地接触受传者。第二,收听广播不受文化水平的限制,即使文化水平较低的人,也可以充当受众。第三,渗透性较强,人们可以在各种场合收听,对人的其他活动也没什么妨碍。第四,广播的传播方式十分灵活。在播送的过程中,可以对播放的信息进行交换和录制。第五,广播的成本低廉,易于推广。

但是,广播只作用于人的听觉,不能在视觉上刺激公众,因而形象性也较差。广播传播的信息稍纵即逝,不易记录。

[案例]

一家电台主任带有两位实习生,主任问:“广播和报纸相比如何?”一实习生答:“广播比报纸速度快,所以不容易被记录。”而另一实习生说:“不对,现在不少广播都没有独家采访,引用报纸、电视上的内容,怎么可能比报纸快呢?”书上曾说,广播比报纸和电视都快,电视要制作,报纸要排版印刷,所以慢,而广播可以很迅速地传播消息。说的似乎有道理,以各地交通广播为代表,速度优势表现得很明显,最快的交通信息咨讯,报纸和电视无可抗衡。广播速度快,却难以被记录。目前就新闻而言,因为广播的专业化和频率的微型化,一家普通电台人力有限,已经无法如同报纸和电视一样派大量记者四处寻找独家新闻,所以,电台目前大多坚持“没有独家新闻,但有独家观点”的态度,社会新闻、时政新闻、娱乐新闻,不少内容是转载他人之物,最多加入独家语言观点,形成自己的广播新闻。

[案例评述]

广播媒体的影响力和传播力是广播产业发展链条中最重要的一环。首先,关于传播力。传播力是广播发展的前提。广播首先要使自己生产的节目为听众所听到、接受以至喜欢,这就要明确了解广播的特点和把握其历史。要将广播这一传统媒体的优势发挥到极致需要考虑三点:第一,明确的市场定位和发展方向。第二,优质的节目。广播媒体应发挥其快速的特有优势,追求信息的实效性,北京交通广播就提出“力争使我们的新闻、我们的声音成为现实生活的同期声、话外音”的要求,使广播起到中枢神经的指挥系统的作用;广播的传播方式比较简单,应成为受众贴身的伙伴,因此,传播的方式应该是平民化的,采用一种“拉家常”的交流方式;好的节目还需要不断创新,一部分创新是颠覆式的,但更多的应是渐变式的,力争使节目成为受众生活中的一部分。第三,合理的结构。电台中不仅每个节目要有特色,而且一天的节目安排也要合理,凸显专业特色,满足受众需求。北京交通广播就是以路况信息、交通新闻以及其他交通专业节目这三条线构架起专业频率的专业特色。其次，关于影响力。广播的影响力与传播力相辅相成，打造影响力可促进传播力。要树立有责任感和影响力的媒体需要：第一，做好主旋律，以低姿态传播高品质的节目，让政府满意；第二，通过公关、策划等公益活动树立良好的媒体形象；第三，打造优秀的主持人形象。

(2)电视

在当今社会，电视已经成为最主要的传播媒介，电视的传播效果也越来越显著。

电视的优点是：第一，电视能集声音、文字、图像于一身，既诉诸人的听觉，又诉诸人的视觉，最接近面对面的个人传播，给人以真实感和亲切感；第二，电视具有较强的影响力，能够激发公众的模仿心理，促进流行和时尚现象，从而有效地推广某种观念和生活方式；第三，传播速度快。在时间上具有同步性，能掀起巨大的社会舆论；第四，电视的传播具有综合性，电视符合各种传播媒介之优点，运用多种技巧，多种手段，加深受传者的印象。

当然，电视也有它的缺点，表现在以下两个方面：其一，受时间、空间的限制，受传者的选择性差。其二，电视节目的制作成本高，耗资大，建设电视台、制作电视节目，都要耗费相当大的资金。

[案例]

一年销售手机3.7亿元，但到头来还是亏损。这是七百礼红蓝集团（下称“七百礼”）总裁赵立新2009年的亲身经历。源头就在电视广告投入上。

买电视媒体的费用节节攀升，以及受虚假短片牵累，民营电视购物企业的日子越来越艰难。赵立新近日在接受采访时算了一笔账，一天卖一百部手机，每部卖998元，货款接近10万元，而一天花在购买电视媒体上的费用大约5万元，此外还有短片广告制作费用，货款正常17～18天才能回款，有些更慢，这些对民营电视购物企业的资金是很大的考验。

其实，不止“七百礼”，民营电视购物企业橡果国际以及七星购物也在经受亏损的煎熬。

“中部省一家电视台，几年前每分钟是230元，现在已经涨到2 000多元，一个20分钟的短片广告播下来起码要花几万元。一些电视台的费用更贵，一分钟达到6 000～7 000元。平均算下来，购买电视媒体的费用已占去产品销售额的30%～40%，加上17%的纳税费用，以及其他物流配送、服务等成本，民营电视购物企业现在只有向供货商拿到两三折的个性产品才可能有钱赚。”赵立新说。

媒体价格越来越高，明显超出了电视广告实际的价值，此举迫使一些企业在尽量短的时间里夸大产品,杀鸡取卵,最后造成行业内部分企业的无序发展,部分虚假广告短片也导致消费者对电视购物的信任度直线下降,正当经营的电视购物企业也受此拖累。

[案例评述]

电视媒介在当今传播中占有不可比拟的重要地位,并发挥着巨大的影响力,这让电视媒体的身价骤增,商家争相采用。但是它的有效性和时空的有限性让电视媒介的使用供不应求,导致其费用昂贵。一方面,不得不承认它的巨大传播能力,一方面它又确实承载着巨额的制作费用和商家的巨额成本。

(3)电影

电影作为传播媒介在公共关系活动中,通常以新闻纪录片的形式,全方位地介绍组织的历史、建设、科技开发及生产经营等各项成就。

电影的优点是,能够全面、具体、形象、直接地介绍信息传播的内容,老幼皆宜,雅俗共赏,并且可以反复放映,是珍贵的文献资料,有较大的保存价值。但电影制作周期长,耗资大,是大众传播媒介成本最高的一种媒介。

[案例]

2008 年,暨改革开放 30 周年之际,为了体现和展示改革开放 30 年来陕西省的变化,中共陕西省省委宣传部联合陕西省广播电影电视总局、陕西省人民政府新闻办公室和陕西电视台,联合推出了大型航拍节目《舞动陕西》,带您从空中感受绿色、现代、和谐的新陕西,感受发展的、充满活力的、朝气蓬勃的三秦大地。

[案例评述]

30 年来在这块曾经沐浴了古代文明灿烂阳光的大地上,同样经历了激动人心、日新月异的巨变。城市越变越大,建设越来越快。树多了,楼高了,路宽了,昔日的黄土高坡,树木成荫……陕西有史以来规模最大的航拍活动,陕西电视台首次高清摄像机拍摄,从空中感受三秦大地的勃勃生机,享受我们的家园绿色、现代与和谐。此次航拍活动由陕西电视台承制,于 2009 年 9 月 1 日开始,11 月 6 日结束,累计飞行 120 小时,飞越了陕西的名山大川,江河峡谷,从空中感受了陕北、陕南、关中主要市、县改革开放以来所取得的巨大变化。它是陕西有史以来规模最大的一次航拍活动,也是陕西省首次使用高清摄像机实施的航拍节目。

这个纪录片不同于一般的纪录片进行大量的解说,而是采用将航拍的镜头一一记录,配上合适的背景音乐的方法,让人能够在休闲淡雅中,美美地欣赏着新陕西的美景。摆脱了言传式的解说,带来的是发自内心的欣赏。

这个纪录片航拍了包括陕西自然和人文一切的景观,全方位地带人深深地了解了这个片子的含义。现在,这部堪称经典的纪录片,已经成为陕西文化宣传的顶级之作，在各地需要介绍陕西的地方，进行巡演。航拍，记录的是最真实的景色，不再是那些刻意摆出的宣传作品，它能够给人带来更大的视觉和心灵的冲击力。

(4)网络传播

随着科学技术的发展，网络已经成为现代社会极其重要的、不可或缺的一种信息传播手段。可以说网络的出现，很大程度上改变了人们的生活方式和沟通交流的方式。网络传播具有以往任何传播方式都无可比拟的优越性。主要有以下几点：

①匿名性。减少产生信息传递和反馈的顾虑，一定程度上保证公众的话语权，使得调研能够进行。

②影响大，成本低。最广泛的影响，最低成本的投入，最丰富的媒介应用，最宽阔的信息平台，最受关注的经济成长方式，最广大的发布载体。信息爆炸时代来临的重要标志。

③互动性。实时互动，无边界交流和反馈，已经成为重要的公关利器。尤其是在公关危机处理方面。

④方便性。表现在公共关系有线和可视会议方面。

但是，网络也具有自身的缺陷和不足，主要有：一是信息的选择困难。信息量巨大，鉴别困难，不确定信息多。二是对虚假信息和不利信息的处理非常困难。由于信息发布者可以不采用实名制，并且网络信息发布商和论坛非常多，对这些信息的阻截不会有太大成效，对流言和恶语无法有效地直接制止。所以企业多采取在第一时间发布声明的方式。三是垃圾信息导致相关公共关系调研的效果大打折扣。某网站的改版调查中，有效回收只占全部发放调查册的35%左右，严重影响了形象调查。四是安全危机时刻出现。网络病毒和黑客已经成为威胁企业信息的重要对象。包括反病毒公司等网络安全组织都曾遭遇“黑客门”事件，不但影响公众的访问，还直接或间接地影响了企业的形象。

2.3.3 信息传播的基本类型

人类的原始传播主要是通过声音和身体动作来完成的。此后，人类的传播出现了几次飞跃性发展：一是语言文字的出现；二是印刷术的发明；三是现代电子传播技术的应用。从而使现代信息传播的形式广泛而复杂，它既包括人类社会在信息传播的发展过程中出现过的各种形式，又包括因现代信息传播技术的应用而出现的现代化形式。其基本类型主要有以下几种。

1)人际传播

人际传播是发生在人与人之间的个人传播行为。其表现形式有两种：一种是亲身传播,另一种是个体媒介传播。

亲身传播。这是人们之间面对面的直接信息交流,其优点是:信息传播双方交流充分,反馈及时,并可以随时调整交流的内容与情绪,容易取得双方的共享;信息交流具有封闭性,双方可以互相理解、深入了解。其缺点是:由于信息传播的范围小、速度慢,在较短的时间内很难让更多的公众了解信息的内容,了解组织。因此,这种传播只适应于组织内部的信息交流,并以此来加强组织内部人与人之间的情感,形成一种凝聚力。

个体媒介传播是指传播者与受传者之间使用文字媒介(如书信、图片等)、电子媒介(如电报、电话、网络设备等)进行信息交流的一种形式。随着现代科技的发展,个体媒介的传播也可以越过时空的障碍,达到亲身传播的效果。

[案例]

美国亨氏集团与我国合资在广州建立婴幼儿食品厂。但是,生产什么样的食品来开拓广阔的中国市场呢?筹建食品厂的初期,亨氏集团做了大量调查工作,多次召开“母亲座谈会”,充分吸取公众的意见,广泛了解消费者的需求,征求母亲对婴儿产品的建议,摸清各类食品在婴儿哺养中的利弊。之后进行综合比较,分析研究,根据母亲们提出的意见,试制了些样品,免费提供给一些托幼单位试用;收集征求社会各界对产品的意见、要求,相应地调整原料配比,他们还针对中国儿童食物缺少微量元素造成儿童营养不平衡及影响身体发育的现状,在食品中加进一定量的微量元素,食品配方更趋合理,使产品具有极大的吸引力,普遍地受到中国母亲的青睐。

[案例评述]

此案例说明了企业公共关系中产品定位的问题。产品定位就是在潜在消费者的心目中为自己的产品设置一个特定的位置,这个位置只为自己的产品独占而其他同类产品则不能拥有。产品定位的客观依据有:关于产品的调查研究;竞争对手的调查研究;传播媒体的调查研究;流通领域情况的调查研究。

本案例侧重的是对消费者的调查研究,通过对消费者的调查去发现消费者和潜在的消费者群。亨氏集团多次召开“母亲座谈会”,充分听取公众的意见,广泛了解消费者的需求,征求母亲对婴儿产品的建议,摸清了各类食品对婴儿哺养的利弊,得到产品定位的信息,从而一举成功。

此案例说明,企业一定要重视对消费者的调查研究,搞清消费者对产品的需求趋势,为自己的产品定位找到科学的依据,这样才可以帮助企业赢得市场。

2)组织传播

这是指企业或组织通过一定的传播媒介使组织内部与外部公众之间进行的信

息交流。这种传播实质上也是一种公众传播,但它与公众传播唯一的区别就在于通过一定的媒介。

组织内部媒介传播是指在内部上下之间和左右之间展开的信息交流,表现为上下之间的垂直信息传播,左右之间的平行信息传播,还有一些交叉式的立体信息传播等。其主要媒介有:内部刊物,小册子,年度、季度各种报告,通告及会议等。

组织外部媒介传播是指组织同社会各界发生的信息往来,表现为内源外向流(通常称之为通信信息流)、外源内向流(通常称为情报信息流入),其主要媒介有市场调查资料,各种新闻传播媒介,各种报表与报告,还有各种会议等。

3)大众传播

大众传播是专业性的信息传播组织和机构通过媒介向为数众多、范围广大、互不联系的社会公众传播信息的过程。现代社会信息传播的最大容量就是大众传播。大众传播媒介一般有报纸、杂志、广播、电视、书籍及电影等。当今社会,大众传播事业异常发达,各种各样的传播媒介数量惊人,无所不在,日夜运转,使整个社会被大众传播的信息所包围。大众传播为社会各界公众提供消息、知识、思想、见解、广告和各种娱乐活动等。组织只有很好地利用它,全面地掌握它,才能达到组织与其公众进行信息交流的最佳效果。

大众传播与人际传播相比有以下特点:

①大众传播主体高度专业化、组织化。大众传播活动必须依靠专业的社会组织如电台、电视台和专门的从业人员如新闻记者、编辑去开展活动。

②大众传播手段现代化,可以打破时空界限。由于传播媒体广播、电视、报纸等出版发行中广泛使用了各种现代化的技术手段,使得信息的传播十分迅速;同时由于大众传播使用的各种特殊性的中间媒介,打破了传播过程中的时空限制,使信息传递范围更加广阔。

③大众传播对象众多,传播范围极广。大众传播面向社会,不具备保密的性质,所传播的信息为大众所分享,并且此信息又可以通过人际传播逐渐扩散,造成广泛的社会影响,因而大众传播对于社会舆论环境的形成起着重要的作用。

④大众传播中传受双方人际关系不复存在。大众传播是传播者借助一定的传播媒介将信息传递给接受者的一种传播活动。传播范围广、距离远,传受双方很难直接沟通。

⑤大众传播中信息反馈有限、间接。在大众传播中,基本是单向流动的形式,及时反馈信息很难而且非常有限;而在人际传播中,交流的双方处在一个闭合的系统,信息交流是双向的,反馈是及时充分的。但大众传播中的网络媒体信息传播则是传受双方的双向信息交流活动。

[案例]

VANCL(凡客诚品),由原卓越网创始人陈年先生创立,VANCL 运营所属之凡客诚品(北京)科技有限公司,主体运作者均系原卓越网骨干班底。由欧美著名设计师领衔企划,集结顶级男装品牌经典款式之精华,同时参考亚洲男士体型特点,精选高级面料贴身制作,让用户以中等价位享受奢侈品质,提倡简约、纵深、自在、环保。创业以来,凡客诚品依靠良好的产品和个性化的服务,建立了企业的口碑;在让消费者对凡客诚品的产品建立信任之后,凡客诚品开始时尚品牌塑造的进程。凡客诚品首先走出电子商务企业的思维定式,回归到服装品牌的定位,按照时尚品牌的方式,塑造强势品牌。2007 年 10 月,选择自有服装品牌网上销售的商业模式,发布 VANCL 凡客诚品,目前已是根植中国互联网上,遥遥领先的领军服装品牌。据艾瑞调查报告,凡客诚品已跻身中国网上 B2C 领域收入规模前四位。其所取得的成绩,不但被视为电子商务行业的一个创新,更被传统服装业称为奇迹。2009 年 5 月被认定为国家高新技术企业。

凡客诚品目前已拓展涵盖至男装、女装、童装、鞋、配饰、家居六大类,随着在各品类间的不断深化,将成为网民服装购买的首选。业务快速成长的同时,凡客诚品在运营初期短短十个月里,即获得了 IDGVC、联创策源、软银赛富、启明创投的先后三轮投资。

如今,在腾讯、新浪、搜狐、网易、凤凰网等各大著名门户网站等第三方网站都能看到 VANCL 凡客诚品的身影。

[案例评述]

凡客诚品此前不断地推广校花、超级模特(中外)的时尚大片,以奠定品牌时尚基调;近期,凡客更是破天荒地邀请了品牌代言人,这在电子商务行业绝无仅有,王珞丹和韩寒都是互联网上或者目标群体中号召力强的明星人物,凡客此举旨在关联明星品牌和凡客品牌,增加企业的品牌知名度和美誉度。据说,凡客诚品目前也在和各大院线、娱乐公司、时尚杂志、国内外跨界设计师联系,酝酿选美类活动、时尚服装走秀、设计师专属服饰等,凡客诚品从互联网品牌过渡到时尚生活品牌,从电子商务过渡到时尚品牌的思路,清晰可见。

凡客诚品首先从网络开始宣传,虽然主要在网络上传播,但加上其进一步的公关活动和企业战略的运用,相信会有一个很有覆盖面的无形的宣传网,加之网络传播的巨大影响力,达到了良好的大众传播效果。

2.3.4　公共关系信息传播一般要求

公共关系活动的实质是社会组织与内部公众和外部公众进行信息沟通的过

程。然而,由于各种原因,在组织与组织、人与人沟通的过程中有许多障碍,这些障碍不仅浪费财力,还会影响组织的团队精神和团队士气,影响组织良好形象的塑造。因为这样,对公共关系信息传播的过程和行为必须提出一定的原则要求加以规范,以使公共关系信息传播真正取得良好的效益。

1)确保所传公共关系信息的基本质量

确保所传公共关系信息的基本质量,实际上就是要求社会组织有效地保证所传播的公共关系信息的真实、准确、全面和系统,这是公共关系信息传播的基本要求。沟通的目的是使信息的传播者传递的信息被接受者明确理解并接受,此时的信息才是准确的信息,也是有价值的信息。但是在实际公共关系信息传播中,常常因接受者不能理解传播者所用的语言、不习惯传播者所用的传播方式,或者不理解传播者发送的非常专业的信息等造成信息传播受阻,或接受者理解失真。这就要求信息传播者有较高的语言和文字表达能力,熟悉下级、上级与同级所使用的语言,了解信息接受者喜欢接受的传播方式、媒介等,以促使接受者集中精力,克服沟通过程中出现的各种障碍,使信息准确无误地被接受者理解。

[案例]

舒肤佳宣传推广医疗卫生的活动

1999 年 9 月到 2000 年 7 月,舒肤佳在山东进行为期一年的名为“共创健康新世纪”宣传推广活动。

为了扩大发布会的宣传攻势和影响力,在活动举行的前一个半星期委托宣伟公司在两家最主要的媒体(济南日报、齐鲁晚报)刊登了极具吸引力的广告,昭告了济南市的大多数目标群体。还通过山东省爱卫会和山东健康教育所组织了许多小学生参加了群众推广活动,以学习“健康卫生三部曲”的理念。

新闻发布会开始后的一个半小时,群众推广活动也在济南市展开。在整个活动中,不仅有医学专家做现场咨询,济南市儿童合唱团和济南舞蹈队还分别进行了体现“健康卫生三部曲”的表演。为新闻发布会增添许多情趣,将会议的气氛推向了高潮。

另外,1 万个印有“健康卫生三部曲”标志的气球被派发给群众;两个真人装扮的香皂吉祥物,带着“健康卫生三部曲”字样的标志,在舞台上表演洗手、洗澡、打扫卫生等舞蹈动作,生动活泼地体现了舒肤佳的可亲形象。

现场还布置了专家咨询台,有来自中华医学会和山东省的 15 名著名医师为现场的观众解答有关卫生习惯、肝炎、细菌性肠道传染病等方面的预防措施及早期治疗方法。

活动的舞台前还设置了一条长 12 米、宽 1.5 米的“健康卫生三部曲——百万人签名”条幅供现场参加者签名。活动结束后，据统计，收集的签名大约有 1 000 个。

据悉，来自山东全省 34 家主要媒体的 50 余名记者参加了新闻发布会。新闻资料及整个项目中的重要信息全部得以成功传达。到 10 月 31 日为止，共有 35 家媒体发布了有关消息（包括 1 家电台和 4 家省市电视台）。

[案例评述]

本次活动的媒体覆盖面定为山东全省。经过紧张、耐心的沟通，最终邀请到了 85% 以上的媒体来参加活动。成功地将本次活动的主要信息传播给广大群众。正确的形象代理：专家小组在媒体面前很好地体现了品牌的内涵，表达了所有重要信息，本次活动特邀了 15 名来自山东省爱国卫生委员会和中华医学会的医学专业人士，组织成立了一个专家小组。宝洁公司与他们安排了有关健康卫生的专家研讨，达成共识。这为后来的专家现身说法及编写有关健康卫生的资料作了充足的准备。同时也加强“健康卫生三部曲”的科学权威性。同时也为舒肤佳建立了一个良好的形象：健康卫生的专业形象。为了更好地宣传健康卫生的理念，相关部门还特意为活动创作了主题歌。这在以往的公关活动中尚属先例。歌曲制作出来后，得到了大家的普遍认可。提升了所传公共信息的质量。

公司利用公司已有广泛的中国媒体的良好关系。从活动的健康和卫生角度出发，进行媒体全方位的接触、沟通和及时有效的新闻报道。电子媒体进行了大量报道，将媒体范围扩大至商业、消费品和健康生活版面。报纸的新闻报道篇幅平均为 40 平方厘米大小。其中以大篇幅刊登消息的媒体有：济南日报、青岛晚报、菏泽日报、淄博日报等。从而达到每一个山东省人民都知道舒肤佳是健康卫生的专业品牌和热忱社会公益事业的积极参与者。

所有这些努力都有效地保证所传播的公共关系信息的真实、准确、全面和系统，确保了所传公共信息的质量。加之从活动效果来看，可以说这是一次成功的公关。

2）明确公共关系信息传播的目标公众

明确公共关系信息传播的目标公众问题，实际上就是选择好公共关系信息传播中的接收者或受众的问题。目标公众是指社会组织公共关系信息传播的主要对象，或者说是社会组织所传播的公共关系信息的主要接收者。目标公众不是一成不变的，它会随着社会组织公共关系信息传播的内容、方式、时间、空间等的不同而有所不同。公共关系信息传播的目标公众选择得当，可使公共关系信息传播取得良好收效，反之，则难以取得良好效果。

3）抓住公共关系信息传播的有利时机

可以使组织最新制订的政策、组织目标、人员配备等情况尽快得到各类公众的理解和支持；同时，也可以及时了解公众的思想、情绪和态度，从而提高组织的管理

水平,塑造良好的组织形象。在实际的工作中,信息常因发送不及时或接受者的理解、重视程度不够,而出现事后信息,或从其他非正式渠道取得信息,使沟通渠道起不到作用,传受双方因沟通不及时出现障碍,不利于组织形象的树立。同时根据社会组织发展的不同时期,区别进行公共关系信息传播活动。

[案例]

广东电台"城市之声"为台庆五周年设计一个方案。立足将城市之声五周年台庆与申办奥运结合起来。通过电子传播媒介,传达"城市人盼奥运"的城市之声电台的时代强音,把这一理念传播给全世界。

围绕"一首歌曲——五个'1036'系列活动"主题策划进行城市之声五周年台庆活动。一首歌即是以都市人热心申奥为主题,在活动中将它作为一条主线贯穿整个台庆活动。

五个'1 036'意指与主题有关的五个系列活动:1 306 个孩子亲手画制的图画,1 306 米长的都市人签名横幅,1 306 个支持申奥的声音,1 306 个母亲寄出的信,1 306张有关主题的歌。

在送给 1 306 个市民之时,传递城市之声支持奥运的热诚,活动的实施与网络相结合,从而扩大影响的范围。

[案例评述]

城市之声将自己的五年台庆与申办奥运结合起来。申奥是市民普遍关注的事情,通过申奥这一热点时机,五年台庆也必将得到极大推广。

4)力排公共关系信息传播的各种障碍

公共关系信息传播障碍,指的是影响公共关系信息传播,按基本目标正常进行的各种主客观因素。如信息的传播者与接受者由于自身条件、所处地位、在社会生活中扮演角色等因素的影响导致信息沟通联络出现的障碍,以及传播方式选择不当造成的沟通障碍。

社会组织应充分了解沟通障碍,有的放矢,对症下药,消除障碍,以取得良好的传播效果。做好沟通前的准备,确定被传播的信息未十分明确之前不要轻易进行传播,塑造良好的组织形象和声誉,缩小传受双方的距离,使受者容易接受传播的信息。充分利用反馈技术,在面对面的信息传播中通过观察接受者并通过非言词的线索,来判断他的反应。对组织内部的信息传播、组织与组织之间信息的传播可以通过人际传播媒介如电话等方式了解传播效果。完善传播技巧,选择适当的沟通方式和沟通语言,利用最有利的沟通时间,言行一致,讲究信用,学会做一个"好听众"。

[案例]

"青春宝"披荆斩棘,良好传播。1979年,杭州第二中药厂的科研人员研究开发出抗衰老新药——"青春恢复片"(后更名"青春宝")。它一问世因卓有成效,立即受到人们的青睐。但尽管"青春宝"具有神奇的功效,当时却并不为多数人所了解。于是1982年6月,以厂长为团长的"青春宝"抗衰老片学术交流团抵达香港。在香港富丽华大酒店举行了一次别开生面的盛大午餐招待会,港澳及外国医药界、教育界、新闻界知名人士300余人应邀出席。厂长用幻灯机映出了很有说服力的实验过程,向人们揭示了"青春宝"的独特功效。香港轰动了!世界轰动了!尔后,新闻媒介的神奇作用和医学界人士恰如其分的评价,使"青春宝"的美名远扬。且大批国籍不同、肤色有别的外国人服用了"青春宝",效果果然灵!就在"青春宝"崭露头角之时,有人指控它为"假药",一封封诬告信飞到市里、省里,以及国家医药总局。怀疑、指责、非议,直接危害着"青春宝"的声誉,也使顾客望而却步。

面对现实,厂长和他的伙伴们沉着、冷静,没有去进行无谓的争辩,而是围绕产品声誉问题展开了一系列公关活动,如邀请一批著名老中医和医药专家对"青春宝"进行具有权威性的鉴定,以扫清传播中的阻碍和歪曲。专家经过数月调查证明:"青春宝"确系据宫廷秘方研制而成;无副作用,在国内外大受欢迎……主动向市委、市政府汇报情况,争取上级领导的关心和支持。杭州市委书记亲自过问此事,事实查清后,热情肯定了中药二厂为人民健康作出的贡献,竭力称赞"青春宝"。通过新闻媒介报道真实情况,争取社会舆论的广泛支持。不少新闻单位从各种角度传递了真实信息,使流言得以澄清,诬告受到抨击。笼罩在人们心头的迷雾被驱散了,一场轩然大波悄然平息。

[案例评述]

这是一个靠传播手段而使企业及其产品蜚声中外,并清除传播障碍的案例。青春宝通过大众传媒散播真实的青春宝功效,抵制流言蜚语的攻击,将最准确的信息传达给了公众。通过令公众信服的专家,权威的政府,和可靠的疗效,青春宝向公众良好地传达了相关信息。公开、及时、真实、有效,使得传播为挽回声誉和抵制诽谤发挥了重要的功能。

在这场应对诽谤的斗争中,青春宝并没有陷入到愤怒的情绪中,而是找准关键,着力解决青春宝的药效是否真实可信的疑惑,让流言不攻自破。运用了大众媒体传播的手段,使得消息最广泛地传播到消费者当中,用权威的证词,给传播的受众可信的消息。这都是正确地扫清传播阻碍的表现。

本章小结

公共关系学社会组织的构成要素主要包括两个方面,一是作为组织构成有形要素的物质条件,即人、财、物、信息等,构成组织的人流、资金流、物流和信息流;另一方面是作为组织构成无形要素的精神条件,包括组织的理想、宗旨、信念、社会观、价值观等。

在我国,社会组织分为经济组织、政治组织、文化组织、群众组织和宗教组织五大类。经济组织是最基本的社会组织。

公共关系的传播对象是公众。公众即与特定的公共关系主体相互联系及相互作用的个人、群体或组织的总和,是公共关系对象的总称。

传播是公共关系的三大要素之一。公共关系活动的过程实际上就是公关主客体间的信息传播和沟通。只有遵循传播沟通活动的基本原则,巧妙而灵活地利用各种传播媒介造就有利的舆论环境,才能使公共关系活动取得意想的效果,同时,利用正确传播媒介,来完成公关活动也是衡量公共关系人员能力水平的标准之一。

自测题

1. 试述构成现代公共关系的三大主体,并阐述三者之间的关系。
2. 试述社会组织的概念、类型及特点。
3. 有人说“绿色形象是现代企业的巨大财富”,谈谈你对此话的理解。

第3章 公共关系组织与人员

［本章导读］

公共关系的主体是社会组织，所谓社会组织是指按照一定的目的，为了完成共同的任务，通过一定的形式聚集成为的社会群体或社会团体。社会组织是公共关系的核心。

公共关系的行为主体主要包括从事公共关系工作的组织机构和从事公共关系工作的人员。公共关系组织机构是指专门从事公共关系活动、执行公共关系任务、履行公共关系职责的职能机构，包括组织内设的公共关系部门、专业的公共关系公司和独立的公共关系社团组织。

［案例导入］

组织信誉投资带来经济效益

广州白云山制药总厂在10多年前，还是一个生产单一产品"穿心莲"的乡办小厂，生产设备极其简陋，年产值不到20万元，这个厂现在已发展成为生产医药品种达数百种，年销售收入数十亿元，上缴利税3亿元的大型骨干企业。

白云山制药厂是我国国有企业中率先设立公共关系部的企业。作为一个营利性组织，该厂注重以公关求发展，每年拨出总产值的1%作为"信誉投资"，这笔投资为白云山制药厂带来了巨大的社会效益和经济效益。

该厂的公关部负责与社会各界建立并保持良好的关系，主持关系到企业信誉的各项公关事务，包括向社会开放工厂，向来访者播放企业录像，奉送精美宣传品，带领客人游览厂区，介绍科学制药方法等。通过医药刊物和学术界、卫生界进行信息交流，通过邮购药品的来往书信同顾客进行思想交流，通过遍布全国的800多个销售网点及时反馈公众需求和意见，获得了公众的支持和信任。

白云山制药总厂十分重视信誉投资。该厂充分利用大众传播为企业树立形象，着重抓球场广告和电视广告，采取"有奖问答"等形式在报纸上刊登公关广告。也曾利用广州街头新出现的双层"巴士"，做车身广告。该厂还扩大"免费广告"渠道，设专职人员与新闻界联系，经常撰稿给新闻界，对来访记者热情接待并主动、如实地反映情况，并经常邀请新闻单位工作人员出席企业重大活动。

白云山制药总厂还投资举办多种形式的公共关系专题活动，赞助社会福利事业和文艺、体育、教育事业。1985 年该厂与有关部门协商，承办了广州足球队，接着又组建了广东省第一个轻歌剧团，在国内首创企业办文体事业的先例。随着广州白云队的南征北战和白云轻歌剧团到各地巡回演出，该厂的知名度大大提高。该厂还邀请了厂内外颇具名气的老药师、讲师、研究人员、经济师、离退休的管理人员组成顾问团，通过顾问团沟通与研究部门、竞争对手的联系，不仅获得许多珍贵的医药信息，还在很大程度上提高了白云山制药总厂的声誉，增强了公众对该厂药品的信赖感。

1991 年秋，白云山制药总厂在甘肃等地推出了“金秋好时光大抽奖”活动，广告词中写道：“把健康送往千家万户，把爱心洒向人间是白云山的经营宗旨，每逢佳节倍思亲，在中秋国庆来临之际，白云山人十分挂念甘肃的父老乡亲。金秋时节，天气转凉，心脏病容易发作，容易感冒、咳嗽，请多多保重……”带有浓厚人情味的广告词，沟通了甘肃众多消费者和千里之外白云山人之间的感情。大抽奖活动使白云山形象印在了无数公众的脑海中。

如今，白云山制药总厂已发展成为全国三大制药企业之一，该厂以信誉投资赢得经济效益的公关战略，引起了国内许多企业的关注和仿效。《经济日报》曾在 1984 年 12 月 26 日刊载通讯《如虎添翼》，介绍白云山制药总厂公关工作，并为此配发了《认真研究社会主义公共关系》的社论，更使得白云山制药总厂在全国声誉大振，产品订户大增。

3.1 公共关系的组织机构

3.1.1 组织内设的公共关系部门

组织内部为达成自身目标而设立专门负责处理公共关系事务的职能部门。使用最广泛的名称为公共关系部，此外还有公共事务部、公共信息部、公共广告部、沟通联络部、企业传播部、公共与市场推广部、公共接待部、公共宣传部、公共与开发办公室、综合部、交流部等。

1)公共关系部的性质

公共关系部在组织中处于“中介”和“边缘”位置，和其他部门一样都是组织机构重要的职能部门。组织的信誉和形象，组织上下、内外的信息交流，组织的战略目标和社会整体效益，都与公共关系部的工作有直接关系。对内，要向组织内提供信息,协助分析、判断和决策,协调职工之间,部门之间,职工、部门与领导之间的关系。对外,代表组织发布信息、收集储存信息,分析、预测环境的发展变化趋势,接待外宾,并参加社交活动,处理公众异议,协调组织与外部公众之间的关系。

[案例]

2005年高露洁被爆含致癌物时,高露洁公司的公关团队就迅速启动了危机公关:一方面,迅速协调公司内部,保证上下、内外的信息交流,同时协助领导层分析、判断当前形势,提供决策建议;另一方面,及时召开新闻发布会,进行媒体公关,换取媒体的支持和同情,并通过积极与专家、学者、政府官员沟通,树立权威认同。最终,高露洁公司的公关部门以诚恳的态度成功协调了组织内部以及组织与外部公众的关系,维护了组织的信誉和形象,化危机为商机。

2)公共关系部的地位和职能

组织机构面临的公众是面广量大而复杂多变的,组织机构需要完成的公共关系工作也是纷繁复杂的。组织机构应设立专门的公共关系部处理这些多样的公共关系,避免造成组织内部各职能部门各自为政或分而管之的局面。

(1)公共关系部是社会组织的信息情报部,发挥着"耳目"的作用

公共关系部作为组织内部的信息枢纽,其最重要的职能就是搜集信息、加工信息、管理信息和传播信息。公共关系部需要搜集和处理的信息包括:政府信息和立法信息、产品形象信息、同行社会组织信息、市场信息、有关社会组织形象信息,以及民意、舆论、意见等,任何关系到组织生存和发展的内部、外部情报,任何环境因素的发展变化。通过民意测验、市场调查、报刊剪辑、上级机构和本单位文件的汇集等方法,搜集到信息加以整理分析后,预测组织和公众发展走向,提出科学的公共关系建议和计划,使组织不断适应自己周围的环境。

[案例]

1964年,《中国画报》刊出一张大庆油田"铁人"王进喜的照片。当时,由于各种原因,大庆油田的具体情况是保密的。然而,由官方对外公开旨在宣传中国工人阶级伟大精神的照片,在日本三菱重工财团公关部门的手里变成了极为重要的经济信息,揭开了大庆油田的秘密:①根据对照片的分析,可以断定油田的大致位置在中国东北的北部,且离铁路线不远。依据是:唯有中国东北的北部寒冷地区,才需要戴这种大狗皮帽,穿厚棉袄;唯有油田离铁路不远,王进喜等采油工人才能用肩膀将百吨设备运到油田。②根据对照片的分析,可以推断出油田的大致储量和产量。依据是:从照片中王进喜所站的钻台上手柄的架势,推算出油井的直径是多少;从其所站的钻台油井与他背后隐露的油井之间的距离和密度又可基本推算出油田的大致储量和产量。③根据中国当时的击水水准和能力及中国对石油的需求,中国必定要大量引进采油设备。

于是,日本三菱重工财团迅速集中有关专家和人员,在对所获信息进行剖析和处理之后,全面设计出了适合中国大庆油田的采油设备,做好充分的夺标准备。果然不久,中国政府向世界市场寻求石油开采设备。三菱重工财团以最快的速度和最符合中国要求的设计、设备获得中国巨额订货,赚取了一笔巨额利润。

这一事例表明,公共关系部门具有信息搜集、信息管理的职能。通过公关部门的调查,收集有关环境变化的资料,加以分析研究,注意其发展趋势,保证组织作出符合公共利益与要求,与社会趋势相统一的正确决策,掌握正确的经营发展方向,这正是三菱重工的成功要告诉我们的经验。

(2)公共关系部是社会组织的决策参谋部,发挥着"智囊"的作用

公共关系部不仅要善于对信息进行搜集、加工和分析,还要把信息迅速反馈给组织领导层和各个职能部门,为组织领导提供咨询和建议。在组织整体目标和社会需要的立场上,综合评价各职能部门的活动可能或已经引起的社会效果,维持组织与外部环境的动态平衡。公共关系部应直接隶属于社会组织的最高领导者,使其将有关信息直接及时地反映给最高领导者,向领导者提供咨询同时协调组织进行决策。

[**案例**]

"芭蕾"珍珠霜是江苏一家并不引人注目的工厂以珍珠为原料生产的一种护肤霜。1981年前,这家工厂曾多次想让"芭蕾"步入香港市场,均因方法不对头而问路无门。后来,工厂邀请一位极具公关经验的经销商成立公关部门,一起参加产品设计、试制和投产的全过程。代理商根据自己多年的公关经验,建议把包装盒设计成白色底色,中间是一双金色的手,双手托着一颗珍珠。整个设计简洁大方、醒目突出。代理商又为"芭蕾"珍珠霜进入香港市场大张旗鼓、鸣锣开道,以至"芭蕾"珍珠霜还没有运到香港,不少市民就知悉其名,翘首以待。"芭蕾"珍珠霜抵达香港后一个月的时间,就建立了130个经销点,形成了庞大的销售网,使"芭蕾"珍珠霜的销售量打破了香港化妆品市场的销售纪录。

不久,代理商又根据香港妇女爱佩戴珍珠项链的特点,建议在"芭蕾"珍珠霜的包装纸盒内放置一只小巧玲珑,用泡沫塑料制成的托盘,盘内放一枚镶有珍珠的别针,自然,这样的包装深受妇女和年轻男士们的青睐。工厂又在说明书内特别说明,购买50瓶,就能串成一条珍贵的项链。这些都大大激发了消费者的购买欲望。"芭蕾"珍珠霜一下子变成了抢手的"馈赠礼品",父亲买来送给女儿,男青年买来送给女友。尽管售价高达65港元一瓶,但全港年均日销售量仍突破千瓶大关。

这一事例表明，公共关系部不仅要善于对信息进行搜集、加工和分析，还要把信息迅速反馈给组织领导层和各个职能部门，为组织领导提供咨询和建议。

(3)公共关系部是社会组织的宣传、外交部

公共关系部担负着向公众宣传、解释组织的有关政策和行为、传递组织有关信息的重要职能。组织要获得公众的了解、理解和信任，赢得公众的喜爱，取得公众的支持与合作，就需要不断地向公众宣传组织的政策、解释组织的行为、增加组织的透明度，可以沟通社会组织与内外部公众，减少社会组织与内外部环境之间的摩擦和矛盾，得到内外公众的理解和支持。

[案例]

“王老吉”品牌隶属于广药集团。然而时至 20 世纪 90 年代，王老吉品牌始终没有深入人心。其真正的崛起始于 1995 年广药集团将红色罐装王老吉商标授权给香港鸿道集团有限公司。鸿道集团专门成立了加多宝集团来运作“王老吉”品牌。经过多年经营，王老吉品牌迅速崛起。

然而，2010 年 11 月 10 日，广药集团在北京高调举行新闻发布会，称其“王老吉”商标评估品牌价值为 1 080.15 亿元，成为中国目前第一品牌。引起广大消费者热议。随后，加多宝(中国)饮料有限公司公关部门迅速作出反应，当月 12 日在公司网站发布声明称，日前国内媒体报道广药集团以王老吉品牌拥有者的名义，在北京召开“王老吉大健康产业发展规划”新闻发布会，并以“广药王老吉，中国第一品牌”为主题，展示了红罐王老吉产品及销售数据，并再三提及“汶川大地震王老吉捐款 1 亿元”等。对此，加多宝(中国)饮料有限公司须作出以下澄清：

一、红罐王老吉产品是由香港鸿道(集团)有限公司中国内地旗下的加多宝企业生产和销售的，并非广药集团生产和销售的。

二、鸿道集团是在香港成立的私人企业，广药集团与鸿道集团、加多宝企业之间无任何隶属关系，也不存在任何形式的控股、参股等投资关系。

三、加多宝企业在汶川大地震中的捐助行为，完全是源于社会责任、义不容辞的自发行为，绝无任何商业目的。

另外，新闻发布会所使用的红罐王老吉产品图片、广告语、销售数据等，均未征得加多宝企业的同意或授权，相关数据也未经加多宝企业核实。对此，本公司深表遗憾。

[案例评述]

近年来，由加多宝集团生产经营的红罐王老吉凉茶销售日益红火。广药集团却在加多宝王老吉品牌发展如火如茶之际举行新闻发布会，称其“王老吉”商标为中国目前第一品牌。该举动使得广大消费者摸不着头脑，“王老吉”有两家生产商？

红罐“王老吉”到底是哪一家的？加多宝集团公关部门对广药集团这一行为迅速作出反应，及时向广大消费者作出了澄清，解释了红罐“王老吉”产品的归属问题，传递了加多宝集团对广药集团行为的观点，并得到了广大消费者的了解与理解，起到了沟通企业与消费者的良好作用。其公关部门在此次事件处理起到了积极宣传、外交的作用。

3)公共关系部的设置原则

组织机构不同，对公共关系部门的设置要求也会有所不同，但总体上遵循以下原则：

(1)精简原则

精简原则是组织内设置公共关系部的基本原则。当公共关系从业人员基本素质与基本技能达到一定水平，公共关系所在组织的规模、性质和组织的公共关系意愿达到一定程度时，将人员减少到最低限度。根据自身的性质、特点、需要、规模等具体情况考虑，因事设职、因职设人、责任明确、分工得当，减少机构内部的层次。一般来讲，30 人以上的公共关系部为大型，10 人以下的公关部为小型，介于二者之间为中型。

一般来说，公关部的规模与组织规模呈现一种正相关态势。美国公关学者经过调查发现：在美国，年产值超过 10 亿美元的大型企业，公关部平均人数为 44 人，一般的大中型企业平均为 10 人，其他文教、医疗、基金会等组织为 6 ~ 7 人。英国著名公关专家弗兰克·詹夫金斯在其著作《实用公共关系学》中也提出了类似的参考标准。不同规模组织中公关部人数如表 3.1 所示。

表 3.1　不同规模组织中公关部人数表

年销售额/亿美元	公共关系部人数/人
>10	65
5 ~ 10	20
2.5 ~ 10	13
1 ~ 2.5	12
0.5 ~ 1	6
<0.5	4

(2)专业原则

公共关系部的专业性体现在设专职，用专才上。公共关系部门是专门开展公共关系工作为实现组织公共关系目标而设置的，它有自己明确的工作职能和工作范畴,根据组织自身的性质和特定的公众对象开展工作。在组织和工作内容上要保证其正规性、专业化的同时,还应做到队伍的专业化。应该由受过一定的专业训练、具有一定的专业水准和能力的人员构成。

[案例]

1993 年 8 月 2 日 9 时 10 分,德国西南部城市斯图加特的一幢民用住宅楼的四楼上,一台"西澳玛"牌 140 立升的电冰箱瞬间开了花,强大的爆炸气浪产生了难以想象的冲击力,使拇指粗的冰箱钢门销被扭弯,箱门飞出 2 米,砸到对面的墙上,冰箱的后坐力使冰箱后面的墙上留下了几个窟窿,冰箱的主人一家 4 人都是侥幸拣了条命。生产该冰箱的公司总部立即作出决策,由公司最高技术主管、法律顾问、总工程师以及公司其他几名重要技术专家组成公关组织,负责处理这件事。经过大量讨论,也没得出好的意见和做法。这时技术专家到了现场,只用了不到 5 分钟时间,便完成了对爆炸冰箱的检查,结果是:虽然经过爆炸震荡,压缩机工作正常!制冷系统工作正常!这充分说明公关部门专业性尤为重要。

(3) 权威原则

建立完整的岗位责任制度和相应的组织制度,确保权责一致,赋予公关机构完成自身任务相符合的必要权力,包括一定的人权、物权、财权和发言权、处理事务权。要正视公共关系部的工作,把它放在一个靠近组织决策核心的位置上,建立起同决策层交流沟通的渠道,提供直接向组织决策层汇报情况的机会,充分发挥其参谋与助手的作用。

(4) 协调原则

公共关系部对组织外部主要起沟通、协调、组织的作用,同时要与组织内部的各个部门相互协调,并能起到协调各部门关系的作用,内部的人员及层次的设置也要相互协调,以发挥它自身的整体效应。这是实现公共关系目标的必要条件。

[案例]

2000 年 8 月,在江西的第一家肯德基餐厅里,发生了一起因占座而争执的事件。先是两位顾客发生口角,接着两人争吵上升到大声争吵,最后二人争吵上升到斗殴,男顾客大打出手,殴伤女顾客后离店。自始至终,餐厅相关人员没有进行相关的调解。女顾客当即要求肯德基餐厅对此事负责,如果此时餐厅经理能够满足顾客的要求,女顾客就不至于向报社投诉。但餐厅经理表示"这是顾客之间的事情,肯德基不应该负责",拒绝了女顾客的要求。女顾客马上打电话向《南昌晚报》和《江西都市报》两报投诉。记者到场后,餐厅经理依然拒绝赔偿且态度极为不好,由此两报记者进行了相关报道,对肯德基产生了极大的负面影响。

4)公共关系部的工作内容

(1)长期工作

长期工作主要有:企业整体形象的策划、调整与传播。

(2)日常工作

日常工作大致有:

①监测组织环境,搜集企业内外公众的各种意见;

②撰写企业有关情况和活动的新闻稿;

③同各种传播媒介及其记者、编辑保持密切联系;

④同主管部门、政府有关部门的人员保持联系;

⑤了解竞争对手的公关活动情况,并加以分析;

⑥设计、策划、监制企业的各种宣传品和馈赠品,同印刷厂保持密切联系;

⑦培训公共关系工作人员;

⑧同有业务往来的公关公司、广告公司保持密切来往。

(3)专业技术工作

专业技术工作主要指:

①组织安排社会组织的庆典活动;

②组织安排开(闭)幕仪式;

③筹划和组织纪念活动;

④举办记者招待会;

⑤安排社会组织领导人与新闻媒介的接触;

⑥举办展览会;

⑦举办参观活动;

⑧开展广告业务;

⑨搞民意测验,进行舆论、意见研究。

5)公共关系部的类型

公共关系部根据机构类型和组成方式、在组织中的地位、公共关系工作的重视程度不同,分为常见的3种模式:总经理直接负责型、部门并列型、部门附属型。

(1)总经理直接负责型

由所在组织的最高负责人兼任公关部负责人的一种公共关系组织形式,如图3.1所示。它体现了公共关系部在组织中的重要地位,使公关部具有较高的权威性,而且更富有协调性,是一种最理想的模式。这种模式使公共关系部与决策者有更多直接联系的机会和权利,参与组织的最高决策,对组织决策有直接的影响。

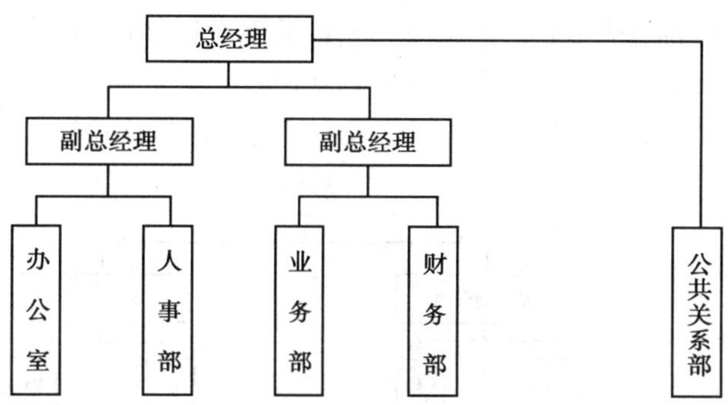

图 3.1　总经理直接负责型

(2)部门并列型

将公共关系部视为与办公室、人事部、业务部、财务部、保安部等职能部门并列的独立职能部门,公共关系部与其他职能部门地位相当,各负其责,如图 3.2 所示。公共关系部由一位副总经理分管。公关机构的负责人与其他职能部门负责人地位平等,享有相当权利,能平等自主地行使公共关系的职能,在对外关系中亦可充当最高决策人的全权代表。这种类型的公关部与组织的最高决策层有直接联系,对组织的决策有直接影响,有利于组织公共关系目标的实现。

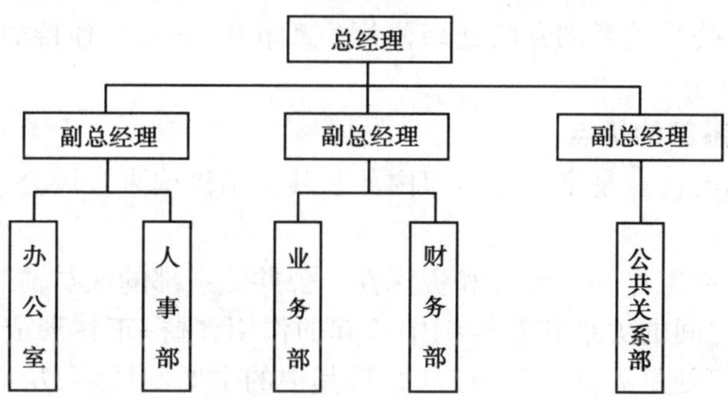

图 3.2　部门并列型

(3)部门附属型

部门附属型公共关系机构附属于组织中的某一职能部门,具体隶属于哪一部门取决于组织对公共关系职能的侧重程度,并由所在部门正、副负责人兼任公关关系部负责人,如图 3.3 所示。这种设置模式往往使公关工作偏重于某种职能,而不能全面发挥公共关系的作用。

根据我国情况,公共关系部在组织中的隶属关系主要有以下几种:

①隶属于经营部,强调公关在生产、营销和流通等环节中的作用。

②隶属于销售部,强调公关的促销功能。

③隶属于人事部，侧重于公关对内部人事关系的协调能力。

④隶属于广告宣传部，强调公关的传播功能。

⑤隶属于办公室，侧重于公关的社会交往功能和协调功能。

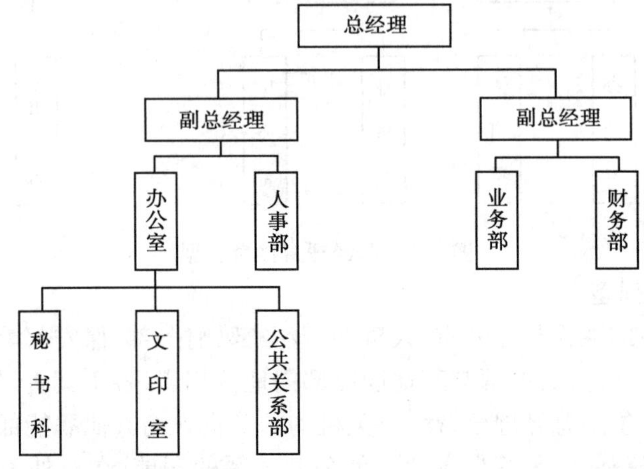

图3.3　部门附属型

6)公共关系部的优点与缺点

组织内设立公共关系部专门处理公共关系事务，既有其独特的优势，又有其局限性。

(1)公共关系部的优点

公共关系部的优点是指依靠组织内部公共关系机构来开展公共关系工作的特有的优点。

①公共关系部工作的针对性和资深性。公共关系部的成员清楚组织内部各个部门、各个成员之间的关系和在组织中所起的作用，掌握正在形成的舆论，了解谁是关键性人物，何处是关键性环节，什么是其中的主要问题等，从而快速准确地找到问题的症结，提出有较强针对性和可操作性的建议与方案。这样就节省了不少调查研究的时间，避免贻误战机。

②公共关系部工作的经济性。对大量的日常事务性工作而言，由公共关系部自己来承担，在不影响效果的前提下，尽量达到开支小、见效快的效果。由于公共关系部与其上属组织在利益上的一致，公共关系部在开展日常工作、实施公共关系计划时，可以通过多种途径，采取各种方法，往往比较注意精打细算，节约成本开支，尽量少花钱多办事。

③公共关系工作的连续性和稳定性。组织内部的公共关系部，是组织所属的开展公共关系活动的专门机构，这就从人力、物力、财力上保证了组织公共关系活动的稳定性；同时，公共关系部可以随时投入解决突发性事件，随时为组织领导层

处理临时变故提出对策,保证组织公共关系活动的连续性。由于组织公共关系部的工作人员相对比较稳定,所以在开展工作时,不是就一时一事考虑,而是瞻前顾后,认真权衡。公共关系人员可以更及时、更具针对性地与组织各层次、各部门进行沟通,并为他们提出相应的解决措施和服务,将公共关系工作与组织内的各因素融为一体,有助于形成团体意识和公共关系意识。

(2)公共关系部的缺点

①观察问题欠客观。同组织外部的公共关系公司相比,公共关系部作为组织的一个内部机构,往往会受到组织制度、规范的约束和限制,公共关系部人员由于受到复杂的人事关系等组织内各种因素的影响,不免会产生这样或那样的顾虑而使工作受阻,在处理具体问题时,容易丧失客观公正的立场,而不能发挥其应有的作用。

②外部公众易产生心理距离。与该组织在利益、目标等方面具有许多一致性,往往不能在短期内获得外部公众的充分信任。若正面宣传组织的优势,易给公众留下自吹自擂的印象,宣传效果不理想。而将自身的不足客观地告知公众,又容易被组织领导者误解,难以得到组织成员的理解。

③活动能力易受限制。一般组织不可能配备非常完备的公共关系工作人员,公共关系部的每一工作人员均需承担多项公共关系工作,专业性不强,加上缺乏专业训练、活动范围小、社会联系面不广,难以开展复杂的公共关系工作。而与公共关系公司相比,其所提出的建议、方案也可能得不到决策层的重视。

3.1.2　专业的公共关系公司

公共关系公司,又称公共关系咨询公司、公共关系顾问公司,是指由具有一定专业特长的公共关系专家及专业人员所组成,运用专门知识、技能和经验,从事公共关系咨询或接受客户委托为其开展公共关系活动,并收取费用的社会服务性机构。商品经济发达和市场竞争激烈的社会里,不同的社会组织客观上都需要有专门的人员、专门的机构从事专门的公共关系服务、开展公共关系工作。

1)公共关系公司的特点

(1)观察分析问题具有客观性

专业公共关系公司由于与委托办理业务的组织单位之间不存在直接的市场竞争关系,公共人员也没有直接利益冲突。可以以专业的眼光,从外部公众的角度冷静地去处理客户的公共关系问题,不容易受客户内部因素的干扰,容易做到客观公正。

[案例]

总部设在纽约的美国凯旋公关公司是全球十大公关公司之一。香港先驱公关

公司成立于1980年,与凯旋结盟之前是香港最大的独资公关公司之一。

凯旋先驱在中国大陆、香港和台湾有5个办事处,“本热情、求精准”是凯旋先驱的价值观。凯旋先驱服务的客户包括宝洁、波音、古驰等。今年3月麦当劳(中国)指定凯旋先驱为其公共关系代理公司。

很多人认为公关工作的过程和结果难以被量化和监控,而凯旋则耗资开发了“凯旋公关策划流程(Kpp)”,致力于制定公关工作的客观标准,使公关工作更加“有形化”。

(2)职业水准比较高,建议和方案更权威

公关公司具有人才密集、知识密集、技术独占和资源密集4个方面的行业特征。能够利用各种技术专长和丰富的专业经验为客户工作,拥有更多的专业资料、更多元化的传播媒体、更广泛的社会关系,提供较高水准的专业服务。同时公共关系公司是由各具专长的专家们组成的,这些专家有着丰富的公共关系实务经验,所以他们提出的建议和方案更具有说服力,容易受到决策者的高度重视。

[案例]

杭州凯地丝绸股份公司1993年成立,是由国家、企业职工和外商共同持股的综合型丝绸出口集团。如今凯地丝绸已经成为国际市场的名牌,深受海外客户的欢迎。我们来看看公关公司怎样根据其客观性进行公关的。当时该公司作为商业大潮中的新生儿,要扩大其社会知名度,就需要独具创意的公关宣传和媒介来报道,以塑造企业整体形象,渗透消费者心理。杭州国际公关公司为其策划:以丝绸为材料印制浙江省内独家旅游服务报《江南游报》,并向中国丝绸博物馆、中国革命历史博物馆赠送世界首创的丝绸报纸。《江南游报》丝绸版共印刷100份。1993年6月15日,杭州国际公关公司在北京为该公司举行了向中国革命历史博物馆赠送丝绸报纸仪式。

(3)信息来源的广泛性和渠道的网络性

公共关系公司本身就以信息接收、处理和传播为工作内容,长期从事公共关系业务更加拓展和完善了信息来源和信息网络,因而专业公关公司都建有完善的信息网络系统,有广泛、可靠的信息来源,公司内部有健全的信息收集、整理制度。客户可以充分利用有关信息作为决策依据。

[案例]

1997年,受国际咖啡组织的委托,伟达公关公司为其策划推广活动,推广并扩大中国的咖啡消费。伟达公关公司在1998年春为国际咖啡组织策划并组织了“咖啡节”。之后公司利用自身广泛的信息来源和渠道邀请到了各咖啡公司，创意并举办 2001 国际咖啡节“咖啡·时尚”立体作品设计大赛，通过独特的表现形式，将咖啡变幻多彩的时尚魅力形象地展现出来。活动邀请了来自北京、上海、广州、天津、成都、南京等地的近 60 家媒体的 70 位记者参加了国际咖啡节开幕式暨“咖啡·时尚”璀璨秀活动，11 家电视台对活动进行了报道。从此，每年的“咖啡节”成为伟达公关公司为国际咖啡组织宣传咖啡文化和促进咖啡消费的平台。

(4)与客户关系疏远

由于公共关系公司不隶属于某一组织，故对客户的情况了解不深入，难以参与客户决策的全过程，与客户的机构及人事关系较疏远，不容易得到完整的资料和完全的信任，因而其建议和方案可能同客户实际情况脱节，缺乏针对性。为客户提供服务的时间一般不会太长，难以为客户制订和执行长期的公共关系计划。同时，公司与客户之间还存在着沟通的困难、障碍，进而影响公共关系工作的正常开展及双方的友好合作。

2)公共关系公司的职能和工作范围

公共关系公司的基本职能是帮助客户确立公共关系目标，通过调查研究，对客户进行准确的形象定位；制订并实施公共关系计划，帮助客户改善公众形象，在公众中建立良好的信誉。

按照客户关系对公共关系公司的特定要求，公共关系公司的主要工作是：

(1)确立目标、调查研究

帮助客户确定公共关系目标，获取掌握信息，分析公共关系现状，并在影响公共关系目标的政策或行为方面为管理部门提供咨询和指导。

(2)制订和实施计划

对公共关系目标，在调查研究的基础上，为客户制订公共关系计划，进行可行性分析，协助客户实施公共关系计划，并对实施结果进行反馈评价。

(3)提供决策参考或咨询

并不是所有组织都要求公共关系公司提供全方位服务。更多情况下，公共关系公司仅需针对客户要求，有针对性地提供决策参考或咨询服务，或向委托单位提出解决问题的具体方案。这是公共关系公司的管理性职能。

(4)代理公共关系业务

为客户进行公共关系策划，代理专门的公共关系业务，帮助客户树立信誉，塑造形象，策划、组织、实施各种专题活动。

(5)提供全面公共关系服务

为客户策划、组织各种公共关系活动，为客户策划新闻传播，一般性公共关系服务，为客户全面地规划实施公共关系工作。

(6)公共关系业务培训

公共关系公司受客户委托，对客户的公共关系人员或全体员工进行公共关系理论和实务的培训，使其具有足够的公共关系理论知识和实际操作技能，以适应岗位的需要。

3)公共关系公司的类型

公共关系公司没有固定的模式，因而结构模式是多种多样的，从不同的角度观察，可划分为不同的类型。从工作范围区分，公共关系公司有跨地区、跨国度经营的大公司，也有局限于一个地区、小范围的小公司。从业务内容区分，一类是专门为用户提供某种公共关系技术服务的公司，另一类是提供综合服务的公共关系公司。从专业服务性质来看，可以分为综合性公司、专业性公司、公关研究机构、独立公关顾问等。从专业服务方向来看，可以分为战略咨询公司、公共事务顾问公司、投资者关系顾问公司、新闻代理公司、营销传播顾问公司等。从客户服务领域来看，可以分为IT、医保、财经、文化、体育等行业顾问公司。

以下主要介绍综合性服务的公共关系公司和专业性服务的公关公司。

综合性服务的公关公司即为客户提供综合性服务，该类型公司业务范围广泛，经济实力雄厚，人才齐全，能够满足各类企业的各种业务方面的需要。公司拥有一大批擅长处理不同方面问题和协调不同方面关系的经验丰富的专家。公司可为不同类型的客户提供多种形式的服务。

专业性服务的公共关系公司是提供专项咨询服务并单独经营的公共关系公司。主要有两种类型：一类公司专门为特定行业提供公共关系服务，如专为工商企业、旅游服务企业提供服务；另一类专门为客户提供某个方面的公共关系服务，如专门为企业收集信息、制作视听材料、制作公关广告等。

4)公共关系公司的工作原则

公共关系公司所从事的工作，一方面涉及委托单位或个人的形象与信誉，另一方面要对社会公众负责，因此，公司在工作中必须遵守以下原则：

(1)自觉遵守国家法律、法令和有关方针政策

公共关系公司既是服务性机构，又是经济实体。公关公司的首要任务是为社会服务，而不能将商业经营作为主营项目。公司的一切行为都必须在国家方针、政策允许的范围内进行，不得承接客户委托的与国家政策、法律或社会公德相违背的业务。

(2)为客户保密

公共关系公司在代理委托单位的公共关系业务过程中，为保证实现公共关系目标,时常要了解一些委托单位的机密,公司应严格为其保守秘密。特别是在双方合作结束之后,更应强化自我约束,不干涉客户内务,不损害客户利益。

(3)一切为客户着想

公共关系公司的宗旨是信誉第一、服务第一、客户至上。竭尽全力为客户办好事、办实事。事先向客户介绍清楚服务项目、收费标准等,并站在客户的立场上考虑费用预算,尽可能为客户节约经费。同时,在服务过程中没有得到客户的许可和充分告知事实的情况下,不得接受客户以外任何人所给的、同上述服务有关的小费、佣金和高价报酬。

(4)不同时为相互竞争的委托人服务

公共关系公司为委托人开展公共关系工作的目的是为委托人塑造良好的社会形象,使委托人获得较高的美誉度和知名度,维护委托人的利益。公共关系公司不能随意为相竞争的委托单位同时开展公共关系活动。

5)公共关系公司的收费方式

公共关系公司是通过为客户提供有偿公共关系服务,取得公司利润的营利性组织。公关咨询服务是一种个性化的智力服务,因此,收费标准按公司专业人员的专业等级和专业经验,以及公司的声誉、规模来确定。不同的公司,其计费方式与费用是有较大差别的。

项目收费,即公共关系公司接受客户某个具体项目的委托,为保证这一项目的顺利进行,客户必须支付的费用主要包括:项目劳务费,包括项目实施期间工作人员的工资和有关管理人员、顾问或专家的酬劳;行政管理费,按项目总费用的一定比例提取,用于公司行政管理和办公经费;咨询服务费,因项目需要,由公司专家的委托人提供咨询,并给予指导所需的费用;项目活动经费,在项目实施过程中,所需开展的公共活动,按活动计划和需要确定金额。

计时收费,即按参加工作人员的工资水平、服务项目的难易程度,对可以用时间来衡量的项目订出收费标准。

公关公司的收费方式没有统一固定的标准,要根据公司的声誉、服务质量,具体业务的难易程度以及供求关系的变化等因素作出具体的商定。

6)客户选择和评估公关公司的标准

客户在选择公关公司代理其业务之前,都依照若干标准来评估公关公司。公关公司与客户之间有着相互选择的关系。

客户选择公关公司的标准有:

(1)公司的信誉

认真考察公司成立的时间、现有的规模、专长;所能提供的服务项目和公司以往的业绩、客户的情况及对公司的评价;公司推出的影响较大的公共关系活动;社会公众对该公司的评价等。

(2)公关人员的素质

主要考察公司从业人员是否受过专门训练,个人专业技术水平如何;是否与客户的要求相一致;是否能努力满足客户要求;是否能保证按时按质完成工作任务等因素。公共关系从业人员的素质决定了公共关系公司的服务水平。

(3)公司的业务专长

不同的公共关系公司有不同的专长,有的公司可能擅长处理政府关系,有的公司拿手的是市场营销,有的公司则长于调解内部矛盾,等等。因此客户要根据自身需要,选择熟悉业务的公共关系公司。

(4)收费标准情况

客户评价公共关系公司实际上是将其信任度、服务质量与收费标准进行比较,以便作出最经济的选择。任何客户都希望花较少的钱取得较好的效果。收费标准低的公共关系公司并不一定是最值得选择的公司。

3.1.3 公共关系社团

公共关系社团泛指社会上按一定规则组织起来的、非营利性的从事公共关系理论研究和实务活动的群众组织或群众团体。主要包括公共关系协会、学会、研究会、专业委员会、俱乐部、联谊会等组织。公关事业发展的过程中,真正起推波助澜作用的往往就是那些非营利性的社团组织。

1)公共关系社团的特点

(1)人员组成的广泛性

公共关系社团是社会群众团体,它在很大程度上成为一种各行各业从事公共关系工作和热爱公共关系事业的团体和个人参加的、广泛的联谊性团体。公共关系社团具有广泛的群众基础。

[案例]

国际公共关系协会的会员,由热心公共关系事业的各行各业人士组成,既包括其所在地区的企业、新闻、科技、文教法律、党政机关等单位的人士,又包括社团所属行业中有代表性的单位,具有行业的广泛性和人员构成多层次,职业的差异性等特点。通过这种组织,可以形成四通八达的信息联络网,广采信息,广交朋友,广辟渠道,广泛合作。

(2)非强制性

公共关系社团的构建通常依据自觉自愿的原则。公共关系社团虽然也是一种组织,但它没有严格的组织结构,不具备强制性。会员入会和离会手续较简单,具有松散性特点。同时,公共关系社团与社团之间,社团与其他社会组织之间,也不存在隶属与被隶属的关系。

[案例]

中国公共关系协会章程对成员的规定如下:

第九条　会员入会的程序是:

(一)提交入会申请书;

(二)经理事会讨论通过;

(三)由理事会或理事会授权的机构发给会员证。

第十条　会员享有下列权利:

(一)本团体的选举权、被选举权和表决权;

(二)参加本团体的活动;

(三)获得本团体服务的优先权;

(四)对本团体工作的批评建议权和监督权;

(五)入会自愿、退会自由。

第十一条　会员履行下列义务:

(一)执行本团体的决议;

(二)维护本团体的合法权益;

(三)完成本团体交办的工作;

(四)按规定交纳会费;

(五)向本团体反映情况,提供有关资料;

(六)积极参与本会各项活动,促进公共关系事业的发展。

(3)工作内容的服务性

公共关系社团集聚了一批有理论、有实践的公共关系人才,能为社会组织提供优质的公共关系服务。服务是公共关系社团成立的宗旨,服务的质量是公共关系社团的生命。

[案例]

经民社登(2003)第 209 号文件批准,中国国际公共关系协会公关公司工作委员会于 2003 年 6 月 30 日在北京正式成立,系协会下属的全国性、非营利性的公共关系行业组织,简称"公司委员会"(PR Agencies Committee of CIPRA,英文简称"PRAC")。

工作宗旨:遵守中华人民共和国宪法和法律,遵守中国国际公共关系协会章程;开展行业自律,倡导良好的行业规范和职业操守;加强行业保护,维护成员企业及从业人员的合法权益;推动行业开发,开拓专业服务业务和新市场;促进行业繁荣,推动中国公共关系业持续、稳定、健康发展。

工作任务:制定、实施行业《行为准则》和《服务标准》;监督有关行业制度的执行,协调专业公司之间的纠纷;拓展公关顾问业务,开发公关服务新市场;进行年度行业市场调查,撰写年度行业调查报告;开展各种形式的业内交流活动和专业培训计划;推广专业技术工具,交流先进业务经验;建设行业权威性刊物和网站,宣传业内工作成就;支持并参与社会公益活动,为行业提供战略性咨询意见。

(4)工作目标的非营利性

公共关系社团不是经济实体,它本身的性质决定了它是非营利组织。正确地处理好社团的经济效益和社会效益的关系。

[案例]

中国公共关系协会成立于1987年,由公共关系专业机构、新闻媒体、教育、科研机构、政府有关机构和企业界人士等自愿组成,是经国家民政部批准成立的全国性的、学术性、广泛性的非营利性社会团体组织。协会自成立以来,致力于开拓和发展中国的公共关系事业,积极参与国际公共关系活动,积极开展行业自律、资源整合、国际交流与合作、人才培训、理论研究等方面的工作,对促进公共关系事业的发展起到了重要的推动作用。

2)公共关系社团的类型

(1)综合型社团

不同地域范围的公共关系协会。这类社团具有指导、协调、监督、管理、服务等多方面的综合职能。

(2)学术型社团

包括公共关系学会、研究会等纯学术性的团体。其中心工作是研究公共关系的动态和理论问题,总结公共关系的经验,进而把握公共关系发展的趋势,为从事公共关系工作的人员进行理论指导。

(3)行业型社团

这是一种以一定行业为活动平台的公共关系组织。由于行业的不同,公共关系工作的特点也不尽相同。建立适应行业特点的公共关系组织,将公共关系组织机构行业化。行业性社团在组织上保证了公共关系事业得以在某一行业深入发展,是一种很有潜力、大有前途的公共关系社团组织形式。

(4)联谊型社团

一般包括公共关系俱乐部、公共关系沙龙、公共关系联谊会。这些形式多样的公共关系社会团体组织的特征是：自发性、多样性、松散性、灵活性、临时性。这类组织通过开展工作可以推广普及公共关系知识，可以使成员之间沟通信息、联络感情等。

公共关系社团的工作内容主要有：联络会员、制定规范、专业培训、普及知识和编辑印制出版物。

3.2　公共关系的从业人员

公共关系人员的选择、配备和培养，是公共关系建设的重要部分。从一定意义上说，一个社会组织有了得心应手的公共关系人员，就等于为公共关系奠定了胜局。他们是开展公关工作的主体力量，是公关活动的设计者和实际操作者。无论是专业的公共关系人员，还是非专业的公共关系人员，其本身所具有的知识、素质、能力及职业道德水准将对公共关系活动的效率产生直接的、深远的影响。

3.2.1　公共关系从业人员的分类及工作

从组织内部机构的角度，可以将公共关系从业人员分为一般工作人员和公共关系领导人员。

1)一般工作人员

公共关系的一般工作人员是指组织内部公共关系机构中工作的各类人员，其类型有：

①调查分析人员。其主要任务是采集信息，预测公众的动向和社会发展趋势，评估组织形象和公共关系工作的效果。

②计划人员。其主要任务是根据调查分析人员提供的资料，提出公共关系活动的目标和计划，并制订出公共关系活动的方案。

③传播人员。其主要任务是按照既定的公共关系目标和计划，开展和管理公共传播活动。

④文秘人员。其主要任务是撰写新闻稿、广告文稿、报告书、信函等稿件。

⑤专门技术人员。指专门从事某项技术的人员，如：财务人员、美工人员、摄像人员和微机管理人员等。

2)公共关系领导人员

公共关系领导人员是指这公共关系部经理或公共关系部主任，是统领公共关

系部的最高管理者，对组织的高层次的公共关系管理者负责，属重要的公共关系岗位。他们负责公共关系活动的策划和统筹，在组织中起着不可替代的作用。

3.2.2 公共关系从业人员的素质要求

公共关系人员作为公共关系主体形象的代表，其素质的高低直接影响公共关系的效果。所谓公共关系人员的素质是指公共关系人员所具有的先天禀赋及后天通过学习与实践所形成的思维方式、观念意识、道德品质、学识才干等，其主要包括公共关系意识、生理素质和心理素质。

1）公关人员的公关意识

公共关系意识是公关关系人员应具备的基本素质的核心。公共关系意识，是公共关系实践在人们思维中的反映，它属于一种现代化经营管理理念。从某种程度来讲，公关意识的有无、公关意识的强弱形成了判别一个公关人员潜在与现实价值的关键性价值标准。良好的公关意识能促使公关行为永远处于自觉化的理想状态，使公关人员对公关环境的变化有一种能动的开放机制，并保证其顺利地完成预定的公关任务。公关意识，主要包含以下6个方面的内容。

（1）塑造形象的意识

塑造组织形象是公共关系的根本目的。良好的组织形象，是组织的无形资产和无价之宝。对于任何企业组织的公关人员来说，确定形象意识是策划一切公关活动的前提。这既包含社会组织形象的知名度、形象的美誉度、组织公众对组织形象的忠诚度，也包含对更具体的，更细小的产品、服务、品牌、技术等多种要素的形象管理。

它只有靠公关主体长期不懈的努力才能树立起来。有人曾经作过一个非常形象的比喻，如果可口可乐公司遍及世界各地的工厂在一夜之间被大火烧光，那么第二天各大报纸的头条新闻将是各国银行巨头争先恐后地向这家公司提供贷款。因为，人们深信可口可乐不会轻易放弃“世界第一饮料”的品牌形象和企业形象。这家公司在红色背景前简简单单地写上8个英文字母“Coca-Cola”鲜明生动的标记，以及可口可乐公司良好的企业形象早已深深地印入人们的脑海里，得到了全世界消费者的普遍认可。

塑造个人的形象是指公关人员在进行公关活动时，个人形象与组织形象是统一的，所以公关人员应注意其个人形象代表着组织形象。

个人形象中最重要的是内在形象，它包括一个人的社会责任感和道德感，包括一个人的修养、个性心理特征等。同时也不能忽视外在形象。公关人员出现在公众场合，他代表的是组织、公司、单位。应适当修饰自己，形成较好的外观表象，博得公众的好感。得体的姿态动作也是良好的个人形象的一个方面。得体的姿态动作是个人形象内在方面的有机统一。

［案例］

有一天，松下幸之助来到一家理发店理发。他衣着随意，有些不修边幅，甚至衣服都没有打理整洁。乍一看，与嘈杂闹市区中过着随意懒散生活的“芸芸众生”并无差别。然而，理发师无意中认出了松下幸之助，大为惊讶这位日本闻名的大实业家竟然是衣冠不整的小老头。理发中，他与松下幸之助交谈起来，并在谈话中对松下幸之助说：“你是公司的代表，却这样不重衣冠，别人会怎么想？连人都这么邋遢，他公司的产品会好吗？”一席话把松下幸之助说得无以言对，感到羞愧无比。走出理发店，松下幸之助不断思考着理发师的话，觉得很有道理，便接受了理发师的建议，决定不惜金钱去东京理发。从此之后，松下幸之助无论在什么时间什么场合都十分注重自己的个人形象。

［案例评述］

这则案例告诉我们这样一个道理：我们认识别人，第一眼总是从对方的衣冠外貌开始。尽管这种认识带有很大的局限性，但谁也不能不受这种认知习惯的影响。

个人形象中最重要的是内在形象，同时也不能忽视外在形象。公关人员出现在公众场合，他代表的是组织、公司、单位。应适当修饰自己，形成较好的外观表象，博得公众的好感。此外，个人形象与组织形象是统一的，个人形象代表着组织形象，所以公关人员应注意其个人形象。假如松下幸之助不注重自己的个人形象，他的公司即使目前发展良好，随着时间推移，日后越来越多的人注意到这个公司有一个不重形象的领导者，那么，他的公司还会继续成功吗？

由此可见，一个优秀的组织要有塑造形象的意识，组织的整体形象由组织成员的个人形象构成。良好的组织形象，是组织的无形资产和无价之宝。对于任何企业组织的公关人员来说，确定形象意识是策划一切公关活动的前提。

(2)社会公众意识

公众是公共关系的客体，是开展公关工作的对象。把公众的利益放在首位，应该是组织一贯倡导和始终坚持的公关指导思想。不论在什么情况下，公关工作都必须着眼于公众。当公众利益与组织利益发生冲突时，应该把满足公众利益放在第一位，时时处处为公众着想，创造各种条件为公众服务，努力满足公众提出的各种要求。公共关系人员应该将公众的意愿作为决策和行动的依据，将符合与满足公众的要求作为组织的价值追求，并将此作为制订组织的经营方针和管理政策的重要原则。

［案例］

20 世纪 80 年代，天津市政建设跟不上，人民群众生活存在许多实际困难，“坐车没有走路快,自来水腌咸菜,临建拆得没有搭得快”,群众意见很大。市政府决心为群众办实事,一件一件地解决落实,说到做到,样样兑现。1983 年,首先为市民办了 10 件实事,从 1984 年开始每年坚持为城乡人民办 20 件实事,到 1989 年已办了 130 件。如新建、改建了 3 000 万平方米的住宅,等于新中国成立以来前 30 年建房总数的 3 倍,使一半以上的家庭改善了居住条件和居住环境;花两年时间完成了的民用气化工程,使民用炊事煤气化的普及率高居全国之冠;花一年零四个月,完成了震惊中外的引滦入津工程,一扫天津人喝咸水的历史;新铺城市道路 2 137 千米,建起由 10 来座立交桥和中环线外环线构成的“三环十四射”的城交道路网络等。广大人民群众对市政府、市领导的满意程度达 92% ~99.4%,形成了心齐气顺、政通人和的社会政治局面。

[案例评述]

此案例体现了完善公共行政服务,树立社会公众意识的政府公共关系思想。政府公共关系的主要目标是提高政府的威信和美誉度,提高其吸引力、凝聚力和号召力,增进人民群众对政府的信心和好感,树立政府的良好形象。政府要树立良好形象,就必须多办实事,取信于民,把为人民服务的宗旨落实到具体工作中,把满足公众利益放在第一位,时时处处为公众着想,创造各种条件为公众服务,努力满足公众提出的各种要求。

天津市在实际工作中,将公众最关切、意见最大、最迫切需要解决的问题作为办实事的重点,限期解决,得到人民的一致拥护和支持。天津市为人民办的这些实事,也是政府公共关系活动的一部分。政府通过为人民办实事、谋利益,加强了与人民的双向沟通,促进了人民对政府的了解、理解和信任,争取到人民的拥护、支持与合作,充分显示了政府对公众的重视程度。

(3)互惠合作的意识

创造良好的组织形象与追求经济效益是统一的。每个处在市场竞争中的组织或个人都面临着竞争的态势,这种竞争应是既竞争又合作,彼此依存,共同发展的。互惠合作意识表现为在实际的交往合作中,将平等互利、追求双赢作为处理各种关系的行为准则,将自身的发展与对方的发展联系起来,通过协助对方,满足对方来争取双方的共同利益。诚实、平等、尊重、互利是组织塑造良好形象的基础,欺骗他人、坑害公众最终是害自己。

[案例]

美国亨氏集团与我国合资在广州建立婴幼儿食品厂。但是,生产什么样的食品来开拓广阔的中国市场呢?筹建食品厂的初期,亨氏集团做了大量调查工作,多次召开“母亲座谈会”,充分吸取公众的意见,广泛了解消费者的需求,征求母亲对婴儿产品的建议，摸清各类食品在婴儿哺养中的利弊。之后进行综合比较，分析研究，根据母亲们提出的意见，试制了些样品，免费提供给一些托幼单位试用；收集征求社会各界对产品的意见、要求，相应地调整原料配比，他们还针对中国儿童食物缺少微量元素、造成儿童营养不平衡及影响身体发育的现状，在食品中加进一定量的微量元素，如锌、钙和铁等，食品配方更趋合理，使产品具有极大的吸引力，普遍地受到中国母亲的青睐。于是，亨氏婴儿营养米粉等系列产品迅速走进千千万万中国家庭。

[案例评述]

美国亨氏集团通过召开“母亲座谈会”，满足了母亲们的需求，生产出针对中国儿童营养问题的儿童食品，既为自己创造了经济效益，又满足了消费者的需求，同时对儿童的健康作出了贡献，是一种“多利”的行为，将自身的发展同儿童们的健康结合，同母亲们的需求结合，达到互惠的目的。

(4)创新审美的意识

作为公共关系的课题——公众，是最活跃的因素，公众的成分和公众的心理变化莫测。公共关系要塑造组织的美好形象，需在动态而不是静态环境中去进行。商品经济的不断发展和市场竞争的日趋激烈，客观上要求公关工作不仅能适应外界环境的变化，更重要的是能洞察将来的发展趋势，先发制人，刻意求新，做到“人无我有，人有我新”。此外，公共关系活动没有固定的模式，它是一种极富创造性的活动。因此，只有创造性的活动，才能吸引更多的公众。从更高意义来说，公关过程又是一个创新审美的过程。组织的形象要给公众留下新意和美感，并在发展过程中不断完善。良好的形象和信誉一旦确立，在其稳定发展过程中就必须创新突破，不断超越自己，不断寻求策划创新与设计创新。

[案例]

美国艾士隆公司董事长布希耐有一次在郊外散步，偶然看到几个儿童在玩一只肮脏并且丑陋的昆虫而爱不释手。布希耐突发异想：市面上销售的玩具一般都是形象优美的，假若生产一些丑陋玩具，又将如何？于是，他让自己的公司研制一套“丑陋玩具”，并迅速推向市场。结果一炮打响，“丑陋玩具”给艾士隆公司带来了巨大收益，并使同行们也受到了启发，于是“丑陋玩具”接踵而来。而且在美国掀起了一场行销“丑陋玩具”的热潮。

[案例评述]

在公共工作中，要时刻留意公众的变化。在本案例中，艾士隆公司的公众就是儿童，公司董事长意识到了儿童们的变化，因此大胆创新地推出了“丑陋玩具”，引发了一场行销“丑陋玩具”的热潮，给公司带来了巨大的利润。

(5)沟通交流的意识

公共关系活动是一种具有民主性的经营和管理活动。组织与公众关系的建立和发展实际上依赖于各种信息的交流。这种沟通交流应是双向的,既有传递,又有反馈。通过双向的沟通交流,组织与公众互相理解,互相影响。信息沟通渠道不畅,信息传递失真往往是组织与公众之间产生误解、导致关系紧张的重要原因。因此,组织为了塑造良好的形象,提高知名度和美誉度,赢得公众的支持、信任,就要把组织制订的政策、采取的措施和行为通过各种渠道向公众传播,使公众了解组织的有关真实情况,减少公众对组织的误解,同时,组织还要及时收集公众的反馈信息,如公众对组织传出信息的态度、意见和建议。我们不但要注意信息上的沟通交流,还要重视情感上的沟通交流。这将有助于组织与公众良好关系的建立和发展。

如果不善于向社会宣传自己,就无法吸引公众并得到公众的支持。上海曾有家工厂一次出资十几万,将门前一条坑坑洼洼、群众意见很大的马路重修了一遍。因为公关意识淡薄,宣传不够,别人都以为马路是市政府工程公司出钱修的。这家工厂出钱做好事,名声却给了别人,自身的形象没有树立起来,这是不具备沟通交流意识造成的。这就要求公关人员能掌握信息传播的基本规律和方式,具备熟练的传播沟通技巧,利用各种交往沟通手段与公众打交道。在现代公关工作中,与公众的沟通可借助于大众传播、组织传播、人际传播等传播渠道。

[案例]

2003 年 8 月,海南检验检疫局在对进口红牛饮料的检验过程中,发现饮料无中文标签,咖啡因含量超过我国标准,且尚未取得我国标签审核证书。根据医学专家介绍,违规进口的“红牛饮料”与酒混合饮用则会引起脱水现象,并且损害心脏和肾功能。同时红牛饮料中的咖啡因会增加心脏的负担,过量服用会产生心慌、烦躁的现象,严重时可能导致死亡。

以下是红牛的有效沟通:一是准。按照轻重缓急的顺序,红牛公司决定首先在媒体方面扭转舆论导向。红牛品牌策划部立即同国内刊登该新闻的一些主要网站取得联系,向其说明事情真相,然后动用公关手段,向公众宣传其正面的东西,让广大消费者能够相信其品牌和质量。二是狠。针对第二天平面媒体可能出现的报道,红牛公司的品牌策划部起草了一份新闻通稿,于当晚向全国一些主要媒体以传真形式发出,及时向大众说明真相。在与媒体联络沟通的同时,红牛通知全国 30 多个分公司和办事处,要求它们向当地的经销商逐一说明事情真相。与品牌策划部同时工作的还有条法部,它们主要负责同各地的质检、工商等部门沟通,以说明情况,消除影响。

[案例评述]

从整个红牛的危机公关事件中可以看出,企业进行积极有效的沟通是解决红牛危机公关最成功的地方。其实，积极、迅速和有效的沟通原本就是危机公关的真谛。红牛危机公关的案例显示了红牛公司在与媒体、客户、分销商、投资者和其他人沟通的艺术和技巧。

(6) 立足长远的意识

良好组织形象的树立，不是朝夕之事，形象的维护更是一件持久的工作，只有通过长期不懈的努力，才能取得成功。树立良好的组织形象是公共关系工作的一项长期的战略性任务，这就要求公共关系人员应该立足长远，重视组织的长期利益，不能急功近利，搞短期行为。

[案例]

美国凯皮特公司（北美机械制造公司）在长达 50 余年的经营中始终注重树立良好的品牌形象。它的广告里提到："凡是买了我们产品的顾客，不管在世界上哪个地方，若需更换零配件，我们保证在 48 小时内送到，如果耽误，我们就将产品白送给你们。"他们说到做到，有时候为了一个价值只有几十美元的零件，甚至不惜动用直升机，费用高达数千美元。正是由于长期建立卓著的经营信誉，凯皮特公司赢得了良好的口碑。

2) 公关人员的心理素质

公共关系从业人员的心理素质主要是指公共关系职业对人员的心理要求，这是公关人员基本素质的基础。它包括以下几个方面：

(1) 自信

自信心理是公关人员应具有的最基本的职业心理素质。事业的成功与否，很大程度上，是取决于其思想、情绪状况，也就是取决于他的心理。

自信能使人产生一种内驱力。因为有了明确的奋斗目标，无形中会使人增添勇气和毅力，成功的可能性就大。如果缺乏自信，自我否定，就不可能勇敢地去从事开拓性的公共关系工作，就会失去成功的机会。公共关系人员如果在公众面前表现得自卑而非自信，将会连累组织，给组织形象蒙上一层平庸低下的阴影。处理公共关系危机，则更需要沉着自信、冷静果断的心理素质。唯此，才能临危不乱，才能启动和发挥聪明才智，才能收获化险为夷、避害趋利的成功之果。

强调具有自信的心理，绝不是要我们去盲目自大甚至搞唯心主义的那一套。公关人员自信心理的培养，应努力做到：自信先自强；自信要自量；胜不骄、败不馁；既要自我激励，又要取得别人的鼓励。

[案例]

2008 年"5 · 12"地震，震后 18 分钟，新华社向全球发出第一则电讯；32 分钟，中央电视台作了权威报道;52分钟,新闻频道推出特别直播节目《关注汶川地震》;温家宝总理抵达灾区10分钟后,《新闻联播》播出总理在专机上的重要讲话……这些报道都最大限度地澄清了处在苗头状态的各种谣传,稳定了人心,聚集了力量,树立了形象,充分调动了全国人民万众一心、抗震救灾的信心和勇气。

尤其值得一提的是:这次最大限度的信息公开,彻底突破了以往灾害报道惯常使用的"单一化""单渠道""单音讯"的限制办法。不仅由新华社、中央人民广播电台、中央电视台、人民日报等国家级新闻媒体发布权威信息,而且允许各地方传媒,包括报纸、电台、电视台、网络、手机短信等所有传媒全面参与。特别是允许外国新闻机构派记者深入灾区一线采访报道。不仅用我们自己的视角、自己的笔触、自己的镜头说话,更借助外国记者客观的视角、客观的笔触、客观的镜头说话;不仅用自己的"喉舌"进行宣传,更借助"第三只眼"站在客观立场上进行客观评说,充分起到了"眼见为实""客观公正"的宣传效果。

这次的全方位新闻开放是一个了不起的历史性进步,是新一轮思想解放最生动、最实在、最具有说服力的具体体现,是我们党和政府高度自信的最好证明,是一个值得大书特书而且必将永远载入中国新闻传播史册的一个重要事件。它的积极作用和良好反响已经开始显现,随着时间的推移,必将产生更加深远的影响。

英国《观察家报》说:"中国对此次地震的充满人道主义精神的反应正在改变全世界对中国共产党的看法。"《每日电讯报》赞扬说:"世界正在更多地接受中国共产党。"美联社文章说:"共产党员在危险和困难面前毫不退缩","共产党在中国越来越成功。"

《南华早报》评论说:"生命无贵贱是一个现代社会的标志。四川大地震救援为'以人为本'这个口号注入了灵魂,同时也凸现了中共以人为本的执政理念。"

路透社记者写道:"中国尊重人的生命,中国人面对灾难迸发出的勇敢、无私、坚韧不拔的精神赢得世界敬意,抗震救灾提升了中国的自信心。"

[案例评述]

公共关系一个重要的要求就是自信,而自信的表现就是信息的公开。简单的一个信息公开,极好地树立了中国共产党和中国政府立党为公、执政为民,以人为本,人民的利益高于一切,全心全意为人民服务的良好公共形象,改变了国际社会特别是西方社会对中国共产党和中国政府的许多误解和偏见,极大地增强了新闻媒体作为党和人民喉舌的公信力和号召力,可谓是中国的一次成功的形象公关。

(2)热情

热情是对人对事有热烈的感情,从而做到尽心尽力,是人们一种特殊方式表现出来的主观感觉或体验。公共关系人员不主动热情地去和公众交流、沟通,就不能与其建立良好的关系；对工作没有热情，就不会全身心地投入。有了热情，对一个人的行动会产生巨大的推动力。

公共关系工作涉及的社会层面广，所接触的公众情况杂，在观点、意见、生活习惯等方面存在着诸多的差异。公共关系人员需要以对工作的极大热情，广泛培养自己对各种事物和活动的兴趣，在求同存异的基础上，建立与各种公众的趋同点和接近点，从而使之产生认同感和亲切感，建立起相互之间友好合作的密切关系。

同时，由于公共关系人员面临的公众和事情是非常复杂的，也需要公共关系人员遇事沉着冷静，不能感情用事，失去理智。

公关人员应从以下几个方面去培养自己的心理：要有责任感、事业心；要有积极、乐观的生活态度；不要过于计较得失。

[案例]

广州有家五羊城酒店，店内设施属于中档，收费又不高，但服务水平却达到上乘，他们热情为顾客服务，让顾客来到这里就像回到自己的家一样。因此，这家酒店受到了顾客高度赞扬。

这家酒店是如何做好服务工作的呢？他们要求每一位员工必须处理好同顾客的关系，为顾客着想，提供服务要热情、周到，富有人情味。他们是这样做的，如只要顾客来投宿，不管当时是否已经客满，都尽量安排居住。顾客住下后，服务员马上递上一块香巾让顾客净面，沏上一杯热茶让顾客解渴去乏。服务员每天都认真打扫房间，让顾客生活在清洁卫生的环境中。顾客离店时，服务员则帮助提着行李送到门口……

一次，湖南湘潭市 3 位女同志深夜来到五羊城酒店投宿。当时已经客满，值班服务员马上把会议室整理出来安排她们居住，并说明可以降低收费标准。部门领导也来到临时客房带来亲切的问候。服务员又立即递上香巾，沏上热茶，让她们好好休息。她们住了几天后，临走时，服务员帮助提行李到门口，表现出恋恋不舍之情。她们很受感动，一齐说道："我们下次来广州，一定再住你们店！"

凡是在这里住过的顾客，都对五羊城酒店留下了很好的印象。温州个体户中跑广州做生意的比较多。许多温州个体户，每次来广州都喜欢投宿五羊城酒店，因为这里的服务周到、热情。于是，在五羊城酒店的客人中，"回头客"占很大的比重，而这批老顾客又常常带来许多新顾客，使该酒店客源不断。

(3) 开放

公共关系是一种开放型的工作，又是一种创造性很强的工作，也是一种艰苦的工作，它要求公共关系人员以开放的心理和热情的态度去不断接受新观念、认识新事物、熟悉新情况、面对新挑战。"纳百川"以接受形形色色风格、林林总总性格的公众,做到“异中求同”。要求能着眼于大局,具有兼容并蓄的胸怀,严以处事,宽以待人,并以豁达、乐观的态度对待工作中的困难和挫折,而不斤斤计较一时一事的得失。对于公共关系人员而言,开放型、外向型的人,更容易与人交往,更善于与不同性格的人建立良好的关系。凡此种种,都要求公共关系人员必须具有进取而不是保守,开放而不是封闭的思想意识。

[**案例**]

法国总统戴高乐1960年访问美国时,在一次尼克松为他举行的宴会上,尼克松夫人费了很大的心思,布置了一个美观的鲜花展台,在一张马蹄形的桌子中央,鲜艳夺目的热带鲜花衬托着一个精致的喷泉。精明的戴高乐将军一眼就看这是主人为了欢迎他而精心设计制作的,不禁脱口称赞道:“夫人为举行这次正式宴会一定花了很多时间来进行漂亮、雅致的计划与布置吧!”尼克松夫人听后十分高兴。

事后,尼克松夫人说:“大多数来访的大人物要么不加注意,要么不屑因此向女主人道谢,而他却总是能想到别人。”也许在别的大人物看来,尼克松夫人所布置的鲜花展台,只不过是她作为一位总统夫人的分内之事,没什么值得称道的。而戴高乐将军却领悟到了其中的苦心,并因此向尼克松夫人表示了特别的肯定与感谢。从而也使得尼克松夫人异常的感动。

[**案例评述**]

戴高乐以其开放的心理,热情的态度去对待身边每一件事,善于发现一些看似理所当然的却是别人用心而做的小事。戴高乐因其开放、外向的性格,更容易与人交往,更善于与不同性格的人建立良好的关系,很容易与别人进行有效的沟通。

3.2.3 公共关系人员的能力

公共关系是一门实践性较强的学科,因而对于公关人员来讲,实践能力是比较重要的。能力在心理学上是指顺利完成某种活动所必需的、直接影响活动效率的个性心理特征。公关人员的能力主要是指工作能力,是一个系统,由一系列彼此相关联的能力组成。公共关系是一种综合性的工作,对公共关系人员的能力有较高的要求。不具备具体的能力、技巧与手段,势必会造成“眼高手低”的情况。

1)表达能力

表达能力是指运用语言阐明自己的观点、意见或抒发思想、感情的能力。公共关系人员的一项重要工作就是组织的代言人,他们必须及时准确地向公众传播组织的各种有关信息,维护组织形象,使公众接纳组织,这就要求公共关系人员要有良好的文字表达能力和口头表达能力,并善于辅之以“体态语言”与“行动语言”。

培养表达能力,关键在于提高表达的准确性、鲜明性和生动性。

文字表达能力主要表现为能够拟订各种公文、新闻稿、企业通讯及公关报告和发言稿等。能撰写出文字通畅、条理清晰、分析透彻、格式得体的具有较高情报价值的应用文稿,达到真实准确、立场公正、充满善意,清楚易懂,使人感到有新意,给他人以较强的说服力、号召力和感染力。

公共关系人员与他人交流思想、沟通信息时多数情况要通过口头交谈、讨论进行,这就要求公共关系人员具有较强的口头表达能力,主要包括演讲、交谈、谈判和说服他人的能力。公关人员的口头表达,最起码的要求是言能达意,再就是要合理运用语言的艺术。同时,也要求公共关系人员要掌握好说话的技巧和艺术,除了心诚,还要注意语气、语音、语速、语调、表情、风格、方式等,尽量给人一种亲切感和认同感。

2)组织协调能力

公共关系工作的开展常常涉及本组织不同性质的部门,不同层次的员工,不同类型的公众,并按照一定章程,有计划、有组织地进行的,这就要求公共关系从业人员必须具备一定的组织协调能力。公关人员的组织能力,是指公关人员在从事公关活动过程中,进行计划、安排、协调、控制、实施等方面的活动能力。由于公关工作渗透到日常行政、业务工作的各个环节,千头万绪、具体繁杂,公关人员必须从全局的角度协调处理。因此,良好的组织领导能力,是顺利做好公关工作的必备条件。

公共关系人员在接受一项新的公共关系计划时,首先是进行大量的信息收集汇总,然后根据资料分析,确定自己的工作计划与工作方法,这就涉及许多具体的组织工作。组织技能主要包括:组织一个可靠的团体或单位的能力;制订计划,作出决策的能力;搜集、整理、评价有关信息的能力;选择方案作出决定的能力;控制工作过程、考核工作实绩的能力;指挥、领导下属完成任务的能力;协调人际冲突的能力及随机应变的能力。

3)交际沟通能力

交际,就是人们相互之间交换信息、相互影响和作用的过程,它是公共关系中最基本的技能和主要手段。社交沟通能力是公共关系人员协调各方关系,争取公众支持的基本条件。作为公共关系人员,肩负着为本组织建立一个良好的工作环境的职责,应当善于扫清一切人为的屏障,在组织与公众之间架起沟通的“桥梁”。从某种意义上说,公关人员应是社会活动家,因而是否具备交际能力,是选择公共关系人员的重要条件之一。在日常工作中,公关人员不仅要善于与各界人士建立亲密的交往关系,而且还要懂得各种社交礼仪,比如日常生活礼节、外事交往礼节、宴请聚会礼仪、公共场合礼节等。对公众尊重、真诚、热情，在各种场合人物面前应付自如，言谈举止大方得体，受人欢迎，取得信任。

[案例]

麦格拉斯——西点军校走出的公关人

伊顿公司全球传讯部高级副总裁唐纳德·麦格拉斯(Donald J. McGrath)毕业于西点军校。他擅长以讲故事来作为公关的重要方式。麦格拉斯强调说："把公司的故事讲给客户、政府和社区，让他们知道我们公司能够提供什么样的产品和服务，或者我们能够怎样帮助社区更加美好，给利益相关者提供价值。"在讲故事的过程中，麦格拉斯认为，首先要学会倾听，要去了解你的客户以及他的需求，同时也要了解你所在的机构和组织。通过倾听，你能够有效地收集信息，这样才能够使故事更加有效。"在讲故事之前要知道客户的问题出在哪里，你能够提供怎样的解决方案去帮其解决问题。通过调查，我们了解了客户的需求，然后和他们一起去提供好的解决方案，并且把数据和客户分享，告诉他们取得了哪些好的成就。之后，我们根据这些成功的案例，做一个很好的客户成功的故事，讲给媒体听。"

媒体关系是麦格拉斯最擅长的业务领域。他认为，对一个公司来说，面对很多竞争对手，因此需要把自己的核心价值更好地传递给客户，让自己成为他们的选择。这时，媒体的价值便体现出来了。他会抓住每一个机会去和每个人讲话、握手，极力通过媒体去进行自我宣传和推广，从而让自己能够被公众所接受。他非常愿意接受媒体的访问，把公司各方面的消息、公司成长的策略，告诉客户以及各方面的利益相关者。

[案例评述]

在麦格拉斯看来，用诚实的、开放的、直接的沟通方式传播出去，是十分重要的，比如讲故事。通过这种方式能让利益相关者更好地了解自己。他充分运用讲故事的方法协调了自身、客户和其他利益相关者的关系，为企业与客户和媒体之间架起沟通的"桥梁"。同时，麦格拉斯会抓住每一个机会去和每个人讲话、握手，愿意接受媒体的访问，极力通过媒体去进行自我宣传和推广，善于同利益相关者建立亲密的交往关系，从而让自己能够被公众所接受。

4)灵活应变能力

应变能力是公共关系人员应付情况突然变化的能力，是自制力、适应力和灵活性的综合表现。组织自身在发展过程中并非一帆风顺，它有顺利发展之时，也有遇到风险使组织落入低谷之时。公关人员在工作中一定要机警、灵敏，需要有自控和应付各种情况变化的心理准备和实际能力。公共关系人员在不利的局势下，要处乱不惊,果断处理,采取相应的措施控制事态向有利的方向发展,要控制舆论,防止歪曲的事实引起公众的恐慌与不安;否则,后果不堪设想。公共关系人员在迅速调整自我、敏捷作好适宜的反应的同时,也要能较好地控制自己的不良情绪,使自我成熟化、理性化。任何急躁易怒、一触即发的情绪都会产生消极作用,造成重大损失。

[案例]

某餐馆以代办喜庆宴席而享有盛名。一天晚上,正值餐厅内宾客十分高兴的时候,不料突然停电,餐厅内顿时一片漆黑。恰巧一对新人正在餐厅内举办婚礼喜宴,突如其来的状况让餐厅中的许多宾客觉得惊讶并且感到扫兴。就在大家抱怨纷纷之时,只听见餐厅经理高声说道:“各位来宾! 下面一个节目,有请我们的新娘与新郎为大家点燃蜡烛,预示着他们俩人的未来一片光明,红红火火。当然,也让我们掌声感谢新郎、新娘,感谢他俩亲手为大家献上一片光明!”说完,餐厅的服务员们马上呈上烛台十多盏。全场掌声如雷,胜过当初。欢声笑语充满了整间餐厅,停电时的尴尬气氛与抱怨声一扫而光。这突然加进来的小插曲——新人点蜡烛活动,广受好评。从此之后,这家餐厅每次举办喜庆宴席,都要进行点蜡烛这一节目。(资料来源:周安华,苗晋平.公共关系理论、实务与技巧[M].北京:中国人民大学出版社,2010.)

[案例评述]

公关人员在工作中常常会遇到一些令人尴尬的事件或场合,甚至可能发生意外,在案例中,本来进行顺利的婚礼喜宴被停电这一意外事件打断,这使得喜庆的气氛变得尴尬,使得众人对餐厅有消极评价对餐厅发展不利。在这样的突发不利情形下,餐厅经理处乱不惊,一句妙语逆转了不利形势,既安抚了抱怨停电的宾客们,使得婚宴继续进行,又以充满新意创意的形式调节了当时的尴尬气氛,让大家认为这是计划中的一个节目,而不是一场意外。整个事件在经理的机智应变下,朝着有利于餐厅声誉的方向发展。

5)创新能力

创新能力是指创造新的思想、新的事物和新的环境等,以满足自我或适应自我变化的能力。公共关系人员应具备创造性思维和丰富的想象力,对新情况、新问题、新事物具有敏感性,敢于打破常规,善于推出公关活动的新构思,采取新颖形式,刻意求新。它包含多方面的内容,如强烈的好奇心,细微的观察力,深刻的洞察力,大胆设想、勇于探索的精神以及提出问题、研究问题、解决问题的能力等。

公共关系工作是一项极富挑战性和创造性的工作,公共关系人员的创新能力是公共关系活动的生命力和吸引力所在。如美国某报社纪念该社成立125周年活动就是创造力的一种象征。每位来宾除了获得一只气球外,还将分切一只足供8 000位来宾吃的蛋糕。该报社奇招高出,蛋糕是大平面,直径有四张乒乓球台的宽度。蛋糕面上的巧克力、奶油、糖正好描绘出一个报纸的版面。仔细一看,就是当天该报125周年的专刊。其独具匠心的设计令人赞叹不已。公关人员要自觉地培养这些能力,为在工作岗位上创造性地工作打下扎实的基础。

目前世界各国应用的创造技法约有300多种,适用于公共关系的主要有模仿创造技法(基本模式不变,但其中有一个闪光点)、联想创造技法(横向思维、纵向思维、逆向思维)和头脑风暴法(提前两天约定12个人,开会1个小时,自由发言,不准批评,想法越多越奇怪就越好,以后整理记录形成书面材料,再由专家评定后取舍)。

[案例]

美国实业界巨子华诺密克参加了在芝加哥举行的美国商品展览会,遗憾的是,他被分配到了一个极偏僻的角落,极少有人光顾。为此,为他设计摊位布展的装饰设计工程师萨蒙逊劝他索性放弃这个摊位,等待明年再来参加商品展览会。华诺密克却回答说:"机会要靠自己去创造,不会从天而降。"华诺密克随即向他的公关部门求援。公关部门明白了他的处境和要求之后,召开会议,集思广益,最终决定:设计一个美观而又富有东方色彩的摊位。萨蒙逊不负所托,果然为他设计了一个古阿拉伯宫殿形的摊位,摊位前面的大路变成了一个人造沙漠,人们来到摊位前就仿佛置身于阿拉伯一样。华诺密克对这个设计很满意,他让雇佣的200多名男女职员,全部穿上阿拉伯的衣服,并且特地派人去阿拉伯买回六只双峰驼运输货物。他还派人去定做一大批气球,准备在展览会开始时使用。这一切都是秘密进行的,在展览会开幕之前不泄露。

这个阿拉伯式的摊位设计,引起了参加展览会的商人们的兴趣,不少报纸、电台记者都报道了这个新奇的设计。这些报道引起了市民的关注。展览会开幕式那天,许多人都怀着好奇心前来参观。这时展厅内升起无数个彩色气球,升空不久自动爆破,落下来的一片片胶片印着一行美观的小字:"当你拾到这小小的胶片时,亲爱的女士和先生,你的好运气就开始了,我们衷心祝贺您。请您拿着这个胶片到华诺密克的阿拉伯摊位去换取一份阿拉伯纪念品。谢谢。"这消息马上传开了,人们纷纷挤到华诺密克偏僻的摊位,而冷落了那些开设在黄金地段的摊位。第二天,芝加哥城里又升起了许多华诺密克的气球,吸引了更多市民前来。

45天后,展览会结束了。华诺密克做成了2 000多笔生意,其中500多笔是超过100万美元的大生意,他的摊位成为展览会中顾客最多的摊位。(资料来源:周安华,苗晋平.公共关系理论、实务与技巧[M].北京:中国人民大学出版社,2010.)

[案例评述]

创造能力是公关人员需要具备的能力之一,具有创造能力的公关人员能以创造性的思维和丰富的想象力应对新的环境和情况,敢于打破常规,善于推出公关活动的新构思,采取新颖形式,刻意求新。案例中,在对于企业不利的情况下,华诺密克和他的公关团队没有选择放弃,而是运用新构思改变了不利局面,创造了巨大成功。在展览会上,参展的许多企业都是西方企业,富有东方特色的打破常规的摊位布展会显得格外突出,鹤立鸡群,会让观众眼睛一亮进而吸引他们的注意引起兴趣。阿拉伯风情的摊位设计本身就是一个亮点,而面对对企业不利的展览摊位,华诺密克采取用气球散发广告吸引顾客来到自己偏僻展位的新颖形式,唤起了众人的兴趣吸引了顾客的注意。彩色气球的运用极具新意,领取赠品的广告也许很多,但是用气球散发的形式绝对稀少,这样有趣的创意自然能吸引顾客取得顾客好感并且有利于企业形象的树立。

3.2.4　公共关系从业人员的知识结构

1)公共关系的基础知识

公共关系的基本知识包括公共关系的基本理论知识和公共关系的基本实务知识。公共关系专业理论指公关领域的概念、原理体系,包括公共关系基础理论、公共关系的含义、公共关系的要素、公共关系的职能、公共关系的工作程序及其原则、公共关系的发展简史、国际公共关系发展史、公共关系职业道德规范的内容和基本要求等理论知识和实务知识。它对于开展公共关系活动有着现实的指导作用。公共关系从业人员只有掌握公共关系的基本原理和方法,遵循公共关系的基本规律,灵活运用公共关系技巧和方法,才能有效地达成公共关系工作的目标。

[案例]

某商店对公共关系的基础知识没能很好掌握,对公共关系认识不清,不能明确把握公关的目的,急功近利,认为开展公关活动的目的是为了诱惑更多的顾客购买产品。商店举办了“十日退货制”活动,活动造势轰轰烈烈,吸引了许多顾客,但是商家却为顾客退货设置了重重障碍,使得退货无法实现,这样的行为引起了顾客的不满。活动虽然热闹展开,但是却给商店塑造了一个不诚信的坏形象,公关的真正目的没有达到,公关活动效果很不好。

2)行业性知识

行业性知识是指与公共关系人员所服务的委托人所在行业的有关知识。公共关系总是为具体的特定的行业服务的,如工业企业、商业企业、旅游行业、餐饮行业、娱乐行业等,这就需要公共关系人员具备相应的行业知识,才能有效地开展工作。行业性知识主要包括组织的目标、任务、性质和特点,组织的历史、目前的环境、现有的竞争对手、员工的情况,组织的产品情况等。如果一个企业要开拓国际市场,就需要了解国际公共关系知识、国际市场营销知识、国际市场竞争的基本格局和对象国的政治、经济、文化、风俗习惯等方面的知识。

3)相关学科的知识

公共关系工作涉及社会的许多方面,这就要求公共关系人员具有广博的知识,才能在公共关系活动中得心应手。公共关系是一门涉及管理学、市场营销学、传播学、社会学、心理学等学科的综合性边缘应用学科,公共关系从业人员应该对每门学科都有初步了解,对其中某些学科要特别精通,这样才能为公共关系工作提供有效的保证。

[**案例**]

奇瑞汽车公司是一家中国地方汽车企业,经过认真的市场调查,精心选择微型轿车打入市场。奇瑞的新产品不同于一般的微型客车,是微型客车的尺寸,轿车的配置,并以“QQ”在网络语言中有“我找到你”命名,适时推出奇瑞 QQ 的网上价格竞猜等一系列活动,让消费者给出自己心目中理想的价格预期,为 QQ 上市预热。2003 年 5 月底,奇瑞 QQ 的价格揭晓了:4.98 万元,比消费者期望的价格更吸引人。这个价格与同等规格的微型客车差不多,但是从外观到内饰都是与国际同步的轿车配置。在销售过程中,奇瑞汽车公司借助平面媒体,大面积刊出定位诉求广告,将奇瑞 QQ 年轻时尚的产品诉求植根于消费者的脑海。除了广告,奇瑞同时邀请了专业汽车杂志组织专门人才进行实车试驾,对 QQ 的品质进行更深入的报道。通过以上一系列公关活动,奇瑞 QQ 上市 6 个月销售 2.8 万多辆。在此过程中涉及相关学科知识非常广泛。

3.2.5 公共关系从业人员的职业道德

职业道德是指从事一定职业的人们在职业活动过程中形成的必须遵守的行为规范和道德准则,是一定社会对于特定职业从事者的道德要求,是社会道德在职业劳动中的具体体现。从业者都应该遵守职业道德,公共关系人员同样如此。从一定意义上讲,公共关系工作比其他行业对从业者的道德要求要更高一些。这是因为,公共关系是要通过塑造组织形象、扩大组织的知名度和美誉度来追求组织的经济效益和社会效益的高度统一,从事这一职业的人代表某一组织,其在公共关系工作中反映出来的道德水准不只影响个人,更重要的是影响整个组织。

1)实事求是

公共关系工作主要是公共关系人员通过信息的传播和交流,达到提高组织的知名度,建立组织的信誉,树立组织形象的目的。实事求是、坦诚可信是公共关系的生命所在。公共关系的人员的一言一行必须做到诚实可信,这是他们所承担的工作性质所决定的。公共关系是一种通过信息传播的活动,其基本前提是所传播的信息必须真实准确。公共关系人员在搜集信息、撰写方案、宣传沟通等各活动中应该做到客观、公正、真实和全面,不能刻意隐瞒,哗众取宠。公共关系工作不得因维护自身利益而违背真理,不得传播没有确凿证据、虚假、欺骗性的信息,不得参与败坏公众传播渠道诚实性的活动。

2)公正无私

公关人员要为人正直、处事公道、作风正派、公私分明、坚持原则。公共关系工作是一种群体性的工作,它需要每个公关人员精诚合作。互助、团结、友爱、互相信任和互相尊重,是工作顺利、事业成功的可靠保证。公关人员在服务和待人上,应表现出宽容、耐心、尊重、谦虚和节制,言谈举止、穿着打扮都应该得体有分寸,应该与人平等相处,谦虚合作。作为一个公共关系人员,他要与众多的人打交道,他所进行的交往不是代表个人,而是代表组织,因而正直的人员就显得更为重要。公共关系人员要以组织利益为重,不能谋求组织利益以外的个人利益,要重视公众利益,对整个社会负责,不能为了组织利益而损害社会利益。

[案例]

1996 年 11 月,海口乐普生商厦接待了一位普通的消费者,消费者称其一年前在此购买的索尼彩电显像管烧了。按我国有关规定,显像管烧坏应由制造商负责保修,然而商厦在索尼广州办事处得到的答复却是不予赔偿。商厦出于公道,出于对消费者负责,出于职业道德,花了 3 000 多元对消费者进行赔偿。不仅如此,1997 年 3 月 15 日,乐普生商厦还向新闻界公布,罢售国际品牌索尼产品,从而引起中外 200 多家媒体争相报道,赢得了成千上万的赞誉,乐普生商厦在公众中树立了良好的形象。

3)勤奋努力

公共关系工作是一种务实型的工作,它要求公共关系人员不断学习新技术和新知识,顺应时代的发展。公关人员干好公共关系工作凭真才实学,凭对公共关系理论和实务知识的全面掌握和熟练、灵活地运用。因此,公共关系人员应该具备勤奋努力、吃苦耐劳、精心钻研,拓展知识面,不断进取,钻研业务,勤奋学习,努力工作,提高公关水平。

4)乐于奉献

公共关系活动数量大,时间没有规律,为了把工作做好,公共关系人员必须具有敬业和奉献精神,才能克服工作中的重重困难,在公共关系事业上有所建树。为社会进步作贡献是一切公共关系组织的最高职责。公共关系必须维护全社会和全人类的最大利益,并为社会进步建设一个应有的道德和文化环境,使社会的每个成员都有被告知感、责任感、与社会合一感。公共关系工作不是竞争,而是与大家携手合作,为整个社会的繁荣、为世界和平而努力。

[案例]

当银行发生挤兑时

因贷款给破产的跨国公司,美国第一商业银行将蒙受巨大损失。在泰勒斯维尔,由于当地分行储户十分担心银行可能倒闭,遂纷纷前往挤兑存款。当地分行的门口出现了长龙一般的队伍。为了应急,总行决定,将2 000万美元的钞票送往泰勒斯维尔。数辆满载美钞的卡车驰往泰勒斯维尔……总行副行长阿历克斯迅速赶到现场,做了一场漂亮的公共关系宣传——"女士们、先生们",他的声音铿锵有力、清晰洪亮,"我知道,你们有人担心我们今晚停止营业。这没有必要。我现在郑重声明:为便于本行及时办理兑款,我们将延长营业时间,直到把你们大家的事办完为止。"人群中传来了表示满意的嗡嗡声和自发的鼓掌声。他的这一招显然赢得了储户的好感。"然而,我想告诉你们的是,在周末你们不可能将大笔钱放在身上或置于家中,那是不安全的。因此,我建议你们将从本行取出的存款存入你们选择的另一家银行。为了帮助大家,我的同僚D·奥塞女士正在打电话与其他银行联系,请他们延长营业时间,以便为大家提供存款服务。"

人群中又传来了表示赞许的嗡嗡声,人们从心里感谢这位为他人着想的副行长。

一会儿,阿历克斯宣布:"我被告知,已有两家银行同意了我们的请求,其他的正在联系。"

这时,人群中传来了一个男子的声音:"您能推荐一家好的银行吗?"

"可以。"阿历克斯回答说,"我本人的选择将是美国第一商业银行。它是我最了解的一家,也是我觉得最有把握的一家。它开办时间长,且享有良好声誉。我只希望你们大家都有同样的感觉。"他的声音中带有一点激动的感情色彩。

阿历克斯的后面站着一对刚兑完现款的老夫妻。那男的接过阿历克斯的话头说:"过去我也这样认为。我妻子和我在第一商业银行存款的时间达30多年。现在觉得贵行有点糟糕,所以把钱取出来了。"

"那又为什么?"

"传言很多。无风不起浪,总是事出有因呢。"

"这里向大家说说真相,"阿历克斯说,"因为原先贷款给跨国公司,所以我行蒙受损失。但本行可以承受得了,也将承受住。"

老人摇摇头。"如果我还年轻,又在供职,也许我会如你所说的去冒险一次。但在那里面的。"他指着妻子的购物袋,"是我们至死所能剩下的所有的钱。这笔钱不多,甚至还不及我们当年挣钱时一半顶用。"

"通货膨胀打击了像你们一样最辛勤工作的善良的人们,"阿历克斯说,"但不幸的是,你们存款的银行将于事无补。"

"小伙子,那我问你一个问题:你若是我的话,这笔钱是你的,你难道不会和我现在一样这样做吗?"

"会,"他坦率地承认,"我想我会的。"

老人感到惊讶,"不管怎么说,你还算诚实。刚才我听你建议我们说到另一家银行去。我表示赞同,我想我该到另一家去。""等一下,"阿历克斯说,"您有车吗?"

"没有。我就住在离这不远处。我们步行去。""可是这样带着钱走,你们可能遭到抢劫。我让一个人开车将你们送到另一家银行去。"阿历克斯说着就招呼罗兰·文莱特过来。"这是我们的安全部长。"他告诉那对老夫妻。

"很高兴亲自开车送你们去。"文莱特说。

"你会那样做吗?正当我们刚刚将钱从贵行取出的时候——正如你所说的,我们有利益但又不信任你们的时候?"老人问道。"这也是我们的服务范畴,"阿历克斯说,"除此之外,你与我们在一起30年了,我们也应该像朋友一样分手才对呀。"

阿历克斯将老人当做老朋友,老人自然高兴了。

老人停下步子。"也许我们不必分手了,让我再问你一个问题。你已经把真相告诉我了,可你也应知道我们年纪大,这些钱对我们意味着什么。我们将钱存在贵行安全吗?绝对安全?"

经过短暂的数秒钟的思考,阿历克斯干脆而又自信地回答:

"我保证:本行绝对安全。"

"嘿,真见鬼,弗雷达!"老人对妻子说,"看来我们是虚惊一场了。我们把这些该死的钱再存回去。"老人重新将钱存入银行后,取款的人群很快散开了,银行仅比平时晚了10分钟关门。

由于阿历克斯妥善机灵地处理了泰勒斯维尔分行发生的事情,其他分行没有跟着出现挤兑现款的现象。阿历克斯这次成功的宣传,终于挽救了美国第一商业银行。①

---

①　李道平,等.公共关系学[M].北京:经济科学出版社,2002.

公共关系是一项塑造形象、建立声誉的崇高事业,公关人员必须忠实地履行自己的职业道德,这是各国公共关系组织对其成员的一致要求。各国和国际公共关系组织为公共关系职业道德系统化、正规化、制度化也作出了巨大的努力,其结果便是制定出了各自的“职业准则”。在众多公共关系组织制定的职业准则中,《国际公共关系道德准则》影响最大。

为了规范行业,推动公关事业健康、有序地发展,在1989年9月全国省、市公共关系联系会第二次会议上,提出了《中国公共关系职业道德准则》(草案);1991年5月的第四次联席会议上,正式通过了经过国内公关专家反复修订的《中国公共关系职业道德准则》。

[附录]

《中国公共关系职业道德准则》

(一九九一年五月二十三日第四届全国省市公关组织联席公议通过)

总 则

中国公共关系事业的发展,是中国改革开放的必然趋势。它以新型的管理科学,协调社会各方面关系,密切党和广大人民群众的联系,调动各种积极因素,维护安定团结,促进社会主义建设。因此,公共关系工作者肩负着时代的使命,公共关系工作者必须把高尚的职业道德作为完善自身形象的行为准则。

条款:

1. 公共关系工作者应当坚持社会主义方向,自觉地遵守我国的宪法、法律和社会道德规范。

2. 公共关系工作者开展公关活动首先要注重社会效益,努力维护公关职业的整体形象。

3. 公共关系工作者在公共关系活动中,应当力求真实、准确、公正和对公众负责。

4. 公共关系工作者应努力提高自己的政治水平、文化修养和公关的专业技能。

5. 公共关系工作者应当将公关理论联系中国的实际,以严肃、认真、诚实的态度来从事公共关系学教育。

6. 公共关系工作者应当注意传播信息的真实性和准确性,防止和避免使人误解的信息。

7. 公共关系工作者不能有意损害其他公关工作者的信誉和公关实务。对不道德、不守法的公关组织及个人予以制止并通过有关组织采取相应的措施。

8. 公共关系工作者不得借用公关名义从事任何有损公关信誉的活动。

9. 公共关系工作者应当对公关事业具有高度的责任感。不得利用贿赂或其他不正当手段影响传播媒介人员进行真实、客观地报道。

10. 公共关系工作者在国内外公共关系实务中应该严守国家和各自组织的有关机密。

本章小结

公共关系的行为主体主要包括从事公共关系工作的组织机构和从事公共关系工作的人员两部分。

公共关系组织机构是指专门从事公共关系活动、执行公共关系任务、履行公共关系职责的职能机构,包括组织内设的公共关系部门、专业的公共关系公司和独立的公共关系社团组织。组织内设的公共关系部门是组织内部为达成自身目标而设立专门负责处理公共关系事务的职能部门,是社会组织的信息情报部,发挥着“耳目”的作用;社会组织的决策参谋部,发挥着“智囊”的作用;社会组织的宣传、外交部。常见公共关系组织机构的三种模式:总经理直接负责型、部门并列型、部门附属型。

专业的公共关系公司是指由具有一定专业特长的公共关系专家及专业人员所组成,运用专门知识、技能和经验,从事公共关系咨询或接受客户委托为其开展公共关系活动,并收取费用的社会服务性机构,具有观察分析问题具有客观性、职业水准比较高,建议和方案更权威、信息来源的广泛性和渠道的网络性、与客户关系疏远等特点。公司在工作中必须自觉遵守国家法律、法令和有关方针政策、为客户保密、一切为客户着想、同时为相互竞争的委托人服务等原则。公司收费标准按公司专业人员的专业等级和专业经验,以及公司的声誉、规模来确定,一般有项目收费、计时收费等方式。客户在选择公关公司代理其业务时应考虑公司的信誉、公关人员的素质、公司的业务专长、收费标准等情况。

独立的公共关系社团组织泛指社会上按一定规则组织起来的、非营利性的从事公共关系理论研究和实务活动的群众组织或群众团体具有人员组成的广泛性、非强制性、工作内容的服务性、工作目标的非营利性等特点。通常包含综合型社团、学术型社团、行业型社团、联谊型社团。

公共关系从业人员包含一般工作人员和公共关系领导人员,其素质的高低直接影响公共关系的效果。因此公共关系从业人员应具备公关意识,包括塑造形象的意识、社会公众意识、互惠合作的意识、创新审美的意识、沟通交流的意识、立足长远的意识,心理素质包括自信、热情、开放;公共关系人员应具备表达能力、组织协调能力、交际沟通能力、灵活应变能力、创新能力,公共关系从业人员的知识结构应包括公共关系的基础知识、行业性知识、相关学科的知识;公共关系从业人员的职业道德要求有实事求是、公正无私、勤奋努力、乐于奉献等。

自测题

1. 客户怎样选择适合的公关公司？
2. 怎样评价一个公共关系人员是否合格？
3. 公共关系从业人员有哪些？各自的工作是什么？
4. 公关人员应具备哪些能力？
5. 企业中公共关系部门的职能有哪些？

第4章 公共关系类型

[本章导读]

公共关系不论是从静态还是从动态来看,都是一个极其丰富和宽广的概念,而对其分类或从其行为特征,或从其组织方式,或从某一理论特点出发,得到的类别也是各有不同。

在此,我们从公共关系的基本要素出发,以公共关系的各类行动主体和对象来阐述公共关系,希望能给广大的读者以新的启示。

[案例导入]

IBM公司的"金环庆典"活动

美国IBM公司每年都要举行一次规模隆重的庆功会,对那些在一年中作出过突出贡献的销售人员进行表彰。这种活动常常是在风光旖旎的地方,如马霍卡岛等地进行。对3%的作出了突出贡献的人所进行的表彰,被称作"金环庆典"。在庆典中,IBM公司的最高层管理人员始终在场,并主持盛大、庄重的颁奖酒宴,然后放映由公司自己制作的表现那些作出了突出贡献的销售人员工作情况、家庭生活,乃至业务爱好的影片。在被邀请参加庆典的人中,不仅有股东代表、工人代表、社会名流,还有那些作出了突出贡献的销售人员的家属和亲友。整个庆典活动,自始至终都被录制成电视(或电影)片,然后被拿到IBM公司的每一个单位去放映。

在这种庆典活动中,公司的主管同那些常年忙碌,难得一见的销售人员聚集在一起,彼此毫无拘束地谈天说地,在交流中,无形地加深了心灵的沟通,尤其是公司主管那些表示关心的语言,常常能使那些在第一线工作的销售人员"受宠若惊"。正是在这个过程中,销售人员更增强了对企业的"亲密感"和责任感。

IBM公司的庆功会属于企业公共关系中的内部公关,成功地起到了凝聚人心、团结士气的作用。

4.1 主体或部门公共关系

公共关系活动的主体是公共关系的承担者和实施者,在公共关系活动中占主要地位。而在已经高度文明化的现代社会,任何的社会活动都离不开社会组织,公共关系活动则更是如此。作为公共关系活动的主体,社会组织以其高度的组织性和计划性使得现代的公共关系更加的高效,更加的专业化。而在此我们所说的社会组织是广义的,具体包含如下几个方面,即企业公共关系、商业服务业公共关系、金融业公共关系、政府公共关系、事业团体公共关系、社会公众人物公共关系。

4.1.1 企业公共关系

企业公共关系主体——企业组织公共关系是现代公共关系学研究的重要内容,是公共关系实务运用最广泛的领域。企业存在于社会中必然与社会各界发生联系,为了保证其生产经营活动的顺利进行,企业就必须维护、协调和发展各种多边关系,如政府、金融机构及商业对手,而这些关系的总和就是企业的公共关系。对于现代企业来说,公共关系活动首先是一种政策,是企业领导者为获得事业的成功确立的一系列思想、战略或政策;其次,它是一种职业行动,是公共关系工作者为贯彻本企业的公共关系政策而采取的一系列有计划的行动,即公共关系工作。

1)企业公共关系的目的

(1)提高企业的知名度

知名度是消费者对企业的认可程度,是一种市场地位的实力反映,是在与同级别对手甚至超级同级别对手竞争时的生存保证,是企业能否长期发展壮大的稳定基础。一个默默无闻的企业与一个家喻户晓的企业自然不可相提并论。而为了提高企业的知名度,就要有计划地进行开展宣传、广告、劝说、游说、资助、赞助、扶持等一系列的公共关系活动或与之相关的活动。

[案例]

美国联合碳化钙公司刚建成一幢52层的总部大楼,正在为找不到合适的宣传办法而发愁。碰巧有一大群鸽子飞进了这幢大楼的一个房间,鸽子粪、羽毛把房间弄得很脏,有人想把鸽子一赶了之。公司的策划人员得知后,急忙下令关闭所有的门窗,不让一只鸽子飞走。然后,他们开始了紧张的策划活动。

他们首先电告动物保护委员会,请该会迅速派人前来处理这件有关动物保护的大事。动物保护委员会应邀郑重其事地派出有关人员带着网兜前来捕捉鸽子。与此同时,策划人员又通知新闻部门,在碳化钙公司总部大楼将发生有趣而又有意义的捕捉鸽子事件，新闻界普遍认为这是一条有价值的新闻，纷纷派员前往现场采访。

在捕捉鸽子的 3 天里，有关捕捉鸽子的各种消息、特写、评论等频频出现在报纸上。联合碳化钙公司总部大楼由此名声大振。除此之外，公司的人员还利用各种机会，向公众介绍公司的宗旨和情况，并把爱护动物、支持动物保护委员会的工作视为重要的事情，在公众中树立了良好的企业形象，也提高了公司的知名度。

[案例评述]

有一句古语叫做“福兮祸所伏，祸兮福所倚”。上述公关案例便是对这一名言的解释。在我们的公关活动中难免会出现各种意外，但我们就怎么看不到在意外背后隐藏的机遇呢？公关活动讲究一个“奇”字，如果带着这种眼光去对待公关活动，甚至企业的经营，我们将无时无刻不发现新的机遇，实现新的突破。

(2)树立产品形象

产品形象是产品销售好坏至关重要的因素。一个好的产品形象是建立在良好的品质、优质的销售服务、新颖的外形和精美的包装上的，而当这一切都具备的时候，就需要有效的公共关系活动来使之呈现，为社会所知晓。而一旦良好的产品形象建立起来，就可以很快地使企业产品家喻户晓，而由此带来的企业形象的进一步树立推广则更具意义。

[案例]

王老吉在 5.12 四川地震这一个热点中，引爆了 1 亿元的一个热点。为新闻工作者提供的丰富的素材，通过新闻媒体，王老吉进一步实行了他们的公关轰炸。

王老吉借助央视、借助网络、借助新闻工作者为载体进行公关工作，可谓是王老吉的一大明智之举。在举国哀悼的赈灾晚会上引爆公关工作，不仅有强有力的收视率支持，而且易引起社会各界的共鸣。

与此同时，派出大量网络写手，开展网络公关推广工作。这一举动并没有引起强烈公众反感，反而赢得了公众的谅解与认可！类似“不管怎么说，人家捐了 1 亿，打打广告也没什么”这样的思想很快普及蔓延到广大网民心中。

[案例评述]

王老吉，在 5.12 四川地震，这一举国哀悼、众志成城之际，大手笔地在央视赈灾栏目中向地震灾区捐出 1 亿元。不仅迎合了广大公众的心理要求，同时引发了共鸣。1 亿元带来的冲击力，使公众牢牢地记住了“王老吉”这一品牌。与此同时，“民族饮品”“爱国饮品”的美誉接踵而至，以一个高姿态提升了企业的公众形象，赢得了公众口碑！

从实际的销售情况上看，王老吉已经打赢了这场大手笔的企业公关战。

王老吉的这次公关活动之所以成功，在于抓住在民族危难时刻全体国民所表现出的爱国热情。一亿的捐款，在史上绝无仅有，以此来吸引全国人民的眼球，博得人民的青睐。在灾难到来时，为灾区的人民献上了一份爱心，为灾区的重建贡献一丝绵力。企业是以营利为目标的社会组织，但同时也是依赖社会而生存，存在在民族中的社会力量。

(3)帮助企业在竞争中获胜

竞争，不仅要靠优质、快捷、服务、价适、创新、联合、信誉取胜，也能靠公共关系取胜，通过树立公司整体形象而赢得用户、争取回头客。在经济发达的国家，企业十分重视自身形象优化，借助发展良好的公共关系而兴旺发达或恢复生机。

[**案例**]

乳业危机发生后，伊利集团迅速实施了“三清理”“三确保”“抓两头”等工作，确保产品质量安全，在此基础上开展了以“放心奶大行动”为核心的大型公关活动，引导消费者理性消费，减少盲目恐慌。伊利集团积极邀请广大消费者、专家、学者和社会各界人士深入伊利生产第一线，亲身参与到伊利产品监督工作之中，用消费者的双眼见证伊利安全乳品生产的每一道流程。北京、内蒙古、上海、广州、成都、安徽、黑龙江和江苏等全国31个省、市、自治区的数万名消费者、数百名国内媒体记者、数十名境外媒体记者亲眼见证了伊利在奶源管理、生产管理、质量管理等生产全过程开展的“放心奶工程”。伊利优质的奶源、严格的管理、先进的技术装备让到访者相信伊利这样的企业完全有能力为消费者提供安全放心的乳产品。

此外，伊利还推出了“放心奶粉安全月活动”在全国多个城市的核心商贸超市开辟专区，进行图文并茂的工厂生产过程虚拟参观及专职人员的现场讲解的形式，让消费者充分了解伊利如何控制奶粉的品质与安全。伊利集团还借鉴了奥运营销期间对于新媒体的使用经验，将生产安全监督与网络力量将结合，将技术性的行业的可视化监控与消费者权利性的实时监督结合在一起，利用网络直播技术为亿万消费者提供参与监督伊利生产的机会和可能性。伊利集团通过这种灵活的公关方式促使有疑虑或不安全感的消费者了解伊利，亲眼观察伊利，亲身参与监督伊利产品生产的全过程，从而对伊利的安全生产和先进加工技术有着亲身的体验，让消费者说服自己用理性判断来指导消费，消除盲目的恐慌情绪，进而恢复对伊利产品、品牌的信任感，从而占得先机，在与同行的竞争中获胜。

(4)公共关系的社会化

公共关系活动是一项社会性的活动，所以必须实现公共关系社会化，要建立广泛的业务联系及社会联系，发展企业群体、企业集团等横向经济联合或科技生产联合体，重点建立广泛的多维经济技术联合，发动并支持职工参加各种各样的学术团体、群众团体及社交活动，使企业的公共关系结构化、社会化、效益化。

[案例]

2009 年，在李宁公司的各项资助和帮助下，青海湟中县、内蒙古通辽库伦旗、江西星子县共 400 名体育教师获得“一起运动”项目的免费培训。截至 2010 年年底执行期中，“一起运动”项目已辐射黑龙江、内蒙古、山西、陕西、青海、江苏、四川、云南、广西、河北等大半个中国的多个国家级扶贫开发工作重点县，累计超过1 200 名教师接受免费培训，活动受益学生难以计数。项目的策划和媒体报道突出了体育精神的感召和运动激发的快乐与梦想，与李宁公司的企业精神和文化完美融合，差异性和区隔度较高，在众多企业的社会责任表现中脱颖而出。随着“一起运动”项目在各地展开，李宁品牌信息和公益形象逐渐深入全国各贫困偏远角落，李宁品牌信息在这些媒体盲区的散播，有利于弥补品牌常规传播的不足。项目先后邀请李小鹏、杨阳、刘璇、莫慧兰、高敏、巴朗·戴维斯等多名明星运动员参与，对李宁既有资源进行了最大化发掘，在不增加额外预赛的情况下极大提升了活动质量，吸引了广泛的媒体报道。媒体报道辐射全国各个省市地区，李宁公司作为国际化公司的高度企业社会责任感得以最大化传播，李宁公司优秀企业公民的社会形象得以确立。通过国际运动员的公益正面形象传播，将李宁公司形象与慈善事业有机结合，赢得社会普遍好感。

[案例评述]

“一起运动”项目是李宁公司企业社会责任体系的重要组成部分，旨在提高农村体育教育师资水平，推动儿童体育教育事业的发展。在多年来从事公益事业的实践中，李宁公司一直在探索以行业社会责任为前提和背景的最有效的捐赠模式，探索运动品牌与人性关爱最契合的方式。李宁公司并不认为社会公益应该只停留在对弱势群体的关注上，而应该借助顽强拼搏、不屈不挠为象征的体育精神的输出，促进全民生活观念、生存方式的正向提升，也就是从发展社会公益走向凝聚公共精神。

(5) 团结职工及股东

公共关系是一门内求团结外求发展的经营管理艺术，而公关人员在企业中所处的地位既有承上启下沟通信息及感情的作用，又与职工无直接利害冲突，职工乐于向他们反映意见及提出要求，他们也可主动为群众及股东的利益献计献策。因此，公关人员不但与职工的关系融洽，也是企业领导管理企业内部组织的重要手段，能发挥协调上下左右内外的作用。

[案例]

广州花园酒店是广州较著名的五星级酒店。酒店管理层认为员工是酒店真正

的主人翁，只有把员工放在第一位，尊重他们的劳动和尊严，使他们处处感受到自己是酒店不可或缺的一分子，认识到“花园”的荣辱与他们息息相关，酒店才能顺利发展。酒店公共关系部定期召开“员工亲属联谊会”，向亲属们征询意见，介绍酒店经营状况以及员工们的工作业绩，以争取他们的了解和支持；如果哪位员工工作成绩突出，会收到总经理签发的嘉奖信；每位员工生日的当天都会收到总经理赠送的生日贺卡；每位员工都可以对酒店的管理提出意见和建议，酒店设立意见奖，最高管理层对有建设性的意见保证在3天内答复，并给予奖励……这些措施的实行，使员工们的工作积极性大大提高，责任心加强，他们得到了尊重，有了归属感和认同感，酒店有了凝聚力。短短半年时间，广州花园酒店的形象和经济效益都得到了很大提高，员工们的内聚力使酒店整体的外张力大大增加了。

2）企业公共关系的特征

（1）赢利性

企业是通过提供物质产品、精神产品或者服务项目谋求赢利的组织，这就决定了企业作为一个独立运作的经济实体，必须依靠赢利来维持自己的生存与发展。企业执著的赢利目的使公共关系与其经营管理活动有着不解之缘。在激烈的商战中，公共关系总是充当企业经营管理的手段，扮演着与市场营销活动、广告宣传相配合的角色，以便通过构建良好的公共关系环境来帮助企业达到赢利的目的。

［案例］

蒙牛的公关是成功的，提高了蒙牛的知名度和产品形象，从而为蒙牛获得更多利润提供帮助，蒙牛的公关有四大特点：第一，将打造产品核心优势和品牌的核心价值放在首位。蒙牛提出全民喝奶，借助神舟飞船，和提升健康是强国之路，使蒙牛的健康和营养的形象深入人心，也拉开了和其他竞争对手在消费者心中的地位。第二，将时刻把握转瞬即逝的市场机会作为创新的原动力，机会是公关活动的基础，蒙牛早在2002年就与中国航天基金会合作，2003年成为中国航天首家合作伙伴，借助中国航天事业引起全国人民关注，提升了品牌形象。第三，将沟通和销售完美结合凸显感性和理性的统一，蒙牛注意到因为中国第一次载人航天发射成功，所以国人的民族自豪感和自信心空前高涨，蒙牛喊出“举起你的右手，为中国喝彩”引发消费者共鸣，提升品牌形象。第四，蒙牛又推出具有很大诱惑力的促销活动，避免纯粹的公益广告，保证公关对销量的促进。将“谋定而后动”的战术思想贯穿整个公关过程。

［案例评述］

蒙牛通过神舟飞船的时机，成功使自己的形象为全民所接受，提升了品牌形象,提高了销量和利润。

(2)对象多样性

在几乎所有的社会组织中,企业面对最多最广泛的接触对象。企业不仅要和合作者的共同追求利益,还时刻与竞争对手、媒介和政府进行着或大或小的博弈。一个企业要想生存,不仅要得到消费者的认可,还要与合作者、客户保持良好的关系,同时还要与政府管理机构、银行、中介等进行长期的接触。因此,在现实的公共关系操作中,企业往往要因人而异,对症下药,才能取得良好的公关效果。这也对公关人员的专业化提出了严格的要求。

[案例]

丰田的刹车门事件中丰田公关可谓有得有失,刹车门事件发生后,丰田面临着消费者、媒体、政府的巨大压力。在事件初期,面对大量的交通事故,丰田想着的还是息事宁人,拒绝承认其车辆有严重安全隐患。当事态扩大,美国政府出头强力施压后,丰田章男才迟迟出来认错道歉。其公关可以说是反应迟钝也没有诚意,而后丰田章男被迫到美国会去接受咨询。可以说在事件初期丰田的公关是完全失败的。到了中后期,丰田采取了各种公关对策,分别对消费者、美国政府、媒体进行公关。对消费者,丰田一方面宣布大范围召回问题车辆,并对车主进行赔偿,在销售环节进行或明或暗的降价活动,显示丰田是个负责任的企业。对媒体,丰田大量召开记者会,总裁道歉,进行媒体宣传。面对美国政府中的强硬要求制裁的官员和议员展开大量针对性公关,以使其态度趋软并保证他们不采取实际行动。通过公关组合,丰田成功挽回信誉,重新赢得消费者信赖。

[案例评述]

丰田成功地处理各方关系,使企业信誉得以保住,并给企业带来利益。

(3)主动性

任何的企业都有自己的经济利益,为了在市场竞争中争取顾客,一般都有比较自觉的公共关系行为,主动地争取公众支持。但比较容易偏重于与市场活动直接相关的公众,其公共关系行为的营利性质也较为明显。

[案例]

乐百氏纯净水上市之初,就认识到以理性诉求打头阵来建立深厚的品牌认同的重要性,于是积极主动调研,有了“27 层净化”这一理性诉求经典广告的诞生。当年纯净水刚开始盛行时,所有纯净水品牌的广告都说自己的纯净水纯净,消费者不知道哪个品牌的水是真的纯净,或者更纯净的时候,乐百氏纯净水就积极在各种媒介推出卖点统一的广告,突出乐百氏纯净水经过27层净化,对其纯净水的纯净提出了一个有力的支持点。这个系列广告在众多同类产品的广告中迅速脱颖而出,乐百氏纯净水的纯净给观众留下了深刻印象,“乐百氏纯净水经过27层净化”很快家喻户晓。“27层净化”给消费者一种“很纯净可以信赖”的印象。

(4)公众性

企业是公共关系的主体,公众是客体。公众作为企业产品的直接接收对象给予企业直接的利益支持,可谓企业的衣食父母,企业要通过公关活动加大自身在公众中的影响力,树立起在公众心目中的良好形象,进而赢得公众的信任和支持。这就意味着企业必须将公众利益置于首位,通过信息交流和行为互动,才能达到相互协调、共同发展的目的。

[案例]

荷兰皇家壳牌公司是全球最大的企业之一,也是世界上最大的能源公司之一。

壳牌以负责任的企业公民为目标,在其有业务活动的各个国家广泛发起并参与各种类型的社会公益活动,称为社会投资。1998年壳牌集团的社会投资总额达9 200万美元,主题也涉及多个方面,其中环保在总支出中占9%。壳牌(中国)公司也秉承集团宗旨,积极从事社会投资,并选择了环保、道路安全与教育作为其三大主题。自1995年起,随着壳牌在中国业务的迅速发展,社会投资也逐步增加,1998—1999年度总额达200万元人民币。以1994年成立的“自然之友”和1996年成立的“地球村”为代表的民间环保团体十分活跃,并已有了相当的影响。壳牌正是通过这一系列公关活动加大自身在公众中的影响力,树立起在公众心目中的良好形象,进而赢得公众的信任和支持。

(5)互惠性

企业公共关系的形成是以一定的利益关系为基础的。正如前面所说的企业的公共关系活动具有强烈的营利性特征,它根本是在于为企业的利益而进行。然而单方面利益的增长必然不能长久。换言之,在市场经济中,互惠互利是企业与社会共同发展的基本保证。也就是说社会也要从企业的公共关系活动中获得相应的回报。这意味着,实现和增进公众与企业利益,形成“双赢”的相互依存、相互促进的局面,也成了企业公共关系的一个重要方面。

[案例]

麦当劳采用的是“保丽龙”贝壳式包装。这种包装既轻又保温,且携带方便,是速食业理想的包装。但这种包装难以处理,加之外带食用的比例过高,废弃包装物的清理就成了威胁环境的问题。起初,麦当劳以为主动回收废弃的贝壳包装,就能解决环保问题。1988 年,麦当劳在 10 个店铺做过小试验,证实将贝壳包装回收再制成塑料粒子作为它用,技术上是可行的。但翌年将此设计扩大为 1 000 个店铺时,却出了问题,主要是其外带量是店内量的六七倍,这么大量的废弃物已非麦当劳所能控制。另外,在店内食用的、废弃的包装物虽然可以回收,但清理工作十分麻烦。回收不是灵丹妙药,特别是美国有些城市已全面禁止使用贝壳包装。在实在很难满足不同环保目标要求的情况下,麦当劳不得不寻求外援,1990 年 8 月,麦当劳和"环境防卫基金会"(EDF)签署了协定。EDF 确信减少包装才是治本之道,至此,麦当劳宣布取消贝壳包装,代之以夹层纸包装。麦当劳正是通过绿色营销,既实现了自己的长期发展,也促进了社会环境问题的解决,有力地树立了和公众互惠的产品形象。

4.1.2　商业服务业的公共关系

1)商业服务业公共关系特征

服务业的范围广泛,其地位随着对国民经济的贡献的增大而日益提升。它具备企业公共关系所具有的一般特征,但相对工业而言,又显示出一些独有的特质。具体表现为:

(1)服务性

服务业企业向社会提供的主要是各种非实物形态商品——服务,这是它们经济效益的源泉。服务的无形性,使公众在评价服务业企业的商品质量时,往往依据由服务过程和服务结果产生的满足感、满意度。满足、满意则为上乘,不满足、不满意则为质量低劣。这一特点决定了服务业企业必须通过提高服务质量,提供令顾客满意的服务来协调与公众的关系。

(2)公众社区性

尽管商业服务业企业所面对的公众非常广泛,可以遍布世界各地,遍及各行各业,不分男女老少,但是影响商业企业生存和发展的主要公众还是企业所在社区内的公众,他们是商业企业稳定和经常性的公众。因此,争取本地公众的理解、信任和支持,同他们建立良好的相互信任和合作关系,是商业企业公关活动的重要内容。

(3)直接性

服务业企业向公众提供服务,通常要通过员工与顾客的直接接触进行,因此员工的一举一动都代表着所属服务业企业的形象,是服务业企业形象的公开亮相或"曝光"。在众口难调又过分挑剔的服务对象面前,服务业企业只有通过全员公共关系工作的精心努力,加强对每一位员工公共关系意识的培养和公共关系工作方法的训练,才会有被肯定的声誉和形象,从而才有良好的经济效益和社会效益。

(4)集中美誉性

由于商业服务业企业的主要公众具有明显的区域性,稳定的、大量的消费群主要是社区内的公众,所以大范围的知名度则显得不是那么至关重要。商业企业同社区公众有着最直接、最频繁的联系,一家商业企业在本地区靠人际传播就可以做到家喻户晓。因此,商业企业关键要靠优质的商品和服务、优美的购物环境以及可靠的信誉,通过提高美誉度来赢得公众,赢得市场。这样的做法相当于产品营销的市场细分,在控制市场份额上效果自然是不错的,但是如果需要大规模的扩张,则较高的知名度也不可或缺。

[案例]

1998年,昂立公司领导层认为:在科研、生产、管理、营销体制不断创新,从而加大市场拓展力度的同时,有必要在企业形象建设上进一步下工夫,不断提升公司和品牌在社会公众中的知名度与美誉度,保证公司的可持续发展。为此,公司从两条线上策划和组织各类公关活动:一是率先打出"知识营销"的旗号,举办了以此为主题的专题研讨会,并积极开展各种有关健康保健的科普宣传活动;二是拟大力支持与赞助一些与增强人们体质、提高人们生活质量相关的社会公益活动,以体现公司的社会责任,使昂立公司和"昂立"产品与广大消费者更加紧密地联系在一起。正是在这一特定背景下,经过各种活动预案的反复比较与选择,并通过多方联络和协商,公司确定了基本意向:与有关单位携手合作,共同举办一次全市性的家庭健身大赛,最终取得了圆满成功。

2)商业服务业具体公关工作特征

服务业由于其自身的独特性质,也导致了其公共关系在具体工作上的不同:

(1)明确服务对象

帮助企业有关部门明确服务对象,即准确辨别哪一部分顾客与企业关系最密切,他们需要什么,怎样满足他们。商业企业的类型很多,但各有经营范围和服务特色,顾客的要求也不一致。顾客走进百货大楼,与走进蔬菜水果商店需求就不一样;批发公司的顾客,与零售市场的顾客也不尽相同。每个企业应当根据自己的市场,收集顾客信息,明确服务对象及其他公众的期望。这是商业企业与顾客公众建立融洽关系的前提。

[案例]

麦当劳刚进入中国市场时大量传播美国文化和生活理念,并以美国式产品牛肉汉堡来征服中国人。但中国人爱吃鸡,与其他洋快餐相比,鸡肉产品也更符合中国人的口味,更加容易被中国人所接受。针对这一情况,麦当劳改变了原来的策略,推出了鸡肉产品。在全世界从来只卖牛肉产品的麦当劳也开始卖鸡肉了。这一改变正是针对消费者不同所做的,也加快了麦当劳在中国的发展步伐。

(2)高度重视服务态度

改善服务态度是服务业树立和改善企业形象,赢得社会好感的关键。虽然其他行业也应在服务态度上多加重视,但是对于商业服务业而言,服务态度的重要甚至于超过了产品本身对顾客的影响。一个甜美的微笑,一声恰当的问候或一次无意而令人心暖的关怀,都很有可能使得原本想离去的顾客再次驻足。亲切、友善,使人满意,是服务公关的基本态度。

[案例]

希尔顿酒店成功的要诀就在于"你今天对客人微笑了吗?"为了满足顾客的要求,希尔顿酒店除了到处都充满了微笑外,在组织结构上,希尔顿酒店尽力创造一个尽可能完整的系统,成为一个综合性的服务机构。因此,希尔顿酒店除了提供完善的食宿外,还设有咖啡室、会议室、宴会厅、游泳池、购物中心、银行、邮电、花店、服装店、航空公司代理处、旅行社、出租汽车站等一套完整的服务机构和设施。

(3)保持公平的竞争

在日益激烈的商战中,许许多多的商业企业在竞争手段上花招迭出,有些甚至流于恶意的伎俩。如此行为,或许在短时间内可以起到一定的打压对手的效果,然而当公众看清事实,便会恶感顿生,其企业形象必然也会一落千丈。所以,商业服务业的公共关系工作重要的一点也在于维持一个始终公平竞争的形象,这既是其在市场上与其他行业所扮演的不同角色所决定的,也是现阶段社会对商业服务业恶性竞争关注程度之高所导致的。

(4)建立投诉管理机制

商业服务业人为因素导致的服务质量的不确定性使得其面对的投诉可能性将大大增加。所以建立良好的投诉管理机制,正确及时地处理顾客投诉,或在投诉发生前就建立良好的预警系统,使投诉尽可能少地发生,如此以良好的服务面貌展现在公众面前,建立、巩固进而提升企业的良好形象。

[案例]

中消协曾接到 220 名消费者投诉反映柯达 LS443 型数码相机存在严重质量问题。即黑屏、镜头无法收缩(显示 E45 错误)、曝光过度等故障。到柯达维修部门维修，维修部门给出的故障原因都是镜头部件损坏，需花1 000多元更换镜头或花更多钱升级为柯达公司其他机型。消费者代表白华在听证会上讲，“我们曾给柯达公司发过两份传真，一点回复都没有。柯达公司的态度很强硬，认为他们的产品没问题，从来没给消费者正常的处理方案”。

作为消协历史上的第一次调解听证会，柯达实际上应该借此机会树立有责任感的跨国公司形象，但遗憾的是，却把自己树立成了顽固不化的典型。这必然会影响到其公司形象，所以应从中吸取教训，要建立投诉管理机制。

4.1.3 金融业公共关系

1)金融业公共关系特征

金融业公共关系是指由金融活动形成的金融服务行业所进行的公共关系活动。金融业属于服务业的一个部分，随着金融经济的日益发展深入，其在日常经济活动中所扮演的角色也日益重要。作为一个特殊的服务性行业，极为特殊的商品——货币是其经营运作的核心。而货币是经济生活发展的基础，它存在于经济的方方面面。

正是如此，金融业公共关系活动也表现出了其特殊性。具体表现在：

(1)行为主体集中为金融机构

由于金融活动与货币始终相关，所以从事金融活动的只能是各种各样的金融机构。虽然他们提供的金融服务不同，如保险公司主要受理投保事务，银行主要从事借贷业务，证券机构主要从事证券的流转经营等，但是终究其经营还是体现为货币性。这也就表现出了其服务范围极大的同质性，也就是行为主体的相对集中。

(2)公关对象广泛，表现出明显的区域性

金融业虽然最抢眼的表现是在金融经济上，但不难发现，现实中金融业已经渗入了生活的方方面面，实物经济早已在不知多久前就已经与金融业如胶似漆，难分彼此了。正是如此，金融业面对的几乎是全社会所有的经济单位——普通民众需要存款、投保、投机或投资；企业需借贷以资金周转、需账面处理及业务结算；政府需借银行系统以宏观或松或紧或强或弱地调节经济的运行，表现出对象的极大普遍性。而由于地理、行政等因素的影响，加之金融机构的分支系统的星罗密布，使得其公关对象又有明显的区域性，表现为社区深入性较强，社区金融服务成为社区生活配套系统的重要组成。

[案例]

“社区有了农村合作银行的缴费机，以后缴电话费不用跑大老远去银行或移动公司营业厅排队了，真是方便。”刚刚通过缴费机缴了电话费的山东省诸城市贯悦镇太古村村民孙夕金在当地欧美尔社区“金融服务站”高兴地说。

同孙夕金一样，如今诸城的农村居民都享受到了便捷的金融服务。面对城镇化、社区化发展给农村带来的新机遇，诸城市各金融机构也积极跟进。遍布乡村的一个个社区“金融服务站”，提高了农村地区金融服务水平，助推了城乡基本公共服务均等化，成为诸城市城乡一体化实践中不可缺少的一环。

“为了解决偏远地区农民金融需求，我们还通过在社区设立服务‘三农’工作站，由社区专门人员负责登记周围农户日常的需求情况，为农行服务小分队定时进入社区现场办理业务提供参考。”农行山东诸城支行行长王会堂说。据了解，依托农村社区服务中心，诸城市已设立了 187 处“金融服务站”，共进驻银行业机构服务人员 347 人，为百万农村居民打造了社区“两千米金融服务圈”，农村居民在家门口就可办理相关业务，从根本上解决了农村金融网点少、乡镇撤并后许多村庄距乡镇驻地较远、办理金融业务不方便等问题。

在诸城市舜王街道小潘庄，以前农民办理金融业务需要到 35 千米外街道驻地，一次仅往返交通费就需 20 元，如今的小潘庄社区设立了金融服务站，农民在家门口就可办理相关业务，手续简便，农民只需提出申请和最后确认，中间环节全部由金融服务站代理，免去了多次往返的不便。

[案例评述]

在本案例中，诸城的农村社区建立了金融服务站，以满足当地居民的日常生活所需的金融活动。缴话费，存取款，办理其他金融业务。金融活动早已融入了当地居民的日常生活中，社区性极强。完善的金融服务设施是社区生活配套系统的重要组成部分。

(3) 沟通方式的直接性

由于一般金融机构的公众大多集中于社区，金融机构与公众有较多的直接接触机会，其公共关系工作的方式自然偏向于人际间的传播与交流。如银行、保险公司与储贷户、保户的面对面交往，银行介入社区的公益活动，资助促进社区发展的有意义活动等。直接的沟通较之普遍性的大众传媒具有更强的亲和力，其宣传效果随着接触机会的增加有更大提升。

[案例]

2008 年 9 月 25 日，第十六届中国国际金融展在北京展览馆开幕。记者在现场获悉，国内首个视频银行即将跟市民见面。

据该行工作人员介绍，视频银行将网上银行和客服中心功能相结合。客户经网银身份验证后，可通过视频银行语音或文本聊天的方式与客服坐席直接沟通，既可让客服以“发送图片”或“分屏操作演示”的方式进行实时操作辅导，也可让客服代为操作账务查询、号码缴费等业务。

以缴手机话费为例，客户在连上客服的视频后，只要说出要缴费的号码，客服就会替客户找到缴费的界面，操作好后将需填写密码和确认操作的界面传给客户，客户只需填写密码并确认即可。

2）金融业公共关系具体工作特点

金融业公共关系的以上特征自然也导致了其在实际工作的不同侧重。具体表现在：

首先，就是信用的严守。信用是一切金融机构的生存基础。由于没有实际的货物，货币也很少表现为真金白银的实物，所以金融业的一切运作可以说是建立在种种虚拟的无法触及的制度和规则上。这样，信用便成了金融业得以维系的唯一纽带，一旦其断裂，随之而来的将是金融机构的大量倒闭，金融系统的分崩离析，进而是金融经济的寿终正寝。所以严守信用，是一个金融企业良好公众形象和声誉的保证，也是整个金融业稳定存在的前提。

其次，加强社区管理。由于金融机构面对的公众表现出明显的局域社区性，所以加强社区管理，注重社区渗入，培养示范性的社区，以多点成线，进而成网。如此做法，不仅是进入新市场的一条好路径，也是日后市场扩大的好基础。

再次，注重信息的沟通。由于当国家调整或出台新的金融政策，如调高或调低利率、发行新的国债时，金融机构有义务对其进行及时准确的信息发布和宣传推广；金融机构推出新业务服务措施，如发行某信用卡或增设新的业务网点，也有必要运用公共关系和广告等手段对其进行推广或宣传。金融信息关系国计民生，准确、明了、及时的信息披露和与社会公众的经常性交流沟通，有助于社会稳定和经济发展。

[案例]

一天，一位陌生的顾客走进豪华的美国花旗银行营业厅，只是要求换一张崭新的100美元钞票，准备当天下午作为送给别人的礼品用。花旗银行是世界最大的银行之一，每天的营业额高达数亿美元，业务十分繁忙。但接待这位陌生顾客的银行职员微笑着听完这位顾客的要求后，请他稍后，立即先在一沓沓钞票中寻找，又拨了两次电话，15分钟后终于找到了一张这样的钞票，并把它放进一个小盒子递给了这位陌生顾客，同时附上一张名片，上面写着：“谢谢您想到了我们银行。”事隔不久，这位偶然光顾的陌生顾客又鬼使神差回来了，这次来是在这家银行开立账户。在以后的几个月当中，这位顾客所在的那家律师事务所在花旗银行存款25万美元。

[案例评述]

银行的主要公众是储户和贷款单位,这些客户具有明显的社区性特点,因此,银行制订业务方针,设计公关方案都必须考虑到这一特点。构成银行形象的主要因素是员工的服务态度和服务质量,以及建筑物的主要特征等,其中,留给公众的第一印象尤其重要。上述案例中,美国花旗银行的员工以优质的服务,以情动人,赢得了顾客,也吸纳了大量存款。其实,银行员工的工作效率,存贷款的方便程度,是否信用和为用户保密,甚至于小到兑换零钱,都要在员工与客户的直接接触中完成。确立储户至上,热情为客户服务应是金融业的公共关系工作的主要环节。

4.1.4　政府公关关系

政府公共关系,是指政府为了争取公众对政府工作的理解和支持,在公众中塑造良好形象,运用传播沟通手段协调与公众的关系,以便更好地管理社会公共事务的一系列活动。

1)政府公关关系的特征

政府作为一国的行政管理机构,其公共关系活动表现出的特点体现在如下5个方面,即主体、客体、传播、目标和效益。

(1)主体

政府,是具有极大权威性、权力性和唯一性的特殊社会组织。其权威性、权力性在于其可以制定政策,颁布法令,并强制它所管辖范围内的人民群众去执行它的决定;其唯一性表现在同一国家或同一地区,不可能有几个政府并存。其体系巨大,从最高权力机构到最底层的行政组织,覆盖了社会的所有角落,规模之大是任何其他社会组织所无法比拟的。也正是因为如此,使得其对社会生活的影响达到无孔不入的地步,从基本的衣食住行到国内国际的重要事宜,都是政府的巨大力量在主导。

[案例]

在2003年的非典疫情危机中,政府的权威信息公开渠道的缺乏,导致危机初期信息传播的失真现象普遍存在。以广州的情况为例:2002年11月广东出现第一例非典病人,直到2003年2月8日,“广州发生致命流感,春节以来在几家医院有数位患者死亡”的消息开始悄悄传播,手机短信和口耳相授是这个消息的主要传播渠道,此时恐惧开始滋生。这个时候,人们期待的官方信息始终没有出现,10日中午,南方网谨慎地发布了官方信息:广东省部分地区先后发生部分“非典型性肺炎”

病例,该病主要表现为"急性起病,以发热为首发症状,偶有畏寒,有明显的呼吸道症状,该病有一定的传染性。"预防措施包括:保持空气流通、醋熏、勤洗手和谨慎接触病人。

掩藏的恐惧终于爆发:一时间,大半个广州都动起来了。"买药了吗?"和"买醋了吗?"成了广州人的见面语。板蓝根和抗病毒药物成为人们哄抢对象。2月11日,广州市政府和广东省卫生厅针对非典恐慌分别召开新闻发布会。会上主要是说明的确有一种病毒引起了"非典型性肺炎",并且公布了患病人数。在新闻发布会上,政府官员和传染病专家承认,病源和病因还没有分离出来,病源鉴定工作尚未能作出确切的结论,而且到目前为止,还没有特效药可以治疗,临床上采纳的主要是对症治疗,另外专家还介绍了一些预防措施和患病的特征表现等。尽管这些情况并不算是好消息,但是通过这次电视直播的新闻发布会,广州市民对非典型性肺炎的认识逐渐清晰起来。有一位广州市民说:"2月11日,广州市政府召开了新闻发布会,电视台现场直播,大伙丢下工作在看电视,恐慌的心理开始缓解。"

[案例评述]

①在现代民主制度下,人民有对社会生活及政府作为的知情权。这使政府公共关系的必要性随着社会主义民主和法制建设的不断加强进一步凸现出来。在完成政府职能,稳定社会秩序方面,公共关系的作用十分突出。

②政府公共关系主体的特征具有权威性。上述案例,展示了典型危机中主流信息缺失的症状:公共媒体信息沟通不畅,导致市民不了解病情,才使得非正常途径的信息在私下传播、交流,其中难免产生错误的解读,甚至以讹传讹,造成社会秩序混乱乃至失控。而及时充分的信息处理,对危机可以起到明显的化解作用。

③政府应该建立健全新闻发布制度,通过主流渠道与公众沟通。

(2)客体

全社会公众,具有最大数量,最复杂结构的公共关系行为对象。政府面对的公众是全社会各个阶层、各个领域、各个民族、各个组织的全体与之相关的民众,其代表了不同的团体,不同的观念,以及不同的利益,其结构之繁杂超过了其他任何社会组织的行为对象。政府在处理公关事务时,不仅要考虑对象间不同利益的冲突,有时还要兼顾对象与自身关系的重叠,这使得其在处理事件时的难度大大增加。

[案例]

随着社会转型和经济转轨,社会矛盾凸显,利益冲突加剧,台州市公安工作和警民关系都受到了严峻考验,特别是受"温岭张畏黑社会案例"等负面形象的影响,当地公安机关形象进一步受损,警民关系疏远,部分地方干群关系紧张,群众满意度一度不超过50%,加上部分新闻媒体的过度炒作,公安机关的形象受到严重冲击。如何在现有的管理体制下同群众增进了解，促进沟通，有效地扼制犯罪率的上升并提高群众对公安服务的满意度，改善警民沟通，提升警察形象成为当地公安机关的一个重要课题。为扭转工作的被动局面，台州市公安局经过多方面调研和论证，创造性推出了“警民恳谈”活动，从 2006 年 9 月 6 日起，规定每月 6 日，全市 10 个县市区公安局所辖派出所以社区、村镇为单位，以张贴海报、广播播放等形式邀请群众参与恳谈活动，以期帮助缓解警民矛盾，增加沟通，改善警民关系。

(3) 传播

政府进行公关活动所进行的信息传播表现出传播工具多样化和传播方式内外结合化。由于政府的特殊地位，使得其手中掌握的资源远胜于其他的社会组织，这使得政府在信息传播时可以动用的传播工具也大为丰富。

[案例]

北京时间 2010 年 1 月 13 日，加勒比海岛国海地发生里氏 7.3 级剧烈地震，首都太子港大量房屋倒塌，交通通信中断，造成惨重人员伤亡和巨大财产损失。中国政府毫不犹豫地向海地灾民伸出援助之手，在第一时间派出由搜救队员、医疗队员和地震专家等组成的中国国际救援队紧急奔赴海地，成为最早抵达海地的国际救援队之一。中国海地救援不仅仅是一次救援行动，更是在联合国组织框架下，中国利用多边渠道与合作来积极履行国际义务的一次复杂的外交活动。在整个救援行动中，中国救援队不仅与其他国家的救援队分享救援信息，研讨救援方案，还及时向联合国驻海地相关机构汇报救援进展。与此同时，中国救援队定期组织新闻发布会，向各国媒体公开中国救援队的救援工作。由于中国政府在此次海地地震国际救援行动中反应快速，行动及时，吸引了西方主流媒体的眼球。法新社以《中国领先启动海地救援》为标题，专门配发了中国搜救队在北京集合出发的大幅图片。加拿大广播公司在报道海地救援中开篇就提到“中国、法国和西班牙的救援专机在通信塔倒塌、刚清理出跑道的太子港机场降落。”文章说，中国救援队带来大量的食物，药品和其他物资。

[案例评述]

政府进行公关活动所进行的信息传播表现出多渠道和多样化。中国在海地地震中，积极地救援，通过各国新闻媒体的传播为国家塑造了很好的公关形象，将中国的形象传向世界各地。

(4) 目标

政府公关的目标不同于企业的提高知名度，其重点在于美誉度，即塑造“廉洁、勤政、务实、高效”的政府形象，争取公众对政府工作的理解和支持，保证政府各项行政管理活动的顺利开展,创造有利的社会环境,发展国民经济,实现国家和民族的发展壮大。

[案例]

2001年12月27日,上海市优秀公关案例评选中,浦东新区政府与黄浦区建委两个公关项目双双获得上海市优秀公关金奖。据悉,政府公关项目获奖,在全国也是头一回。专家评论说,其意义远远超过了获奖本身。它表明,政府越来越注重对自身形象的塑造。注重沟通与互动,将成为一个现代政府的重要标志。公共关系专家对浦东新区政府获奖项目"浦东开发开放10年回顾与展望"给予了很高的评价。

活动从一开始,就运用现代公关理念,坚持在"品牌化、连续性、针对性"上下工夫,时时不忘突出浦东的品牌效应。作为"中国改革开放的重点,上海现代化建设的缩影",浦东在任何场合都重点突出这一点。通过媒体报道、系列研讨、庆祝联欢、各界人士看浦东等活动,制造了一个又一个舆论高潮。

[案例评述]

政府公关从幕后走向前台,使浦东也经历了一个逐渐发展和腾飞的过程。政府对浦东新区的成功公关,也保证了政府工作的顺利开展,更树立了一个"廉洁、勤政、务实、高效"的政府形象,实现了政府的公关目标。此案例也体现了完善公共行政服务,树立政府良好形象的政府公共关系思想。政府公共关系的主要目标是提高政府的威信和美誉度,提高其吸引力、凝聚力和号召力保证政府各项行政管理活动的顺利开展,创造有利的社会环境,发展国民经济,实现国家和民族的发展壮大。

(5)效益

政府是最大的非营利组织,所以有别于其他的营利组织,其追求的是社会效益的最大化。进行公关活动的根本目的就是获得民众的支持和拥护,实现全社会力量的高度凝聚,以谋求整体的发展。

[案例]

重庆南隆房地产开发有限公司与重庆智润置业有限公司2004年共同开发九龙坡区一片土地,从2004年9月到2007年3月,该土地的280户都已搬迁,仅剩杨武、吴苹夫妇一户。从2006年9月起到2007年2月间,经与开发商3次协商无效,在区法院裁决判定杨武夫妇于3月22日前自行拆除房屋的背景下。杨武于3月21日突破保安阻拦,在断电断水的情况下住进自己的小楼。并在房顶挥舞国旗,打出"国家尊重和保护人权"的旗帜,拒绝搬迁。3月8日,《南方都市报》以《网上惊现"史上最牛钉子户"》为题独家报道此事,先后有数百家国内外媒体加入报道行列。"最牛钉子户"事件成为国内群众反对不合理强迫搬迁现象的象征，也被海外一些媒体看做是测试当局是否有诚意落实刚通过的《物权法》和保障人权的标志。使这一事件迅速成为舆论关注的焦点。

3 月底，湖南一个博客作者周曙光自费赶到重庆，以《最牛网志作者 Zola 暗访最牛"钉子户"》为题，开始了个人博客对此事的"独家"连续报道，使这一事件继续得到包括《纽约时报》在内的众多海内外媒体的持续关注。九龙坡区法院 3 次作出强制拆迁的决定，但都因户主的抵制而不能执行，法律的公信力受到挑战。

面对僵局，政府和法院转而采取怀柔策略。在继续从法理上肯定强制拆迁合法性的基础上，由政府和法院出面斡旋，促成户主与开发商协商解决纷争。经过重庆市九龙坡区法院的 6 次调解和区委书记郑洪亲自出面斡旋，杨武和吴苹夫妇最终与开发商达成和解，同意接受易地实物安置加现金补偿的方案。拆除工作于 4 月 2 日晚 19 时开始施工，22 时 39 分，举世关注的"最牛钉子户"两层小楼轰然倒塌。

[案例评述]

①"最牛钉子户"事件是对政府公共关系处理能力的一次严峻考验。此案具有涉及面广、矛盾尖锐、社会关注度高、理论争议多等特点，又正值全国"两会"召开，《物权法》即将出台的关键时刻，处理难度不言而喻。面对这一次重大的公共危机，重庆地方政府始终思路清晰，目标明确，同时重视法律，方法得当，始终采取较宽容的态度，以"依法执政"为前提，以协调沟通为主要手段，最终促使了事态的平稳发展和问题的解决，实现了当事人双方和政府三方共赢的可喜局面。

②由此可见，"全心全意为人民服务"是政府公共关系的宗旨。广大人民群众的实际利益是政府的最高利益。政府只有勤政为民，多为群众办实事、办好事，才能实现社会效益的最大化，得到群众真心实意的拥护。

2）政府公共关系工作的侧重点

由于政府面对的公众多且复杂，同时其日常工作也涉及社会生活的方方面面，所以政府在进行公共关系活动时，应在以下几点进行重点关注。

（1）完善沟通机制，疏通沟通渠道

良好的沟通是一个政府工作得以正常进行的基本保证，也是树立政府良好形象的基本前提。而要做到这一点，则需要及时传播有关信息和建立健全社会协商对话制度。政府机构应加强对外信息的发布工作，及时地向社会大众传播有关的信息。要通过各种正常的途径和形式，尽可能地把政府的各项活动情况及本地区发生的重大事件向社会各界传播。而社会对话协商机制的建立，既可使政府机构吸收和集中广大民众的智慧和力量，作出符合实际的科学决策，又可使广大民众增加参政、议政意识,明确自己的社会责任和义务,提高工作的积极性、主动性。

(2)坚持言行一致

政府是具有极大权威和公信力的独特组织,它的政策直接决定了国家和人民的命运。而政府的政策得以实行与否,其信用是最基础的因素。只有政府保持良好的信用,言行一致,令出必行,才能加强公众对其政策的信任度,使其执政思想和社会理念得以实现。

(3)加强廉政建设

廉洁是政府形象的一个重要方面,是沟通政府与民众关系的基本条件。政府工作人员,特别是政府领导干部是否廉洁,关系到政府的形象和声誉。因此,政府机构必须加强廉政建设,克服官僚主义作风,清除腐败现象,纠正不正之风。廉洁与勤政是相辅相成的,在保持廉洁的前提下,政府工作人员应该保持高度的责任感和强烈的事业心,努力提高工作效率,形成良好的工作作风。

4.1.5 事业组织、社会团体公共关系

事业组织通常是指由政府出资设立的满足社会某种需要的专门机构,如学校、图书馆等。社会团体是指具有共同利益需求或背景的人们为实现某种社会理想自愿结合而成的非营利性组织,如专业学术团体、宗教团体等。

1)事业组织、社会团体公共关系的特征

(1)非营利性,同时专注于专项事业的发展

事业组织、社会团体的形成是以共同的价值和信仰,或是以对某种事务的共同追求为基础的,它不以经济利益为根本追求;同时,相对于其他的非营利性组织,尤其是政府,其公关特点表现在对某项事业的专注,而不同于政府总管全社会的巨细。

[案例]

2010年1月21日上午,温江区佛教协会在南岳明心寺召开了“2009年度年终总结大会”。温江区佛教界的僧人和居士共计100余人参加了会议。2009年,温江区佛教协会在区统战部和区外侨民宗局的关心支持下,以佛教与社会主义社会相适应为发展方向,高举“爱国爱教”旗帜,发扬佛教和谐精神,积极组织开展学习、弘法、交流等工作,不断开展文化交流、组织建设工作,有效地推进了温江区佛教事业的健康发展,各项工作均按照计划圆满完成。

(2)道德性

其行为的目的在于确立一种良好的社会认识及道德楷模形象。事业组织、社

会团体在社会生活中总是在为某种社会性的公益事业奔走忙碌，意在不断地推进社会结构的优化，推动人类社会的深层次进步，同时也为了自身理想的实现而不断奋斗。所以其公共关系活动在公众中树立的形象目标也就是：担当着崇高的社会道义责任；具有强烈的对社会的奉献精神；表现出较高的文化知识水平和社会道德水准。

[案例]

北京百年农民工子弟职业学校本着“教育照亮人生，技能立足社会”“多一所学校，少一座监狱”的理念，希望以此帮助解决中国农民及其子女的教育和就业问题，为推动社会和谐发展贡献力量。

北京“百年职校”与各基金会、企业、政府部门、非政府机构及个人等进行广泛合作，属于全社会而非任何一家企业或机构，是社会化的公益平台。开办“全免费职业学校”是百年职校实施公益服务的主要方式，而在教育的具体环节上，百年职校以提升贫困年轻人的就业竞争力、帮助他们融入城市生活为着眼点，针对性地开展技能教育和人文教育，树立了良好的道德典范。

(3)公关活动更多地是以实际的行为来传播信息

由于其行为的目的是宣传普及某种观念、知识、信仰，完成某种社会工作，所以不仅要取得公众对其行为的认可，更重要的是要引起公众在情感上的共鸣。而要做到这一点，单纯靠传媒来宣传难以取得理想的效果，甚至过度的宣传会造成严重的负面影响，让公众产生该单位言过其实、浮夸不经的印象。

2)事业组织、社会团体公共关系的具体工作特点

(1)内部管理尤为重要

由于事业组织、社会团体不以营利为目的，其行为的动机也是经济利益以外的如信仰、公益道德、对某种事务的共同关注等。而以这样的精神联系来维持一个组织的运行有时是不太牢靠的。同时，事业组织、社会团体生存的最大依赖在于其良好的社会形象，一旦内部不稳，进而危及其形象，则后果不堪设想。所以保持内部的稳定团结，是其公关工作的首要任务。

(2)保持广泛的信息来源

事业组织、社会团体由于其不具营利性，靠自身活动的能力相对而言是较为弱小的，所以，它总是需要社会其他各行各业的支持。这样，把握社会广泛而迅速的信息动态则显得尤为重要。

(3)保证其精神产物的质量

事业组织、社会团体对于社会的主要贡献不在于实物性的成效，更多的是一种精神的示范,来引领全社会对某项事业的关注和实践。所以,保证其传播的精神产物的高质量,即有益社会的发展、有助于人类的进步,同时不违背社会的基本准则。

4.1.6 社会公众人物公共关系

社会公众人物一般是指那些对于公众舆论和社会生活具有显著的影响力和号召力的社会名人,比如政界、工商界的首脑人物,科学、教育、学术界的权威人士,文化、艺术、影视、歌坛和体育方面的明星,新闻出版界的舆论领袖,特殊关注事件中的核心人物等。这类关系对象的数量有限,且不具有组织性,但社会能量很大,对公众的影响力很强,能够在社会舆论中迅速"聚焦"。通过社会名流进行公众传播工作,具有事半功倍的效果。与社会名流建立良好关系的目的在于借助社会名流的社会知名度,扩大本组织对公众的影响力和号召力,强化组织的良好形象。

1)社会公众人物公共关系特征

社会公众人物最主要的特点在于"名",即极高的社会知名度,在其公共关系特点中有很好的体现。

(1)传播的途径更多靠自身的影响

因为有高的知名度,所以公众人物自身的影响力就是其最好的传媒工具。所以在需要进行公关活动时,公众人物往往自身出席,而大众性的传媒由于公众人物的特性,往往会蜂拥而至,自觉或不自觉地成为了公众人物的公关工具。

(2)拥有良好的社会关系网络做铺垫

由于公众人物的"名人"效应,使其往往与社会的多个方面有着或深或浅的联系,自然而然地,其社会关系网络也就日益健全。正是如此,在公众人物进行公关活动时,其长期以来形成的严密关系网便会帮助其扩充社会交际范围,加快疏通与公众的联系。

[**案例**]

美国作家马克·吐温机智幽默。有一次他去某小城,临行前别人告诉他,那里的蚊子特别厉害。到了小城,正当他在旅店登记房间时,一只蚊子正好在马克·吐温眼前盘旋,这使得旅馆职员不胜尴尬。马克·吐温却满不在乎地对职员说:"贵地蚊子比传说中不知聪明多少倍,它竟会预先看好我的房间号码,以便晚上光顾,饱餐一顿。"大家听了不禁哈哈大笑。结果,这一夜马克·吐温睡得十分香甜。原来旅馆全体职员一齐出动,驱赶蚊子,不让这位博得众人喜爱的作家被"聪明的蚊子"叮咬。幽默,不仅使马克·吐温拥有一群诚挚的朋友,而且也因此得到陌生人的"特别关照"。

2) 社会公众人物公共关系的具体工作特点

(1) 公众人物形象的维护

作为公众人物，其声誉和形象是进行公关活动的最大支持。保持真诚、健康的形象，才能保持公众人物在社会中的知名度，其公关的目的也就更容易达成。

(2) 活动影响的严格把握

由于公共人物往往带有极强的影响力和示范性。其一言一行，都会对社会公众的行为甚至社会的发展产生重大的影响。所以，公众人物进行公关活动时，要高度注意自身行为的影响，避免向公众传播出错误的、不健康的信息，误导公众，从而造成不良的社会影响。

[案例]

水门事件与尼克松政府垮台

在 1972 年的总统大选中，为了取得民主党内部竞选策略的情报，1972 年 6 月 17 日，以美国共和党尼克松竞选班子的首席安全问题顾问詹姆斯·麦科德为首的 5 人闯入位于华盛顿水门大厦的民主党全国委员会办公室，在安装窃听器并偷拍有关文件时，当场被捕。

水门事件开始被《华盛顿邮报》的两位年轻记者(普利策新闻奖)披露。一时美国舆论哗然，社会上关于尼克松政府采取了不道德的做法的舆论广为传播。这时尼克松对此保持沉默，奉行"鸵鸟"政策。他对他的两位高级助手说:"我们对此少说为妙，传闻自会过去，不必为此顾虑。"尼克松还试图以控制政府方面的新闻发布来控制新闻界的消息来源。尼克松还为采访调查设置障碍，采取"闭口不言，充耳不闻"的做法，非但未能熄灭水门之火，反而导致人们对水门事件更为强烈的关注。

新闻媒介拒绝停止调查，继续以一种客观的手法对水门事件进行报道，水门事件的端倪渐渐显露出来。这时尼克松命令他的助手开列一份"敌对分子名单"，他说:"我想要一份有关所有那些力图把我们牵扯进去的人的最为广泛的记录。"事态向激化的方向进一步发展。

1973 年初，水门事件调查委员会请总统和他的助手出面接受调查，但他们以"行政特权"为由拒绝委员会的调查。这一做法更加愚蠢，因为这个调查委员会起着影响全国新闻报道的关键作用。总统与新闻媒介的关系越来越恶化。

1973 年 3 月，尼克松和他的两位助手商讨了如何解释这一问题，一位助手建议可以用"国家安全"的理由为闯入行为辩护。尼克松表示同意，并说:"为了国家安全，我们不得不获得情报。我们不得不在机密的情况下做这件事。"用这种解释来应付舆论的谴责和有关部门的调查，使公众越发失去了对尼克松政府的信任。

1973 年 7 月，尼克松的一位总统助理倒戈，他证实自 1970 年以来，尼克松把所有在他办公室里的谈话都秘密地录了音，共有 64 盘录音带。最高法院表决迫使尼克松交出这些录音带，因为其中可能有关于水门事件的证据，但尼克松拒绝交出，堡垒开始从内部被攻破。

10 月，尼克松开始了一批人员的撤职运动，这就是被人称作尼克松的“周末夜的残杀”，继此以后，水门之火燃烧得更加炽烈了。

一直到 1974 年 7 月尼克松遭到弹劾，他对水门事件一直采取一种避而不谈的姿态，而正是这种无视新闻媒介、参议院、公众、最高法院的姿态，葬送了他的总统职位，导致尼克松政府的垮台。

[案例评述]

水门事件本身并不是公共关系的实例，但尼克松围绕水门丑闻所开展的各种工作，已明显暴露了他在公众人物公关方面所犯的错误，这些错误恰恰是开展政府公关工作的大忌。

试图掩盖事件真相，甚至封锁消息。公共关系最基本的原则就是真实原则。向公众通报的信息是否真实，直接关系到尼克松政府的形象和声誉，一旦形象和声誉严重受损，这个政府一定会垮台。

蔑视公众。公关的另一个重要原则是以公众利益为出发点。维护公众的各种合法权益是公共关系活动极为重要的内容之一。然而尼克松一次又一次地用联邦机器去触动众怒，这种做法只能进一步激化已经公开化的矛盾冲击，不但于事不利，反而使尼克松政府受到更加猛烈的抨击，尼克松下台自在情理之中。

4.2 对象公共关系

对象公共关系指公共关系传播的对象，即公众。公共关系是一种公众关系，公共关系的研究对象和作用对象就是公众。公众是与特定的公共关系主体相互联系及相互作用的个人、群体或组织的总和，是公共关系对象的总称。向公众传播是现代社会的主要活动，是公共关系工作的本职需要。

公共关系包括内部公共关系和外部公共关系两方面。内部公共关系主要是指内部员工关系、股东关系，它是企业搞好一切工作的基础。内部公众是公共关系要协调的最重要的公众对象，因为内部公众即组织的人的因素，是决定组织生存与发展的根本条件。外部公众是指组织外部与组织有关的个人或团体，即除社会组织内部公众之外的一切与社会组织利益相联系的个人或团体。它是组织的外部沟通对象，是组织获得外部支援的源泉，是组织“外求发展”的目标所在。外部公共关系包括消费者关系、政府关系、新闻媒介关系、社区关系、竞争对手关系、国际公共关系等。

4.2.1　员工关系

员工是企业各岗位的工作人员,是内部依赖的首要对象。员工关系指在企业内部管理过程中形成的人事关系,其具体对象包括全体职员、工人、管理干部。这是一种与公共关系主体最密切的公众。任何一种组织都会有自己的内部公众,都需要首先处理好自己的内部关系。由于员工是企业组织的成员,因此从内部公共关系的角度看是对象,从外部公共关系的角度看又成了主体。企业需要建立激励机制,加强员工培训、沟通,营造良好的人文环境,通过有效协调企业团体、个体之间的利益关系来调动员工的积极性,培养员工的认同感、归属感,以提高各部门之间的协作精神,增强企业的凝聚力和创造力,促进企业强健发展。

1)组织与员工的关系

组织内部公关工作就是要考察不同员工的不同层次的需求结构,有针对性地引导员工的行为,最大限度地调动每个员工的积极性、主动性和创造性,使所有员工同舟共济,齐心协力,实现组织目标。

(1)员工公众的类型

员工公众中主要有以下几种典型公众:

管理人员。组织的管理人员是指组织内部各级业务部门和各职能部门的主管人员。在组织中,管理人员是各个部门的权威人员,也是员工的直接领导者和管理者,他们的言行举止对员工影响力较大。

[**案例**]

2010 年 5 月 11 日晚上 7 时许,富士康一名 24 岁女工从深圳市龙华街道水斗新村一出租屋跳楼身亡,成为富士康半年来第 8 宗员工自杀事件,坠楼事件已总共造成了六死两伤。经过调查表明富士康内缺乏人与人之间的尊重,员工关系冷漠,富士康的企业精神非常“严谨”,但是管理者对员工的精神生活却关注不够,企业管理存在严重的问题。作为管理者须知管理者的一言一行都会对员工造成重大影响,需慎之又慎。

技术人员。技术人员在企业等经济组织中是专门从事技术工作的专业人才,是企业生存与发展的栋梁之才。技术人员是否具有创新意识,能否不断开发、研制新产品,开拓新市场,直接影响企业能否保持产品优势和市场优势,影响企业的兴衰成败。

[案例]

日本松下电器公司在对员工激励时采取了这样的措施:从事简单劳动的工人,创造的价值较低,人力市场供应充足,对于他们采用物质激励是适用的和经济的。相反,高层次的技术人员和管理人员,来自于内在精神方面对成就的需要更多些,而且他们是企业价值的重要创造者,公司希望将他们留住。因此公司除尽量提供优厚的物质待遇外,还注重精神激励(如优秀员工奖)和工作激励(如晋升、授予更重要的工作),创造宽松的工作环境,提供有挑战性的工作来满足这些人的需要。这种区别对待充分说明了技术人员对一个企业至关重要。

业务人员。在企业等组织机构中,业务人员是专门负责经济业务方面工作的人员,他们需要具备一定的专业知识、较强的工作技巧和丰富的工作经验。

[案例]

业务人员工作准则——世界500强企业优秀员工必备的11种品质:1.态度决定一切;2.责任胜于能力,把工作当事业;3.敬业,以业绩为导向;4.自动自发地工作;5.团队精神;6.创新,企业的活力之源;7.忠诚,公司利益高于一切;8.执行力就是决胜力;9.热爱并珍惜自己的工作;10.永远学习,与时俱进;11.注重细节,成就完美。

(2)员工的需求层次

按照西方社会学家马斯洛的理论,人的需要有5个层次:第一层次是生存的需要,包括食物、穿衣、住房、交通;第二层次是安全的需要,包括工作安全、医疗、保险、退休、福利;第三层次是社交的需要,包括友谊、归属、接受;第四层次是尊重的需要,包括荣誉、升迁、奖励;第五层次是自我实现的需要,包括成就、胜任、自我实现。这些需要是从低级逐步走向高级的。在解决了员工公众物质上的生存需要、安全需要以后,还要在精神方面即更高层次的需要上关心他们。了解了员工的需要层次后有利于我们理解员工关系应实现的基本目标。

2)员工关系的基本目标

(1)造就员工良好的组织信念

良好的组织信念对组织发展的作用首先表现在能赋予员工日常工作以崇高的意义。使员工把自己的日常工作与整个组织的目标结合起来,突破个人狭隘的需求,获得精神动力。同时也能自觉认识到社会的责任,并以此作为组织的价值观念和行为准则。使员工的思想和言行与组织的运作协调一致。

[案例]

IBM——一个百年企业的信念

让我们听听 IBM 大中华区首席执行总裁钱大群讲讲这个故事。钱大群自 1977 年加入台湾 IBM 公司之后,曾于 1996 年担任当时 IBM 公司董事长郭士纳的助理,他经历了 IBM 核心价值观演进的 3 个阶段:

从创立到 1992 年的核心价值观:尊重个人、追求卓越、服务顾客;1992 年到 2002 年十年转型时期:胜利、执行和团队合作;2003 年以后至今:创新为要、成就客户、诚信负责。尤其是“创新为要”“成就客户”“诚信负责”这 3 条新的核心价值观确定之后,立刻得到了 IBM 全球员工的热烈响应。这是几十万名员工辛勤讨论的结果,是大家的共同创作,所以也代表了全球 IBM 人的共识,大家自然而然就把这些核心价值观装在心里,并且反映在行动上。另一方面,由于这些核心价值观是由全体员工共同认可的,也代表了员工对 IBM 公司现状和未来的判断及期望,沿着这些核心价值观的指导前进的 IBM 公司,对员工来说也就具有非同一般的凝聚力和向心力。

[案例评述]

IBM 百年经验表明,核心价值观必须始终处于“核心”的指导地位。今天我们看到一些富有远见的中国企业,也提出了自己的核心价值观和企业文化体系,但如何使之落地生根,仍然面临着不小的挑战。

(2)创造和维护良好的工作环境

良好的工作环境不仅包括整洁的工作条件、必要的劳动保护手段和合理的劳动强度,而且也包括和谐的人际关系。公共关系人员应当通过内部公共关系活动使组织充满人情味,使广大员工产生舒适感和温暖感,主动把自己的命运和组织的兴衰联系起来,都以在组织内工作而自豪。

3)处理员工关系的主要途径

为了实现上面提到的目标可以从以下方面入手:

(1)了解员工对组织的期望和要求

员工对组织的期望和要求,以及这些期望和要求的实现满足程度,决定了员工对组织的态度和表现,是组织一切行为的基点。所以,了解员工对组织的期望和要求,是建立良好员工关系的先决条件。

合理的收入、应有的福利待遇,是绝大多数员工首先关心的问题,也是能否维持员工劳动热情、激发员工动力的基本保证。同时,还要重视组织内部员工的福利待遇,公平合理地解决工资晋升和奖金分配问题。这样不仅可以免除员工的后顾之忧,还可以培养他们的集体主义精神,并使之转化为持久的工作热情。最后,组织还应该不断改善内部劳动条件、劳动环境和劳动保护措施。社会组织还要高度重视员工的精神需要。精神需要既包括人们自由地发挥自己的创造性的需要，又包括人们对各种精神产品的需要。

[案例]

杭州某酒店坐落于杭州高速发展的商业区官渡区。该酒店员工流失严重。原因为：没有给员工提供实质上的发展空间；酒店的所有岗位已经定死，就是有个别的岗位空缺，都是靠裙带关系来填补；不尊重下属，抹杀他们的成绩，无视员工的重要作用，打击他们的工作激情。员工个人价值得不到肯定，长此以往无法忍受而辞职。工资待遇一般虽然不是员工流失的重要因素，但如果工资待遇一般，又没有好的工作环境，员工同样会辞职。

(2)建立有效的沟通机制

组织内部公共关系工作的一个重要任务就是畅通组织内部的信息交流，应该建立和完善沟通网络，做到“上情下达”和“下情上达”。增强管理的透明度，进而增强员工对组织的信任感；增强员工对组织的责任感，在组织内部形成一种民主管理的良好气氛。

沟通的内容包括：组织的管理和决策情况；组织的竞争对手；组织的发展历史、取得的成果、技术创新、组织荣誉、模范人物等；组织内员工动态。

沟通的途径包括：

①组织管理当局与基层的管理人员沟通是最基本、最有效的方法。组织通过他们直接向其所管辖的员工及时发布组织的新闻或指示，解释各种政策，分析和讨论各种问题，消除各种误解。其次为与意见领袖进行的沟通。组织应注重调动和发挥意见领袖的作用，通过非正式渠道加强与员工的沟通，弥补正式沟通的不足。

②公开的定期演讲和员工会议。可以向全体员工及时报道本组织或与本组织有关的重要新闻及对形势进行分析，引导员工正确认识形势。在会上就组织的工作总结、工作计划、新政策、新产品、新方法等向员工报告或说明，还可以表彰先进、研讨问题、听取意见等。

③版报、宣传栏、公告牌、内部报刊和辅助出版物等。它们是各种组织内部传播信息的有力工具。具有经济实用、便利快捷、图文并茂等特点。

[案例]

对于信息的沟通方法，日本人的经验很丰富。他们的主管在移交工作时，很少是同一天移交的，他们中间还要在一起工作一段时间，通常是半个月，至少也得一个星期，使这个沟通不会断裂。日本的老职员很少有丢下新的职员不管的现象。

在日本公司里经常会发现一个年纪大的日本人，带着个年纪小的日本人，这叫做“母鸡带小鸡”。日本人很少在离开的时候一句话都不讲、什么东西都不留下。他们一般都会有一本备忘录，留给后面接任的人继续阅读。日本人还会做到所有留下的关系统统不会断掉，所以他们在业务交接的时候，都会带着新的干部去拜访政府官员、同行，甚至竞争的对手与大客户，他们称之为“关系”。日本企业的崛起与兴盛，与他们从来不让信息的沟通断裂有很大关系，因为信息一旦断裂，什么东西都将从头来过。

(3)组织员工活动

活动包括各种竞赛、庆典、表演、游玩、联谊活动。对于组织与员工以及员工之间联络感情、扩大交往、培养团队合作意识等具有积极的作用，能给不同的员工以展示特长的机会，是培养企业文化精神、形成企业文化的主要途径。

(4)建立合理化建议制度

进行员工意见调查，设立员工接待日或接待时间，建立处理员工申诉的专门机构和处理程序，建立员工建议奖励制度。使员工的创造能力和工作潜能得到开发利用、精神需要得到满足、个人价值得以实现。

[案例]

美国 IBM 公司有一个制度，允许任何一个员工直接向总经理面述苦衷。公司还设立许多意见箱，鼓励员工大胆提供改革意见，如果经审核可以实行，立即予以重奖。据统计，公司每年收到的“意见卡”达 10 万张之多。而公司在世界计算机领域的业绩是与这十万张“意见卡”分不开的。

(5)开展员工教育和培训

组织通过教育和培训不仅可以满足员工提高文化、技术等方面素质的愿望，开发他们的潜力资源，而且也能增强员工对组织经营宗旨、发展战略等方面的了解。通过各种培训和开发手段，可以全面提高员工的素质，充分调动工作积极性。组织内部完善的岗位培训制度、内部人才选拔制度和升迁制度，将为员工的充分成长提供必要的条件。

4.2.2　股东关系

股东是按一定比例出资，享有股东会表决权和利润分配权，并在工商部门备案登记的投资者，是企业的所有者。股东可以是个人，也可以是集体或其他公司，主要包括：个别投资者、股票持有者、股票交易商、股票经纪人、证券分析家、托管人、银行家、投资公司等。在经营过程中，企业要注重维护股东的利益，定期向股东会汇报经营情况，遇重大决策问题应及时向股东会申报。通过交流、沟通以获得股东的信任和支持。

在西方，股东关系是极为普遍的。尤其是在第二次世界大战之后，经济开始大幅度增长，企业需要通过发行股票来筹资，而居民储蓄的增长为投资提供了可能性。于是，广大居民成了企业的股东。据统计，英国有四分之三的成年人是直接或间接的投资者。在中国，股东关系的真正出现是在20世纪80年代中期。到90年代，股份制改革大量推行，以上海和深圳为龙头的证券市场发展迅速，股东急剧增多，股东关系成为中国企业必须倾注极大心血来关注的公众关系。

对于股份制企业来说，良好的股东关系是企业的生命线，因为这种关系直接涉及企业的"财源"和"权源"。建立良好的股东关系，加强企业与股东之间的沟通，能够争取已有股东和潜在投资者的了解和信任，能够创造良好的投资气氛，稳定股东队伍，吸引新的投资者，最大限度地扩大企业的社会财源。

1)处理股东关系的意义

处理好股东公众关系的目标就是树立企业在股东心目中的良好形象，千方百计加强股东与企业同呼吸、共命运的意识，以推进企业的发展。

(1)股东是现代市场经济组织重要的资金来源

任何组织的财力都是有限的，因此，争取众多股东的投资对组织的发展具有重要意义。一个公司能否依靠股票的发行顺利地筹集到资金，完全取决于是否有人愿意认购该公司的股票，认购后又是否愿意持有股票。影响货币持有者对某公司股票态度的主要因素是发行股票的企业形象。当他们对企业有信心时就购进股票；反之，对企业缺乏信心时就抛出股票。股东还可以通过股东大会和企业董事会来干预企业的重要决策，影响企业的行为。

[**案例**]

泉州民营企业上市公司在注重发展和效益的同时，强化和谐建设，注意处理和调试股东关系，包括家族内部股东关系、内外部股东关系和大小股东之间的关系，使各种股东关系都达到相当和谐的状态，为企业的发展提供了良好的内外部环境和条件，也积累了相当丰富的和谐企业建设经验。对股东利益关系的认识及其关系的处理是构成企业家发展观的最重要内容之一。尽管企业家的悟性或知识能力千差万别，但他们都会在其生产经营、社交活动中自觉不自觉地形成相应的发展观，并在其行为过程中逐步深化、凝聚、定型。

(2)股东能成为组织重要的信息来源和组织形象、产品和服务的宣传员

众多股东分散于社会的各个阶层、各个行业，能争取他们的关心和支持，就可以使组织获得多角度、多方位的信息。而且股东出于切身利益的考虑,也希望能有更多人购买本组织的产品。组织越发展,赢利越多,股东的利益也相应越有保证。这样,通过股东所拥有的广泛社会关系,各界股友都有可能经由股东的中介而成为本组织的顾客。良好的股东关系,不仅可以稳定公司的财源,而且可以向外扩大新的市场。

[案例]

美国通用食品公司是美国最大的食品公司之一。公司每逢圣诞节时,就会向股东赠送一套本公司生产的罐头样品,或者是其他的食品样品。股东们为此而感到十分骄傲。他们不仅极力地向外人夸耀和推荐本公司的产品,而且每年圣诞节前,他们都要准备好一份详细的名单寄给公司,让公司按名单把这些食品作为礼物寄给他们的亲戚和朋友。这种方法很有效。每到圣诞节之前,通用公司都会额外地收到大批的订单,真正实现了股东的投资、消费、推销一体化。不仅仅加强了企业与股东的联系,而且使企业获得了很大的经济效益与社会效益。

2)股东关系的处理

(1)尊重股东的特权意识

股东作为企业组织的投资者,其利益与企业休戚相关,因而成为企业的重要主人。他们有权知晓组织的发展方向和经营状况,对组织各方面的信息也会特别关注。因此,在处理股东关系时,就必须充分尊重股东的这种特权意识,用情感纽带联络好与股东的关系。这是处理好股东关系的前提条件和根本性原则。组织除了要及时准确全面地向股东报告组织的动态外,在与股东联系的全过程中,始终要保持谦恭的态度。在利益的分配、信息的传递以及与股东交往上体现一视同仁的原则。只有这样才能吸引股东参与决策,甚至成为企业的有力推销者。

[案例]

美国丹尼电器公司是由多个股东共同投资而建的,他们十分注重处理好公司与各股东的关系,经常邀请一些大股东来公司参观,并定期向股东们报告公司的经营与财务状况,及时地满足股东的各种要求,从而维持了与股东们的良好关系。营业几年来,公司的原有股东不仅无一人撤股,反而有好几位股东都增加了自己的入股量并介绍自己的朋友前来入股。公司的资金来源得到了丰富与扩大,财源得到了保证,从而也促进了公司的壮大与发展。

(2)加强与股东的信息交流

与股东的信息沟通,是内部公共关系协调的重要任务和目标。通过编制年度报告、召开股东年会等形式，及时准确地向股东提供企业经营状况，使股东对企业发展有足够的信心。

应当做到及时、准确、全面地向股东汇报有关组织的各种信息；及时收集来自股东方面的各种信息，报告给有关领导部门。

［案例］

可口可乐公司准备投资开发新配方的可口可乐，但是，由于原配方的可口可乐已深入人们的心中，为人们所了解和喜爱。而且，原配方的可口可乐占有了广大的市场。公司担心新配方的可口可乐投资不仅不会赢利，而且很可能会影响公司的声誉，从而影响了公司原来产品的销售，使公司受到损害。于是，公司决定召开股东大会，对此项目进行分析与讨论，以便决定是否要开发新配方的可口可乐。在股东大会上，股东各抒己见，把自己对市场的了解及信息提供出来，共同协商。有效地加强了对股东的信息交流。

(3)将股东利益置于高于一切的位置上，保证股东应有的经济权益

股东与企业组织之间之所以结成一定的关系，其直接动因是经济利益因素。企业组织在协调股东关系时应当紧紧围绕股东的利益，并做到按时发放股金、红利。对牵涉股东利益的事或股东提出的意见，要及时向相关部门反映并积极配合处理。

［案例］

金杯汽车股份有限公司是全国大型企业中第一家规范化的股份制企业。公司自成立起就认识到股东关系在企业生存发展中的重要作用。尊重股东，倾听他们对公司发展的意见是公司多年来一直坚持的原则。公司成立后的 2 年间，先后召开了 3 次股东大会和董事会，把股东代表请到公司来，由总经理向他们汇报公司的生产和财务状况，请他们参观公司下属工厂。平时，为了让股东及时了解公司的经营状况，定期给每位股东赠送一份《金杯汽车报》。一系列的信息沟通工作和情感联络工作，赢得了股东们对公司的理解和信任，不少股东表示："金杯汽车有干头、有发展，股票买对了，下次我还买。"1991 年下半年金杯汽车公司面临市场疲软、销售困难时，很多股东都来信表示，愿和"金杯"同舟共济、共渡难关。

4.2.3 消费者关系

消费者指购买企业产品或服务的个人团体或组织，包括个人消费者和社团组织用户，是与企业有着切身利益关系的外部公众，消费者是工商企业组织市场传播的重要对象。企业应以市场为导向,为消费者提供合格的商品和满意的服务,促使消费者形成对企业及其产品的良好印象和评价,提高企业产品在市场上的知名度和美誉度,为企业开拓并稳定市场关系,同消费者建立广泛而紧密的依附关系。

在现代商品经济条件下,消费者就是市场。协调好消费者关系就能够为企业带来直接利益。消费者公关的策略具体表现为了解顾客的不同特点和需求,满足顾客诸如产品质量、服务、知晓、信誉、尊重等基本的需求,并设法满足具体公众的特殊的或潜在的期望需要,以达到良好的消费者关系。因此,处理好消费者关系应做到:树立信誉,做到货真价实;反馈信息,为消费者着想,处理好消费者的投诉和建议;了解公众,满足不同消费者的需要。

1)处理好消费者关系的意义

(1)良好的消费者关系是组织生存与发展的基础

虽然与消费者的沟通并不等同于市场经营中的销售关系、直接的买卖关系,但良好的消费者关系的确有利于组织的市场销售关系,能够给组织带来直接的利益。

[案例]

联想成功的王牌之一是坚实的顾客关系网——一批忠诚的顾客。这张关系网不仅给联想带来丰厚的利润,更是联想构建国际企业大厦的基石。联想非常注意在各个环节都与顾客保持联系,最大限度地满足顾客的需要。在购买前阶段,联想不仅采取广告、营业推广和公关等传统的营销手段,而且通过新产品发布会、展示会、巡展等形式来介绍公司的产品,提供咨询服务。在顾客购买阶段,联想不仅提供各种优质售中服务,而且帮助零售商店营业人员掌握必要的产品知识,使他们能更好地为顾客提供售中服务。另外还推出家用电脑送货上门服务,帮助用户安装、调试、培训等。在售后阶段,联想设立投诉信箱,认真处理消费者的投诉,虚心征求消费者的意见,并采取一系列补救性措施,努力消除消费者的不满情绪。另外联想还加强咨询、培训、用户协会及“1+1”俱乐部刊物等工作,经常举办各种活动,如“电脑乐园”“温馨周末”等,向消费者传授计算机知识,提供信息,解答疑问。这样,联想创造和保持了一批忠诚的顾客。此外,忠诚的顾客的口头宣传可起到很好的蚁群效应,增强企业的广告影响,也大大减低了企业的广告费用。

(2)良好的消费者关系是组织树立优质形象的前提

组织的信誉与形象,并非来自组织自我评价,而是取决于组织内部公众和外部公众的印象与评价。只有拥有良好消费者关系的组织才可能使外部公众对组织有较高的评价,才可能树立良好的组织形象。组织的一切政策措施必须以消费者利益要求为导向,自觉自愿、诚心诚意地为消费者服务,只有这样,才能在消费者心中树立良好的信誉与形象。

2)处理消费者关系的方法

(1)树立和强化顾客第一的观念

消费者观念的正确与否直接关系到组织消费者关系工作的成败,进而关系到整个组织的命运。组织要牢固树立"顾客第一"的经营思想,它是任何现代社会组织处理好消费者关系的根本原则。开展公关活动要以消费者的需要为中心,摆正组织利益与消费者利益的关系,把为消费者服务当做组织的责任,及时满足消费者的需要。公关部门必须运用各种手段在组织上下开展全方位的消费者意识的教育,使"顾客至上""顾客总是正确的"等现代消费者观念深深地在组织上下扎根。

[案例]

沃尔玛"顾客至上"的原则可谓家喻户晓,它的两条规定更是尽人皆知:"顾客永远是对的";"如果顾客恰好错了,请参照第一条!"更为与众不同的是沃尔玛的顾客关系哲学——顾客是员工的"老板"和"上司"。每一个初到沃尔玛的员工都被谆谆告诫:你不是在为主管或者经理工作,其实你和他们没有什么区别,你们只共同拥有一个"老板"——那就是顾客。

为使顾客在购物过程中自始至终地感到愉快,沃尔玛要求它的员工的服务要超越顾客的期望值:永远要把顾客带到他们找寻的商品前,而不仅仅是指给顾客,或是告诉他们商品在哪;熟悉你部门商品的优点、差别和价格高低,每天开始工作前花5分钟熟悉一下新产品;对常来的顾客,打招呼要特别热情,让他有被重视的感觉。

沃尔玛一贯重视营造良好的购物环境,经常在商店开展种类丰富且形式多样的促销活动。如社区慈善捐助、季节商品酬宾、竞技比赛、幸运抽奖、店内特色娱乐、特色商品展览和推介等,以吸引广大顾客。

沃尔玛毫不犹豫的退款政策,确保每个顾客永无后顾之忧。沃尔玛有4条退货准则:

①如果顾客没有收据——微笑,给顾客退货或退款;

②如果你拿不准沃尔玛是否出售过这样的商品——微笑,给顾客退货或退款;

③如果商品售出超过一个月——微笑,给顾客退货或退款;

④如果你怀疑商品曾被不恰当地使用过——微笑,给顾客退货或退款。

(2)为消费者提供优质的产品和服务

为消费者提供优质的产品和服务,是争取顾客的基础。质量是产品的灵魂,是企业的生命。推行顾客至上的公共关系哲学必须落实到具体的服务工作上,它要求企业为消费者提供质量优良、价格合理、计量准确的适销产品，杜绝假冒伪劣、随意涨价和缺斤短两；要求企业为消费者提供热情和周到的服务项目；要求企业结合自身的职能类型和工作特点，创造深受消费者欢迎的服务制度和措施等。最大限度地满足客户需求，使客户满意，即 Customer Satisfied，简称 CS。产品满意是 CS 战略的前提和基础，服务满意是 CS 战略的保证，客户忠诚是 CS 战略的目标。

[案例]

韩国一家大集团副总裁到澳大利亚出差。当他住进丽滋·卡尔登饭店（Ritz Carlton Hotel，1992 年美国国家品质奖服务类奖得主）后，他打电话给该饭店客房服务部门，要求将浴室内原放置的润肤乳液换成另一种婴儿牌的产品。服务人员很快满足了他的要求。

事情并没有结束。三周后，当这位副总裁住进美国新墨西哥的丽滋·卡尔登饭店，他发现浴室的架子上已摆着他所熟悉的乳液，一种回家的感觉在他心中油然而生……

“凭借信息技术和多一点点的用心，丽滋·卡尔登饭店使宾至如归不再是口号。”丽滋·卡尔登饭店澳大利亚地区品质训练负责人琴·道顿女士道出了卡尔登饭店成功的秘密。

在丽滋·卡尔登全球联网的电脑档案中，详细记载了超过 24 万个客户的个人资料。这是每一个顾客和卡尔登员工共同拥有的小秘密，使顾客满意在他乡。

(3)加强与消费者的沟通与交流

运用各种传播沟通方法，收集消费者对企业及其产品的认知、态度、评价和要求；同时把企业的经营管理状况、产品、为社会承担的责任和所作的贡献向广大顾客进行宣传，以赢得消费者的了解与喜爱、支持与合作。良好的信息交流和感情沟通，必然有助于巩固和发展商业性的交易关系。因此，企业应当在制订顾客关系的政策和行动方案的基础上，与消费者密切地进行联系和沟通。组织与消费者进行沟通的手段有：进行舆论调查，将信息反馈到有关部门，并协同有关部门进行全方位的公共关系活动。

[案例]

华冠商厦始建于 20 世纪 80 年代末期，当时只是一个规模很小的购物中心。而现在，它已经颇有名气了。它的特点是商品齐全，价格适宜，服务质量又好。它成功的秘诀之一就是收集顾客反馈，了解顾客心理。凡是在华冠购物的顾客都会得到一张付过邮资的“信息卡”。卡上有如下内容：

第一条是“您需要什么”。在这一栏里有商厦的新产品介绍，如果你对其中哪一项商品感兴趣或是你还需要一些别的什么,可以在空白处填上你的姓名、地址及产品名称。根据你的具体要求,商厦会为你邮寄产品详细说明书或为你订购产品。

第二条是强调商厦的经营方针——“一个月之内包退包换”。这种信誉在同行业中并不多见,当然也是华冠商厦赢得顾客信赖的原因之一。

第三条是“为您创造称心的购物环境”。里面提出若干问题,如“您为什么来华冠商厦购物”,“我们哪些地方需要改进”及“您愿意与我们共同讨论您的意见和建议吗?”接下来就是填姓名和地址的一栏。

[案例评述]

如果想多听听顾客的意见,你应该投入与华冠商厦同样的热情。然而,若要不走弯路,还必须记住下面几点:为了充分赢得顾客反馈,你必须使反馈简单化;主动要求反馈;重视和利用反馈信息。

(4)妥善及时处理与消费者的矛盾

社会组织在提供产品和服务的过程中,经常会遇到顾客的质疑、抱怨,甚至是辱骂和投诉。尽管这些矛盾和冲突是个别现象,但处理不好会影响组织的信誉,影响组织与顾客的关系,更有甚者会影响组织的生存与发展。此时组织应该恪守“顾客永远是对的”这一消费者关系最高准则,迅速作出反应,给予妥善解决,争取顾客谅解。有条件的工商企业组织,还应尽可能建立消费者关系的科学管理机制,通过开展消费指导、消费教育活动,建立起一支充分信任本组织的稳定的消费者队伍。矛盾问题解决好了,不仅能矫正组织及产品形象,更能进一步提高组织的知名度与美誉度。

4.2.4 政府关系

政府关系指社会组织与政府之间的沟通关系,其对象包括政府的各级官员、行政助理、各职能部门的工作人员。政府关系对象是任何组织的公共关系对象中最具社会权威性的对象。任何组织都必须面对和接受政府的管理和约束,需要与政府的各种管理职能部门打交道,比如工商、人事、财政、税收、审计、市政、交通、治安、法院、海关、商检、卫检、环保等行政机构。与政府保持良好沟通的目的是争取政府及各职能部门对本组织的了解、信任和支持,从而为组织的生存和发展争取良好的政策环境、法律保障、行政支持和社会政治条件。

1)具体分析政府公共关系的意义

(1)政府公众的认可和支持具有高度的权威性和影响力

政府是国家权利的执行机构,它通过立法、行政、司法,运用各种行政和法律手段,管理和约束各种社会组织。一个组织的政策、行为和产品如果能够得到政府官员的最具权威性的认可和支持,无疑将对社会各个方面产生重大影响,有利于组织处于有利的社会位置。

(2)良好的政府关系能够为组织赢得良好的政策支持

政府的政策、法律是社会任何一个组织活动必须遵守的准则和规范。良好的政策条件、法律保障和社会管理环境是组织生存和发展必不可少的基石。这就要求企业组织建立良好的政府沟通关系,及时、准确地了解政府有关方针、政策的变化,同时将本企业的实际状况和特殊问题上报政府主管部门,从而使制定出来的政策法规更加符合实际情况,更加有利于本企业的发展。

[**案例**]

微软的 Windows7 和 Office2010 自发布以来,曾被报出创下了前者每秒卖出 7 套和后者每 7 分钟卖出一套的纪录。但这样的成绩与微软公司多年在中国市场所投入的艰苦努力相比,实在不算什么。

为了让中国最大的客户——政府购买自己的正版软件,微软费尽心思。从 2002 年开始,微软就在尝试通过政府的力量改善中国的知识产权环境;以各种公关策略推动政府部门采购正版。与 8 年前不同的是,微软与政府的合作策略发生了变化:从过去只与"中央"部委合作而延伸至与地方政府"结亲"。

2)政府关系的处理原则

(1)恪守政府关系原则

熟悉政府权责范围及运行特点,坚持以国家利益为重,严格遵守相关法律、法令、条例、政策所限定的行为准则,合法经营,照章纳税,不做有损社会公共利益的事情。

(2)重视与政府的信息沟通

社会组织要熟悉政府的政策和法令,了解政府各机构的组成情况及其功能;另一方面社会组织要通过各种渠道及时、准确地向政府通报情况,使之了解真实情况,从而影响政府,使之制定有利于组织生存发展的法规、政策。

(3)替政府着想,为政府排忧解难

组织在考虑自身利益的同时,不忘国家利益,在组织利益与国家利益发生冲突时,放弃组织的一些局部利益,必然会赢得政府的信任和支持,这样就能够获得政府的好感,得到政府的热情关心、主动支持和友好合作。

4.2.5　媒介关系

媒介关系也称为新闻界关系,即与新闻传播机构,包括报社、杂志社、广播电台和电视台，以及新闻界工作者如记者、编辑等的关系。媒介公众是公共关系工作对象中最敏感、最重要的一部分。在对外公共关系工作层次来看，媒介公众是组织对外传播的首要公众。与媒介公众的关系具有明显的两重性：一方面新闻媒介是组织与广大公众沟通的重要中介，具有扼制或扩展信息影响的传播媒介公众，是传播过程的"把关人"；另一方面新闻界人士又是需要特别争取的公众对象，争取媒介对企业的了解，形成对企业发展有利的舆论环境。

1）处理媒介关系的原则

（1）友好热情，以礼相待

不论记者对组织已发生的事件是何态度，都要为他们的工作提供方便，不应该设置障碍，封锁消息，这不仅不利于事件的处理，反而会激化与公众的矛盾，其结果是影响组织在公众中的形象。当记者因组织以礼待人而产生好感之后，必然会客观公正地报道事件的真相，有助于赢得公众的谅解，创造良好的舆论环境。

（2）实事求是，真诚相待

向新闻媒介提供的材料一定要实事求是，与新闻媒介打交道，诚实至关重要。要做到不隐恶、不溢美，不利用记者不熟悉某一领域专业知识的弱点，弄虚作假。任何试图通过欺骗、逃避、阻挠等手段，为新闻界人士设置障碍的做法都是愚蠢的。因为，新闻记者可以在最为广大的范围，揭露或报道一切可疑活动，引起各种猜测，以至谣言四起，从而产生对企业极为不利的舆论作用。

（3）一视同仁，平等相待

传播媒介各自的任务和归属不同，层次不同，影响力大小也就不同。不论是对待报道成绩的媒介还是对报道失误的媒介，都应一视同仁，热情接待，在信息的提供上不能厚此薄彼。

2）处理与媒介关系的方法

处理与媒介关系的方法包括：善于发现组织内部具有新闻价值的事件，主动向新闻媒体提供新闻素材；满足记者的社会心理；主动邀请记者参加本组织的活动；善于进行新闻策划，放大新闻效应；同新闻界保持经常性联系，增进相互之间的友谊。

[案例]

"1+1 阳光行——苏宁社工志愿者行动"号召苏宁电器所有70 000 名员工，从行动启动之日起，自愿承担起社工的职责，每年用至少一天的时间进行社会志愿服务，同时每年捐出至少一天的工资进行社会公益援助。2007 年 2 月 4 日，在《春暖2007——我有一个梦想》公益晚会上，苏宁电器集团公司以 128 万拍得熊倪的奥运跳水金牌，44 万拍得李玲蔚的羽毛球团体金牌，善款用于资助北京一家打工子弟学校。为呼应 2006 年 3 · 15“消费与环境”的主题,3 月伊始,苏宁启动第一项大型社工志愿者行动——“全国百城千街清洁月”活动。同年 12 月 10 日,苏宁电器启动了“苏宁阳光情暖中国”大型公益慈善活动。另外,作为苏宁“1 +1 阳光行之牵手行动”的延续,全国 500 多家苏宁电器门店内都摆放了“牵手行动”公益募捐箱。通过此募捐箱所筹集的资金,将划归入“牵手基金”,用于帮助失学的农民工子女重返校园并改善其教学条件。

[案例评述]

苏宁电器通过借助媒体,放大新闻,来让更多的顾客、买家认识苏宁,了解苏宁。同时提高了苏宁的知名度,为以后的销售打下坚实的基础,苏宁电器还举办了“苏宁阳光情暖中国”大型公益慈善等一系列活动,通过媒体的宣传,近一步提高了它在群众心目中的良好形象,使其知名度和人气得到提升。可以说苏宁与媒介保持了良好的合作关系是它取得成功的重要部分。

4.2.6　社区关系

社区是企业扎根的土壤,没有良好的社区关系,企业就会失去立足之地。社区公众(又称区域关系、地方关系、睦邻关系)指组织所在地的区域关系对象,包括当地的管理部门、地方团体组织、左邻右舍的居民百姓。能否和社区公众建立良好的关系,关系到组织和组织员工能否拥有一个安静、和谐的生产、生活环境。

1)社区关系的重要性

(1)社区关系直接影响到组织的生存环境

社区为企业提供必要的后勤服务,为企业提供所需的人力,社区公众是企业组织的产品或服务的最近的接纳者、消费者,良好的社区关系,可以使企业组织的产品或服务在社区中畅销。

(2)社区关系直接影响着组织的公众形象

社区公众对组织的评价和看法极易传播,形成区域性的影响。这种形象一旦为媒体关注和报道,将会在更大范围内传播,形成更大的影响。组织发展良好的社区关系,就要提高自身在社区中的地位,树立一个“合格公民”的形象,主动承担必要的社会责任和义务。

2)处理社区关系的方法

树立社区居民意识,维护和改善社区环境,服务社区居民,帮助和维持社区秩序,支持社区公众活动,为社区的公益事业提供支持和赞助,加强社区的感情交流,增进相互了解,树立良好的形象来赢得社区公众的承认和支持。

[案例]

九巴公司由1933年服务至今,车队由开创期的106部单层巴士行驶5条路线,发展至现时4 400部巴士每天行驶逾400条路线,接载逾300万人次往返香港、九龙及新界各区。

作为一间负责任的公共机构,九巴坚持不断改善服务,并为社区市民广开言路,包括设立顾客服务热线、顾客服务中心、流动服务中心、乘客联络小组,或透过各政府部门、立法会、区议会、地方团体及机构以会议、电话或书信形式等,收集广大社区市民对九巴服务的意见,务求令九巴在不同地区的巴士服务更臻完善。

为提高服务质量及让乘客能安坐车中,欣赏不同的资讯和趣味性节目,令旅程增值,九巴自2000年12月起推出"路讯通"流动多媒体服务,现时在2 400部空调双层巴士内安装了液晶显示屏,不停播放多元化节目,包括有关慈善团体、社会服务、旅游、潮流、体育、教育、科技、公民教育、趣味娱乐、新闻及财经等不同资讯,是全港首间引进此项崭新广播服务的公共巴士公司。

由于有更多社区市民可透过大众媒介了解九巴的服务及访问节目内所推介的景点,能吸引更多乘客选搭九巴。

4.2.7 竞争对手关系

竞争对手是指同企业共同分割市场份额的经济组织。竞争关系对象,指工商企业与自己的竞争对手之间的关系。竞争是市场经济中企业发展的动力,企业间的竞争是客观存在的。

1)竞争对手关系的意义

竞争者之间需要在公平的机会和条件下进行良性的竞争。竞争者之间,企业需要形成经营特色,摆脱价格大战的困境,积极预防和应对竞争者的攻击。同时,要注重维护行业利益,遵守行业约定,尽可能避免采取相互挑衅或不正当竞争的经营策略,扰乱市场规则。并且可以选择能产生优势互补效益的竞争对手进行技术、资金、人才等资源的交流与合作,共同挖掘市场潜力,获取新的发展商机。

[案例]

耐克与阿迪达斯从20世纪70年代至今在世界范围内的营销竞争正体现了仿效和营销模式化的双刃剑效应。20世纪70年代的耐克对于阿迪达斯而言只是一个小角色。耐克的成功缘自它模仿阿迪达斯品牌经营和跨领域产品链的营销模式,与此同时,耐克也同样关注于新技术的开发和运用。并且在此基础上更进一步,以代工和特许订货的方式压缩生产成本,以品牌营销和公关推广为核心开拓市场；以技术概念和不断的新品作为引导市场的重要营销工具，每年设计的产品款式令人目不暇接，然而耐克却从来不自己生产一双运动鞋，一件运动服装，形成了“概念＋工厂”的生产模式和“明星＋运动”的营销模式。凭借着出色的市场观察力和应变能力，耐克在20世纪的80年代全面地超越了阿迪达斯，成为世界上最大的体育用品供应商。

然而，仿效和创新成为模式之后就成为被仿效的对象，这也是时间在营销中的催化剂作用的体现。阿迪达斯经过20世纪80年代到90年代的调整，也开始在品牌营销和管理方面模仿耐克的成功经验，在东欧、中国及其他劳动力成本低廉的国家设立代工工厂，集中精力于技术与概念结合的营销战。虽然耐克在体育用品领域的霸主地位仍较为稳固，然而从阿迪达斯最近几年在主要市场上的表现来看，他们正在用这种模式走出低谷。此外，诸如彪马、锐步、NB等运动品牌同样正在走与耐克及阿迪达斯相似的道路。

[**案例评述**]

现代社会，由于部分企业对市场机制缺乏认识，只顾眼前利益，导致失去了长远的发展方向，通过不当竞争，伤敌一千，自损八百，不但扰乱了市场规则，而且给自己和他人造成了重大的损失。作为警戒，我们要通过正当竞争，相互督促，选择能产生优势互补效益的竞争对手进行技术、资金、人才等资源的交流与合作，共同挖掘市场潜力，获取新的发展商机，实现共赢。

2）竞争对手关系的处理

(1)坚持公平竞争的原则

公平竞争的原则，是指优胜劣汰、互相促进、密切合作、共同发展。这是企业之间展开竞争必须遵守的原则，也是确保正常的竞争环境和社会秩序的基础。激发企业斗志和潜在的能力，互相学习，使竞争产生相互助长的效果，使双方都得到发展。

(2)竞争手段光明正大

竞争应是质量、技术、效益上的比赛，要讲道德，要寻找对手的长处，弥补自身的不足。任何形式的诋毁谩骂、拆台破坏，只能毁坏自己的声誉。以优取胜，有利于企业良好形象的树立，有利于促进社会经济发展，有利于保障顾客的权益。

(3)相互学习、相互支持与协作交流

从竞争走向“竞合”（既竞争又合作）是竞争者关系的重大变化，它要求企业与其竞争对手之间相互学习、相互支持、协作交流以共同受益。既竞争又利于协调发展，将对手关系变为伙伴关系。在竞争的过程中，同业公众之间真诚合作、共谋发展，能成倍地提高双方的效益，这才是企业处理竞争对手关系的明智之举。

(4)妥善处理竞争纠纷

竞争中发生纠纷,首先要冷静分析,然后采取相应对策,要尽可能使矛盾缓和,最后达到平息,彻底解决纠纷。公共关系部门应协助领导,与公众充分交流意见,争取公众的理解与谅解。

4.2.8 国际公共关系

国际公众是指一个组织的产品、人员及其活动进入国际范围,对别国的公众产生影响(并需要了解和适应对象国的公众)时,该组织所面对的不同国家、地区的公众对象,包括对象国的政府、媒介、消费者等。由于国际公众是一种跨文化传播与沟通的对象,涉及与公关主体所在国不同的语言、文字、历史、风俗、社会制度和公众心理。任何跨国组织的公共关系,都具有这种跨文化的特征。

由于国际公共关系是一种跨文化传播,在信息的传播和对外交往方面,不仅要会使用外语,还要了解对象国的历史文化、风俗习惯、公众心理,以及了解国际商法和对外交往的国际惯例,使传播的信息尽量符合对象国际公众的习惯。我国实行对外开放政策,企业发展外向型经济,参与国际经济大循环,急需发展国际公共关系。发展良好的国际公共关系是为了争取国际公众和国际舆论的了解、理解和支持,为本组织及其政策、活动、产品和人员塑造良好的国际形象和国际环境。

国际公共关系的工作的主要内容有:涉外经营开始前后,通过各种渠道和传播手段介绍本组织的经营方针、业务范围、技术力量、产品质量以及服务情况等;企业开发新产品时,抓紧时机进行公关活动;对所在国政治、经济、市场、社会舆论和公众兴趣的变化等进行监测;组织有意义的国际公共关系活动等。

本章小结

本章从公共关系的基本要素出发,即其主体和客体(对象),以公共关系的各类行动主体和对象来阐述公共关系。

企业公共关系是现代公共关系学研究的重要内容,是公共关系实务运用最广泛的领域,它的目的是提高企业的知名度、树立产品形象、帮助企业在竞争中获胜、公共关系的社会化、团结职工及股东等,其特征在于赢利性、对象多样性、主动性、公众性、互惠性,职能为收集信息、咨询建议、沟通协调及引导职能。商业服务业的公共关系具备企业公共关系所具有的一般特征,同时又显示出一些独有的特质如服务性、公众社区性、直接性、集中美誉性。金融业公共关系特殊性主要表现在行为主体集中为金融机构、公关对象广泛,其表现出明显的区域性、沟通方式的直接性,以上特征自然也导致了其在实际工作的不同侧重,主要表现在信用的严守、加强社区管理、注重信息的沟通。政府公关关系特征主要表现在主体、客体、传播、目标和效益 5 个方面，其工作的侧重点是完善沟通机制，疏通沟通渠道，坚持言行一致，加强廉政建设。事业组织、社会团体公共关系的特征主要表现在非营利性、道德性，公关活动更多的是以实际的行为来传播信息，其工作特点包括内部管理的重要性、信息来源的广泛性、精神产物的高质量性。社会公众人物公共关系传播的途径更多靠自身的影响。

对象公共关系包括内部公共关系和外部公共关系两方面，具体来说包含以下几方面：员工关系、股东关系、消费者关系、政府关系、新闻媒介关系、社区关系、竞争对手关系、国际公共关系。

员工关系目标有造就员工良好的组织信念、创造和维护良好的工作环境，主要途径有了解员工对组织的期望和要求、建立有效的沟通机制、组织员工活动、建立合理化建议制度、开展员工教育和培训。股东关系处理的意义在于股东是现代市场经济中组织重要的资金来源，股东能成为组织重要的信息来源和组织形象、产品和服务的宣传员。处理股东关系的主要途径有尊重股东的特权意识、加强与股东的信息交流、股东利益高于一切，保证股东应有的经济权益。消费者关系：良好的消费者关系是组织生存与发展的基础、良好的消费者关系是组织树立优质形象的前提。处理消费者关系的主要途径有树立和强化顾客第一的观念、为消费者提供优质的产品和服务、加强与消费者的沟通与交流、妥善及时处理与消费者的矛盾。政府关系处理的意义：政府公众的认可和支持具有高度的权威性和影响力、良好的政府关系能够为组织赢得良好的政策支持，处理原则有恪守政府关系原则、重视与政府的信息沟通、替政府着想、为政府排忧解难。媒介关系处理的原则有友好热情、以礼相待、实事求是、真诚相待、一视同仁、平等相待。社区关系直接影响到组织的生存环境、组织的公众形象。竞争对手关系处理原则有坚持公平竞争的原则、竞争手段光明正大，相互学习，相互支持与协作交流，妥善处理竞争纠纷。

自测题

1. 什么是企业公共关系？它的目的有哪些？
2. 商业服务业公共关系有哪些特征？
3. 怎样处理员工关系？
4. 处理消费者关系有哪些意义？具体方法有哪些？
5. 应如何处理竞争对手关系？
6. 处理媒介关系应坚持哪些原则？

第5章 公共关系四步工作法

[本章导读]

公共关系工作是按照一定顺序、有步骤地开展的一项系统性活动。因此公共关系活动要想取得预期效果,必须掌握其活动的一般规律及其基本的运作程序。公共关系并非是零散与杂乱的活动,也不是任意进行即可奏效的方法。它是一项系统性和极富创造性的工作;为了保证公共关系活动顺利地开展,制订一个尽可能完整的整体方案,并设计出一定的程序使公共关系活动得以科学、高效地运行是必要的。不仅日常的公共关系活动需要如此,重大的公共关系活动亦应如此。它包括公关调查、公关策划、公关实施和公关评估 4 个部分,简称"四步工作法"。1952年,被后人誉为美国"公关圣经"的《有效公共关系》一书出版发行。在这本著作中,斯科特·卡特李普提出了两大理论观点:一是公共关系的"双向平衡"理论;二是公共关系的"四步工作法"。"双向平衡"理论说明组织与公众之间关系的状态,"四步工作法"说明公共关系运作的程序。《有效公共关系》的问世,引导公共关系工作进入到了一个系统化、完善化的阶段,展示出了公共关系新时代的到来。

"四步工作法"是一个工作的基本程序链,它在公共关系学中,主要是阐述这门学科的具体展开和运用。公共关系学是一门极具操作性的科学,如果与实际的运用脱离,公共关系学就失去了存在的价值。公共关系又是一门大众科学,它的发展和完善,不在经院式的象牙塔中,而在火热的现实运作中,每个人都可以触及公共关系学的内部,每一个无意中利用它的人,都会对这门学科有所贡献。

由此可见,公共关系的"四步工作法"在公关学中,属于主干的地位,撇去了"四步工作法",公共关系学可以说就失去了精华。因此要掌握公共关系,就必须学会"四步工作法"。

[案例导入]

世博会是世界各国人民相聚和交流的盛会,是人类文明集中展示的平台。2010 年上海世博会,是注册类世界博览会首次落户发展中国家,也是首届以"城市”为主题的世界博览会。世博会虽然在上海举行,但它代表的不仅仅是一座城市,而是整个国家。办好这次世博会,需要全社会的大力支持和积极参与。从2002年申博成功开始,上海世博会组委会为宣传此次世博会进行了一系列的宣传活动。你认为为了办好此次世博会,上海该怎么进行公关活动呢?

5.1　公关调查

5.1.1　公关调查的含义与特点

1)公共关系调查的含义

要想成功地开展公共关系工作,并且取得预期的最佳效果,调查是极为重要的基础和前提。调查是一种获取必要信息的方式,是公共关系四步工作法——调查、策划、实施、评估中的第一个阶段。在进行任何的公共关系项目操作之前,都必须通过各种调查方法去采集有关资料、数据和翔实依据,这对于做好公共关系工作是非常重要的。

公共关系调查是指公共关系人员运用科学的、定量分析与定性分析相结合的方法,有目的、按计划、分步骤地去考察组织的公共关系历史和现状,分析组织的公共关系相关因素及其相互关系,预测组织公共关系发展趋势,解决组织公共关系问题的一种实践活动。成功的企业一般都十分重视公关调查。如美国《幸福》杂志排名前十位的大企业中,大约有一半都利用公关调查来为其形象建设服务。许多国际著名的公关公司也纷纷加强自己的调查能力。

公共关系调查是公共关系实务活动的基本内容之一,是公共关系工作程序中的重要环节之一,也是公共关系人员必须熟练掌握的专业技能之一。

2)公共关系调查的特点

和一般的调查相比,公关调查主要有以下几个方面的特点:

(1)调查的范围广

公共关系调查是对社会组织所发生关系的主要对象——公众展开的了解和认识,因此调查的面广、人多。一个社会组织无论是政府、企业还是事业单位或宗教团体,只要是有目标地针对公众开展传播工作,来达到营造更好生存环境的目的,我们就称之为社会组织的公共关系调查。社会组织、传播、公众常被称为公关三要素。对一个社会组织来讲,它所面对的公众往往不是一个人、一个机构,而是一群人、一些相关机构。如国家政府面对的是各个阶层、各个民族的国民,复杂多变的国际社会;一个企业既要面对各种消费者,也要面对主管上级、工商、物价、市容、环保等机构。由此可见,公关调查的范围特别广。

(2)调查的目的性强

任何调查都有自己的目的。只有在目标的指引下进行的调查才是有意义的。而公关调查的开展是社会组织进行的一项基础性工作。根据组织不同时期的工作重点,调查的内容和具体对象都会改变,因此组织所进行的调查工作必须有针对性地开展,既有长期计划又有短期安排。要通过调查获得重要的信息数据为决策服务,并要通过调查在公众中传递组织信息,表达组织对某些问题的关注。因此,公关调查要经过仔细安排,精心操作,才能达到既定的目的。

(3)极其重视公众性

公关调查不同于一般的调查,它有明确的目的指向——公关。因此任何社会组织要开展公关调查,首先要确定调查的对象,如公众的特定群体、数量、范围、层次等均要予以明确。整个公关调查是在严格的控制下进行的。这一控制行为主要体现在公众上。对于非公众或潜在公众,社会组织可以不予考虑,只有这样,组织的调查才有意义,调查的结果才会对组织的决策有所帮助。任何一个特定的组织,都会有特定的公众,组织对特定公众把握得越准,公关调查就越能帮助解决问题,这是每一个开展公关调查的社会组织首先要明确的问题。

[案例]

1975年,有几个美国环保主义者到日本去谈论汽车废气问题时,就受到了日产、丰田这些大汽车公司的冷落。但是,直到1963年才开始生产第一批汽车的本田公司,其总裁却独具慧眼,他从这些人的活动中发现了有用的信息。为此,该公司派人把这批人请到公司,热情款待,奉为上宾,并请他们给设计人员讲解环保主义者的要求以及美国国会1970年通过的净化空气法案的内容。在这一基础上,本田公司开始了新型汽车的设计,确定设计目标要突出"减少排废"和"节省汽油"这样两个优势。在本田的新产品——主汽缸旁有一辅助汽缸的"复合可控旋涡式燃烧"汽车面世一个月后,就遇上了第一次石油危机。本田汽车凭借排废少、省汽油的优势一举打进美国市场。

[案例评述]

今天,信息、物质和能源已经被喻为现代经济和社会发展的基本要素。本田公司的成功其中重要的一点就是注重信息的多维性和全面性。公共关系基本原理告诉我们:社会公众是多维的、有机的,即企业的公众不仅是与企业发生直接的业务往来的团体和个人,而且包括与企业并行的竞争者、与企业进行经营活动居于同一空间的社区公众,超然于企业之外或之上的政府部门以及进行整个社会的传播活动的大众媒体机构——新闻单位等。社会公众相互作用、相互制约、共同构成企业的经营环境。因此，社会公众对企业的影响，不仅是直接的影响，而且是通过作用于其他社会公众进而作用于企业的间接影响。所以，公共关系的信息采集是多维的和全面的。本田公司设计生产"减少排废""节省汽油"的新型汽车的决策，就是在综合本田汽车消费者信息、立法信息以及能源信息等 3 方面信息而作出的。

3）公共关系调查的原则

（1）客观性原则

公共关系调查是为了准确地了解公众对组织形象的评价。坚持调查的客观性是调查人员所应遵循的最重要的原则。调查人员在调查过程中，应从实际出发，区别公众的客观态度和主观臆想。

［案例］

红罐王老吉在消费者心中形象调查。为了了解消费者的认知，加多宝聘请市场调查公司对王老吉现有用户进行调查分析。从而理清红罐王老吉在消费者心中的位置。在研究中发现，广东的消费者饮用红罐王老吉主要在烧烤、登山等场合。其原因不外乎"吃烧烤容易上火，喝一罐先预防一下""可能会上火，但这时候没有必要吃牛黄解毒片"。而在浙南，饮用场合主要集中在"外出就餐、聚会、家庭"。在对当地饮食文化的了解过程中，研究人员发现：该地区消费者对于"上火"的担忧比广东有过之而无不及，如消费者座谈会桌上的话梅蜜饯、可口可乐都被说成了"会上火"的危险品而无人问津。而他们对红罐王老吉的评价是"健康，小孩老人都能喝，不会引起上火"。

（2）全面性原则

公共关系调查还要求调查要全面，必须注意各方面公众的意见。调查对象必须有代表性，调查所得到的资料必须全面，既要有调查对象的正面意见，也要有调查对象的反面意见；并且要注意多方公众的意见，不能以偏概全。

［案例］

首都机场神秘旅客调查项目。北京首都国际机场股份有限公司商业管理部为打造国际一流机场的商业服务形象，全面提高机场非航业务的窗口服务满意度，确保首都机场各商业网点和服务设施向旅客提供优质产品和专业化服务，商业管理部委托友邦顾问对其所辖的商业网点与服务设施实施"神秘旅客"实地访问（MPR）工作。此委托项目分为两个阶段。第一阶段，友邦顾问通过大量桌面研究和案例讨论，咨询相关行业专家，参考国内外优秀机场的现行服务规范体系，结合首都国际机场非航空性业务的特点和特殊性，为商业管理部所辖的餐饮、零售、休闲、便利和广告5个行业精心制订了5套独立的服务管理规范。第二阶段则是"神秘旅客"调查。友邦顾问根据首都机场旅客构成筛选聘用神秘旅客,采用实地访问方法,在不同的时间段由不同的神秘旅客针对各个服务网点测评3次,每月测评1轮。测评内容包括店面环境、员工形象、服务质量、服务监督、收银服务和安全保障管理等。借助调查数据的统计分析,以及"神秘旅客"的切身感受,友邦顾问从独立第三方角度,全面客观地描述当前首都机场非航空性业务存在的某些服务缺陷,同时点评其内在原因,并提出相应工作建议。

(3)时效性原则

公共关系调查是要了解调查对象在某一确定时间内对组织形象的评价,调查的结果具有很强的时效性。人们的观点和想法不断在变,不能以人们过往的情况衡量此时的态度。对于组织来说,调查所得到的信息的价值,与提供信息的时间成正比。要注意提高信息传递的时效性,便于组织及时果断采取应对措施。

[**案例**]

海尔"保温冷柜"市场的开发。1997年,广州百佳超市的门前,放着一台海尔展示柜和一台微波炉。百佳超市的营业员,从展示柜中取出冷藏的肉串,放在微波炉里烤熟,然后放在外面出售。不过有的时候烤得多了点,或者顾客买得少了点,熟肉串放在外面的时间一长就凉了。营业员就想,要是作冷藏用的展示柜,同时也能够保温,那该有多好。在海尔冷冻设备有限公司的人回访时,营业员把这个想法不经意地说了出来,这立即引起了回访人员的注意,并给海尔人启发:消费者需要能够制热保温的冷藏柜。这就是市场!他们加紧研制。仅仅用一个月的时间,一种新产品——"双温"展示柜便诞生了:它的上面两层可以加热,并能把温度保持在30~50 ℃;下面两层可以冷藏,温度可以控制在0~10 ℃。这种新型展示柜,运到广州等地后,一夜之间便销售一空。

5.1.2 公关调查的内容

公共关系调查内容取决于公共关系的调查目的,它既可能是日常公共关系工作调查也可能是专项公关活动的调查。一般的公共关系调查包括:组织形象调查、社会环境调查、公共关系活动效果的调查等。

1)组织自身的情况

公关调查研究应首先从组织自身情况方面开始。因为一个组织在公众中的地位首先取决于该组织内部公关的状况及与此相关的各种条件,因此对组织自身情况的了解是调查研究工作的一项主要内容。

首先,组织形象的调查需要了解组织的形象目标,可以从以下 3 个方面切入。第一,了解组织决策层对形象目标的期望。组织的决策者和领导者往往从企业发展战略的高度来确定组织的形象目标,公共关系工作的调查研究必须详尽研究决策者和领导者对组织形象目标的思考,并以此作为设计组织形象的重要依据。第二,调查组织内员工的态度。一个组织的目标和政策应得到员工的认同和支持,才有可能实现。通过调查了解员工对组织形象的看法,接收他们合理的建议,更有利于组织形象的建设。第三,分析组织形象的现状和基本条件。组织对自我形象的设计不能脱离组织自身条件,为此应该全面、完整地掌握组织的各方面的情况,比如,企业文化、发展理念、人才培养、财务状况等。

其次,要做好组织形象的实际形象调查,即社会公众对组织的实际评价。包括公众分析与组织形象的测量分析两方面。

公众分析是由于组织所面临的公众是不断变化的,为了找到正确的调查对象,获取相应的信息,必须对本组织的公众范围、类别、目标公众等进行调查分析。如果调查对象不能够准确地确认,将直接影响调查结果。

组织形象地位测量分析是以组织的知名度、美誉度、信誉度 3 个指标来反映及衡量该组织公共关系形象的分析方法。知名度表示公众对社会组织的知晓程度;美誉度表示社会公众对组织的赞誉程度;信誉度表示公众对社会组织的信任程度。这 3 个指标可以综合反映社会公众对组织的总体态度和评价。因此在组织形象分析中,根据 3 个指标所制作出“组织形象地位分析图”可以确定组织的形象地位,找出存在的问题(见图 5.1)。

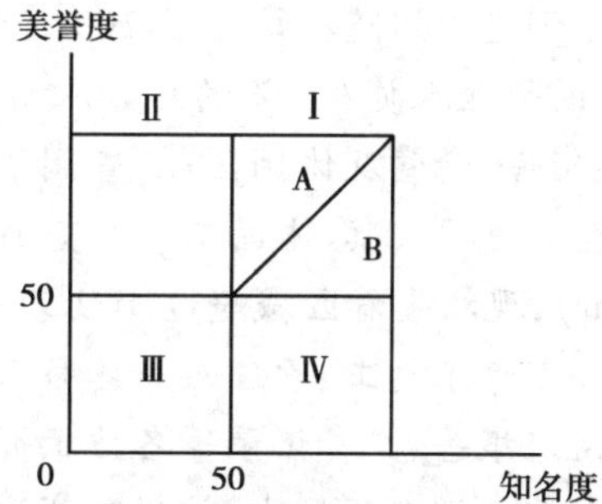

图 5.1　组织形象地位分析图

区域Ⅰ表示高知名度,高信誉度(或高美誉度)。说明组织的公共关系状态极佳,应当保持和发扬,是组织形象的最佳状态。其中,对角线以上,美誉度增长速度高于知名度增长速度,如 A 点。对角线以下,美誉度的增长速度慢于知名度的增长速度,如 B 点。

区域Ⅱ表示低知名度,高信誉度(或高美誉度)。说明组织公共关系状态一般,组织已经有高信誉度(或高美誉度);说明组织的公共关系基础较好,属于稳定状态。但低知名度使组织形象的影响力较小,因此组织应当把公共关系的工作重点放在提高知名度上。

区域Ⅲ表示低知名度,低信誉度(或低美誉度)。说明组织的公共关系状态不佳,组织首先应当改善自身的信誉度(或美誉度),在此基础上,尽力提高知名度。

区域Ⅳ表示高知名度,低信誉度(或低美誉度)说明组织的公共关系状态极为不佳,该组织已处在臭名远扬的恶劣境地,组织将面临生存危机,因此该组织要洗心革面,寻求新的发展机遇。其次,组织内部人际关系的状况。通过调查分析员工对组织是否有荣誉感、责任感、归属感,员工对组织现状的评价和对组织形象的希望,对组织的经营管理有什么建议和希望,组织能否满足员工的各种合理要求,内部矛盾和冲突能否得到妥善处理,组织内部人员关系是否和谐、融洽等。

[**案例**]

A:2006年8月17日,苹果公司网站刊登了关于富士康工厂劳工调查报告的全文:与许多人士一样,我们非常关注几周前有关iPod中国装配厂工作条件恶劣的指控。我们的供应商行为准则《Supplier Code of Conduct》要求所有苹果产品供应商遵守其中条款,以期达到保护人权及环境、保障工人健康及安全的目的。作为回应,我们很快派出一个由人力资源部、法律及运营部门组成的调查小组,亲赴富士康龙华厂展开调查,范围涉及劳动标准、工作及生活环境、薪酬、加班及劳工待遇等。调查小组随机访问了100多名工人,其中包括83%的一线工人、9%的工长、5%的管理人员及3%的后勤人员(包括保安及门卫)。调查小组还现场调查了厂房、宿舍、食堂及休闲区等,查阅了数千份文件,包括个人档案、工资条、打卡记录及安全日志等。总体而言,调查小组的工作时间超过1 200个人力小时(person-hour),现场查看区域超过100万平方英尺。为了保证调查结果的准确性,调查组综合参考了员工、管理层等各种来源的信息。例如,工作时间及加班数据综合参考了值班报告、工资记录等各方面信息,以证实工人获得了适当报酬。调查组认为,在大部分调查项目中,该供应商遵守了苹果规定,但调查组的确发现了其违反《行为法则》的行为及需要改善之处,调查组正与该供应商着手解决。

B:北京长城饭店是1979年6月由国务院批准的全国第三家中外合资合营企业。长城饭店之所以能在激烈的竞争中立于不败之地,成为京城饭店的佼佼者,除了出色的推销工作与优质的服务外,饭店管理者认为公共关系工作在塑造饭店形象上发挥了重要的作用。长城饭店的大量公关工作,尤其是围绕为客人服务的日常公关工作,源于它周密系统的调查研究。饭店每天将问卷调查表放在客房内,表中的项目包括客人对饭店的总体评价,对十几个类别的服务质量评价,对服务员服务态度评价,以及是否加入喜来登俱乐部和客人的游历情况等。接待投诉的几位客户经理24小时轮班在大厅内接待客人反映情况,随时随地帮助客人处理困难、受理投诉、解答各种问题。顾客态度调查每天向客人发送喜来登集团在全球统一使用的调查问卷,每日收回,月底集中寄到喜来登集团总部,进行全球性综合分析,并在全球范围内进行季度评比。根据量化分析,对全球最好的喜来登饭店和进步最快的饭店给予奖励。

2）组织外部的环境

任何一个组织都不可能脱离社会而孤立存在。因此，开展公关工作时，必须对组织的外部环境进行周密的调查研究，才能为组织目标的实现做好充分的准备。组织的外部环境主要包括以下几个方面的内容：

（1）社会环境的调查

任何一个组织都将面临着影响组织生存和发展的社会环境。所谓公共关系中的社会环境是指与组织有关的各类公众和各种社会条件的总和。公共关系环境可以分为具体环境和抽象环境。具体环境是指与组织有关的各类公众。抽象环境是指能够影响组织的各种社会条件和社会发展趋势。由于社会环境对组织的生存与发展影响很大，所以必须对公共关系环境进行调查，协调组织与社会环境的关系，使组织适应社会环境的变化，从而获得发展。对社会环境的调查，主要调查分析与本组织有关的政治、经济、技术、社会、文化等方面的发展变化，与本组织有关的政府机构、法律部门的方针政策，以及政策、法律的制定等。

［案例］

我国的永久、飞鸽自行车都是国内外久负盛名的优质产品，但在卢旺达却十分滞销。因为卢旺达是一个山地国家，骑自行车的人经常要扛车步行，而永久、飞鸽车车架和重量较大，令当地人感到十分不便。日本人瞅准这一空子，在作了详细的市场调查后，专门生产一种用铝合金材料作车身的轻型山地车，十分畅销。我国的企业由于只知己不知彼，错过了一个很好的占领市场的机会。

（2）组织所面对的公众

这是一项既是确定公众也是确定调查对象的工作，只有正确地确定公众，公关工作才能有的放矢，才可能加快调查进度，降低调查成本，提高调查的效果。公众调查一般要获取以下 4 个方面的资料：①背景资料：是指被调查者的姓名、性别、年龄、民族、职业、文化程度、经济情况、家庭情况等；②知晓资料：是指被调查者对组织的宗旨、政策、发展趋势、重大工作等方面情况的了解程度；③态度资料：是指被调查者对所关心的问题的意见，对组织的评价等；④行为资料：指被调查者对组织某个问题已经或将要采取的行动，如对质量问题向有关方面投诉等。掌握上述 4 类资料可以较全面地了解公众，有利于组织采取相应的对策。

［案例］

日照启动“群众满意度”电话访问调查。为广泛听取群众意见，更好地综合评价当地党委、政府政绩，改进工作，经市委、市政府研究决定，于12月11日启动2010年度各区县目标管理绩效考核群众满意度电话访问工作，15日结束。这是日照市第二年开展群众满意度电话访问工作。日照市于2009年底成立市社情民意调查中心，开通12340社情民意调查热线，截至2010年12月，已开展了6次群众满意度电话调查，为党委政府倾听群众呼声，了解民情民意，发挥了积极作用，有近3万名受访市民接受了电话访问，实事求是地评价了所在区市党委、政府的工作。

3）组织的社会形象

[案例]

一般的汽车公司厂家维修中心都是顾客把汽车开到汽车维修中心进行维修，而丰田汽车维修中心接到电话后，会派人开辆好车到用户家中，开走需要维修的汽车，留下一辆好车供顾客日常使用。汽车修好后，维修中心会在汽车中加满汽油再开回用户家中，开走上次留下的汽车。这种处处为用户着想的服务思想，为丰田汽车公司树立了良好的组织形象。这种深入用户心目中的组织形象使丰田汽车公司的无形资产倍增。日本丰田汽车公司就是依靠其组织形象的不断完善来维系、保护它的无形资产。

组织的社会形象指公众对组织总的整体评价。组织内部的员工对本组织形象的估价和期望水平是单方面的，容易产生片面性，因此还必须了解公众的意见和愿望，这样才能真实、客观、全面地反映组织的面貌。

组织的社会形象包括组织的知名度和美誉度。①知名度。它指的是一个组织被公众所了解的程度，社会影响的广度和深度，是评价名气大小的客观尺度。②美誉度。它指的是一个组织获得公众的信任、赞美的程度，是评价好坏程度的指标。

知名度主要用“大、小”来衡量组织形象的“量”，不涉及舆论的“质”的评断。美誉度则用“好、坏”来衡量组织形象的“质”，不可与其“量”混为一谈。知名度与美誉度是从量与质两个方面来衡量组织形象的，两者并不一定同步发展。

良好的组织形象将大的知名度和好的美誉度一同作为其追求的目标，但需要根据具体的公关状态对这两项指标加以控制调节。一方面应明确目标；另一方面要了解实际的形象所处状态，从而分析其形象差距，修正和确定公共关系的方向与重点。

4）公共关系活动效果调查

公共关系活动的效果调查是对公共关系人员的一种反馈。调查组织知名度和美誉度变化情况，了解组织设计形象和实际形象的差距。不仅可以在新闻媒介搜集涉及对本组织各方面报道的情况，或者对开展公共关系活动的报道，报道版面位置篇幅大小，新闻媒介的层次及本组织向媒体提供有关活动情况等。还可以通过直接和间接方法，了解公众对本次公关活动的评价等信息。如通过召开座谈会、问卷调查与查看公众来信等渠道，分析出社会对本次公共关系活动评价的好坏，从中得出宝贵经验。

[**案例**]

1990 年 6 月底至 7 月初的 10 多天时间内，重庆的报端频频出现对重庆市邮政服务的用户投诉，重庆市邮政局面临严峻的“形象危机”。7 月中旬，该局召开了新闻记者招待会，该局局长对新闻单位为企业反馈了社会用邮信息表示感谢，同时向记者们介绍了邮局的通信能力落后于社会用邮需求的现状，呼吁新闻界给予理解和支持。会后，多家报纸分别刊登文章，介绍邮局的通信能力，呼唤用户理解。10 月中旬，邮局又推出了“公开有奖征询用户意见”活动。“将心比心，寓情于邮”，“平安劳远报，消息喜常迎”，这一句句心里话，表达了用户对邮政的支持。12 月 6 日，有奖征询用户意见获奖名单在《重庆晚报》公开与公众见面，很快，收到奖品的用户给邮局寄回了感谢信。重庆市邮政局恢复了应有的形象，同时也正在塑造一个良好的崭新形象。

5.1.3　公关调查的方法

公共关系调查不同于其他的舆论调查和市场调查。它的调查范围限于与某一企业或组织直接有关的各类公众和有联系的新闻传播媒介，重视从公共关系角度寻求建立美誉，协调企业经济效益与社会效益的各种观点、意见和反映，并作出较准确的评价。

公共关系调查的方法是多种多样的，按公共关系调查人员是否与公众直接接触，可分为直接调查法和间接调查法。直接调查法是指公共关系人员与公众面对面地沟通，直接了解情况、掌握信息。其中具体方法包括个人接触法、深度访问法和公众座谈会 3 种。间接调查法是指公共关系人员不直接和公众接触，而是通过某些中间环节达到调查目的。其主要方法有媒介研究、民意测验和抽样调查法。

1) 问卷调查法

问卷调查法是指运用统一设计的问卷通过现场发放或邮寄等方式向被调查者了解情况或征询意见的做法。有时候也可利用问卷通过访谈方式来求得结果、问卷法也被称为民意测验法。它的发源地是美国，现在仍在被广泛地使用。实际上这是一种对舆论的分析和研究。这里的民意简言之就是社会公众的意见。民意可以推动公共关系工作目标的实现;进而帮助组织树立良好的形象。

2)访谈调查法

它是调查人员通过与调查对象进行交谈,收集有用信息和资料的一种调查方法。访谈通常是在面对面的场合下进行的。由调查人员接触调查对象,就要调查的问题向调查对象提问,要求调查对象对提出的问题作出回答,并由访谈员将回答内容、交谈时观察到的动作行为及印象详细记录下来,然后回去作分析研究的方法。实质上,访谈是一种人际互动过程。

3)观察调查法

它是指调查者进入调查现场用自己的感官及辅助工具观察和记录被调查对象的表现,从而获得第一手资料的调查方法。观察法收集到的资料更直接,更真实,更生动具体,所以往往成为公共关系调查中常用的一种方法。如作为商场销售者,了解其他消费者对本企业产品、服务和企业的评价,汽车厂家的公关人员在道路上观察记录公众汽车消费的情况等。

4)抽样调查法

抽样调查法是指从调查总体中随机抽取调查样本进行研究的方法。采用抽样调查法进行的调查具有调查周期短、调查资料准确和可靠、节省调查经费等优点。抽样必须要遵守随机性原则,也就是在抽选调查对象时,必须要保证总体中的每一个被抽选对象抽中机会均等,这也是进行统计推断的前提条件。抽取样本的技术由界定总体、收集总体内容和个数、确定样本数、抽取样本和评估样本代表性5个基本部分组成。

5)实验调查法

常用的实验调查方法主要有两种:一是事前事后对比实验,二是控制组与实验组对比实验。事前事后的对比实验是最简便的一种实验调查方法,即在同一个市场内。实验前在正常的情况下进行测量,收集必要的数据;然后进行现场的实验,经过一定的实验时间以后,再测量在试验过程中的资料数据,从而进行事前和事后的对比,通过对比观察,了解实验变数的效果。

控制组同实验组对比实验。控制组是指被实验单位,因为是与实验组作对照比较的,又称对照组;实验组是指实验单位。控制组与实验组对比实验,就是以实验单位的实验结果同非实验单位的情况进行比较而获得信息的一种实验调查方法。

6)引证分析法

所谓引证分析法,是指调查人员对各种媒介所传播的有关组织形象的信息进行调查分析的一种方法。引证分析也属于定量研究,它是对媒介所传播信息的数量、质量、时间、频率等进行数据统计。一般说来,一个组织的信息被媒介引用的次数越多,这个组织的影响就越大,知名度就越高。

7)文献调查法

一般包括新闻材料的利用及手头历年统计资料、档案资料、样本资料等的日常收集、整理,对储藏的资料进行研究。虽然样本的内容比较简单,但直观性强,有经验的技术人员就能直接从样本中获得启示。

5.1.4　公关调查的一般程序

产品定位就是在潜在消费者的心目中为自己的产品设置一个特定的位置,这个位置只为自己的产品独占而其他同类产品则不能拥有。产品定位的客观依据有:关于产品的调查研究;竞争对手的调查研究;传播媒体的调查研究;流通领域情况的调查研究。

公共关系调查是按照一定的程序进行的,大体可以分为4个步骤。

1)制订计划,做好准备

专门的调查研究需要周密的计划,包括:①确定调查的问题;②确定调查采取的手段和方法;③确定调查的范围;④确定调查动用的人员及所需经费;⑤确定调查所需的时间和分析整理的时间。

2)调查阶段

按预定的资料来源及收集资料的方法、调查对象、调查样本容量的大小进行实地调查、并填写调查表格。

3)结果处理阶段

对调查进行整理分析,得出调查的结论。一般应对以下问题作出准确且符合实际的回答:①实体与其所形成的公众之间存在什么问题;②哪方面的问题;③具体发生在什么时间;④谁涉及这个问题及谁受这个问题的影响;⑤他们是怎样涉及这个问题的,如何受这个问题的影响。在对这5个提问作出准确的符合实际的回答之后,就可以比较全面并客观地确定实体在公共关系方面所面临的问题。

4)撰写调查报告

在调查分析的基础上,写出调查报告。报告是全部调查工作过程和工作成果的总结,亦是公共关系工作过程第二步骤公共关系策划方案制订的客观依据,因而至关重要。

5.1.5 公关调查的意义

公共关系调查可以为公共关系工作的开展产生如下的作用:

1)使组织准确地了解其在公众中的形象地位

组织在公众中的形象如何对于一个组织的发展具有相当重要的作用。公关调查可以测量出组织自我期望的形象和其在公众中实际形象的差距,公共关系人员可以根据这个差距,策划有效的公共关系活动方案,从而增强公关活动的目的性。

2)为组织决策提供科学依据,有效地预测和检验决策的正确性

要保证决策的正确,调查是最好的方法,因此通过调查了解公众的要求和愿望,才能作出符合公众需要的决策。

3)使组织及时地把握公众舆论

公众舆论是自发产生的并处于不断扩大和缩小的动态中,它是公众对组织和一种浮动的表层的认识。但是当少数人的观点、态度扩展为多数人的观点、态度,分散的、彼此孤立的意见集中为彼此呼应的公众整体意见时,对组织的形象将产生很大的影响。积极的公众舆论有利于组织塑造良好的形象,消极的舆论则有损组织的形象,甚至会造成组织形象危机。因此监测公众舆论是十分重要的。

4)提高公关工作的成功率

即对现有的人力、物力、财力进行调查和研究,对主客观条件的了解保证公关资源的使用效率。

综上,我们一定要十分重视公共关系工作中的调查过程,保证公关策划的制订拥有准确和充分的信息基础。

5.2 公关策划

5.2.1 公关策划的含义与作用

古人云:“凡事预则立,不预则废”,就是说无论做什么事事前要做好充分的准备,事情才会成功,否则会导致荒废。预,在这里就是必要的策划、事前的准备。人类的活动是一种有目的的实践活动,策划的思想源远流长。

1)公关策划的含义

策划,从字面上讲,指筹划、谋划。即为达到某一目标而拿主意、出计谋、想办法、拟方案、订计划。美国哈佛企业管理丛书中写道:“策划是一种程序。在本质上是一种运用脑力的理性行为。基本上所有的策划都是关于未来的事物,也就是说,策划是针对未来要发生的事情作当前的决策。换言之,策划是找出事物因果关系,衡度未来可采取之途径,作为目前决策之依据。亦即预先决定做什么,何时做,如何做,谁来做。策划如同一座桥,它连接着我们目前之地与未来我们要经过之处。”《中国公共关系大辞典》把策划定义为:“是指人们为了达成某种特定的目标,借助一定的科学方法和艺术,为决策、计划而构思、设计、制作策划方案的过程”。“策划”的概念被爱德华·L.伯尼斯于20世纪50年代全面引入公共关系的理论和实践,并取得了相关行业人士的普遍认可。公共关系策划逐渐成为现代企业管理的必要手段之一。公共关系的宗旨是在公众心目中树立良好的、有益于企业发展的形象,其形式是提高知名度和美誉度。随着公共关系本身的发展,公共关系的思想和实践也逐渐扩展到更多的领域,从企业界扩大到政界和国际舞台。

公共关系活动是社会组织所要开展的一项重要工作。在公共关系活动开展之前,对其进行一番策划是公共关系工作中重要的、必不可少的一个环节。

公共关系策划,是指社会组织的管理人员或专业公共关系人员为处理社会组织与公众关系所作出的具有创造性的战略、策略谋划和整体的工作计划以及具体操作方案。

首先,公共关系策划是一种战略的运作。公共关系策划与其他公共关系活动的主要区别在于:它是一种对一个组织的公共关系全局发展具有指导意义的战略行为,属于组织的战略规划范畴。所以,它同组织的其他战略(如竞争战略、产品开发战略、市场战略等)一样,明显地具有以下5种基本特征。

(1)全局性

全局性是一个组织的任何一种战略策划的基本特征。公共关系策划一般涉及的是组织公共关系发展的总体布局或总体构想,它必然具有全局性的特征。

(2)长远性

虽然公共关系策划总是针对具体的公共关系目标,围绕具体的公共关系活动进行的,但它在考虑组织的具体公共关系目标和活动时,其基本出发点总是组织长远的公共关系利益。它把每一项具体的公共关系活动仅视为实现这种长远利益的手段和措施。

(3)阶段性

公共关系策划除了要明确公共关系目标外,还需要谋划和设计公共关系目标的具体程序和行动步骤。如果不考虑这个环节,公共关系策划就是不完整的。

(4)稳定性

一般说来,战略规划都具有稳定性,不可随意变动,公共关系策划也不例外。这就要求在进行公共关系策划时,必须进行深入细致的调查研究,客观准确地评估和评价组织在发展过程中可能面临的形形色色的公共关系问题，并在此基础上进行科学的预测和决策，使公共关系策划建立在可靠的基础之上。

(5)抗争性

在竞争中求生存，求发展，是现代组织面临的共同课题。随着社会的发展，组织之间的竞争程度日趋激烈。可以说，组织的所有行为都是以提高组织的竞争力为基点，组织的公共关系行为也是如此，充满抗争性的公共关系策划，是一个组织敢于竞争、善于竞争、富有活力的生动体现。

其次，公共关系策划是一个科学化、程序化的组织行为。任何一种策划，既是一种预测，也是一种决策。作为预测，它要对组织未来发展的前景和趋势进行科学的论证和准确的评估。作为一种决策，它要在预测的基础上，对组织的应对方式及行动措施进行大胆的抉择。从这种意义上说，公共关系策划是公共关系专家运用其智慧、知识和经验，对组织的未来公共关系的发展进行预测和决策的一种组织行为或程序化运作。

[案例]

《中国名牌》杂志社组织策划了高扬爱国主义旗帜的中国政府对香港恢复行使主权倒计时活动，产生了深刻的政治意义与深远的历史意义。

一、背景：项目调查

1. 历史：香港问题是英帝国主义入侵中国后强迫清政府签订的不平等条约。

2. 立场：香港是中国领土，不属于“殖民地”范畴。邓小平同志明确地表示1997年要收回香港。

3. 结论：香港在1997年7月1日这一天的回归，使一个世纪的悲欢离合、一个民族的沧桑荣辱在这一时刻凝聚升华。

二、项目策划

1. 目的：高扬爱国主义旗帜。

2. 切入点：倒计时（让它分分秒秒叩动每一位炎黄子孙的心弦）。

3. 规模：每字高度不小于1米，总面积150平方米，可视距离1 000米以上。

4. 焦点：倒计时牌建在祖国心脏——首都北京。具体建在市中心——天安门广场的中国革命历史博物馆正中。

5. 层次：报呈新华社领导、北京市政府、国务院港澳办，直到中央领导。

6. 时间：启动在1994年12月19日（中英联合声明10周年）至1997年7月1日，运行925天。

三、项目实施

1. 高层公关：中央支持。

2. 政府各职能部门公关：热情赞许。

3. 横向公关：全国人心振奋。

四、项目评估

1. 中央领导高度评价。

2. 925 天中，参观率最高，也是爱国主义教育基地。

3. 世界之最：面积，时间，目睹，参与人数，新闻报道。

[案例评述]

公关策划是针对未来要发生的事件，作当前的决策，是一种科学化、程序化的组织行为，是社会组织的管理人员或专业公共关系人员为处理社会组织与公众关系所作出的具有创造性的战略、策略谋划和整体的工作计划以及具体操作方案。《中国名牌》杂志社策划的"香港回归祖国倒计时"这一公关活动就通过项目调查、项目策划和项目实施等公共关系操作实务，紧紧围绕未来将要发生的香港回归这一重大历史事件策划了这次公关活动。

2) 公共关系策划的意义

公共关系策划是公共关系工作的一个重要阶段，它直接关系着组织工作能否顺利、有序地进行，从某种意义上说好的策划是公共关系工作成功的一半。因此，做好公共关系策划具有重要的意义。

(1) 促使组织和策划者了解组织的公共关系情况

[案例]

2003 年，美国微软公司的董事长比尔·盖茨访问了中国，向中国政府和企业公布了微软 Windows 操作系统的设计原代码。众所周知，电脑操作系统的原代码是其核心机密，公布了原代码，就使他人可以在自己软件系统的基础上任意发挥创造，生成新的操作系统。长期以来，微软公司都对其 Windows 原代码严格保密。但为什么这时比尔·盖茨突然改变了初衷呢？原因在于微软在几次中国政府的招标采购中，败给了中国的金山公司。中国政府宁愿采购金山公司的办公操作系统，也不买微软公司的操作系统。微软通过对这一事件的长期调查探究了解到，这其中除了照顾本国企业的因素以外，还有一个重要的原因，就是担心微软在操作系统中留有"后门"，可能泄露中国政府的机密。这次盖茨公布原代码，就是为了向中国政府表示 Windows 系统没有后门，中国可以放心采购。社会各界将盖茨的这次访华，看成微软公司一次重要的"政府公关"，意在营造中国市场的发展环境。

组织是一个开放系统，它同环境始终处于互动状态之中。环境的不确定性、变动性及对组织行为的制约性，是每个组织都面临的事实前提。组织为了有效地适应环境并对其加以控制，就必须不断地对环境进行监测与分析。所以，在公共关系策划之前，社会组织的领导者和策划者必须要对社会组织与各类公众关系的状况进行全面的、深入的了解，还要对与策划内容相关的信息进行搜集，这有助于组织更充分地掌握情况。

(2)使公共关系活动有明确的战略目标

[案例]

新加坡东方大酒店就是本着“顾客至上、以人为本”的服务目标，为顾客在力所能及的范围内提供“超级服务”。一次，四位来东方大酒店咖啡厅的客人，因人多嘈杂，随口说了声“吵死了，听不清”。这话让一位服务员听到了，她马上为他们联系了免费客房供他们讨论问题。对此，四位客人十分惊讶、感动。两天后，四位客人给酒店送来了感谢信：“感谢贵酒店前天提供的服务，我们受宠若惊，并体会到什么是世界上最好的服务。我们四人是贵酒店的常客，从此，除了我们永远成为您的忠实的顾客外，我们所属的公司以及海外来宾，亦将永远为您广为宣传。”

确定公共关系目标是进行有效公共关系活动的核心，公共关系活动倘若缺少目标的引导，就会像射击缺少靶位，航海缺少罗盘，很难使公共关系取得应有的绩效。英国公共关系专家弗兰克·詹夫金斯就曾认为，有形的公共关系活动是在计划公共关系方案已经取得既定的目标基础上产生的。因此，公共关系策划必须为组织树立公共关系工作的目标，围绕这个目标进行策划。只有公共关系策划过程中明确了公共关系工作努力的方向和预期要达到的标准，才能增强公共关系工作的目的性。

(3)使公共关系活动有确定的目标公众和鲜明的主题

[案例]

百事可乐多年来与年轻一代的关系甚为紧密。众所周知，百事可乐早期的口号“新一代的选择”生动地诠释了百事可乐独特、创新、积极的品牌个性。多年来，新一代精神成为百事可乐与年轻人彼此情感的桥梁。独特的、引领潮流的百事可乐鼓励新一代对自己、对生命有更多的追求，并且从生命中获得更多，而这正是百事可乐的全球理念。1998年，百事可乐将“渴望无限”确定为自己的全新口号，而这也正是今日新一代理想的共同写照。“渴望无限”是人生态度，也是百事可乐与全球新一代的共同目标。

[案例评述]

在中国，百事可乐品牌与年轻人共同将“渴望无限”的品牌核心价值体现为实实在在的行动，例如：为了全力支持中国足球发展赞助中国足球联赛；不断为中国年轻人带来最好的音乐，在国内举办明星演唱会、校际音乐大赛等。总之，百事可乐品牌的经营理念从"新一代选择"到"渴望无限"，升华了自身的核心价值，这种核心价值的确立恰恰为百事可乐与目标消费者之间建立起了良好的沟通桥梁，从而有效地在年轻人心目中建立起他们所喜爱的品牌形象。

组织所策划的一切公共关系活动，其主要目的都是通过影响目标公众的态度与行为，改善或提升组织的形象。如果目标受众不明确，无论其手法多么高超精巧，其形式多么新颖生动，也都只是南辕北辙。所以，确定目标受众，在整个公共关系策划活动中就显得尤为重要。同时，准确地确定公共关系的主题也很重要，公共关系作为组织的一种管理活动，它的直接目标是通过调整和提升企业形象，为组织提供有利的经营环境。但要实现这种目标，在具体的公共关系策划过程中，就完全可以选择不同的主题形式，其选择的标准是这些不同的主题形式是否有利于总体目标的顺利实现。因此，选择主题形式是公共关系策划的重要方面。

(4) 增强工作的计划性，促进工作水平的提高

公共关系工作是一项系统的工作，既涉及社会组织的总体工作计划，又涉及公众的方方面面，公共关系工作本身也是一个系统工程。通过公共关系策划，可以为整个公共关系工作拟订一个实施计划，对工作的各方面、各环节作一个统一安排，从而极大地增强了公共关系工作的计划性。同时，由于策划是认识事物的过程，是驾驭事物运动规律的过程，它要求主观符合客观，能动地运用客观条件，对整个工作作出周密可行的规划与安排，因而能提高工作水平。公共关系活动的实施由于指挥、组织得当，能促进活动质量的提高。

(5) 提高工作效率和成功率，有助于工作成果的评估

[案例]

联想作为一个中国 IT 业的旗舰，在今天这样一个品牌至上的时代，换标行为的成败关乎企业的生死存亡。如何在最短的时间内，以最有效的方式将联想换标的信息和意义准确地传递给最广泛的公众，吸引社会各界对联想品牌的持续关注，成为其面临的一大挑战。联想委托专业调查公司进行项目策划，吸取国际相关行业的换标行为，针对公关目标，制订合理的项目执行，最后作出项目评估，充分整合利用各方面有利资源，通过采取为期半年的联想新标志的推广活动，使联想品牌在公众当中的曝光度较去年同期增加了 20% 左右，并使 2003 年真正成为了联想的"品牌年"。

在策划过程中，考虑各种因素，运用各种有利资源，对每个环节都作出安排，相互配合，形成合力，以求极大地提高工作的效率。由于策划是事前的谋划，"先谋后事者昌”,好的策划将为成功奠定良好基础,提高工作的成功率。同时,在公共关系策划中,必然要制订工作的总目标及各项分目标,必须对各方面的工作提出一定的要求,这样,公共关系工作成果的各项评估标准就同时被制订出来,这将有助于检查、考核各项工作的进展和结果情况。

5.2.2 公共关系策划的程序

[案例]

华帝集团作为多年来灶具行业的领导者,2000 年成功地推出了新一代强排热水器,并且在许多技术上有领先优势。但在热水器行业,由于华帝进入时间不长,排名较为落后,亟须快速提高产品的知名度和美誉度。广东太阳神广告公司理性地分析了市场态势,通过一系列公关活动,促成了“万华联盟”。

1)合作背景

①消费者:需要更安全、高标准的强排热水器产品。

②政府与行业协会:需要企业支持响应国家产业政策,理顺行业秩序,调整行业产业结构。但这些都需要以企业为主体自发完成,而不能靠政府强令推行。

③社会舆论:需要热水器行业走出混战,燃气热水器行业必须摘掉“杀手”这一丑陋的帽子。

④行业:国家实行“禁直推强”(禁止直排燃气热水器,推广强排燃气热水器),产品标准和技术门槛的提高,使业内对市场前景无法把握,整个行业迫切需要一个正面的声音,来引导行业健康发展。

⑤万家乐:作为行业的领导者和强排标准的制定者,需要行业的支持者和同盟军,净化市场,共同推广强排燃气热水器。

⑥华帝:2000 年大规模进军热水器行业,并主推强排式燃气热水器,需要找到一个最恰当的行业进军时机,争取成为热水器行业的领军企业之一;同时,非常需要迅速提高企业知名度。

2)合作策划

原则:取得政府和行业协会的大力支持;合作是实质性的技术和产品推广联盟,而不仅仅是限于表面的炒作;多赢合作——政府、行业、消费者、厂商多赢。

经过几轮磋商,热水器行业第一个竞争合作的强强联盟——“万华联盟”2000 年 5 月诞生。

3)活动实施

第一阶段:2000 年 4 月—5 月,活动筹备。严格注意行动的保密性并落实活动计划。

第二阶段:2000 年 5 月底—6 月底,活动正式发布。全国范围的大众媒体、财经媒体、电视、电台、网络聚焦“万华联盟”。

第三阶段:2000年7月—2000年底,现场咨询、促销,双方技术和服务的合作共享。在全国大中城市开展“万华联盟”强排热水器现场咨询、推广活动,万家乐华帝技术交流活动,强排热水器以旧换新活动,让消费者关注强排热水器,并推动强排热水器知识的普及与产品购买。

4)效果评估

消费者:禁直推强,消费者得到了更安全、高标准的强排热水器产品。

政府与行业协会:在“万华联盟”的感召下,众多热水器企业积极响应国家禁直推强的产业政策,行业产品迅速升级换代,燃气热水器行业开始告别“杀手”的恶称;行业秩序得以理顺,行业产业结构得到合理的调整。

社会舆论:热水器行业开始赢得正面的积极的肯定和关注,“万华联盟”倡导新型的竞争合作模式,为加入WTO前的中国企业界和民族工业开创了先河,树立了良好的典范。

行业:强排热水器得到消费者的关注和认可,行业秩序进一步理顺,产品升级换代,热水器进入强排时代。

万家乐:得到政府和行业的充分肯定,企业形象进一步得到提高,产品大规模走向市场,占有了市场先机。

华帝:是本次公关活动的最大赢家,华帝企业的知名度迅速提高,华帝由一个灶具行业的知名品牌,迅速成长为燃气具行业的全国性著名品牌。同时,2000年华帝大规模进军热水器行业的计划得以实现,成为热水器行业前几位的领军企业之一;根据国务院发展研究中心2000年12月公布的调查结果,广东华帝集团2000年的国内企业知名度由年初的20%上升了20个百分点,达到40.8%。

[案例评述]

一、环境分析、界定分析公众

契合点与突破口。策划者在综合考虑项目背景的基础上,寻找各方的契合点和公关活动可能的突破口。

事实说明:消费者需要安全的产品,政府需要好的行业规范和产业结构,社会舆论需要正面的消息,厂商需要走出混战。

万家乐是热水器行业的老大,华帝是燃具行业的老大;两家走的都是专业化生产、品质取胜的经营之道,在经营理念、企业价值观上有很多共同之处;地理位置上一个在中山、一个在顺德,离得很近,便于沟通;两家都希望引导行业良性发展,认同并大力支持政府的产业政策造福消费者。

二、确立目标

通过分析行业和企业情况,策划者开始运作相应的公关活动,并确定了实施公关活动的几大原则:取得政府和行业协会的大力支持;合作是实质性的技术和产品推广联盟,而不仅仅是限于表面的炒作;多赢合作——政府、行业、消费者、厂商多赢。

三、设计主题

①万家乐是热水器行业的领导者,并率先倡导安全强排;华帝响应万家乐号召,加入安全强排阵营,双方共同创造安全强排标准,共同推广更安全、高标准的强排产品,为消费者服务。

②双方友好合作,良性竞争,不相互攻击,不打价格战。

③中国灶具大王华帝进军热水器市场,强强联手,推进热水器技术革命和市场纯洁化。

四、创意及策略分析、选择传播方式及论证

公关报道策略:

①报道周期:5 月底到 6 月底,为期一个月。

②阶段及区域划分:第一阶段:消息发布/北京、广州为主;第二阶段:事件深度报道/北京、广州及全国。

报道策略:

分为 3 个阶段实施,根据不同的阶段制订了各自的运作策略,有张有弛,较好地把握了活动的节奏。

第一阶段:消息发布。

①正面关注事件,引导媒介尽可能摆正万家乐与华帝的关系,目标在于为下一步华帝品牌及市场地位上升创造积极的条件。

②向媒介提供经双方同意的新闻背景资料,以统一双方对外的口径和事件说法。

③引导媒体报道时巧妙暗示:万家乐是热水器老大,华帝是行业第二;华帝加入万家乐安全强排阵营,也是强排标准的制定者;华帝万家乐倡导同行业的合作竞争精神。

2000 年 5 月初,策划者开始有选择地向部分媒介传播少量的联盟信息,但更进一步的细节却欲擒故纵,未加透露。加之 6 月 1 日是国家淘汰直排热水器的最后期限,媒介对来自热水器行业的新闻倍加关注,从一开始极大地调动了媒体对整个事件的关注度。

第二阶段:立体的新闻发布和深度、广度的报道。

①自 6 月初开始,“万华联盟”宣告成立的新闻和内幕报道正式对外发布。

除新华社、中新社通稿之外,全面调动了全国的大众媒体、专业财经媒体,报道、电视、电台、财经杂志、互联网新闻、互联网讨论区等多种形式进行广泛而深入的报道。由于准备充分，对事件的背景资料、报道基调等都作了详尽的把握，所以新闻一播出，即引起极大反响，并吸引全国众多媒体前来采访和报道。

②2000 年 6 月 12 日，中国五金制品协会会同相关企业在顺德召开“强排热水器国家补充标准宣告会”，中国五金制品协会对万家乐、华帝强强联盟和联合推广强排给予了充分的肯定，正面影响是非常大的。

③行业协会的充分肯定极大地推动了媒体和公众对“万华联盟”的关注，媒体高度赞扬了“万华联盟”，将华帝视为“燃气热水器行业的巨头”。

第三阶段：在北京和广州等地联合举行规模盛大的强排热水器推广咨询活动。

“万华联盟”双方联合举办这次大规模的推广活动，以北京和广州遥相呼应后逐步在全国各地陆续展开，最终形成了强排热水器迅速在中国市场普及的强大态势。活动本身第一次对“万华联盟”的实质性内容进行了生动诠释。

尽管每一项策划的内容各有不同，所得到的方案各具不同特点，但策划的基本程序是有规律可循的。任何策划在一定的程序指导下才能有条不紊地进行，才会按照组织的意愿去发展。一般认为公共关系策划程序主要是环境分析、确立目标、界定分析公众、设计主题、选择传播方式、经费预算、选择论证方案等。

1）环境分析

［案例］

中国移动作为国内专注于移动通信发展的通信运营公司，曾成功推出“全球通”“神州行”两大品牌，成为中国移动通信领域的霸主，但是随着市场的相对饱和，联通的反击和小灵通的进入，中国移动面临着严峻的挑战。根据中国移动公司对市场环境的分析，发现 25 岁以下的年轻一代消费群体将成为未来移动通信市场最大的增值群体。为此，中国移动决定把以业务为导向的市场策略转向了以细分的客户群体为导向的品牌策略，在众多消费群体中锁定 15～25 岁年龄段的学生及白领阶层，以打开一个全新的增值市场。2003 年 3 月，中国移动推出自己的新品牌“动感地带”，宣布正式为年龄在 15～25 岁的年轻人提供特制的通信服务和区别性的资费套餐，并在同年 4 月携手中国台湾新锐歌星周杰伦代言动感地带，从那以后中国移动便开始在各地市场利用报纸、电视、网络、杂志等多种媒体进行品牌宣传，除此之外更是在各地和主流媒体举行大型的推广活动，不仅如此，中国移动还在各地同时开展了走进校园的相关推广活动，建立校园联盟；在业务形式上，开通移动 QQ、铃声下载、资费套餐等活动，为消费群体提供实在的服务内容，使高空传播与地面推广实现立体化结合。

特别值得一提的是，在中国移动为“动感地带”策划实施的所有营销传播活动

中,都让目标消费群体参与进来,产生情感共鸣,特别是全国街舞挑战赛,在体验之中将品牌组装潜移默化地植入消费者内心,起到了良好的营销效果。

对环境的分析是制订公关策划的非常重要的准备活动。只有对组织所处的环境有一个清楚的认识,才能制订出符合组织需要的策划。一般来说,对环境的分析主要有以下内容:

①社会公众对组织及组织所开展的一系列活动的普遍心理的分析。

②同行、竞争对手举办此类活动的成功经验和失败教训的分析。

③近期社会、经济工作的重点及新闻机构的宣传中心以及上级主管机构的工作重点与有关精神的分析。

2)目标分析与确定

关于组织目标要根据长期、中期、近期、一般、特殊来分别考虑。基本要求是:整体、连续、具体、明确、有限、重点及弹性等思想和原则。

当然组织的具体目标就要明确具体。例如:强化树立某种意识,培育某一企业精神,对各界给予的支持、合作予以答谢,加深同新老朋友的了解、联络感情、扩大影响,达到隆重、热烈、简朴、高雅之庆典目的。

3)界定和分析公众

[案例]

针对外资或合资企业在华上市的问题,当时中国没有明确的政策。为了解决上述问题,联合利华要进行政府游说工作,获得政策的支持。本次活动的公关策略是:在1998年的适当时候,安排联合利华两位总裁同时访问中国,通过这次在联合利华历史上破天荒的举措,再次表明联合利华在中国长期投资的信心与诚意,进而通过以下举措完成既定公关目标:

①会见有决策权的领导人——国务院总理朱镕基。

②会见上海市市长徐匡迪,沟通情况,获得必要的支持。

③总裁在华期间,宴请有关政府主管部门代表,进行必要的沟通。

④同时宴请在华合作代表,维系长期稳定的合作关系。

⑤总裁访华期间,组织系列新闻宣传活动,宣传联合利华在华成就,形成有利于联合利华的社会舆论。

⑥访华期间,参加联合利华支持中国公益事业的捐助仪式,获得社会赞誉和认同感。1999年底,“中国证券报”有报道称,国家有关部门负责人明确表示,国家正在考虑出台有关政策,允许像联合利华股份有限公司这样的外资控股公司在华上市。

界定公众主要是选定组织活动的主要客观对象，只有界定好目标公众才能使活动有针对性，产生预想的效果。界定好公众以后还要对公众进行分析，分析公众的权利要求和特点、公众的共性要求，提炼公众的特殊要求。

4）主题设计

［案例］

儿童很容易染上口腔疾病，这会令其全家人担心不已。雅之杰口腔医院以此为契机针对 2～16 岁儿童展开大型义诊活动，力图塑造医院良好的白衣天使形象，从而拓展市场。整个活动围绕公益性质展开，将医院"医者仁心"的组织文化理念以感性的行为方式表现出来，创造社会轰动效应，获取社会公众的广泛赞誉。通过医院现有的医疗技术力量，将原本商业色彩浓重的医院收费诊疗制度以人性化的慈柔形式倾注于对儿童健康的关注与解决，形成一个组织严密的公关营销体系再辅之媒体深度挖掘此次事件，让公众从侧面知晓、关注、信任雅之杰。

在对组织环境进行分析、确定目标以及对目标公众作出判断之后就是要设计活动的主题了。主题为目标服务，但主题不等于目标，主题和目标既有联系又有区别。主题必须服从于公共关系的总体目标，绝不可在总体目标之外另设其他主题。这会喧宾夺主，顾此失彼。主题也绝非是总体目标的简单再现，它实际上是总体目标细分化和分解的结果。在总体目标规定的范围内确定主题，可以使总体目标更具有操作性与可验证性。组织的总目标可以是一个，但其经营的主题可以形式多样。主题是公共关系活动内容的高度包容、概括和体现。主题形式可以是活动、口号、广告词、表白。主题设计的总体要求是简明、新颖、亲切、中肯和体现目标。为此具体地要做到：

①设计主题要准确体现组织形象塑造的活动目标，贯彻活动的指导思想。

②从传播的角度讲，主题要鲜明，有确定的内涵和独特的个性，充分显示出提纲挈领和与众不同。

③从客体的角度而言，主题要生动，有吸引力，能打动公众，达到良好的传播效果。

④主题设计一定要简洁明快，否则不易宣传，难以记忆，影响效果。

⑤主题设计的内容易于以宣传性、社交性、服务性及征询性等活动形式来予以体现。

5）创意分析

［案例］

海尔集团于 2006 年成为北京奥运会白色家电赞助商，将为北京奥运会及残奥会、北京奥组委、中国奥委会以及参加奥运会的中国体育代表团提供资金和白色家电产品及服务。这是海尔企业文化和企业精神的必然选择。作为中国民族品牌的代表,海尔一直强调企业的社会责任感,其参与北京奥运正是这种精神的体现。奥运文化与海尔文化息息相通,奥运的精神是"更快、更高、更强",这与海尔"不断挑战自我,勇于突破,不断创新"的文化核心一脉相承。

创意分析是指活动的主题或突出的中心思想是否弘扬所要倡导的理念和精神,促进同外界的交流,声讨某种行径,批判某种观点。

6)策略分析

[案例]

中国青岛双星集团是一家生产高品质现代制鞋的企业集团,为推广其品牌,公司展开一系列公关活动。包括建立与新闻界的关系、进行广告宣传、支持社会公益事业等。双星的活动无处不在,其形象不断在中央电视台、中央人民广播电台及其他各大报纸上亮相,同时在列车广告灯方面,双星也不断宣传自己的形象。双星采取全方位宣传形式,开展企业展览会、参加元旦或春节晚会、举办新闻发布会,参与并制作电视片,给人留下深刻印象。

公关活动需要采取一定的策略才能达到预期的目的。具体可以巧用传媒、名人效应,选择广告策略等。

7)策划方案精选

[案例]

美国应用材料公司是一家位于硅谷的高科技公司,专门生产用于生产各种片的机器设备。得知亚太经济合作组织工商领导人峰会将在上海举行,公司借此机会将展开公关活动以提高其在中国的知名度。峰会期间,公司为大多数参加采访的媒体做大量细致的介绍工作,让他们尽可能充分了解应用材料公司,期间包括发放新闻资料、口头阐述等,为媒介采访做好铺垫工作;邀请普通媒体参加客户新闻发布会,以寻找适应不同媒体的新闻点;安排了媒介午餐,以本次工商领导人峰会组委会新闻组的名义举办了一场媒介午餐会;在应用材料公司上海新厂区开业仪式上召开新闻发布会;安排公司首席执行官与贸促会会长会面并共进早餐;在峰会新闻中心为参加报道的记者免费提供饮料和快餐;向住在峰会指定酒店的客人提供写有"应用材料公司赠阅"的中国日报。

按不同的公共关系对象,开展不同类型的公共关系活动。例如:

①员工及家属。对员工及家属可以召开表彰先进大会,开展劳动竞赛,联欢,合影,进行体育比赛,举行收藏展、画展、个人展示等。

②来宾。对来宾可以开展下列活动:联谊活动、授予活动、剪彩、宴请、参观、题词题字、赠与活动、游览活动等。

③政府部门。对政府部门可以开展以下活动:请领导题词,总裁亲自拜访,汇报工作,征求意见,向有关部门发感谢信、邀请信等。

④业务往来单位。对业务往来单位可以开展以下活动:召开座谈会、报告会、交流会、联谊会,联发倡议书、公开信,联发广告,同贺广告等。

⑤新闻界。对新闻界可以开展以下活动:召开恳谈会、新闻发布会,做公共关系广告筹集。

⑥开展综合性公共关系活动。这包括:编印、发行纪念特刊、纪念册,拍摄或放映纪念电影、电视艺术片,举办庆典大会,举办专场文艺汇演、舞会,举办群众性体育、歌咏比赛。让每一位员工、来宾都能感受到该活动所带来的愉悦、冲击、震撼。要适当给每位参与者有自由选择活动、项目的机会,以体现其轻松、自由。

8)论证

[案例]

今日集团的前身是乐百氏公司下的乳酸饮料厂,企业经过艰苦奋斗,排名在全国同行业的前列,因事业发展需要更换名称。他的成名历程颇为传奇。首先,他们用征询型公关征集集团名称和产品名称,征来“今日”这个集团名称和“反斗星”的品牌名称,“制造”了一回新闻。随后,他们又在广州天河体育场搞儿童拼图活动,画了世界最大的一只和平鸽,破了吉尼斯世界纪录。最轰动的是他们很好地利用了马俊仁指导的“马家军”连破 3 项世界纪录的轰动效应。马俊仁对中药食疗很有研究,队员喝了他配制的饮品,对增强体力很有好处。今日集团出 1 000 万元买断马俊仁的神秘配方,将依该配方生产出的保健饮品命名为“生命核能”。1 000 万元买一个配方,这简直是天文数字,一下子引得全国几百家报纸、杂志、电台、电视台纷纷报道,持续两个多月。今日集团的新名字也随之家喻户晓。因为有了轰动效应,“生命核能”在全国的经销权的拍卖,一下子就卖了 1 800 万元。

公共关系策划方案制订出来以后,要对其进行论证。论证的主要内容包括:

①价值论。讨论其正负价值、影响。

②可行性论证。它包括:机会研究、初步可行性研究、系统论证。

③预算论证。它包括:效果如何? 效益如何? 组织的承受力如何?

衡量公共关系策划方案的优劣的一般标准有以下几点:

①是否有利于提高组织的知名度、美誉度、影响力及竞争力。

②是否能既符合宏观环境要求,又维护本组织利益。

③是否能兼顾本组织的长期效益和短期效益。

④是否有较强的可行性和可操作性。

⑤是否能够对执行效果进行监督。

我们知道,“纸上谈兵”没有任何意义,任何的策划活动都必须要有可行性。因此,对公共关系策划方案的论证必不可少,否则,可能会出现方案华丽异常,但是实施后却毫无效果的尴尬局面。

5.2.3 公关策划的原则

公关策划的成功与否直接决定着组织活动开展的成败,因此,在制订公关策划方案时,必须按照一定的规范来进行。在公共关系策划的制订过程中应遵循以下几条原则:

1)可行性原则

[案例]

在策划界有一个典型的失败案例经常会被引用,那就是史玉柱和他的巨人集团。提起史玉柱的名字,也许并非家喻户晓,可是提起“脑黄金”和“脑白金”,那应该是众所周知的。史玉柱是一个神话的缔造者,也是这个神话的掘墓人。史玉柱靠开发汉字处理系统发家,积累了人生的第一桶金,随后成立巨人集团,转入保健品行业,经营“脑黄金”,可谓年少多金,踌躇满志。1992 年,国内知名媒体《读者》对北京、上海等十大城市的万名青年进行了一次问卷调查,在“你最崇拜的青年人物”一项的答案中,史玉柱仅次于比尔·盖茨,名列第二。就在这个时候,史玉柱作了一个以后差点让他跳楼的公关策划,在缺乏论证项目可行性的情况下贸然将在建的巨人大厦的高度由原来的 38 层提高到 70 层,希望成为珠海的标志性建筑。然而巨大的资金缺口最终拖垮了巨人集团,未完工的巨人大厦没能成为标志性建筑,但史玉柱的失败却成为策划史上的标志性案例。虽然这个企业形象策划有当时地方政府好大喜功的因素,但其失败的最根本原因在于这个公关策划超越了当时巨人集团的能力范围。

任何计划的制订都要考虑到它的可行性,如果一个计划空话连篇,脱离实际,就无法付诸实施,制订计划就失去了意义。公共关系人员在作公关策划的时候要客观、全面地思考问题,一切从本组织的实际出发,绝不能纸上谈兵。只有目标适宜、计划得当、措施得力才能推动公共关系工作的顺利进行。

2）服务性原则

［案例］

上海大江有限公司与八家新闻单位联合主办"大江杯迎亚运世界体育知识大奖赛"，公司出资 25 万元支持了这一活动。通过报纸对竞赛过程的连续刊登，公司名称广泛传播，"大江"的标徽也走进了千家万户。中央电视台举行了有体育界领导和知名人士参加的"迎亚运'上海大江杯'世界体育知识大奖赛"实况转播，轰动了全国，使"上海大江"的名字不断反复地映入全社会公众的眼帘，留下深刻的印象。另外，在此期间，这些新闻媒介还主办高层次、高规格的"大江经验座谈"，分别介绍了大江的业绩与经验，使大江有限公司的公关活动收到了极好的效果。

严格地说，公共关系策划是为组织的总体计划服务的。组织的公共关系策划是组织总体计划的有机组成部分。因此公共关系人员在制订计划时应通盘考虑，使公关策划不但有助于实现组织的核心目标，而且有助于改善组织的整体形象。

公共关系人员在制订公关策划时，必须时刻围绕本组织的核心目标来通盘考虑问题。组织当前最重要、最迫切需要解决的公关问题应在计划中凸现出来，一个组织在不同的发展阶段有着不同的公关主题，公关策划也应随着主题的变化而改变。比如，在组织的原始阶段，组织的内部和外部环境尚处于不稳定状态，这时应采取建设性的公共关系以促进组织的发展；在组织蓬勃发展阶段，组织处于扩张状态，这时应采取进攻性的公关策略以加速其发展。

3）利益一致原则

［案例］

2002 年，农夫山泉启动面向贫困地区基础体育事业的"阳光工程"，农夫山泉公司通过开展"买一瓶水，捐一分钱"活动，向全国范围内 24 个省份的贫困地区中小学校捐赠了价值 500 多万元的体育器材。2002 年恰逢日韩世界杯、亚运会，但一贯擅长赞助体育赛事的农夫山泉没有在电视、报纸等媒体上投放与世界杯和亚运会相关的广告，而是静下心来推进阳光工程。这是"农夫"继 2001 年"一分钱支持申奥"以来的又一项"一分钱"活动，但关注的对象转到了贫困地区渴望运动的孩子。阳光工程不以个体名义而是代表消费者群体的利益来支持公益事业，这在所有公益活动中是一个创举。企业利用有效的商业推广活动形式把社会资本转换为经济效益的同时，关注社会弱势群体，并提供一定的经济和物质资助。这也同时建立起一种新的运作机制：以企业行为带动社会行为，以个体力量拉动整体力量，以商业性推动公益性。

①公共关系人员在做公关策划时必须知己知彼。这要求公共关系人员必须考虑如何既能满足公众要求,同时又有利于组织自身的发展,而要做到这一点,公共关系人员就要选择好组织所面对的主要公众,对其要求的满足应有所侧重。各类公众由于所处的社会地位、承担的社会角色不同,利益要求也就不同。如果公共关系人员对公众的要求不分轻重缓急,只是一味地为满足而忙碌,看上去面面俱到,实际上最多也只能是平均地兼顾各类公众的不同要求,而使组织在所有公众中仅仅享有一种"平均形象"。这种"平均形象"的产生意味着组织在部分特定公众心目中的实际形象的下降,尤其当各类公众的利益要求相悖时。因此,面对各类公众的不同要求,有所侧重、有所选择,而非平均对待,这也是公共关系工作的一项基本要求。

②公共关系人员不仅要了解所面对的公众,还要清醒地认识自己,明确自己所在组织的性质、特点、作用,所具备的条件和特殊要求。只有这样才能确定组织的特定形象,既满足公众的要求,又维护了组织的发展。组织没有条件、没有能力达到的要求,不适宜作为策划制订的标准,否则就有名不符实、弄虚作假的嫌疑,使组织形象一落千丈。

5.3 公关实施

我们知道,公关人员在公关策划获得审批通过以后就要将其付诸实施,使设想变为现实。如果空有计划,没有实施,那么再好的策划也毫无意义。公共关系策划的实施就是把公关策划具体落实、付诸实施的过程。这一过程是公共关系工作的关键性阶段,组织的公关目标能否实现,组织的美好形象能否成功塑造,都取决于这一阶段计划实施的质量。公共关系人员就是要以公关目标与公众的需要为出发点,协调各种关系,选择最佳途径,排除实施过程中的障碍因素,努力提高公共关系计划实施的成功率,从而使组织的最终目标得以实现。

5.3.1 公关实施的重要作用

公关策划的实施对组织的发展具有重要的作用,因为它不仅影响组织本身的情况,而且对社会和公众都会产生一定的影响。

1)对组织自身的影响

[案例]

高群耀上任之时,微软官司缠身,股票下跌,对WIN2000谣言四起。公司内部人心浮动,士气低落,整体危机四伏。在他上任一年当中,采取了低调、务实的管理方式，有效克服了微软公司面临的危机。第一，促进销售，注重人的建设。上任后，高群耀实行了新的提拔和人事政策。第二，加强与政府部门及合作伙伴的沟通和交流，树立业界领袖形象。第三，与媒体的关系大大改善。企业形象塑造的难点在于美誉度的塑造。

[案例评述]

我们知道公关活动成功实施后，总会给一些目标公众留下深刻的影响，尤其是那些直接从中受益的人，可能影响的时间更长一些。这样，一来造成组织良好的形象在目标公众中得以建立、强化和巩固；二来为组织的其他各项工作打开了胜利之门，使组织获得更好的发展环境。对组织的各部门工作成员来说，他们既可以借公关活动的成功实施而一鼓作气，创造佳绩，而且还可以将这次活动作为重要的宣传资料，向其工作对象进行宣传，影响和感化新的客户或公众，从而使这种良好的效应不断循环下去。相反，如果组织的公关活动搞得不成功，不仅会影响组织在公众心目中的良好的形象，使得目标群体对组织失望，而且最重要的是可能影响组织自身员工的士气和信心，直接影响今后组织公关活动的顺利开展和大家的积极性，使得以后组织的公关活动难度加大。因此公关活动的顺利实施对组织本身具有重要的影响，我们必须重视其实施。

2）对公众的影响

[案例]

在“9・11”发生以后，美国政府不仅在国内面临着民众对政府安全系统的全面质疑，而且在国际社会上，也使得美国的国际形象和国家地位不断下降。加之恐怖分子头目拉登的恐吓视频频频出现，扬言要对美国施加更大的报复，严重加剧了美国民众的危机感，这一切犹如雪上加霜，动摇了美国民众百年未变的民族自豪感，民众对国家政策和实力的信赖程度降到最低谷。

为解决上述问题，美国政府制定了“9・11”一周年纪念公关活动，旨在增强政府的号召力和亲和力，激励民族，恢复民族自信心，弘扬美国精神，增强反恐决心，在国际社会上重塑美国的世界形象。

2002 年 9 月 11 日，8 点 46 分，也就是一年前“9・11”事件中第一架客机撞上纽约世贸中心的时刻，华盛顿国家大教堂钟声响起，布什与夫人劳拉在白宫南草坪，率领全国默哀 1 分钟，这一环节布什旨在以最高国家领导人的身份，表达对死者的哀悼。接着在当天 9 点 37 分，也就是一年前第三架被劫持的客机撞向五角大楼的时刻，布什出现在五角大楼广场，率领 100 名儿童进行现场宣誓，并发表正式讲话，布什的讲话充分渲染了美国人面对灾难表现出的力量、勇气与信心。在当天中午12点35分，布什出现在一年前联合航空公司第93次航班坠毁地点——宾夕法尼亚州的小镇尚斯威尔。93次航班是“9·11”事件中被劫持的第四架飞机，但是飞机上的乘客和机组人员奋起与恐怖分子进行搏斗，在距离华盛顿125英里(1英里≈1.6千米)处的宾夕法尼亚小镇壮烈牺牲。布什抵达尚斯威尔后，参加了93次航班上所有乘客及机组人员的悼念仪式，他来到坠机地点齐膝深的草丛中，向遇难者敬献花圈，当一名海军陆战队员将花圈放下时，军乐手吹响丧号，布什与遇难者家属低头默哀。这一环节设计，布什旨在以国家领袖身份，祭奠美国英雄，弘扬美国精神。傍晚17点，布什来到纽约，出席敬献花圈的仪式，布什在大风中抵达世贸大楼倒塌的中心地点，敬献花圈，随机拥抱慰问死难者家属。

当天在美国的其他各州、各城市，政府和人民群众也纷纷展开悼念活动。

[案例评述]

事实证明，美国政府“9·11”事件一周年纪念公关活动取得了显著的成果，通过公关活动，美国政府引领民众以最适当的方式、最深切的情感表达了对死者的悼念，美国民众在悲痛的阴影中慢慢走出来，美国政府最大限度整合了民意，弘扬了美国精神，并且通过此次公关活动，重塑了美国形象，赢得了广泛的支持。

目标公众是对组织来说最重要的人群，因此组织的公关活动必须要立足于对目标公众产生最大、最直接的影响。最理想的效果就是通过公关活动的实施在公众中塑造组织良好的形象，从而为组织的发展营造组织良好的生存发展环境。公关活动对公众的影响可以以两种方式进行：一种是在组织形象不理想的时候组织公关活动，就是要针对目标公众，把对组织的不良评价推翻，把组织的失误主动展示出来，赢得目标公众的了解或谅解，努力转变目标公众对组织的不良看法，重塑组织形象。这一工作难度大，对公关活动的实施要求也较高，如果能够经过努力实现这一目标，就是组织最期望的。另一种是在组织的形象在目标公众中比较浅的时候，这时组织可以采取适当的公关活动加深目标公众对组织的了解，通过这次活动，使目标公众对组织的形象由原来的不知道、不清楚、不了解变为知道、清楚和了解，亦即由原来对组织的浅印象变为活动后的深印象。如果能够实现这一目的，公关活动的实施可以说是成功的。

3)公关活动实施对社会的影响

[案例]

壳牌公司是全球最大的企业之一，也是世界上最大的能源公司之一，壳牌以负责任的企业公民为目标，在其有业务活动的各个国家广泛发起并参与各种类型的社会公益活动，称为社会投资。壳牌(中国)公司也秉承集团宗旨，积极从事社会投资,并选择了环保、道路安全与教育作为其三大主题。1994 年成立的“自然之友”和 1996 年成立的“地球村”为代表的民间环保团体十分活跃,并已有了相当的影响。

[案例评述]

组织的公共关系活动,在实施中不可能脱离社会现实;它必然对活动所涉及的区域产生一定的影响;影响的深浅与公关活动实施的效果有密切的联系,这些影响的累积有时会对社会造成深远的影响。组织采取公关活动就是要通过宣传活动改变公众对组织的理解和观念,因此公关活动的思想会对公众的思想产生一定的影响,也就是会对公众的精神领域产生影响。其实这也是组织采取公关活动的目的,改变社会对组织的了解和认可。所以一次讲求道德和社会责任的理想的公关活动不仅能够为组织的利益服务,而且能够对社会精神领域产生长远的影响,当然这要求公关人员拥有社会责任感和良好的道德观。同时,公关活动的实施会对社会的物质方面产生影响,因为公关活动往往会对公众的消费模式、消费倾向、消费习惯等方面产生作用,而这种作用的长期积累自然会对社会的物质领域产生相应的影响。

综上,公关活动的实施意义重大,不仅对组织自身和目标公众具有重要的影响,而且对社会也会产生一定的作用,因此公关人员在实施公共活动的时候一定要精心准备,认真实施,不断调整和变换以求公关活动达到预想的效果。

5.3.2　公关策划的实施过程

我们已经研究了公关活动实施的重要性,正是因为公关活动的重要地位,所以我们在实施公关活动的时候一定要采取严谨的态度,绝不能随心大意。因此我们在实施公关策划的时候必须按照一定的程序来进行,以保证公关活动取得预期的效果。一般认为公关策划的实施过程主要有以下几个步骤:

1)设立指挥系统

不论是大型公关策划活动还是日常小型活动的具体实施,都需要有领导人专门负责指挥。大型活动需要成立专门领导组,从最高决策层,到公关策划人员,到其他各部门的相关管理人员,均要参与进来,以便调动需要的人、财、物;小型活动则要相关部门的负责人,加公关部部长等来负责。只有如此,才能保证公关活动有条不紊、按部就班地进行,得力的领导班子和领导人是公关活动成功实施的前提,因此,它成为公关活动实施的第一步。

2)进行人员培训与安排

在实施公关策划方案时,要先行对实施人员进行培训。培训的内容包括对这

次活动意义的认识、要求、具体的工作规范等。公关活动实施的质量如何直接依赖于人员培训的情况。人员培训不好，则会使队伍稀松懒散，公关活动实施的效果就可想而知；如果培训后的队伍纪律严明，令行禁止，就能充分体现社会组织的整体风貌，代表了组织良好的形象，基本保证了公关活动的成功实施。所以，队伍的培训十分重要。培训结束后就要对实施人员进行工作安排，并予以专门岗位的规范要求。在公关方案的实施中一般要求实施人员统一标准、完全规范地执行任务，不能个性化或随意性。要让所有实施人员给目标公众以统一和一致的印象，从中体现出组织高度的组织化和纪律性，保证公关活动方案的成功实施。

3）公关活动的预演和展示

公关活动策划方案一般都有具体的活动内容，如喜庆型公关活动的节目、公益型公关活动的仪式，甚至日常公关活动的演练等，因而，在公关活动实施时，需要进行事先的预演。预演对于成功进行公关活动十分必要，在预演过程中，既获得了展示活动时的经验，又强化了活动参加者的印象，并能及时对方案中的一些不周全的地方进行调整和完善。预演的规模和次数根据活动策划方案的复杂程度而定。有一点可以肯定，预演进行得越成功，则实地表演的成功率就越高。预演之后就是真正的活动展示。这毕竟与预演有着很大的不同。在众目睽睽之下，面对许多领导、来宾、记者等，公关活动的实施者，尤其是实施的指挥者，需要具备良好的心理素质，娴熟的指挥应变能力，镇定自若的调度、协调手法，使公关活动方案如期进行。在这方面，需要经验积累与反复磨炼，活动方案的成功实施，基本可以保证公关活动的高质量水平。

4）准备必要的设备

在进行较大型和重要的公关活动时，设施的安排和配备是不可或缺的，需要的设施主要有会场布置的设备、会议资料、展览的设施、礼物等。

（1）会场布置

布置一个会场需要搭设舞台或讲台、标语、灯光、幕布或大屏幕、桌椅、板凳、场内装饰物、指示标牌、音响设备、话筒、投影仪或幻灯机等，还要讲究布置风格、气氛等。现在这已经不是一个专业的技术工人可以完成的了，它更需要高级的专家来完成这一工作。

（2）会议资料

它包括新闻稿件、宣传活页、讲话稿、海报及一些相关资料等。在活动举行之前，这些内容也需要准备充分。在活动进行中宣传资料的发放要讲究方式，努力提高宣传到位的质量，并保持场内的清洁卫生。

（3）展览的布置

展览的布置需要较长时间，要求有专门的场地、展板、图片、文字说明、实物陈列装置等,每一个细节都应该考虑到。如此,才能完成策划方案的要求。

(4)礼物的准备

公关活动往往少不了礼物,尤其是大型的公关活动。这样,充足的礼物是要格外注意的。在活动开始前,要充分估计来宾数量。保证礼物的完好无损和人手一个,万不可发生礼物欠缺的笑话,否则会为公关活动实施增加不和谐的音符。

5)及时妥善处理实施过程中的突发事件

对公关方案的实施干扰最大的莫过于重大的突发事件。如果组织不能及时妥善地处理,不但使整个策划方案无法实施,甚至会给组织带来巨大的危机。面对突发事件时,应当保持头脑冷静,防止感情用事,认真剖析原因,正确选择对策。

[**案例**]

强生是一家美国著名的医药公司,在最新世界医药公司排名中名列前十,年销售额过百亿美元。该公司早在 1975 年开发出了可代替阿司匹林的“泰诺胶囊”,投放市场后获得了巨大的成功。7 年内,该药就赢得了止痛药市场的 35% 以上的份额。1981 年销售额达 5.4 亿美元,利润占整个公司利润的 15% ~20%,成为了强生公司的核心产品。然而,天有不测风云。1982 年 9 月 30 日早晨,突有媒体报道说,当天在芝加哥服用泰诺胶囊的人中,有 7 人死亡,另有 250 人中毒入院(后据查,是服用的泰诺胶囊含有氰化物)。消息一出,震惊美国,1 亿多服用“泰诺”的消费者顿时陷入巨大的惊慌之中。强生的一场生死危机全面爆发。此刻,整个新闻媒体炸开了锅,群起而攻之,那些和强生竞争激烈的公司也趁机别有用心地大肆渲染。事态蔓延极其严重。公司快速反应,组成了以总裁为首包括公关部长在内的 7 人危机处理委员会,全权指挥整个危机事件处理,同时邀请著名的公关公司配合。这个委员会连续 6 周每天都碰头 2 次,以解决危机发展中出现的各种问题,一切重大决定都必须经过委员会的讨论,然后才统一行动。

首先,公司决定真诚地面对公众和媒体,主动与媒体保持充分的合作。

本着对消费者负责的精神,强生公司立即通过媒体向公众发出了危险警告,并通知全国的医院、医生、经销商在真相没有查清前,暂停使用和销售泰诺胶囊,并不惜代价决定收回事发区域的两批“问题”产品,随后,因情况未明,公司又在全国范围内全面收回泰诺胶囊,之后又将回收产品的范围扩大到了全世界。为此,强生公司付出了高达 1 亿美元的代价,其中电报费就达 50 万美元。

同时,公司停止了报刊、广播、电视中所有关于泰诺的广告。

公关部代表公司不断面对公众和新闻界并坦言承认在药品的生产过程中使用过氰化物,但对人体的危害微乎其微,是安全的,同时表明将努力尽快查明事因。公司管理层也通过媒体不断表示,公司坚决保护公众的利益,并保证彻底解决中毒事件，给消费者圆满的处理结果。为了让消费者随时了解危机处理的进展，强生公司开通了热线电话，坦诚回答人们的一切询问。

产品收回后，强生公司立即协同联邦调查人员、医学人士，调查事件发生的真相。同时对800万粒泰诺胶囊进行严格检测，查看其是否受到其他有害物质的污染（最后结果，发现不超过75粒药品受到污染）。在整个危机处理过程中，强生公司的坦诚、愧疚和负责精神，给公众留下了很深的印象，也赢得人们的同情和支持。期间，最具“第三方权威”的美国食品与医药管理局全力协查事故，紧密地配合强生解救危机。该组织及时地将重要信息传达给媒体和公众，以稳定人心。美国食品和医药管理局这样详细的信息发布，一方面满足了公众和媒体对事件信息的需求，同时也为强生创造了向好的方向发展的舆论环境。

经过百名专业调查人员以及医学界权威人士的共同努力，最后终于查明了真相。事因是：危机发生前，有一位精神病患者在一家药店购买了泰诺胶囊，然后向胶囊里注入了氰化物，之后又退回了店里，药店在没有任何防备的情况下，又把该药当做泰诺卖给了无辜的人，结果导致了这些严重事故。

最终调查结果虽然证明了强生是无辜的，但市场是无情的。可以想象，当初事发后，如果消费者正坐在沙发上看到有关“泰诺”出事的报道，这时突然头痛了，他还会去买一瓶泰诺胶囊吗？据测算中毒悲剧使强生市场占有率由35.5%降到不足7%。

真相大白后，为了维护企业声誉，保住泰诺品牌，挽回公司的损失，强生展开了提升形象、重返市场的公关之举。

事后公司花费5 000万美元进行了产品包装的改进，推出了坚固的三层密封包装的新型泰诺解痛胶囊，包装盒和瓶口上都注有“封口破损请勿服用”。为了推广他们的新包装，公司走访了上百万人次的医务人员，向消费者赠送新包装药品。泰诺新包装首开抗污染、防假冒的日用品包装先河。同时，又通过强劲的广告来宣传产品的新形象。在广告中，公司的医学顾问托马斯博士说“泰诺已经过医学界及全美国几亿人民二十多年的使用证明，我们良好的信誉是少数人无法玷污的。我们希望你们继续信任泰诺。”强生自己也说，“我们正从悲剧中接受教训，卷土重来；因此，我们不能骑在大象身上吹吹打打，宣布我们的到来。”强生要以行动证明自己的伟大。

紧接着，在博雅公关的助阵下强生于1982年11月11日邀请了30个城市的电视台500名记者前来纽约的喜来登中心广场参加一场规模盛大的电视记者招待会，并进行了卫星转播。会上，强生接受众多记者的采访，播放了泰诺新式包装药的录像。当天，美国各大电视台、电台和报纸都作了大量报道，《华尔街日报》称赞道：“强生公司选择了自己承担巨大损失而使其他人免受伤害的做法。”

通过积极的努力，强生的知名度更广，美誉度也有了新的提升，到 1983 年 5 月强生公司基本上收回了原有的市场。这场惊心的危机生死之战，强生以胜利告终。

[案例评述]

强生公司的此次危机公关活动很好地体现了公关活动的实施过程，虽然整个危机的出现很突然，但是强生公司的优秀公关能力在此得到展示，事后有条不紊的公关帮助强生公司渡过了难关！下面简要分析强生公司的整个公关活动过程。

首先，强生公司在得知这次事件后，迅速组成了以总裁为首包括公关部长在内的 7 人危机处理委员会，全权指挥整个危机事件处理，同时邀请著名的公关公司配合其行动，这构成了公关活动的第一步：设立指挥系统。这个指挥系统包含了整个公司的最高领导层，均有绝对的决定权，对于此类紧急事故能够迅速作出决策，抓住时间契机；另外拥有专业的公关公司配合，又提高了其专业度，使作出的决定均有专业性，更是提高了效率。这一领导层是效率以及专业性的集合！

其次，强生公司委员会连续 6 周每天都碰头 2 次，以解决危机发展中出现的各种问题，一切重大决定都必须经过委员会的讨论，然后才统一行动；同时，公司停止了报刊、广播、电视中所有关于泰诺的广告。另外，强生还请最具"第三方权威"的美国食品与医药管理局全力协查事故，紧密地配合强生解救危机，并且公司立即协同联邦调查人员、医学人士，调查事件发生的真相。在这种紧急情况下，强生公司有条不紊地对公司内的人员进行各种安排，各个部门各司其职，稳定合理统一地面向媒体大众，这在如此紧急情况，无法对人员进行专业化培训下，公司所做的统一行动无疑是另一种有效的控制手段。

随后，强生公司决定真诚地面对公众和媒体，主动与媒体保持充分的合作。公司立即通过媒体向公众发出了危险警告，并通知全国的医院、医生、经销商在真相没有查清前，暂停使用和销售泰诺胶囊，并不惜代价决定收回事发区域的两批"问题"产品，随后，因情况未明，公司又在全国范围内全面收回泰诺胶囊，之后又将回收产品的范围扩大到了全世界。在这种紧急情况下，公司无法进行提前的公关预演，只能本着对用户负责的态度，一步步地真诚地行动，以顾客的利益为根本，争取最大限度地减小用户损失！

对于必要的准备设备，强生公司停止了报刊、广播、电视中所有关于泰诺的广告，并下令召回了所有有关商品。强生还付出了高达 1 亿美元的代价，其中电报费就达 50 万美元，用于媒体沟通，事态处理。事后公司又花费 5 000 万美元进行了产品包装的改进，推出了坚固的三层密封包装的新型泰诺解痛胶囊，包装盒和瓶口上都注有"封口破损请勿服用"。这一切都是强生公司斥重金，以此来处理这次事件。充足的资金以及人员支持使得强生公司可以更安心地处理此次事件！

强生的此次公关案例很好地执行了公关活动的操作规范，最后为强生公司挽

回了声誉,取得了良好的效益!

5.3.3 公关策划实施的影响因素

不管是什么活动,在实施过程中都会遇到这样那样的问题,公关活动的实施也不例外。因此要想使公关活动取得预期的效果,我们不仅要在事前做好充分的准备,进行周密的部署,而且在活动中也要不断地去克服各种干扰,才能保证公关策划的顺利实施。影响公关策划实施的因素是多方面的,一般来说有以下几个因素:

1)组织自身的障碍因素

任何组织开展活动首先都要克服自身的一些障碍才能保证活动正常开展。公关活动也不例外,公关策划要想达到应有的效果除了要求公关人员认真工作之外,组织的各个部门还要统一认识、协调配合。作为领导指挥部门一定要积极支持、统筹安排,使各部门能够亲密合作、默契配合保证工作顺利有效地开展,而作为公关人员一定要认真工作,严格按照组织的要求开展活动。因此,平常可以开展组织全员公共关系教育或培训,提高组织对公关活动的认识和公关意识。这样在公关策划实施的时候,就可以协调好涉及人、财、物等几个部门的关系,创造良好的组织环境。

[案例]

了解员工心理,把握员工需求

1981 年,美国马萨诸塞州巴莫尔的戴蒙德国际纸板箱厂,因市场萎缩,工人为前途担心。为此,管理层推出"100 分俱乐部"计划,即无论哪位员工,全年工作绩效高于平均水平的,则可得到相应分数,如安全无事故 20 分,全勤 25 分等,每年结算一次,并将结果送到每位员工家里,如分数达到 100 分,便可获一件印有公司标志和"100 分俱乐部"臂章的浅蓝色的夹克衫。

1983 年底评议时,86%的员工认为管理层对员工很重视,81%的员工感到自己的工作得到了承认,79%的员工认为自己的工作与组织成果关系更密切了。

2)公关关系目标障碍因素

[案例]

山东秦池酒厂于 1995 年斥巨资夺得中央电视台 1996 年黄金时段广告"标王",一鸣惊人,秦池酒厂销量直线上升。1996 年底,秦池酒厂又以 3.2 亿元的巨额费用,再夺 1997 年的"标王"。然而,再次夺标给秦池酒厂带来的不是滚滚财源,而是一杯难以下咽的苦酒。原因是秦池酒厂以高投入再夺标王,严重地分散了资金,使本该促进企业调整产品结构、加快发展的资金大都耗在广告上,就如其总经理所说"每天开出一辆奔驰,开进一辆桑塔纳,"即秦池酒厂将大量的资金用于广告上,而只有少量资金用于更新设备等。从而错过了大好的发展时机,并且使企业形象地位下降,面临严重的经济危机。

[案例评述]

这是指由于所拟订的公共关系目标不正确、不明确或不具体而给实施带来不良影响。虽然在计划的实施过程中公关人员可以充分发挥自己的聪明才智,机智灵活地执行计划。但是在实施过程中必须按照规定的内容进行,如果计划内容本身存在问题,不管公关人员多么努力,也不可能达到预期的公关效果。公共关系计划实施的目标障碍主要表现在以下几点:首先,目标在表述上模糊、抽象、难以贯彻。这样的目标会使公关人员迷失方向,不能完成公关任务。其次,目标脱离实际情况,浮于表面,纸上谈兵,这样的目标会对公关人员造成极大的心理压力,在计划实施过程中会遇到许多阻力。排除目标障碍因素的根本途径在于制订计划的时候尽量做到目标具体、明确、容易操作,目标尽可能分成几个子目标以增强其可操作性。同时,在计划的实施过程中加强监控,及时调整出现的偏差。

3)公共关系计划实施过程中的沟通障碍

公共关系计划的实施过程也就是向目标公众传播组织信息的过程。只要有传播活动就会有沟通问题。通过沟通,把一个组织或个人的思想、观念传递给其他的组织或个人,同时又有意无意地影响其他组织或个人的认知过程,最终达到彼此间的了解并共同领悟其中的含义。在现代社会,每个人都不断地受到各种各样信息的影响与冲击,同时每个人又不停地对外界施加影响,传递自己的知识、经验等信息。在信息传播过程中由于许多干扰因素的出现而导致信息走样、变调或中断就是沟通障碍。在公共关系计划实施的过程中往往会出现以下沟通障碍:

(1)语言障碍

语言是人们最基本的沟通工具,在公共关系工作中良好的语言表达能力有助于公关目标的实现。公关人员如果在公关工作中不善言辞或词不达意,对信息的表述不明确或不完整甚至表达错误,往往会使公众云里雾里不知所措,无法采取组织所期望的行动。要消除这种障碍,公关人员就必须加强语言方面的修养,努力提高语言表达能力。例如,某教堂的两教士,甲教士说:"主教大人,我在祈祷时是否可以抽烟?"结果遭到断然拒绝;乙教士说:"主教大人,我在抽烟的时候是否可以祈祷?"结果欣然得到批准。二人由于使用的语言形式方面的细微差别,导致了完全相反的结果,这就是沟通上的语言障碍。

(2)风俗习惯等文化因素引起的障碍

[案例]

丰田霸道广告

一辆霸道汽车停在两只石狮子之前,一只石狮子抬起右爪做敬礼状,另一只石狮子向下俯首,背景为高楼大厦,配图广告语为"霸道,你不得不尊敬";同时,"丰田陆地巡洋舰"在雪山高原上以钢索拖拉一辆绿色国产大卡车,拍摄地址在可可西里。

[案例评述]

看到这两则广告后,立即有人在网上留言,表示了疑义和愤怒。认为石狮在我国有着极其重要的象征意义,代表权利和尊严,丰田广告用石狮向霸道车敬礼、作揖,极不严肃。更有网友将石狮联想到卢沟桥的狮子,并认为,"霸道,你不得不尊敬"的广告语太过霸气,有商业征服之嫌,损伤了中华民族的感情。

各国家、地区、民族由于不同的地理、历史、经济等原因,会形成各种不同的风俗习惯等传统文化因素,因而在沟通时会出现障碍。例如,美国人的风格是直截了当,而日本人的习性比较隐晦含蓄,两国人常在"不"的意思表达上纠缠不清,日本人自认为意思表达得已经够清楚明白了,但美国人却还要打破沙锅问到底,要日本人回答究竟"是"还是"不是",结果搞得双方都很尴尬。

(3)心理障碍

心理障碍是指人的认识、情感、态度等心理因素对沟通过程的阻碍。例如在谈判中,常常由于一方误解了另一方的意图或事实真相而浪费大量时间。曲解的原因就在于一方或双方钻进了隐蔽假设的误区不能自拔并且毫无觉察,陷入困境的谈判有时就是这样造成的。日常生活中的意见冲突也往往是隐蔽的假设不同在作怪,而调解者的有效作用,往往就在于使双方准确无误地了解事实真相,以消除偏见。在沟通过程中,时时注意检查自己的各种假设的真假并对对方作出正确预测。

5.3.4 对公共关系策略的把握

①当采取建设型公共关系策略时,实施时要注意把握好高姿态的传播特点,尽可能地促使活动成为社会的注意中心。

②当采取维系型的公共关系策略时,实施时要注意把握好一种长期不断的、较低姿态的传播方式。

③当采取防御型公共关系策略时,实施时要特别注意防患于未然,抓好信息反馈,及时调整自身的政策和行为。

④当采取进攻型公共关系策略时,实施时要特别注意把握好组织的政策和行为调整的速度,把握好传播的分量。此外,在具体活动中要特别注意对有利时机、有利条件的充分利用。

⑤当采取矫正型公共关系策略时,实施时要特别注意传播前的思想和行为的准备,注意对所传播的信息严格控制,确保信息准确和前后一致性等。

[案例]

2009年2月2日,国家质检总局指出某牛奶违法添加了安全性尚不明确的OMP,并责令其禁止这一添加行为。国家主管部门叫停知名乳企热卖的高端牛奶产品,该牛奶OMP安全风波骤起。此前,OMP是该公司高端牛奶的主打卖点,现在却被主管部门叫停。2月11日,当事件被媒体曝光后,公司方面坚持"速度第一"原则,借助媒体发布《该公司关于OMP牛奶的回应》,坚持"OMP安全"观点,称其安全性受到了FDA等国际权威机构的认可。但公司的单方回应并没有扭转被动局面,而自该牛奶上市以来对于OMP安全性的质疑声,在事件的助推下成为了舆论的主流,尚未完全走出"三聚氰胺"行业阴影的该企业面临很大的舆论压力。此时,家乐福、沃尔玛超市等各地终端卖场对该牛奶采取了下架、退货等应对措施。作为知名企业,该公司在进行危机应对时坚持系统运行原则,在迅速回应的同时,也与有关上级主管部门进行积极沟通,以期获得第三方的权威证实。经过一系列努力,2月14日,卫生部就该事件回应,称经六部委专家联合认定OMP并不会危害健康,从而为该牛奶平反。与此同时,该公司方面也得到了多个有关国际组织的声援与支持,该牛奶OMP的安全性得到了多方的权威证实,至此事件得到平息,产品销售得到恢复。

[案例评述]

某牛奶OMP风波是一起典型的食品安全危机事件,主打高端产品被国家主管部门叫停,这对于任何一家企业来说都是致命的。该公司对于事件的应对策略可圈可点,抓住了"OMP安全性"的关键点,坚持系统运行原则,在做好媒体沟通的同时,积极与有关主管部门沟通,最终得到了权威证实,事件得以圆满解决。

5.4　公关评估

公关效果评估是公关活动的最后一个程序,它起着对活动效果进行总结、衡量和评价的作用。而且这往往是组织活动收获最大的一个工作。因为通过对活动的评估,我们可以发现自己在此次活动中收到的效果,取得的成功,为以后组织活动的开展提供好的指导意见,同时可以发现活动中的不足,在以后的活动中改进和避免。同时,通过公关效果的评价可以作为开展公关工作、改进公关工作和制订公关方案的依据。因此,公关评估活动应该引起组织的高度重视。

5.4.1 公共关系评估的含义

1)公共关系评估的含义

评,即评价,估,为估量,评估之意为对某事某物作出的评价、估量。公共关系评估指的是对公共关系活动的全部内容给以实际的衡量,测定公共关系活动的真实状况,把握其运行情况和效果,判断与预期的差距。它有广义与狭义之分。广义的公共关系评估,指从组织的公共关系活动初始,就将评估机制引入,对公关调查、公关策划、公关活动实施均进行测定,也就是将其公共关系评估贯穿于公关活动的全过程;狭义的公关评估,指的是对于公共关系活动的实施效果进行评估。本节所说的评估,主要指的是狭义上的公关评估。

2)公共关系评估的特点

公共关系评估,与一般性的总结相比具有鲜明的优势,成为各社会组织中优先选择的一种评价手段,它一般说来有如下特点:

(1)公关评估的客观性

任何评估如果失去了客观性,那么评估就会变得毫无意义可言。公关评估更是如此。在公关活动的实施工作结束之后,怎样来评价实施的效果?比较恰当的方式,就是以客观实际为依据,以实际公关活动中的具体情况来判断公关活动的效果。这样得出的结论才是客观的,而非主观的。在各种公关活动中,特别是一些大型活动中,内容庞杂繁复,需要调动大量的人力、物力、财力才能完成,所以就不能凭一些人的印象或片面的观察得出,而必须靠事实说话。公关评估正好能够恰当地完成这一事情,通过实施效果的考察、归纳、分类、累计数字,可以比较客观地得出令人信服的结论,说明活动实施的效果如何。

(2)公关评估的真实性

评估的真实性对于组织的重要性是不言而喻的。假如评估带有虚假或不真实的成分,那就会使组织对公关活动的实施情况作出错误的判断,不仅会影响之前行动开展情况的总结,而且会影响组织以后工作的开展,给组织以错误的信息,使组织作出错误的决策。因此组织应该更加重视公关活动实施过程中产生的数据,掌握第一手资料,而不应只关注公关人员的总结和汇报,因为靠数字说话,较之实施人员的总结报告,自然要真实得多,更令人信服。

(3)公关评估准确性

公关活动实施后,公共组织下的每一个结论都会对组织产生重大影响。因此在对活动实施效果下结论时,必须要保证其准确性,不能脱离实际妄下结论。因为,结论的准确与否将直接关系到组织对公关活动的评价和总结。如果结论不准确,直接影响组织对活动实施的效果的分析以及对开展公关活动必要性的怀疑,对组织以后开展公关活动产生不利影响。因此,我们在对公关活动进行评估时,必须注意客观性和真实性,尊重事实,重视活动所带来的真实数字和效果,只有这样才能保证我们对组织活动作出准确的判断,才能帮助组织正确地分析公关活动对组织产生的真正作用,从而帮助组织作出正确的决策。

(4)公关评估的科学性

科学性是公共评估的一个非常鲜明的特点。公关评估应该具有科学性,只有具有科学性,公共评估才有意义。科学的公共评估才具有指导意义。社会组织的公关活动实施,也是一个公关人员不断总结和丰富经验的过程,活动效果的评估,正可以从中得出客观、真实、准确的结论,由此总结出科学的规律,便于指导社会组织今后的公关活动。对于这一点,公关策划和实施人员,尤其是领导者更应引起高度重视。如果公关活动效果的总结得出的结论有所偏差,就会因之而影响下一次的公关活动,造成进一步误差,或者重复犯错,这样,给组织造成的损失就难以挽回。而科学的公关评估,虽然乍看起来可能有些领导者不愿意完全信服,认为仅靠几个数字,恐怕说明不了问题,还是习惯于对问题的定性。但如果坚持使用公关评估来评价公关活动效果,则会逐渐总结出符合客观实际的规律,用这种科学的结论指导今后的工作就会引出组织正确的决策和求实的工作作风,最终有利于组织长久的发展。

5.4.2　公共关系效果评估的基本形式

根据公共关系活动内容的要求,公共关系人员可以将公共关系效果评估确定为不同的形式。根据一般组织的要求,公共关系活动效果的评估形式可以分为组织形象评估、工作成效评估和传播效果评估等。

1)组织形象评估

了解和掌握组织自身,是公共关系工作的着眼点,在公共关系调查研究工作中,我们了解了组织的实际形象,并将实际形象与目标形象进行对比,找出差距、规划未来,脚踏实地地去争取实现目标形象。当公共关系计划付诸实施之后,组织形象会发生哪些变化,需要重新评估。重新评估组织形象,主要是看组织的计划目标是否实现？实现的程度如何？通过实现的程度来分析公共关系活动的效绩,以找出差距,分析原因,抓住问题,予以解决。重新评估组织形象仍然沿用公共关系调查研究的基本方法,其步骤是:首先对公众对象进行普查分类,然后采取舆论调查或民意测验的方法进行实地调查，再通过知名度与信誉度的比较分析，进行组织形象地位的测量，最后应用“语意差别分析法”对组织形象的内容进行分析。

[案例]

20世纪80年代，麦当劳因其每天都制造垃圾——废弃的包装物，逐渐成为环保人士攻击的对象。许多企业面对环保问题，应付的办法不外乎是推、拖、拉，但麦当劳没有这样做。它为了平息抗议，宣布取消贝壳包装，代之以夹层纸包装。同时在减废上大下工夫，一是减少包装，二是减少使用有损环境的材料，三是使用较易处置，能物化成肥料的材料。

绿色形象是现代企业的巨大财富。绿色麦当劳就是在“绿色”的潮流中，以自己独有的精明和强烈的公关意识，通过环境保护这一深得人心的举措，赢得社会的好感和信誉，从而为麦当劳事业的发展创造了良好的社会氛围和经营环境。

2)工作成效评估

[案例]

1990年5月10日傍晚，阿联酋总统扎耶德及95名随行人员，下榻上海新锦江大酒店。可能是由于旅途辛苦，总统喝了一口茶，就准备进卧室休息了。它的侍从上前揭开床罩，总统突然眼前一亮，又惊又喜：“这里的枕头怎么和家里的一样？”眼前，三个很薄很小的枕头并排放在床头，而按高星级酒店的惯例，与床同宽的长枕头才合标准，难道新锦江酒店不懂规矩吗？不是的，原来使用小枕头是扎耶德的习惯。这一信息，在总统步入套房20分钟前，被锦江饭店捕捉到，于是20分钟后总统见到了三个小枕头，总统枕着小枕头很快进入梦乡，锦江饭店也因此名扬中东。

[案例评述]

公共关系工作包括的内容很多，对公共关系工作成效进行评估，要根据组织开展公共关系活动的情况而定。一般来说，应根据日常公共关系活动、专项公共关系活动和年度公共关系工作进行评估。对日常公共关系活动效果进行评估，要根据组织所确定的评估标准和评估内容来进行，通过日常工作总结、公共关系人员座谈、职工评审评议并结合社会公众平时的反应等形式进行。日常公共关系效果评估可随时进行，不必占用更多的时间。对专项公共关系活动效果进行评估，要严格根据公共关系活动的内容及特点来确定评估内容与评估标准，并由负责专项公共关系活动的人员组织实施。可采取调查研究的形式，如直接调查专项活动的参加者，或间接调查一些典型的社会公众，以了解活动对社会舆论和组织形象产生的影响，对于专项公共关系活动效果，公共关系人员都要在专项活动记录中给予记载，并详细说明，以备查用。对年度公共关系工作效果进行评估，要以年度公共关系计划和预算为依据，将一年来公共关系工作成效与预期目标和计划相比较，对公共关系各层次计划的实现程度和存在的差距，提出有说服力的总结报告。在报告中应该注意引用具体可见或可测量的成果、实例，以及引用有影响力的外界评论及专家意见，以增强报告的客观性，供领导层作出判断和评论。

3）传播效果评估

［案例］

广东电台"城市之声"员工为台庆五周年设计了一个方案：立足将城市之声5周年台庆与申办奥运活动相结合，通过电子传播媒介，传达"城市人盼奥运"的城市之声电台的时代强音，并把这一理念传遍全世界。围绕"一首歌曲——五个'1 036'系列活动"策划主题进行城市之声5周年台庆活动。一首歌曲即是以都市人热心申奥为主题，在活动中它将作为一条主线贯穿整个台庆活动始终。五个"1036"意指与主题有关的五个系列活动：1 036个五岁的孩子亲手画制的图画；1 036米长的都市人亲笔签名横幅；1 036个市民支持申奥的声音；1 036封孩子亲手寄出的信；1 036张录有主题歌的CD光盘，在送给1 036名市民之时，传递城市之声支持申奥的热诚。活动的实施与网络活动相结合，从而扩大影响与传播范围。

［案例评述］

为了实施公共关系计划，积极有效地开展各项公共关系活动，组织必须对公共关系传播效果进行评估。

内部信息传播效果的评估，主要从以下几个方面进行：

①通过内部公共关系调查，了解组织内部在日常公共关系活动中是否能做到上情下达和下情上达，使上下协调一致，共同为组织的发展服务。

②组织内部各部门之间是否能做到必要的横向信息交流及时、准确。

③在专项公共关系活动中，是否能做到让所有组织内部公众都理解、支持。

④通过信息传播是否能保证组织内部具有凝聚力与向心力。

外部信息传播效果的评估，主要从以下几个方面进行：

①了解公共关系广告的阅读率、实效率。

②通过大众传播，分析社会公众对组织的全部看法和整体信念；掌握本组织的社会形象。

③在计划期内，是否召开过新闻发布会？如果开过，范围多大？时间是否合适？内容如何？其传播目标是否得到了实现？

④商品展览会、展销会、订货会等活动传播效果如何？

5.4.3 评估的程序

评估应当有一个合理的工作程序,这样不但有助于评估工作顺利有序地进行,而且有助于获得相对准确、可靠的评估结论。因此在评估之前制订良好的工作程序是必需的。通常认为公关评估分析包括下列程序:

1)设立统一的评估目标

任何活动之前都要确定一个工作的目标,只有在目标的指引下工作才能顺利开展,不会偏离出发点。

所以要有效地进行评估,就应当有一个统一的评估目标作为基点,以后的评估活动将在这个基点上展开,评估目标所要回答的问题是:我们这次要评估什么?是策划实施之后,知名度或是美誉度的改变的状况和程度,还是公众认识的改变或是行为的改变的情况?只有确定了这个基础,我们才可以进一步确定,应当从哪些方面评估,重点评估什么,以什么作为衡量标准。制订评估目标时一定要有针对性和目的性,否则整个评估活动都会失去意义。

2)从可观察与测量的角度将目标具体化

在项目评估过程中,首先应该将项目的目标具体化。例如,谁是目标公众,哪些预期效果将会发生以及何时发生等。没有这样的目标分解,项目评估就无法进行。同时,目标分解还可以使公共关系策划的实施过程更加明晰化和准确化。

3)建立一套客观的适用的评估标准

标准是工作开展时遵循的一个标杆。有一定的标准工作才能有目的地进行,所以公关评估活动必须设定一套适用的评估标准。比如搜集资料时应该以多少数量为尺度,资料数据准确性的检验和来源可靠性的检查,收到信息的目标公众的数量和注意到这些信息的公众数量的测度,在公共活动实施后了改变观点的公众数量,了解改变态度的公众数量,了解发生行为改变的公众数量以及对社会和文化发展的影响的调查等,只有这些评估内容沿着一个明确的标准来开展,我们才能保证公关活动的有效性,避免盲目性。

4)收集资料,调查分析

评估标准的建立应当以翔实的资料数据、有效的调查分析为前提和基础。如果偏离了这一基础,那么公关活动的评估就会失去意义。我们必须对活动开展前和活动开展后公众的反应和随之的表现进行充分的调查分析,同时对组织在活动后和活动前的获利或受欢迎程度进行调查,还有要与竞争对手的情况作比较,这样我们就能发现此次活动是否取得了我们想要的效果。比如,我们认为这次公关活动提高了美誉度,那么必须知道,上一次公关活动或本次公关策划实施前的美誉度状况怎么样,其他竞争对手的美誉度状况怎么样,有哪些资料和数据可以证明,否则,我们的评估标准本身就没有标准。

5)对公共关系目标计划及其实施过程和结果进行分析鉴定,并写出评估报告

经过上述 4 个步骤的工作,紧接着就可以着手进行具体的分析鉴定活动了,这个活动实际上就是围绕评估目标,按照规定的标准,从已确定的各个方面,对公共关系目标策划及其实施过程和结果进行定量和定性分析,从而得出结论的过程。通过这个过程,应当形成一系列的判断:本次活动是成功的或是失败的,成功或失败表现在哪些方面,成功或失败的程度如何,等等。在这些基础上形成一个书面的工作报告。

6)将评估结果向有关的组织决策者汇报

评估工作报告完成之后,应由公共关系部门的负责人将之递交给组织的决策管理者,必要时应辅以口头的汇报说明。这样做,可以使决策者掌握组织目前的公共关系状况以及本部门的工作情况,作为组织总体决策某一方面的参考依据,从而使得决策者能及时地了解和支持公共关系工作,也可以使得各部门了解本部门的情况,协调好相互之间的关系。

5.4.4　公共关系评估方法

公共关系评估方法有很多种,常用的有以下几种:

1)目标管理法

在市场经济中,信息已成为一项宝贵的资源,是构成提高竞争力和创造经济成就的关键性因素,是企业无形的财富,这已成为当今社会的共识。

采用这种方法,应在制订计划时就考虑到效果测评。把公共关系目标具体化、定量化,在活动实施后,将测量的结果与原定目标相比较,就能衡量和评价出公共关系的成果。

2)舆论调查法

[案例]

20 世纪 80 年代,天津市政建设跟不上,人民群众生活存在许多实际困难,“坐车没有走路快,自来水腌咸菜,临建拆得没有搭得快”,群众意见很大。市政府决心为群众办实事,一件一件地解决落实,说到做到,样样兑现。1983 年,首先为市民办了 10 件实事,从 1984 年开始每年坚持为城乡人民办 20 件实事,到 1989 年已办了 130 件。如新建、改建了 3 000 万平方米的住宅,等于新中国成立以来前 30 年建房总数的 3 倍,使一半以上的家庭改善了居住条件和居住环境;花两年时间完成了民用气化工程,使民用炊事煤气化的普及率高居全国之冠;花一年零四个月,完成了震惊中外的引滦入津工程,一扫天津人喝咸水的历史;新铺城市道路2 137千米,建起由10来座立交桥和中环线外环线构成的“三环十四射”的城交道路网络等。广大人民群众对市政府、市领导的满意程度达92%~99.4%,形成了心齐气顺、政通人和的社会政治局面。

一般包括两种方法:一个是比较调查法,在公共关系活动前后分别进行一次调查,比较两次调查的结果,得出公共关系活动的成效。另一个是公众态度调查法,对主要公众在活动结束后进行调查,从中了解他们对社会组织的评价和态度的变化,分析公共关系的活动效果。

3)专家评估法

聘请有关方面的专家,采取咨询、座谈、评估等方法,对组织公共关系活动作出各自的客观评价。将专家的意见进行综合整理,从中得出较科学的评估意见。

采用多种方法进行公共关系活动的评估,不仅是为了证实公共关系工作的成绩,更重要的是不断地发现问题,为制订新的公共关系计划提供依据,保证公共关系工作有计划、有步骤地进入下一个循环过程。

本章小结

公共关系活动包括公关调查、公关策划、公关实施和公关评估4个部分,简称“四步工作法”。公共关系调查是公共关系实务活动的基本内容之一,是公共关系工作程序中的重要环节之一,也是公共关系人员必须熟练掌握的专业技能之一。公共关系策划,是指社会组织的管理人员或专业公共关系人员为处理社会组织与公众关系所作出的具有创造性的战略、策略谋划和整体的工作计划以及具体操作方案。公关策划的基本特征是全局性、长远性、阶段性、稳定性和抗争性。公共关系策划的实施就是把公关策划具体落实、付诸实施的过程。这一过程是公共关系工作的关键性阶段,组织的公关目标能否实现,组织的美好形象能否成功塑造,都取决于这一阶段计划实施的质量。公关评估是对活动效果进行总结、衡量和评价,通过对活动的评估,我们可以发现自己在此次活动中收到的效果,取得的成功,为以后组织活动的开展提供好的指导意见,同时可以发现活动中的不足,在以后的活动中改进和避免。

自测题

1. 你是怎样理解公共关系四步法的？举出实例说明。
2. 公关调查的内容是什么？你是如何理解公共关系调查的重要性的？
3. 公关策划的程序是什么？应该把握哪些原则？
4. 影响公关实施的因素有哪些？应该怎样进行公关实施？
5. 公共关系效果评估的基本方式是什么？怎样进行公关评估？
6. 如何理解公关活动中的市场调查对企业的作用？

第6章 公共关系传播与实施

[本章导读]

公共关系事务的操作过程一般分为:调查、策划、实施、评估4个步骤,又称“四步工作法”。公共关系传播和实施是公共关系实务操作过程中的两个重要步骤,调查是开展公共关系活动的基础,而传播和实施是解决公共关系问题和实现公共关系目标的中心环节。

[案例导入]

“10万美元寻找主人!”

某公司宣传其新型保险柜的卓越功能,登出一则这样的广告:

“10万美元寻找主人!本公司展厅保险柜里存放有10万美元,在不弄响警报器的前提下,各路豪杰可用任何手段拿出享用!”

广告一出,轰动全城。前往一试身手的人形形色色:有工人、学生、工程师、警察和侦探,甚至还有不露声色的小偷,但都没有人能够得手。各大报纸连续几天都为此事作免费报道,影响极大。这家公司的保险柜的声誉随之大增。这家保险公司未出一分钱的广告费,却取得了极好的广告效果。这说明了什么呢?

6.1 公共关系实施

1)公共关系实施的内涵

公共关系实施是指社会组织为了实现既定的公共关系目标,充分利用实施条件,对公共关系策划中的策略、手段、方法进行设计,并进行实际操作与管理的过程。公共关系实施是一项创造性的工作,公共关系工作者必须充分认识到其重要性。实施是验证之前的调查与策划的最终环节,从某种意义上来说公共关系的实施比策划环节更为关键,它具有以下内涵:

(1)公共关系的实施是组织实现公共关系目标的关键环节

公共关系实施是解决公共关系问题和实现公共关系目标的决定性环节,它决定了公共关系策划能否正确实施,公共关系活动能否顺利开展。即使有再全面的公共关系策划,如果不能付诸实施,也只能算是纸上谈兵。因此,只有贯彻好公共关系实施的最终环节,才有可能实现既定的组织公共关系目标。

(2)公共关系的实施效果决定公共关系目标的实现程度

成功的公共关系实施,不仅能够通过实施人员选择最有效的实施途径与方法,并且能弥补与修改策划中存在的不足,以更好地实现公关策划的最终效果。公共关系的实施环节不仅影响了公共关系策划的实现,更决定了策划实现的效果。如果公共关系的实施并不是最为全面、具体的,那么在完成这项公共关系活动时,将直接造成“计划”与“现实”的差距。公共关系实施并不是单纯地执行既定的方案那么简单,而是在整个实施的过程中都在不断发现与改进策划的问题,是一项极富创造性的工作,公共关系的实施效果直接影响组织公共关系目标的实施程度。

(3)公共关系实施的结果为下次公共关系策划提供了有效的经验参考

公共关系实施落实后,不论是否取得成功都会在社会上产生影响,公共关系工作者应及时将反馈的信息进行收集和整理并得出结论以便为下一次的公共关系策划提供依据。总结经验及教训,有助于以后公共活动的有效开展。

2)公共关系实施的准备程序

(1)正确制订公共关系实施方案

公共关系实施方案又称公共关系技术文案或公共关系策划的实施方案。其核心内容是公共关系创意的具体操作方法,是对公共关系策划最终落实的具体行动安排,主要包括制订行动方案与沟通方案、提出实施工作的要求与方法、确定实施工作机构、分配任务与责任、明确具体的时间安排与经费预算具体分配、制订实施工作的规章制度。

(2)正确选择传播媒介

实施公共关系工作方案要借助一定的媒介。因为传播媒介的选择决定公共关系活动的效果。公共关系活动实质上是针对公众进行的信息传播活动,要使这种活动获得最佳效果必须选择能为公众所接受的传播媒介。

(3)培训实施人员

公共关系人员培训就是使有关人员了解公共关系策划方案,以便使他们能够在了解的情况下准确积极地发挥作用。若没有做好对相关执行者的培训,将很难正确实施公共关系策划。

(4)调查公共关系实施障碍因素

公共关系实施障碍因素调查是指在公共关系计划实施前对来自于公共关系实

施主体、客体和实施环境的各种可能影响和阻碍实施行为的因素所进行的调查。影响公共关系实施的因素是多样的。例如语言障碍，在公共关系的沟通中所出现的语音混淆或者用词不当等都是语言障碍。又如习俗障碍，在一定文化历史背景中形成的习俗。再如心理障碍、组织障碍等诸多公共关系实施障碍因素。我们在进行公共关系实施的时候，都要注意解决这些因素使得公共关系实施可以顺利开展。

(5) 对公共关系实施进行实验

这是在公共关系策划正式实施前，将实施方案在一个典型的小公众范围所做的实验性实施，目的是验证各项工作内容的操作方法并取得实施经验，为后期顺利进行公共关系实施提供依据以及借鉴。

[案例]

中国石化润滑油公司是世界五百强企业——中国石油化工股份有限公司的直属企业，是国内润滑油行业第一、世界排名第四的润滑油知名品牌。2004 年销售量达 126 万吨，占据国内润滑油市场三分之一的份额。

由于润滑油市场是我国唯一完全对外开放的石油、石化产品市场，因此形成了国际品牌盘踞高端，国内品牌后起直追的市场格局。近年来，虽然国产品牌知名度有所提升，但却未能改变其低端的品牌形象。作为中国航天专用润滑产品的唯一供应商，从"两弹一星"到长征系列运载火箭、神舟系列飞船，长城润滑油为中国航天的历次发射提供了高、精、尖端的润滑产品，并且多次得到党中央、国务院和中央军委的表扬和嘉奖。但由于历史原因和体制原因，长城润滑油并未能有效利用这一独占资源，拉动其品牌向高端转变。

为此，如何实现品牌资源的最大化，提升长城润滑油的形象，成为了本项目的最大诉求，这其中，存在着许多现实的挑战：其一，赞助"神六"的企业达 13 家之多，且消费者对此类赞助权益日益漠视，如何从众多搭车"神六"的厂商中脱颖而出，凸显长城润滑油与"神六"的强关联是一大挑战；其二，如何准确判断"神六"的关注曲线和不同阶段的舆论热点，策划媒体感兴趣的传播主题，进而塑造长城润滑油"高科技、高品质"的高端品牌形象也是一大挑战；其三，如何抢占"神六"发射及返回的第一时间快速反应与联动，将长城润滑油的相关新闻与"神六"飞天的各种关键新闻同步播出，借助央视等重量级媒体实现企业传播的最大关注效应，是需要应对的又一挑战。

项目调研

市场及品牌现状：在中国润滑油市场，20% 的高端市场被国外品牌牢牢占据，并产生了 80% 的利润。因此，高端市场成为众多润滑油厂商竞争的焦点。长城润滑油虽然具有较高的品牌知名度,但缺乏信任度,且其高科技、高品质的品牌定位也缺少支持。

"神六"关注曲线分析:"神六"定于 2005 年 10 月 12 日发射,根据对媒体信息的分析以及对重大社会事件的判断,在发射前的一个月内,媒体及观众对"神六"的关注开始升温,在"神六"发射当天将达到一个高峰,随后 115 小时的飞行过程中,会持续保持温度,在 10 月 17 日"神六"落地的当天,将再次达到一个新的高峰,然后开始呈现逐渐下降的趋势。

舆论热点分析:在"神六"发射前,媒体关注的热点将是"神六"的整体进展情况、发射时间及人选的确定、百姓的祝福与祈盼等;"神六"选择在国家制订"十一五"规划之际进行航天之旅,"十一五"规划的一个重要内容是"自主创新",而自主创新又是我国航天科技和航天事业发展的核心动力,因此,在发射及飞行中,结合"神六"的自主创新话题将是舆论的热点;在"神六"落地当天,祖国各地将以各种形式庆祝"神六"圆满成功,因此,欢庆的场景、独特的庆祝形式,都将是媒体报道的重点。

消费者媒体接触习惯调查:根据有关资料显示,润滑油产品消费者的信息接收渠道依次排序为:电视(72%),报纸(25%),户外(25%),杂志(21%),互联网(14%),终端(19%),广播(12%)。

项目策划

公关目标

1. 强调长城润滑油与"神六"的紧密关联,塑造长城润滑油"高科技、高品质"的高端品牌形象。

2. 在"神六"发射与落地的时间节点,制造新闻亮点,获得极大的品牌影响力和社会关注度。

3. 结合国家舆论导向,传播长城润滑油自主创新的成绩和获得的各项荣誉,体现长城润滑油强大的科研与技术实力,激发公众的民族自豪感。

公关策略

1. 挖掘长城润滑油与中国航天事业的深层关系,提炼关键信息,形成与诸多搭车"神六"厂商的差异性,实现长城润滑油——神六——高科技、高品质的强关联。

2. 以"神六"重大社会事件不同阶段的舆论热点为划分,将此次公关传播规划为三个阶段,通过层层推进,使长城润滑油的航天品质得到强化和认同。

3. 与央视"神六"直播同步,策划一系列环环相扣的公关活动,为电视媒体提供大量可供录播与采访的画面内容。

4. 注重点面结合,注重对核心信息传播广度,重点信息的传播深度,以不同角度和不同形式的信息内容强化对媒体的渗透。

传播主题及关键信息

1. 以“长城润滑油相伴航天四十年”为主题，传递长城润滑油是中国航天专用润滑产品的唯一供应商，从中国第一枚运载火箭、第一颗人造卫星到神舟飞船，长城润滑油为中国航天的历次发射提供了高品质的润滑保障，并得到中共中央、国务院和中央军委表扬和嘉奖。

2. 以“先进科技，护航神六”为主题，传递长城润滑油通过自主创新，打破国外技术垄断，成为国际上为数不多的几个能够提供航天润滑产品的企业，并再次成功为“神六”提供润滑保障。

3. 以“航天科技，品质保证”为主题，传递航天飞行对润滑油苛刻的性能要求和100%合格率的质量要求，“神六”的成功，再一次证明了长城润滑油的卓越品质。

媒体选择

中央及地方电视台，中央和各地主流平面媒体，各大门户网站，汽车类、润滑油类专业网站，长城润滑油各渠道终端。

项目执行

第一阶段：9月10日，主题为“心系神六，祝福航天”全国巡展活动在北京奥体中心举行了盛大的发射仪式。

第二阶段：与央视“神六”直播同步，打造超级眼球效应。

第三阶段：在“神六”返航后集中发力，与普天同庆。

通过一系列的公关活动，举世关注的“航天”概念给长城润滑油带来了广阔的遐想空间，主题里面蕴涵着自主创新、中国崛起、四十载承诺、世界顶尖品质等传播核心信息。长城润滑油此项赞助的与众不同之处在于，自身的产品、技术和人员与新闻事件能够建立令人信服的关联度，它不仅给“长城”带来了“眼球”，更使“长城”抢占了传播的制高点。

6.2 言语传播

6.2.1 言语传播的基本内涵

“传播”一词译自英语 Communication，源于拉丁语 Communls，原意是“与他人建立共同的意识”，西方传播学家将它解释为：通信、传达、交流、联络等。传播学亦称传学和传意学，起源于20世纪初的美国，形成于电子媒介飞速发展的20世纪40年代。传播学有广义和狭义之分。广义的传播学主要研究内容有：语言、文字等各种符号的信息意义，人们的传播行为及其模式，传播的过程和渠道，传播的效果和作用,传者与受者的相互作用,等等。狭义传播学的研究对象是大众传播,一般称为大众传播学,其主要研究内容是:大众传播事业的发生、发展及其同社会的关系,大众传播的功能与方式,大众传播的内容和过程,等等。公共关系是一种传播活动,并且在很大程度上是利用大众传播工具来展开活动的。因此,不论是广义还是狭义的传播学,对公共关系实务来说都有着最根本的意义。

公共关系传播是公共关系活动的核心内容,是组织与公众之间进行信息传播沟通的过程。是否有效利用各种传播媒介是公共关系活动成败的关键。以公关传播应用的媒介为标准,通常把公共关系传播归纳为 3 种基本途径类型,即人际传播、实像传播、大众传播。这 3 种都是公关传播活动中常用的途径,发挥着不同的作用。

言语传播是人际交往最常见的形式之一,不管是一般的人际交往还是公共关系实务活动,大多采用言语传播的方式。因此,言语传播在公共关系实务中是一项专门性的操作技术。为了更好地开展公共关系活动有必要了解一下言语传播的特点、作用以及运用技巧。

1)言语传播的内涵

言语传播是指传播者(即说话人)通过口腔发声并运用特定的语词和语法结构及各种辅助手段向受传者(即谈话对象)进行的一种信息交流。言语传播通常采取面对面的方式。

言语传播通常发生在直接面对面的场合,不需要借助其他的媒介,或者只使用个人性的媒介,参与传播的主体和对象之间就能进行直接的信息交流。由于言语传播的直接性,信息交流过程和反馈过程的间隔时间非常短,传播双方在特定的语言环境中,相互影响的作用比较强。

口语是靠人体的发声功能传递信息的,由于受到人体能量的限制,一般情况下,口语只能在相对近的距离内进行信息的传递和交流。口语使用的声音符号是一种转瞬即逝的事物,记录性比较差,口语信息的保存和积累只能依赖于人脑的记忆力。另外,口语随着社会发展产生了方言,甚至分化为不同语种。这些变异与变体的存在增加了语言的表现力,但同时也带来了言语交流的不方便。

言语传播多数采用面对面交流,情感的表达和沟通直接、丰富,人情味很浓。但是,它的情感性也决定了言语传播过程中,比较容易受个人态度和情绪的影响。

2)言语传播的一般原则

公共关系传播活动中,公共关系人员运用语言与公众沟通交流,其语言要求超出了一般的语言交流,要体现公共关系语言的特色,这就要求公共关系人员必须了解并遵循公共关系语言的一般原则。

(1)言语表达准确

准确是语言表达的基本要求。在公共关系传播中,语言媒介担负着真实准确地表达社会组织向公众传播信息的任务,语言的形式与信息的内容必须高度统一,以求有效地引导公众按社会组织传播的本意来理解信息。

[案例]

"农夫山泉有点甜"七个字使农夫山泉在所有的矿泉水中脱颖而出,把"甘甜"的概念表现得淋漓尽致,到底甜不甜还得消费者体验过才知道,但是这样的一个定位直入消费者心理;"怕上火,喝王老吉"七个字,把"王老吉是预防上火的饮料"这样一个闪光点表达得十分准确,这就符合王老吉的品牌定位。与早期王老吉的"健康家庭,永远相伴"广告语相比,这七个字的表达显得更加清晰。

(2)言语表达真实可信

社会组织要如实地向公众传递真实可靠的信息。但凡有关公众利益的信息,无论好坏都要如实相告,既不能因其优点而夸大其词,也不能因其缺点而包庇隐瞒。许多国家的公关协会都把信息传递的真实可信作为一项重要的准则。

[案例]

在1982年9月底美国芝加哥地区发生了震惊全美国的药物中毒事件,有7人由于服用了美国某制药公司生产的一种名叫"泰×××"的止痛药而中毒死亡,还有250名服药者也危在旦夕。一时谣言四起,公司及产品声誉遭受重创。公司深知自己的产品不含毒素,不会致人于死命,于是展开调查,不久真相查明,7人的死亡是因为有人打开药品包装加入剧毒而致,那250人的病况也与该药品无关。但流言的传播与误导使得事态朝着负面方向发展,不利的影响已经使顾客不敢轻易购买"泰×××",如果公司把市场上的药品全部收回,又将损失1亿美元。在这种严峻的形势下,公司的高层领导从危机一发生,就要求其公共关系部门要与各种媒体充分合作,各大报纸向该公司发送了超过2 500份书面请求,要该制药公司提供有关数据和信息,该制药公司的公共关系人员都尽量满足他们的要求,讲出真相,为企业讨回了公道,挽回了信誉。

[案例评述]

正是因为公司与媒体的积极配合,该制药公司赢得了媒体的赞赏,而媒体因为对该制药公司的正面评价,帮助了该制药公司重新恢复形象。事后有人统计,整个"泰×××"事件中,总共有超过12.5万条关于泰×××事件的新闻报道,大多数媒体报道因为该制药公司的态度,而进行了非常正面的报道。

(3)言语选择配合环境与场合

要求公共关系语言的运用与所处的特定语言环境相适应。语境是指语言符号表达思想时特定的背景因素和时空条件,包括社会环境,自然环境,交际场合与对象,双方的身份、地位、阅历、性格、修养、处境、心绪,等等。语境对语言有制约作用。公关人员要主动地适应语境,使传播渠道最大限度地畅通,克服因语言与环境不配而造成的不良情况。

[案例]

曾经有一位北方客人到上海的一家绣品商店买绣花被面,有一条一对白头鸟的被面吸引了他,但他还有点犹豫:这鸟的姿态很美,就是嘴太尖了,看起来像是在吵架。售货小姐察觉到他的心思,就微笑着对他说:"这鸟的头发白,表明以后夫妻白头到老;它们的嘴伸得长,是在说悄悄话,表明夫妻相亲相爱。"售货小姐察言观色,准确地把握了顾客的心思,在特定的语境下把"鸟的尖嘴"解释为"伸长嘴说悄悄话",说得顾客满心高兴,于是买下了被面。

(4)言语大方得体

得体,即语言运用适当、妥帖、恰到好处。得体,要求传播得当,寻求最佳表达方式。公关语言讲究得体,一是在语言风格上,注意实用基础上的平实;二是在用语色彩上注意中性化倾向;三是话语表达上注意恰如其分;四是在互相尊重的前提下,注意文明、庄重的色彩。

[案例]

曾有一位营业员向外国顾客介绍商品时,因为不了解外国顾客的情况,而按照对中国顾客的方式来接待,结果就把顾客赶跑了。事情是这样的,有一位英国客人在商店里表示出对一件工艺品感兴趣时,该营业员取出该工艺品,然后对客人说:"先生,这件不错,又比较便宜。"顾客听了她的话后,丢下商品,转身而去。为什么这些话会把这位顾客赶跑呢?原来是"便宜"二字。因为在英国人心目中,买便宜货有失身份,所以这笔买卖没有做成。

(5)言语传递有效

言语传递有效,是指通过语言表达收到预期的效果。衡量语言运用效果的好坏,总是与其所要达到的目的、要实现的任务密切相关,并且主要是看它在影响公众、引导公众上所产生的作用。衡量公关语言的效果,可以分为信息、情感、态度、行为 4 个层次。

信息层次,就是将社会组织需要让公众知道,或者公众需要知道的关于组织的信息，通过语言传播让公众及时、准确、充分地获知。情感层次，就是通过语言传播，引起公众对组织的好感，建立起与公众维系感情的纽带。态度层次，就是通过语言传播，引起公众的态度朝着组织期望的方向形成、发展和转化。行为层次，这是公关语言效果的最高层次，即引起公众产生组织所期望的行为。

[案例]

1946年5月，远东国际军事法庭开庭审判日本战犯，10个参与国的法官们为了排定座次，展开了一场激烈的争论。中国法官理应排在庭长左边的第二把交椅，但是由于当时中国国力不强，而被各强权国所否定。在这种情况下，中国法官梅汝璈首先正面阐明排座次应按日本投降时各受降国的签字顺序排列，这是唯一正确的原则立场。接着他微微一笑说："当然，如果各位同仁不赞成这一办法，我们不妨找个体重测量器来，然后以体重大小排座，体重者居中，体轻者居旁。"这回答引得法官们大笑起来。在举世瞩目的国际法庭上，法官们的座次按体重来排定，这岂不是天大的笑话，因此各强权国只好作罢。

6.2.2 言语传播的技巧

1)传播内容环节

传播内容环节是传播活动的主要环节，信息大部分集中于此，因此在言语传播中，掌握这一环节的技巧是十分关键的。

(1)确定传播的主题，并围绕主题形成自己的看法

传播主题是根据交谈的目的、性质来确定的，有时言语传播活动是事先约定的，在这种情况下，交谈的目的和性质比较明确，传播的主题与看法也比较容易确定形成。此外，还可征求其他人的意见。但是有时候言语传播并不是事先安排好的，在这种情况下，传播者必须充分做好功课，懂得随机应变抓住机会。在大致了解受传者的情况下确定有针对性的传播主题，有的放矢。

(2)在传播中始终围绕紧扣主题

传播主题建立后，在交谈中就要努力紧扣主题。当然紧扣主题并不意味只谈主题，必要时也可以从主题发散开。但是所谈内容必须是围绕主题并且有利于传播的。

(3)在传播中重内容、重实质，切忌华而不实

在传播过程中要以传播内容为重，传播者必须清楚明白地把内容表达出来。同时，切忌用太华丽的辞藻与不常用的语句，尽量使传播语言与内容通俗易懂。尤其是面对不同层次的受传者时,语言是否通俗易懂更能显示出它的传播效果。因此,表达形式的选用要以清楚明白地表达内容为准,切忌只重形式的倾向。

[案例]

一双筷子上写着这样两行字:"假如我的菜好吃,请告诉您的朋友;假如我的菜不好吃,请告诉我。"这两句富有浓厚情感的公关语言同"美食家"的名字一起传遍了整个杭州。"美食家"餐厅深深懂得:只有在顾客心目中树立起"美食家"的良好形象,才能招徕顾客的光顾。"美食家"的吸引力放在一个令人亲切的"情"字上,依靠情感的传导来沟通顾客关系。只有把情感输入顾客心里,才能塑造"美食家"的形象。只有把诚心贴在顾客心里,才能建立"美食家"的信誉,从而产生一种"情感效应",使企业获得良好效益。

2)传播媒介环节

传播媒介环节也可称为"传播渠道"环节。言语传播的媒介主要是口语,口语的特点是稍纵即逝、不留痕迹。除口语外,还有一些非言语因素也是言语传播的媒介因素。在这一环节上,传播者除了要把握口语技巧外,还要运用非言语交往的技巧。

(1)用语准确简洁

美国哈佛大学语言学家齐夫根据他对语言的研究指出:在语言交谈中,说话者只用一个词来表达一个概念最直接,听话者也是对每个概念用一个词理解最为便捷。因此,传播者在对话沟通中最好采取这种最为简洁的表达方式,使听者更容易理解与接受。

(2)注意口语的流畅与连贯

正因为口语转瞬即逝的特性,其在时间上停留短暂。因此要求传播者必须注意口语的流畅性与连贯性。例如传播者在口语交流中出现的过多词语重复、口头禅、句子结构不完整等问题,都会影响到口语传播的效果。

(3)学会控制声音

口语的物质载体是声音,声音的音量节奏等虽然不是语言,但是却会在语言传播中起到制造、调节、强化气氛的作用。所以,要使传播具有感染力,必须学会控制声音。

(4)注意发挥非语言因素的传播作用

言语传播不能光靠有声语言起作用,还可以运用各种表现方式和辅助手段,以使传播媒介"立体化"。美国心理学家阿尔培特说,口语信息交流中,55% 体语 +

38%声音+7%语言=传播要素构成。例如服饰、身姿、手势、表情、眼神等各种非语言因素,如果运用得当,会取得非凡的效果。

[案例]

2005年8月下旬,富绅集团全面启动对外宣传和媒体公关工作。充分抓住富绅在中国服装行业第一次大胆外委专家人才组阁经营与管理这一创新举措,进行事件传播。截至9月底,先后有24家专业网站,5家报纸在重点栏目和版块对集团的人事改革和品牌提升、完善思路和进程进行了全面、深入地报道。

3)传播者环节

传播者是传播活动的主角。由于言语传播通常采用面对面的方式,因此在言语传播中,传播者对传播技巧的运用最能体现他的公关水平。传播技巧在这个环节有以下几个要点:

(1)明确即将开始的言语传播的性质

言语传播的性质是由言语传播的目的所决定的。如言语传播的目的是建立在推销产品上,那么言语传播就具有介绍产品情况的信息传递性质。只有在明确言语传播性质的前提下传播者才有可能在传播开始时找到最合适的切入点,为取得良好传播效果打下基础。

(2)明确自己的社会角色和传播角色

每个人都有他自己担当的社会角色。一般说来,一个人的社会角色与其在传播中所担任的角色是一致的,如工厂的厂长是法人代表,他在传播中的言谈举止也要符合法人代表的身份;如你是一个社会组织公共关系部门的一般工作人员,那么你在言语传播中就没有法人代表的地位。但在特殊情况下言语传播的传播者角色与具体社会角色地位并不完全一致。所以在言语传播中,传播者既要明确自己的社会角色,又要明确自己的传播角色,这样才能掌握传播中的主动权。

(3)在传播中注重口才的同时要将身心投入

在言语传播中,口才占有主要的地位。但是除此之外,传播者还应该以全部身心进行言语传播,要热情、亲切、真诚,努力做到"声情并茂"。如果只侧重于良好的口才而忽视情感的运用,容易给人一种哗众取宠的印象,其传播效果也会大打折扣,甚至适得其反。

传播者只有声情并重,才可能给受传者留下良好的印象。

[案例]

2005年初,康乐氏橄榄油正式进入中国市场。经过慎重策划,项目团队决定根据产品的功用及市场定位，为产品选择一名形象代言人，并将形象代言人定位为“健康、智慧、美丽”。康乐氏极富创意地在北大、清华两大国内顶尖高校征集女博士来担任形象代言人。消息一经传出，由于社会上对女博士话题的敏感性而在网上引发了网友们的热烈讨论。招募形象代言人的活动，首先就在国内高校及网络上引起了广泛的关注与讨论，成为红极一时的话题，从而有效地传播了康乐氏品牌，因此，选用代言人的过程为康乐氏作了一次成功而又免费的“广告宣传”。

4)接收者环节

接收者是言语传播的对象角色，要想让接收者最终接受传播的信息，语言传播者应该在这个环节上掌握如下几点：

(1)尽可能了解接收者

语言传播的接收者不一定是一个人，也有可能是一群人。人与人不尽相同，因此传播者在进行言语传播前最好事先对受传者有所了解，包括其背景、现状及生活爱好等细节，便于传播者在传播中能不断调整交谈内容。

(2)在任何情况下都要尊重接收者

无论接收者的身份地位如何，传播者必须充分尊重他。不仅要表现在礼貌用语上，如“请”“对不起”“谢谢”等词句。采用“您觉得怎样?”等商量的语句，甚至还要在表情、动作、服饰上加以注意。

(3)传播中学会聆听受传者的意见

言语传播是一种双向沟通，听话者往往也是说话者。此时，要注意运用聆听艺术，不但表示对对方的尊重，还可以通过聆听，更加了解对方。

6.3　文字传播

文字是人类社会文化进步的象征，最初的象形文字到至今的现代文字，文字成为了人们沟通与传播的重要工具。而文字传播更发展成为人类社会信息交流的重要手段，公共关系活动常常借助文字传播来协助。因此如何有效地运用文字传播的技巧来取得公共活动的成功，是公共关系学中很重要的知识。

6.3.1　文字传播的内涵

文字传播，是以文字为媒介的传播。文字作为人们用来记录和传递信息的书写符号，它的出现是人类文明史起源的一个重要标志，也是人类信息传播史上的一个重要飞跃。在文字产生之前，人类的信息传播方式主要限于言语传播，在时间和空间上都有相当大的局限性。由于文字不同于语言的特点，文字传播也有不同于言语传播的特点。

1)文字传播的特点

(1)文字传播对传播者与接收者的文化水平要求较高

语言是人们生活中交流的最基本手段,是正常人日常生活中不可或缺的交流工具。即使是没有任何文化不识字的人,也能容易地利用语言进行信息传播。但是,文字传播却没有那么简单。文字信息的制作需要一定的文化基础,文字使用的水平直接影响文字表达的含义。文字传播是一门需要积累相当的文字、词汇、语法、修辞的专门学问。文字传播也是一门艺术,好的文字语句,即使寥寥数语,依然能深入人心。这些都要求文字传播者必须拥有较高的文化水平与文化修养才能胜任。

(2)文字相比语言更为抽象,文字传播的手段比较单一

言语交流是人们面对面进行的,搭配上表情、手势,使得其生动具体。然而,文字本身只是抽象的符号,文字传播没法借助于具有丰富表现力的表情和动作等因素。除了诗歌等有限的文字作品外,文字传播在情感的表达上要比言语传播逊色,这是文字传播的一大缺陷。但是,因为文字比语言更抽象,所以文字表达比言语表达在传播信息上往往更精确,这尤其表现在某些数学语言上。可以说,文字传播在感性表达上稍逊于言语传播,但在理性思维的表达上要优于言语传播。

(3)文字记录可以长期保存,因此文字传播在时间和空间上都比言语传播更具优势

言语传播具有转瞬即逝的缺点,受到时间和空间的限制。然而文字传播不仅可以将信息记录并保存下来,甚至可写成书面材料散发。文字传播打破言语传播的时空局限,可以在较长的时间与较广的空间里产生影响。此外,文字传播的书面材料可以长期保存,与言语传播相比,文字传播更具正规性。谈判要签书面协议,政府或者其他社会组织有重大决策要形成和下达书面文件,就是因为文字传播的正规性。口头上的约定与承诺如果没有成文,根本无从考证,所以文字传播在这个时候起到了无可替代的作用。但是,文字传播也有不够完善的方面,它缺少及时反馈。一方面文字传播的保存期越长,反馈效果就越差。文字传播要想及时取得反馈信息必须把已经制作的文字材料尽快散发,而不能仅仅把它保存起来。

2)汉字传播的特点

不同国家的文字传播又有其不同的特点。我国使用的汉字传播又有它的一般特征。我们有必要进一步知道汉字及其传播的不同之处。汉字经过由甲骨文到楷书的漫长演变过程,但它始终是一种表意文字。尽管自汉代以来通行的汉字中,大部分是形声字,但这些形声字同表音的拉丁文字仍有本质区别,作为表意的汉字有如下特点：

(1)丰富的表现力

汉书有所谓“六书”，即象形、指事、会意、形声、假借和转注。后人认为后两“书”乃用字法，前四者才是构字法，所有的汉字都是由象形、指事、会意和形声造就的。这种构字方法使得汉字具有丰富的表现力。

(2)特有的音乐性

汉字是一字一音，现代汉字有阴平、阳平、上声、去声 4 种声调，组成的词句朗朗上口。此外，汉字组成的对仗、连珠等修辞格既富有乐感，又具有对称的美感。汉字的叠用，如“日日夜夜”“心心念念”等同样使人感到文字的乐感和美感。

(3)难写、难读、难认

汉字是世界上最难的文字之一，不仅笔画繁复，形音分离，再加上一字多音和一音多字等，造就了其“难”的特质。因此，在公共关系活动中，如何将汉字传播扬长避短，又是文字传播的一种技巧了。

[**案例**]

1:20 世纪 30 年代，上海的“梁新记”生产的牙刷，在 100 多家同行业厂家中，开始并无显山露水之处。老板印刷了大量的广告说明书作宣传，仍无起色。后遇一文人赠送四个字，老板茅塞顿开，以之作广告(当然还配有图)，从此，“梁新记”声誉鹊起，生意大发，遂成为上海“刷坛”“霸主”。为“梁新记”翻身的四个字即是“一毛不拔”。众所周知，“一毛不拔”是一条贬义成语，用以形容人极端吝啬自私，用之作广告，岂不是老板自己打自己耳光？但是，当一看到宣传的具体商品是牙刷时，则不禁要拍手称绝了：牙刷之所以为牙刷，刷毛是最重要的组成部分；牙刷损坏，除了把子断裂(这是很少的)，多是刷毛脱落。衡量一把牙刷质量的好坏，主要是看刷毛耐用的程度——“一毛不拔”则是质量之至极。在这里，“一毛不拔”的贬义已经荡然无存，赋之以无与伦比的褒义。标新立异的广告，“一毛不拔”的牙刷，有谁不喜爱呢？

[**案例**]

2：北京一家老字号“王致和”是生产臭豆腐的，老板的广告也是别出心裁：“王致和遗臭万年”。这“遗臭万年”也是贬义词，形容人臭名流传，永远受人唾骂，是一句典型的骂人的话。要说“贬”的程度，是够厉害了——被骂者多是历史罪人。但当知道宣传的商品是“臭豆腐”时，“贬”则变成了大大的“褒”了：臭豆腐区别于其他的豆腐乳，靠的就是特殊的“臭”味，如果臭豆腐不臭，还有谁来买呢？臭豆腐越臭，买的人越多，这臭豆腐的名声就越好。这独特的臭味，因之而获得的“臭”的名声，以致这“臭”可遗传万年了。前不久看一则报道，说北京的市民喜爱传统美食,列举的不多几家名字,其中就有"王致和"臭豆腐。"遗臭"之说,由此也可得以佐证。

6.3.2 文字传播的技巧

在某种意义上说,文字传播的技巧是文字及其传播的特点的运用。文字传播技巧可以分为两个层次:文字传播的一般技巧和汉字传播的技巧。

1)文字传播的一般技巧

文字传播作为一种特定信息交流方式,其技巧问题实际上也就是运用信息刺激接收者以引起受者注意并取得效果的问题。应当说,信息引起受者的注意并取得效果的前提是文字的内容与受者利益具有相关性。在公共关系中,这种相关性实际上是社会组织与公众建立关系的基础;所以在文字传播中,这种相关性是必须特别注意的问题,但它并不一般地属于文字传播的技巧问题。文字传播的技巧可以说就是如何把这种相关性突显出来引起受者注意的具体操作技巧。根据文字及其传播的特点,要把这种相关性突显出来,主要在于文字信息的结构性,所谓结构性因素,在这里是指文字的排列组合方式。故此,文字传播的一般技巧应注意以下几点:

(1)文字内容的刺激度

一般来说文字表达越新鲜越浓缩,便越易引起受者的注意。新闻工作者常常在新闻标题的制作上花费很大的工夫,这种功夫历来被称作是新闻文章的"点睛"之笔。有时传播内容能否引起受者注意,其标题的好坏起决定性作用。有的编辑认为只要标题新颖独特,能够刺激受者,那标题与文章内容是否有一致性就不是一个主要问题了。这种看法可能有点极端,但它至少充分认识到了文字内容的刺激度对传播效果的巨大影响。

(2)文字形式的对比度

文字是需要通过一定的排列形式出现的,这种排列形式对引起受者的注意也是极为关键的。如报纸上的通栏标题采取虚实结合的版面处理,字号不同的印刷符号等,都是为了加强文字形式的对比度,从而吸引读者的特别注意。实践证明,这种方法确实能取得不错的传播效果。

(3)文字出现的重复度

当同一内容无论以同一形式或不同形式重复出现时,它往往会在受众中引起注意,如口号般反复出现会在公众中引起较大的心理作用。同一句广告语的不断出现,是对文字传播技巧的积极运用。"人云亦云,亦步亦趋",这种文字重复出现的方式是利用了人们的从众心理。正所谓"三人成虎",从传播效果看,谎言重复次数越多,就越能带来负效果,上当受骗的人越来越多。谎言一揭穿,制造谎言的社会组织或个人今后就越得不到人们的信任。此外重复应当有限度,这种限度应视宣传是否已经引起公众注意为准,否则无休止的重复,反而会使公众感到厌烦,从而产生负效果。

(4)文字结构的变换性

有时同一内容可以用不同的文字结构来表达,但不同的文字结构会产生不同的文字传播效果,所以有时要适时变换文字结构才能取得好的传播效果。

此外,这种一般技巧还应包括文字的简练度、精确度,版面安排的美观度、实用度,等等。

[案例]

富安娜公司一纸状书,将竞争对手罗莱家纺推上被告席,两大家纺巨头间的战火越烧越烈。两家的战火,源自于"关键词劫持",多喜爱家纺也遭遇过类似情况。在百度搜索关键词"多喜爱官网",列出来的第一条信息是罗莱旗下家纺品牌的广告,显然关键字已经被罗莱通过"付费推广"的手段劫持,第二条才是多喜爱官方网站的相关信息。

[案例评述]

"关键词劫持"是指通过 SEO(Search Engine Optimization,汉译为搜索引擎优化)技术手段把目标关键词的流量引到指定的网站或网页。SEO 是近年来较为流行的网络营销方式 SEM(Search Engine Marketing,汉译为搜索引擎营销)的基础,主要目的是增加特定关键字的曝光率以增加网站的能见度,进而增加销售的机会。罗莱家纺董事、董秘吴献忠就此事对媒体的回应是,罗莱家纺作为中国著名的家纺类上市公司,没必要通过这种方式去争抢客户份额,在 2009 年 9 月份接到富安娜的投诉之后,已经清理盗链。而对于此次出现的盗链,他认为可能是一些在网络上售卖罗莱家纺产品的第三方经销商所为,同时也不排除有人故意做局陷害。从这也可以看出,文字传播的重要性,尤其是在现在的网络时代,文字结合网络,将发挥更大的作用。

2)汉字传播的技巧

汉字及其传播具有特殊性,因此汉字传播既要注意文字传播的一般技巧,又要掌握汉字传播的特殊技巧。汉字传播的特殊技巧的根据主要就是汉字的客观特点。汉字传播的技巧就是如何在汉字传播中扬长避短的操作技术。

(1)合理运用汉字的语言声调

汉字具有音乐性,适合诵读,并且汉字的音乐性还便于人们对语句内容的记忆。汉字的这种特点，在文字传播中起到非常重要的作用。如《三字经》的作用，就是充分利用了汉字的音乐性，使其诵读起来朗朗上口，便于记忆。

(2) 尽量使文字通俗易懂、简单精练

汉字数量众多，又有大量的冷僻字、异体字等，增加了汉字的辨认难度。因此，在文字传播中要注意用字规范，绝不用未经正式认同的简化字与异体字。除非对港澳台地区的宣传可以采用繁体字，否则一律不采用繁体。同时在运用文字时，切忌标新立异，要尽量让受者看懂文字。只有在这个前提下，才能谈使用文字的艺术。

(3) 利用文字创造意境

在注意文字通俗易懂的基础上要讲究文字传播的艺术性，这需要在单一的文字符号媒介上，尽可能地运用多种手法来创造意境。汉字的丰富表现力可以使人们能够通过文字的描述再现客观对象的声音、色彩、形状，甚至人们身临其境时的味觉、嗅觉、触觉等。当然，文字传播要创造意境是比较高的要求，但并不代表不能实现，一旦创造出能打动读者的意境或氛围，该文字传播就取得了一般文字传播所不能达到的效果。

[案例]

“药材好，药才好”。六味地黄丸是一种极其普通的中成药。有调查发现全国上市销售的六味地黄丸超过 500 种。这样高度同质化的产品，值得花大投入做推广吗？宛西制药厂位于河南宛西小县，并无优势区位和地域品牌优势。2000 年以前，该厂的产品还主要依靠低价大批发为主，引用河南当地药界人士的话说：当时该厂生存困难，一度陷入困境。2000 年以后，该厂将企业资源集中到市场迅速扩大的六位地黄丸上，在很短的时间内一跃成为六味地黄丸“第一品牌”。针对市场上产品众多、缺乏概念差异的情况，该厂提出了“药材好，药才好”的概念；针对竞争品牌繁多，但在全国媒体投放广告、拥有全国性品牌的产品却很少的状况，从 2001 年开始，宛西制药厂在央视、凤凰卫视等全国媒体上大量投放广告。凭借对资源的整合和在“药材好，药才好”的具有突破性意义的广告的帮助下一举成为了中国六味地黄丸“第一品牌”。

[案例评述]

宛西制药厂采取的聚焦企业资源、创新差异化策略，在短期内就收到了奇效。因为产品定位明确、概念清晰、广告到位、终端强势，到 2003 年时，宛西制药厂已成长为六味地黄丸“第一品牌”，甚至超过了拥有两百多年历史的“同仁堂”，现在宛西制药厂以“仲景”为品牌，推出的一系列产品，都有良好的市场表现。

6.4　实像传播

社会组织既需要用语言、文字、电子传播方式与公众沟通，也需要用自身产品实样来传播信息，这也是公共关系实务活动中经常使用的传播沟通手段之一。

6.4.1　实像传播的特点

“实像”是社会组织生产的产品实样或形象性的图片资料、视听、资料，以及各种反映组织立体全貌的各种信息。此外，各种示范性的产品展销和服务、时装模特的操作性表演等，都可以划归“实像”范围。

1) 实像传播的特点

实像传播是以真实具体的内容和形象生动的方式来向公众传播信息的。它具有以下特点。

(1) 实像传播更加直观可信

俗话说：“百闻不如一见”，实像传播能把一些抽象的概念用实物或图片的形式展现在你面前，“清澈”“浑浊”等概念用文字和语言来描绘绝对没有实像那种一目了然的感觉来得准确。实像传播可以节约大量的语言和文字，既直观又可信，消费者在购买一件物品时，绝不会只是听别人口头介绍或看文字资料就作出选择，肯定需要亲眼见到实物或者实物图片才能决定是否购买。实像传播更容易打动公众，让公众更直接地了解到相关信息。并且作为组织也比较容易收集到公众的真实反馈信息，从而准确把握公众的态度与需求。

[案例]

广东长青集团为了争取合作者，在接待来访的中外客户时，采取了实像传播的手段。在客户乘坐的公司巴士中，经常播放《长青之路》录像片，以介绍公司的历史与现状。录像的播放不知不觉加深了宾客们对公司的了解及认识，使中外宾客对长青集团的企业精神与文化赞叹不已，纷纷表示相信长青集团是一个负责任的大企业，对其实力与发展拥有充分的信心并愿意与其合作，更有甚者当场与长青集团签订合作合同，达到了长青集团进行实像宣传的目的。

(2) 实像传播内容丰富生动

实像传播并不只是简单的产品陈列或图片阅览，它通常要借用多种手段来使内容变得丰富多彩。比如进行产品的装潢设计，进行操作表演的现场布置、灯光的设计、色彩的搭配、音响的制作、场景的变换等美化和强化的手段，来营造和烘托气氛,使实像传播生动活泼并产生较大的吸收力和覆盖面,使产品形象优先于人员形象而展现在公众面前。

[案例]

源于美国的"NBA 篮球大篷车"是一辆特制的 16 米长货车,当中包括多项 NBA 独家装备,有超大电视屏幕、NBA 电玩、互动触摸屏、篮球活动区等,这辆货车会将停泊的地方变成为一个面积达 1 000 平方米的篮球游乐区,免费让所有参加者尽情挥洒他们对 NBA 的热情。NBA 大篷车推出后迅速对球迷形成巨大的吸引力,仅在中国,大篷车推出后,就已经吸引球迷超过 230 万,到访了 17 个中国城市。NBA 利用这个大篷车不仅在传播着篮球运动的魅力,同时也在帮助众多的品牌与消费者进行互动和沟通,并向无数球迷传递着欢乐。"NBA 篮球大篷车"显然成为了一个让 NBA 篮球运动从屏幕走向地面,明星运动平民化的平台。那些渴求体验篮球运动的 NBA 球迷以及广大喜欢互动和娱乐的消费者就会参与到大篷车的各类活动中,跃升为独具魅力的营销平台,而 NBA 运动也实现了电视与活动的互动和整合。

(3)实像传播投资成本较高

实像传播需要一定的技术和资金,组织难度也较大。如果是举办一次产品展销会,往往需要动员社会组织各部门的力量,组成专门的团队,处理各种具体事项,如分配工作、布置展场、陈列展品、购买物品、培训解说员、发放宾客请柬、选择新闻媒介、配备文字资料等,均要花费较大的人力、物力和财力。因此,在实像传播活动中,多数组织都结合使用了言语传播和文字传播,使之发挥综合性的优势。

2)实像传播的技巧

实像传播一方面具有言语传播和文字传播所不具备的许多优点,另一方面又具有比它们更高的要求。因此,运用实像传播的技巧就在于在达到技术要求的基础上充分发挥实像传播优势,分析起来,它可以从如下几方面着手。

(1)要让实像"活"起来

图片资料等只有二维形象信息,要让它展现三维形象,就要从不同方位、不同层次去制作,并配以文字说明和语言讲解,让公众有立体化的感受。如果是产品实物,本身已具有三维形象,就要使它具有"四维化",即运转和使用起来,是电风扇就要让它转动起来,是电视机就要让它播送节目,是流行时装就要让模特儿穿上它加以展示。从静态实像变为动态实像,会使实像变得更加丰满动人。

(2)要让公众享受美感

除少数工艺品专供人们进行美的欣赏或享受之外,社会的大多数产品都是要讲究实用的，所以质量成为人们首先考虑的因素。实像传播要求物品必须是货真价实的。在保证质量的前提下进行实像传播时，产品的外在形式就成了对公众制约的重要因素，其中美感又是最能打动人的。审美是一种情感的反应和高级的理智活动，它渗透着人的意志，当人们的美感被唤起时，他不仅会在情感上共鸣，而且会在理智上认同，在意志上诚服，自动自觉与审美对象融为一体。在经济活动和商业活动中让公众产生美感，最直接的效果就是产生和促成公众的消费行为。美感融合了人们的认知、情感和意图，不同的公众对象有不同的认知倾向、情感倾向和意图倾向，因此公共关系活动中的美感运用应注意采用不同方式，以充分调动不同公众的审美情趣。

(3)注重环境气氛的烘托

实像传播一般都需要凭借特定的环境场合，而环境气氛的烘托影响着实像传播的效果。绝不是可有可无的。环境烘托是调动人们美感的其中一项内容，它对于实像传播的效果起着强化或弱化甚至破坏的作用。例如人们总习惯于在柔声细语中选择华贵的物品，假如将这些昂贵的物品放置于人潮拥挤的夜市上，顾客的情绪必定会受到影响，甚至怀疑该物品的价值。环境气氛的烘托实际上就是调动人们对光、色、形状、味觉、嗅觉等的辨别感应，使其进入工作人员预设的情景中，使得实像活动传播取得理想的效果。

(4)要展示细节与过程

除了实像的外观以及环境气氛，人们更关心的是产品的功能。因此实像传播要充分考虑到公众心理的“优势需求”，尽可能细致地展示实像的细节和过程，以吸引更多的公众。如果你能亲眼看到你喜欢的美味佳肴是如何制作的，也许你会吃得更舒心；如果一种化妆品仅靠外观包装而不让购买者当场试用和感受，很难想象这种化妆品能够卖得出去。当然，有些实像传播有需要保密的地方，就不能一览无余全部展示。泄露了组织的商业秘密、技术秘密、市场秘密，不仅不讨好，反而把自己置于危险之地。

[案例]

Evian是拉丁文，本意是水。作为全球著名的矿泉水品牌，依云公司以前很少投放广告，而是通过赞助高尔夫球女子大师赛和美国网球公开赛等活动提升自己的品牌美誉度。这次依云公司委托法国BETC灵智广告公司(BETCEuroRSCG)制作的这支广告片时长60秒，结尾的广告语是“保持年轻”(Liveyoung)：伴随着录音机里传出的说唱音乐声，一群穿着纸尿裤、笑容满面的可爱宝贝滑起了旱冰，在闪转腾挪之间轻松搞定各种高难度动作。这段在互联网出现并迅速蹿红的视频，不是美国好莱坞电影片段，而是法国依云(Evian)矿泉水公司推出的一支广告。2009

年7月初，可爱旱冰宝宝的视频广告在网络出现，随后迅速在网上流传，您知道这段广告目前有多火吗？看看Youtube这一家视频网站的浏览量您就知道了，900多万次！如果把全球其他视频网站和转贴到个人博客的浏览量全部加在一起，观看人次超过千万不在话下。如此高的传播量，不仅让旱冰宝宝成为了网络明星，也为依云品牌带来了可观的传播效果。

[**案例评述**]

依云的广告之所以成功是因为其符合实像传播的技巧，①电视广告本身极富有动感，而一群可爱宝贝做旱冰运动，更是添了几分活泼的色彩，令广告富有吸引力。②在这次广告里，宝宝们滑旱冰的技术高超到如同舞蹈，使得人们对其赞叹不已。③在音乐方面，广告选取了好听的说唱音乐，以烘托广告中传递的乐观向上的情绪——面对眼下看不到尽头的各种危机，乐观的情绪是最好的一剂解药。④宝宝滑冰与依云相结合，即依云最后的广告语，保持年轻，以突出依云健康、自然生态的品牌形象。⑤借助网络传播也是这则广告能够迅速走红的另外一个原因。因为当一个人看过这则广告后，只需要轻点鼠标，通过复制和粘贴链接地址的方式就可以传递给其他人；而如果是电视上播出这则广告，那么即使是有人想与他人分享，也只能是口头或文字表述的方式。在传播的速度、广度和效果上都要比网络传播相差很多。所以依云的这次实像传播是相当成功的。

6.4.2 实像传播的运用

实像传播因为其有其他传播形式所不具备的特点与不可替代的作用，因此得到了广泛运用，主要在以下几个方面。

1)推销活动和样品展览

社会组织每研制开发出一种新的产品或提供出一种新的服务，总要向社会公众宣布，并要把这种产品或服务销售出去。推销活动和样品展览是公共关系中常见的专项操作活动。

推销活动是市场经济发展到一定程度的产物，推销人员也是市场经济条件下诞生的一项职业，它既是独立于公共关系之外的职业和学科，又是与公共关系紧密相连的活动范畴。社会组织的推销活动，往往借助于公共关系手段而取得成功，公共关系活动的内容又包含了推销活动在内。就我国目前情况而言，推销活动大致可分为两类：第一类为原地推销，第二类为上门推销。原地推销是一个商业名词，它指的是商店利用自己的橱窗，立足自己的店堂，向每位驻足商店的潜在顾客尽可能地销售出商品。在公共关系实务范围，这个名词的含义有所延伸，它指的是社会组织在已有工作条件下促进公众消费。原地推销的切入点有许多。可以是销售措施方面的，如从方便公众消费着手就可以采取商品看样预订、拆整化零，小商品配套、出租、试用、现场参观等措施；也可以是销售策略方面的，如从适应公众消费心理特点着手就可适当采用优惠手段，如折扣优惠、购买额超量奖励、长期顾客优待、免费服务等方法在原地推销实践中是经常出现且行之有效的。

上门推销又称“面对面”推销。它是由社会组织为开展推销活动而专门组织人员进行的，带有很强的主动性。无论是原地推销还是上门推销，都是建立在商品或劳务的质量、造型、功能等多种条件的基础上。因此，切忌把推销技巧全寄托在推销人员的游说策动上。只有当人和物的各自优势结合起来，推销才能在本来意义上产生更好的结果。

样品展览可以使组织向公众显示自身的进取能力和满足公众要求的应变能力，向社会广泛收集反馈信息以确定产品定位和市场运作。无论是综合型展览还是专题性展览，无论是大型的、跨国的展览还是小型的、地方性的展览，都应该确定主题，围绕主题去运用实物、图片、模型、表格、装饰器具等进行布展规划和具体制作，在展览中可以通过现场采访、文字留言、发放问卷、口头交谈等方式获取反馈信息。样品展览又分为综合类和专题类。综合类是全面展示某个主题的全部内容，如“新年新款式汽车”展，一般要求将历年来的各种款式汽车都集中在一起，以它们的进化顺序来使公众得出新年新款汽车的完整形象。专题类是围绕一项专题或一个内容举办的展示。通常，专题类展示不要求全面系统，但是必须使展示主题突出，内容鲜明，其特色令人一目了然。

[案例]

美国的橄榄球迷永远不会忘记1999年的美国超级杯职业橄榄球赛。令人难忘的是，在中场休息时，一家内衣商把她们的穿着甚少的模特儿在跑道上走猫步的情景进行网络直播，结果引爆了网络直播的灾难——有150万人蜂拥上网争睹美女风采。相反，承接比赛直播的网络没有足够的能力来应付成千上万的网民，而影响到了超级杯的直播。到底，是谁的魅力大到可以影响美国第一大体育盛事——超级杯的比赛进程直播呢？这就是美国最著名的内衣及成衣品牌Victoria's Secret。自成立那天起，公司的名字就一直成为了魅力、浪漫、纵容及女式内衣的代名词，它不仅是全美国，更是全世界内衣界的龙头。Victoria's Secret隶属被华尔街公认的知名中高档服装生产商Intimate Brands集团，它优雅、热情，影响着全球30亿女性人口的“内在美学”，同时也在香水、配饰、化妆品、保养品、成衣等领域散发出让人无法抗拒的魅力。在全美，超过1 000家的分店都在销售由超级名模代言的Victoria's Secret性感内衣。

2)橱窗陈列和场所布置

橱窗是一种最具立体化、透明度的传播设施,是一个社会组织的门面。无论是工商企业的产品陈列和销售宣传,还是其他社会组织的法制、科技、交通、体育、教育等宣传,都可以利用橱窗、画廊、展览柜等进行传播,以达到显示成就、普及知识、揭露问题、鼓舞士气的目的。此外,有些临街的商业服务性组织,用毫无遮掩的透明大玻璃窗直接显示其内部工作情况,如照相冲扩、美容美发、打字复印、航空售票、洗衣、快餐等行业的"明室操作",从广义上说也属于橱窗陈列的范畴。橱窗陈列比较典型地显示了实像传播的特征:形象、直观、吸引力强。这个特点是与其所处的人流稠密的地段因素分不开的。但由于橱窗是一种长期性的、固定性的传播设施,其公众对象又是无"指向性兴趣"(即专程前来观看)的流动性人群。因此橱窗陈列一方面必须突出"瞬时印象",使公众能在不经意间被吸引住。另一方面要有新鲜感,橱窗陈列的内容和形式始终对公众保持"新面孔",避免因为形式的一成不变使部分公众兴味索然。

实像传播还常用于对作业场所的布置,如在办公室、会议室、接待室、休息室、礼堂、店铺、车间等场所,用实像进行环境布置,可以变化环境、愉悦心情,减少对抗与冷漠心理,融洽人际关系,提高工作效率,激发创造性思维。重型机械厂的机器通常给人一种冰冷沉重和压抑的感觉,假如把这些黑压压的机器漆成浅绿、粉红、奶黄等色调,也许会把人们的心理调节得轻松一点;而金融机构就不宜使用过分浅淡的颜色、过分抒情的图片和过分夸张的字体,否则会失去它应有的厚实、稳重和信任感。宾馆、酒店、商店、机场、码头、车站、公司、工厂、医院、学校、政府机关,都应根据组织自身的性质和任务来确定实像传播的使用方式,确定颜色、造型、标牌、陈设、整体风格等。

作业场所的精心布置和美化是一个整体概念,它并不局限于色调的配比和选择,它还包括作业场所整体环境气氛的渲染和各种设备器材的造型处理。整体环境气氛的渲染,是指按照社会组织自身规定的任务对作业场所进行有针对性的布置和美化。如银行等金融机构,其作业场所的整体环境就应该突出它们的厚实、稳重、一丝不苟,只有这样,才能给工作人员一个安定的环境,也给客户带来一种信赖感和安全感。

[案例]

上海交通银行是20世纪80年代才重新开设的一家综合性银行,尽管开业当初有许多新建的办公楼可供选择,但这家银行最后还是选定了靠近上海外滩的一幢富于浓郁古典风格的花岗岩大楼作为它的总部。这个选择实际上就包含了对作业场所整体环境的重视。第一,这幢大楼本身坚固,凝重而不花哨,适合银行的特点;第二,它接近外滩,与外滩的上海其他大金融机构构成了一个在地理位置上共同栖息的“金融圈”,这不仅对于自身形象的建设是重要的,同时也大大方便了客户。

6.5　整合传播

大众传播,由于其传播面广的特点,从诞生之日起就在传播领域中自成系统,现代电子技术的兴起和发展为大众传播开辟了广阔的前景。大众传播是运用大众传播媒介来进行的传播活动,大众传播媒介包括报纸、杂志、书籍等印刷媒介和电视、广播、网络等电子媒介作为公共关系实务操作的大众传播活动,既包括对上述大众传播媒介的运用又包含着对社会组织所能自行控制的言语、文字、实像等方法的运用。因此,大众传播在公共关系实务中具有复合性的特点,可称之为整合传播。

6.5.1　整合传播的内涵

整合转播与大众传播虽然存在共同点,但也是有一定的区别。整合传播在这里是指社会组织利用大众传播媒介来进行的传播活动。在这一活动过程中,社会组织始终是主体,而一般意义上的大众传播,是传播学中的特定范畴,指的是各类特定的传播媒介机构通过各自的传播媒介,如报纸、杂志、电视等向社会各界公众进行大量的信息传播。在这里,传播活动的主体是各类传播媒介机构,如报社、电视台、电台、网站等。因此整合传播既有一般大众传播的特点,也有自己的特殊性。

整合传播是社会组织由于特定的公共关系目的所进行的一种大型的传播活动,由于这种活动跟一般大众传播活动相比,具有不同的目的和相似的形式,因此它包含着如下一些特点:

(1)整合传播具有大众传播的一般特点

大众传播最显著的特点是传播速度迅速、传播范围广泛,这也是大众传播能在传播领域中迅速发展起来的根本原因。此外,有的大众传播所传播的信息,还能够长时间地保留。但是大众传播也有缺点。这主要表现在两个方面:一是大众传播的受传者是大量的,他们处于社会不同的群体,具有某种程度的异质性,同时在传播中,传播者与受传者互相不熟悉。因此信息传播很难做到“有的放矢”。二是在传播过程中,传播者与受传者一般不直接接触,因此,反馈比较慢。大众传播的这些优点和缺点也是整合传播所具有的。因此,公共关系从业人员在进行整合传播的实际操作时,同样要注意大众传播的这些一般特点。

(2)整合传播形式具有复合性

形式的复合性有两方面的含义:一方面是整合传播综合了言语传播、文字传播、实像传播和一般大众传播而形成一种新的传播形式;另一方面,它可以复合运用各种大众传播媒介来传递信息,以达到社会组织的既定的公共关系目的。复合性主要是由这种传播的主体及其目的的特殊性所决定的。一方面由于传播的主体是社会组织,所以它可以根据自己的公共关系目的,自行制定和控制传播言语、文字和实像,并通过大众传播媒介把它们传播开去。可以说,在这里大众传播是起到把言语、文字、实像"放大"的作用。这跟一般的大众传播是有差别的。另一方面,由于传播的主体是社会组织,所以它可以借助各类大众传播媒介,通过多种方式和渠道来传播信息。这跟一般的大众传播中,作为传播主体的特定的传播媒介机构只能运用特定的传播媒介机构传播信息也是不同的。

(3)整合传播内容具有复合性

这也是因为传播主体是社会组织,故在复合式传播中,新闻报道、广告发布和自控宣传这三类性质不同的传播活动往往相互结合在一起。在我国,新闻报道传播是一种社会性的信息沟通和分享的专门活动,它具有新闻性和一定的政治宣传意义。广告发布传播则是一种社会经营性活动,带有经济价值;而自控宣传是社会组织的一种独立的活动。它是社会组织运行的有机构成。所以这三者在性质上是不一样的。但是,在整合传播中,这三者却组成了一个整体。社会组织进行的整合传播的目的决定了它必然是一种自控宣传,同时出于经营需要,这种传播活动又必然带有广告发布的性质(虽然不一定采用一般的广告形式),而又因为运用大众传播媒介传播信息总有一定的新闻性,所以它在一定程度上又必然有新闻报道的性质。因此在进行整合传播的过程中除了注意经济意义,还应考量新闻价值。

(4)整合传播花费成本较高

由于整合传播的特殊性,它综合了言语、实像传播等传播形式,其传播媒介也多样化。由此导致整合传播活动的成本较高,开支比较大,涉及面也比较广。因此要求公共关系从业人员在进行整合传播活动的过程中,要充分考虑其资金问题,尽量用最少的预算达到最佳的效果。

以上所说的是整合传播的一些最主要的特点,此外还应说明的是,由于整合传播的形式相对复杂,整合传播活动必须要有更加周密的计划、巧妙地运用技巧和手段才能够充分利用整合传播的特点,达到扬长避短的效果。

[案例]

惠普开展的"互动有声电话会议"。这种电信会议就像大型会议电话一样,在会上,惠普的销售代表与实际的和潜在的客户讨论重大的行业问题及惠普的做法。

为了吸引更多的人参与该计划，惠普采用了一个长达五星期、分七步走的“登记过程”。

在中国的糖果市场中，福建雅客集团无论在知名度还是在销售额上均不属于竞争性极强的行列，为了在众多知名糖果品牌的竞争中打响品牌，雅客集团在充分地进行了市场细分和产品分析后，并且对消费者消费特征进行充分分析后制订了“空中影视轰炸＋平面及网络软文的灌输＋地铁灯箱、车体、写字楼及高档社区电梯间广告＋POP及终端陈列＋锁定终端拦截＋事件活动＋网络游戏”的传播组合策略。

1. 电视广告

2003年8月26日，具有极强冲击力和感染力的雅客V9<跑步篇>的广告开始在中央电视台的黄金时段播出，广告一开始告诉观众“本年度最具创意的糖果雅客V9诞生”，中间周迅巧妙的回答了雅客V9的功能“每天两粒补充每日所需的9种维生素”。同时利用跑步将运动感和体育精神融入其中。在以后的投放策略中雅客始终贯穿“选择央视，集中投放”的原则，并在以后连续在央视创下了三个脉冲式的高峰。雅客的这种央视大投放在消费者心目中形成了维生素糖果的第一品牌，甚至就是糖果第一品牌的暗示，同时也建立了高度的声音门槛，阻止了竞争对手的跟进，为此雅客付出了三亿的代价。

2. 平面及网络软文

在正式投放前雅客V9利用大量的软文对消费者进行了维生素糖果概念的培养，因为毕竟在雅客之前维生素糖果市场一直未作为独立的市场来开发。同时利用报纸媒体的大众性对雅客V9的代言人及费用做了大量的热度宣传，让人们对雅客的广告抱有极强的渴望度。一定程度上刺激了购买的完成。随着央视广告的大幅度的投放，雅客V9的知名度大大提升后，雅客则在终端利用软文进行功能的介绍及核心品牌价值的宣传。

3. 提醒式广告

在央视的高空广告的轰炸式灌输后，为了迅速的提升认知度和影响力，雅客的各种提醒式广告纷纷登场，让消费者无处可逃！车体、灯箱、写字楼、社区等能利用的媒介几乎都被用来宣传，可以说雅客的覆盖率在投放初几乎超出了同类广告的总和。

4. 锁定终端拦截

在终端拦截上雅客为拦截对象设计了很多有趣的游戏而且还可以积分，这种方式在吸引了注意的同时也提供了与消费者互动的机会。设计的各种游戏在网络中同样可以玩，利用网络媒体的互动带动整体的传播及销售。

5. 事件 + 活动

当雅客的宣传热度达到了高峰后，超大规模的新品派发品尝会更将宣传推向全新的纪录，在零售终端上利用精美的卖点广告及终端的各种活动来吸引注意。

总之，雅客 V9 无疑是 2003 年糖果行业里的一匹黑马，就是因为它首先发现了维生素糖果作为独立的品类市场来开发的机会，并且结合了完美的“空中影视轰炸 + 平面及网络软文的灌输 + 地铁灯箱、车体、写字楼及高档社区电梯间广告 + POP(卖点广告)及终端陈列 + 锁定终端拦截 + 事件活动 + 网络游戏”的传播组合策略方案第一个抢占了市场空白，创下雅客 V9 的增长奇迹。

6.5.2 整合传播的运用

整合传播兼有言语传播、文字传播和实像传播等公共关系传播方式的特点，又同时具备它们所不具备的优点。它的运用与后三者在形式上虽有重合，但在同一形式的活动作用却不尽相同。其中各有其自身的特点，因而对以下的各种应用情况分别加以说明，用以了解整合传播运用的不同之处。

1)广告运动

广告运动不同于广告，广告运动是利用广告这种特定的传播模式达到特定目的的一种有时间持续性和空间延续性并耗资相对较大的规模性活动。广告运动犹如一项系统工程，需要全面策划、配套实施，在各个环节上加以完善。如果没有一个完整详尽的策划方案，即使花大笔的广告宣传费也是徒劳无功。界定广告运动的好坏可以参照以下几方面因素：

(1)是否经过全面的市场调查

市场调查是广告运动的基础环节，在广告策划之前要对市场作全面的分析。可以这么说，对市场情况分析正确与否，直接关系到广告的成败。广告市场调查的首要任务是对消费者进行研究。商业广告的最终目的是要引起购买行动，要使广告达成促销的目的，必须对消费者的购买动机，对商品投入市场的反应，以及消费者的习惯心理进行研究。其作用在于了解消费者对商品的需求，了解广告在影响受众的接受商品方面应侧重哪一点。

通过市场调查，可以正确了解到商品销售范围有多大，有没有扩大销售的可能，有没有产品滞销的可能等。此外，还可以了解到同类产品的市场占有情况，研究其在消费者心中的地位及销售业绩，以供借鉴。

(2)是否确定正确的广告目标

广告目标是在掌握了大量市场信息的基础上建立的，它对广告媒介的选择、广告设计制作等都有重要意义。要确定正确的广告目标，首先要明确广告目的。广告是有目的的经营活动,明确为什么做广告在广告活动中是采取其他步骤的前提条件。其次,明确广告对象。要明确广告对象得先给商品进行定位,即给商品一个特质,使其在目标消费者心中占某种特殊地位。商品应有其独特个性才能在市场上有自己的位置。同样是香烟,"万宝路"定位于男子汉香烟,而"健牌"则看做是情人香烟。由于产品的定位,广告宣传才有了宣传重点。第三,确定广告的传播范围也是直接关系到广告的经济效益的重要因素。

(3)是否具有精准的广告预算

广告预算是开展广告运动经济上的保证,没有广告预算,广告活动根本无法开展。然而并不是就代表广告预算越多就越能使广告活动更成功或者使产品销售量更可观。事实上广告预算和广告所宣传的商品销量间存在一定的比例关系,当比例不协调或者超过度量的时候,广告效益肯定会受到影响。

2)媒介事件

所谓"媒介事件"是指社会组织为吸引新闻媒介报道并扩散自身所希望传播开去的信息而专门策划的活动。如国内外许多企业组织都注重利用成立周年纪念日之类的活动来邀请或吸引新闻媒介报道他们的各方面情况,以借机宣传。这种现象目前在国内外相当普遍。日本最大的广告公司——电通广告公司就很重视利用公司创立纪念日来策划媒介事件。1967 年 7 月 1 日是该公司 66 周年纪念日。该公司特选择这一天进行搬迁,离开位于银座的旧楼迁入筑地的新居。当天清早,总经理率领两千多职工,高举"谢谢银座各界人士过去的关照""欢迎筑地各界人士以后多多赐教"的旗帜,浩浩荡荡由银座向筑地行进。这一壮观的场面吸引了日本各大报纸和电视台的注意,他们都纷纷进行了现场采访与报道。看过这一大报纸和电视的人都称赞:"了不起,到底是电通!连公司搬迁都成了新闻报道的好题材。"

社会组织策划的媒介事件在某种意义上说是如何与新闻媒介打交道的问题。事实上,公共关系活动与新闻媒介打交道的目的与策划媒介事件的目的是一致的,都是希望利用新闻媒介的优势来传播组织所希望传播的信息,以扩大社会影响。

[案例]

美国联合碳化钙公司一幢 52 层高的、新造的总部大楼竣工了,一大群鸽子竟全部飞进了一间房间,并把这个房间当做它们的栖息之处。不多久,鸽子粪、羽毛就把这个房间弄得很脏。有的管理人员建议将这个房间所有的窗子打开,把这一大群鸽子赶走算了。这件"奇怪"的事传到公司的公关顾问那里,公关顾问立刻敏锐地意识到:扩大公司影响的机会来了。他认为,举行一次记者招待会,设计一次专题性活动,散发介绍性的小册子,等等,都可以把总部大楼竣工的信息传播给公众,这些自然也算是好方法,但仍是一般常规的方法。最佳的方法应做到使公众产生浓厚的兴趣，以至迫切想听、想看。现在一大群鸽子飞进了52层高的大楼内，这本身就是一件很吸引人的新奇事，如果再能够巧妙地在这件事上做点文章，则一定能产生更大的轰动效应。于是，在征得公司领导同意后，他立即下令关闭这个房间的所有窗门，不能让一只鸽子飞走。接着，他设计并导演了一场妙趣横生的“制造新闻”活动。

[案例评述]

首先，这位公关顾问别出心裁地用电话与动物保护委员会联系，告诉他们此间发生的事情，并且说，为了不伤害这些鸽子，使它们更好地生栖，请动物保护委员会能迅速派人来处理这件有关保护动物的“大事”。动物保护委员会接到电话后居然十分重视，答应立即派人前往新落成的总部大楼处理此事，他们还郑重其事地带着网兜，因为要保护鸽子，必须小心翼翼地一只只捉。

公关顾问紧接着就给新闻界打电话，不仅告诉他们一个很有新闻价值的一大群鸽子飞进大楼的奇景，而且还告诉他们在联合碳化钙公司总部大楼将发生一件既有趣而又有意义的动物保护委员会来捕捉鸽子的“事件”。

新闻界被这些消息惊动了。他们认为，如此多的鸽子飞入一幢大楼是极少见的，又加上动物保护委员会还将对它们采取“保护”措施，这的确是一条有价值的新闻，他们都急于想把这条信息告诉更多的公众。于是，电视台、广播电台、报社等新闻传播媒介纷纷派出记者进行现场采访和报道。

动物保护委员会出于保护动物的目的，在捕捉鸽子时十分认真、仔细。他们从捕捉第一只鸽子起，到最后一只鸽子落网，前后共花了3天的时间，在这3天中，各新闻媒介对捕捉鸽的行动进行了连续报道，使社会公众对此新闻产生浓厚的兴趣，很想了解全过程，而且消息、特写、专访、评论等体裁交替使用，既形象，又生动，更吸引了广大读者争相阅读和收看。这些新闻报道，把公众的注意力全吸引到联合碳化钙公司上来，吸引到公司刚竣工的总部大楼上来，结果，联合碳化钙公司总部大楼名声大振，而且公司首脑充分利用在荧屏上亮相的机会，向公众介绍公司的宗旨和情况，加深和扩大了公众对公司的了解，从而大大提高了公司的知名度和美誉度。同时，借此机会，将联合碳化钙公司总部大楼竣工的消息巧妙地、顺利地告诉了社会，使公众全盘地接受了这一消息。通过“制造新闻”，终于事半功倍地完成了向公众发布此消息的任务。

3）社会公益事业资助

社会组织作为社会的一员，应对社会各种公益事业作出自己应有的贡献。这里说的贡献，一般是指社会组织对公益事业的资助、赞助以及捐赠等资金或人力物力上的支持。但在公共关系看来，应把这种资助活动特殊地理解为一种整合传播活动,社会组织应通过社会公益事业资助来向大众传播有关信息达到社会组织与公众相互了解的目的。由于社会公益事业资助带有明显的“利他”特征,因而其为大众所接受所称道是很自然的。公共关系机构和人员可以也应当通过这类活动传播信息,借以树立社会组织的良好社会形象。

简单地把社会公益事业看成是单纯的广告活动或理解为纯粹的“单向输出”都是有违公共关系本质的。需要资助公益事业具有社会宏观利益和长远需要的背景,因此社会组织的资助很大程度上就是为自身做长期的良性宣传。在这里可以充分体现互惠互利的原则。

[案例]

2008 年,建设银行承德分行开始全面实施“中国贫困英模母亲建设银行资助计划”。此计划是中国建设银行总行与中国妇女发展基金会共同推出的一项大型资助活动,该行将出资 5 000 万元,从 2007 年至 2016 年 10 年间,平均每年从本捐赠资金中划出 500 万元资金,用于资助因公牺牲、因公致残或在一线工作表现突出且生活困难的现役军人、武警、公安干警的妻子或母亲,以帮助她们减轻家庭经济负担,改善生活条件。

4)主题活动

公共关系中的主题活动,是指在树立自己形象、扩大社会沟通,沟通有关公众的指向性十分明确的活动,如新产品适销活动、纪念和庆功活动等。我们结合国内外常见的公共关系主题来分析,可以发现它们具有一定的实践与阶段性的要求、要求主题活动目的单一明确、举办活动时间短且信息覆盖面尽可能多而广的特点。因为主题活动的开展有上述的主要特点,相应地对主题活动的开展也有三方面的要求:

①明确活动的目的。在开展主题活动前必须明确活动的目的,明确后再去具体操作。如选择什么场地,邀请哪家媒体,参加者何种类型,等等。

②抓住合适而有利的时机。公共关系主题活动的开展,一定要不失时机,力求最佳效果。

③考虑公众的兴趣与注意力。主题活动开展的主体是社会组织,目的自然是塑造形象、扩大影响、沟通公众等。

有关社会组织在具体操作时,如能充分认识到主题活动的几大特点,又能切实按上述几个要求去做,那么,这个主题活动肯定能大获成功。

6.6 网络传播

6.6.1 网络传播

1)网络传播的内涵

互联网是国际电子计算机互联网络的简称,又叫因特网,出现于20世纪60年代,被称为报刊、广播、电视之后的“第四媒体”。它把一台台孤立的计算机联成网络,可以用于连续的电子信息传递,包括电子邮件、文件传递及个人或计算机群之间的双向传播。它可以实现全球信息高速传递和共享。包括多媒体计算机在内的计算机只是提高了人类处理、存储信息的能力;而计算机的网络化却大大提高了人类交流信息的能力,它使人与人的联系实现真正意义上的交流,而不仅仅是传播。国际互联网不仅具有报纸、广播、电视等传播媒体的一般特性,而且具有数字化、多媒体、适时性和交互式传递的独特优势。流动在互联网上的信息具有丰富、多样、及时、全球、自由的特点。总之,国际互联网是我们传播媒介的最终方向。对于公共关系传播来说,逐步地纳入网络传输是一种必然。

2)网络传播的特点

互联网的传播特征主要体现在以下几个方面。

(1)传播方式的交互性

网络传播彻底改变了传统媒体单一传播的模式,从多方面加强和改进了传播者和受传者之间的双向交流。受众除了可以在极大的范围内选择自己需要的信息外,还可以参与信息的传播。网络媒体的读者可以在同一时间与网络媒体的有关编辑进行交流,甚至它们的这种交流本身可以成为网络媒体实时发布的信息的一部分。BBS、网上聊天等是网络媒体交互性的集中表现。

(2)传播速度的快捷性

就时效性而言,传统媒体几乎无法和网络媒体相比。传统媒体受到技术成本方面的制约,其时效性也受到了限制。而网络媒体则有其独特的优势:网络媒体的版面不受空间的限制、频道的更新也没有固定的周期,添加或者更新信息在操作上十分简便,等等。

(3)传播范围的广泛性

网络媒体不受时间空间的限制,传播的范围很广,真正具有一种全球性。讯息在通讯线路上进行自由传送,不分地区、不论国界,随传随至,既方便快捷又省钱省力。

(4)信息传播的开放性

互联网上,受众获得了空前的自主和自由,任何人都可以简便、快捷地传递某一信息,甚至自己可以成为信息的原始创造者和原始传播者。网络传播的开放性,使得人们可以通过网络媒体获取大量的真实信息。

(5)传播内容的丰富性与手段多元性

网络媒体在信息的传输量上具有无限的丰富性,在信息形态上具有纷繁的多样性。随着网民的不断增多及他们对网络这个新型媒体的不断认可,互联网逐渐成为人们学习、生活、工作中获取信息的重要媒体。同时,人们也不断通过网络媒体发布各种信息,互联网既是新闻信息发布平台,也是生活内容服务平台、电子交易支付平台、娱乐休闲平台,涵盖了人的需求的方方面面,显示了强大的包容能力、兼容能力、变化能力和无限扩展能力。

网络传播在给人们带来巨大利益的同时,也带来一些负面影响。如:信息安全、信息污染、虚假新闻泛滥、充斥色情暴力、网络安全、对伦理道德的冲击等。在传播中一定要正确对待和使用网络,使之成为助推组织发展的强大武器。

[案例]

犀利哥,源自蜂鸟网上传的一组照片,后于 2010 年 2 月 23 日,因天涯论坛一篇帖子——《秒杀宇内究极华丽第一极品路人帅哥!帅到刺瞎你的狗眼!求亲们人肉详细资料》的发表,接着广大网友跟帖热议,相互之间交流传播,进而迅速走红大江南北,成为公众茶余饭后热议的话题。犀利哥因此被网友誉为“极品乞丐”“究极华丽第一极品路人帅哥”“乞丐王子”等。之后,被网友广为追捧,并加以“人肉搜索”,以探求其真实身份。有结果称,犀利哥实为宁波街头一名乞丐,由于复杂身世流落街头。亦有网友对其乞丐身份表示质疑。

[案例评述]

2010 年刚刚开始,在中国的网络上发生了一件被称作“犀利哥”的事件:一个贫困潦倒且患有精神病的乞丐,缘自一张照片被网络媒体传播炒作成一个众人皆知的火热传奇,被处理后的照片也成为了时尚前沿的代表,甚至登上了时尚杂志的封面。网络媒体及无数人士的关注使得一个乞丐从茫茫人海中脱颖而出跃升为一个明星样的人物,在短时间的热潮之后又回到了茫茫的人海中。

如果说炒作者的初衷是基于对弱势群体的关心,那么,这也是无可厚非的。但从整个过程来看,某些媒体的价值取向是用一个“犀利哥”的闹剧满足着一些人空虚寂寞的心田,吸引着表面热闹沸腾的视觉效果和背后潜在的经济利益,带来的却是社会上一些人人性的失落和同情心的变味。当“犀利哥”面对围观群众放声大哭,并对别人说“我现在不快乐了,感到很害怕,你要保护我”的时候,这种违背“犀利哥”本人意愿的关注到底是体现出对弱势群体的关心还是对他人隐私权、肖像权的侵犯和正常生活的干扰呢？如果说“犀利哥”闹剧带给我们的是空虚和无聊，那么几乎与此同时出现的“兽兽门”事件带给我们的就是道德创伤。面对这些，我们不得不反思网络传播这把双刃剑所暗含的道德界限。

6.6.2 网络传播应用原则与模式

1）网络传播的应用原则

因特网自发明到推广开来，越来越多的人喜欢在网上找寻他们感兴趣的信息。网络成为了一个很重要的宣传媒介。你可以利用公司的网站向公众提供有关公司对危机的反映的信息。这种介绍的详细程度是一般新闻媒介的新闻报道无法比拟的。事实上，网络宣传是可以贯穿公司宣传公关的整个过程的，而不是只是在出现危机的时候才能被使用，任何新闻稿或新闻事件都可以利用网络来配合宣传。与此同时，还可以通过网络这个平台向公众提供以前无法提供的信息。

虽然网络传播媒介能够为我们处理与公众群体以及一些划分界限比较模糊的特殊的公众群体的关系时提供独特的渠道，但是由于网络本身的不易管理的性质，也会导致一些不良的现象和情况出现。因此，在网络传播的过程中，为了拥有一个绿色的安全的网络氛围，作为公共关系从业人员必须严格遵守以下原则。

（1）严格遵守网络道德和网络礼仪

网络其实也是人类社会的一个组成部分，因此也必然要受到人类社会道德规范的约束。随着因特网社区的扩大，因特网的每个用户都在不同程度上接受逐渐成形的网络社会中不可缺少的文化习惯，即网络礼仪。作为社会组织的形象代言人的公关人员，在利用因特网进行传播交流时更应该遵守这样的礼仪，从而避免因犯忌而造成对公司或组织的形象受损和交流失败的情况。由于网络具有符号化、虚拟化等特点，网络道德应该形成一些新的规范来约束人们的网络行为。网络诞生之初，人们片面强调网络自由，忽视了网络道德与责任。正如在传统传播环境上，人们参与传播的动机和目的各不相同，网民上网的动机和目的也各不相同。但是正如现实生活中没有绝对的自由一样，人们在网络上的行为也必须要受到一定的约束。树立起网络道德和网络礼仪的规范环境，以保证网络传播健康有序的运作和发展。

［案例］

腾讯公司是目前中国最大的互联网综合服务提供商之一，也是中国服务用户最多的互联网企业之一，一直秉承“一切以用户价值为依归”的经营理念，通过互联网服务提升人类生活品质是腾讯公司的使命,成为最受尊敬的互联网企业是腾讯公司的远景目标。腾讯一直积极参与公益事业,努力承担企业社会责任,推动网络文明。例如:在 QQ 聊天框页顶,腾讯设定提醒文字"交谈中请勿轻信汇款、中奖信息,勿轻易拨打陌生电话",践行着网络道德规范,提醒人们传播文明用语等,注重网络礼仪的执行。

(2)提供真实信息,不歪曲或夸大事实

许多企业理所当然地认为"公共关系"的商业行为实际上就是不择手段地营造有利于本身的宣传氛围,向公众传播的信息不一定要准确但一定得有利于己。这种观点是绝对的谬论。真正的公共关系是与公众群体保持长久的互惠平等的传播交流,目的在于双方都实现了自己的目标与需求。以诚相待,提供真实的信息是建立公众信任与支持最重要的原则。

[案例]

1976 年 7 月 28 号,唐山发生 7.8 级大地震,总计死亡人数 242 000 多人,重伤 164 000 多人,而当时政府对灾情的报道只用"震中地区遭到不同程度的损失"作了概括性报道,对于人员伤亡的具体数据没有进行及时有效的披露。对伤亡人数的具体报道也是在 1979 年新华社的报道中才有所显示。同样发生在 2008 年的汶川大地震,地震发生后不到 10 分钟,国家地震局迅速通过新华社向社会发布:"北京时间 5 月 12 日 14 时 28 分,四川汶川县发生 7.8 级地震"。震后仅 5 个小时,民政部初步统计核实后公布伤亡等信息,震后第一天下午,国新办就四川汶川地震和抗震救灾情况召开发布会。国务院新闻办公室根据国务院抗震救灾指挥部授权发布灾情,成为权威消息,使全国,全世界及时全面了解中国灾情。

(3)提供多种途径获取网站上的信息

因特网不单是信息浏览,我们还要同时利用因特网的多种用途。当人们想找资料要用"拉取"信息的办法时使用万维网提供信息效果最好。不过,我们还可以使用"推送"信息的方法。要懂得使用电子邮件和新闻组的讨论与公众沟通交流。例如,每天在公司客户集中的讨论组就融资等问题的简短新闻,这些顾客都使用你公司生产的物品,因此也会尤其关心你公司的事情。你也可以通过电子邮件给那些登记收取电子邮件资料的人们提供相同的最新消息,还可以从公司的网站上发送电子邮件或者把电子邮件送到一个新闻组公共的邮件地址。这类电子邮件里可以附上适当的链接,方便那些想知道更多的人前来查询。

(4)建立一个专属网站

如果有一个很重要的问题,可以为配和处理该问题专门建一个网站(或者在公司网站上划分出一个栏目来)。用来协助危机管理的网站就是一个典型的例子,但并不一定要等发生危机时才采取这个建立专属网站的办法,许多公司也已经在自己的网站上开辟出专门的区域来就公众所关心的环保等具体问题进行专门的报道和集中宣传。

(5)鼓励公众反馈意见并监控公众的反应

因为因特网提供的互动式的交流,你应该给你的公众鼓励反馈意见的渠道。让公众知道你在聆听。而且特别要注意的是,不能忽视你所搜集的反馈信息,要将它们归类分析,用以改善传播交流方式方法,调整公司的立场,或者改变公司发表观点的方式等。另外公共关系从业人员还应监控公众的反应,因特网上关于你公司的信息主要有两种:①人们对你公司公关传播交流活动的反馈意见。②另有图谋的个人或者组织散发的关于你公司的信息。公关人员应该通过月度新闻、使用搜索引擎或者其他网络服务监控新闻组和讨论组的内容,来及时了解公众对公司向外传递的信息的反应。结合对反馈意见的分析来进行公众整体反应的测量,然后在传播内容和方式上作出相应的调整。

2)网络传播的应用模式

(1)电子邮件

电子邮件(electronic mail,简称 E-mail,标志:@,也被大家昵称为“伊妹儿”)又称电子信箱、电子邮政,它是一种用电子手段提供信息交换的通信方式,是 Internet 应用最广的服务。通过网络的电子邮件系统,用户可以用非常低廉的价格(不管发送到哪里,都只需负担网费即可),以非常快速的方式(几秒钟之内可以发送到世界上任何你指定的目的地),与世界上任何一个角落的网络用户联系,这些电子邮件可以是文字、图像、声音等各种方式。同时,用户可以得到大量免费的新闻、专题邮件,并实现轻松的信息搜索。这是任何传统的方式都无法相比的。正是由于电子邮件的使用简易、投递迅速、收费低廉,易于保存、全球畅通无阻,使得电子邮件被广泛地应用,它使人们的交流方式得到了极大的改变。

电子邮件虽然功能强大但若使用不当也会给你带来不必要的麻烦,跟其他交流工具一样,电子邮件也渐渐形成了一些约定俗成的规矩。如果你忽视了它们,别人会质疑你的操作不够专业,或认为你根本不重视自己的形象。这两种印象都会直接损害你的信誉与形象。以下是使用电子邮件的一些基本规则:首先要让邮件中语句完整,合理使用大小写和标点符号。邮件内容简明扼要,但要注意避免使用过多缩略语。邮件标题要与邮件内容合称,并且,在邮件上设置好你的签名(其中包括名字、所在公司或组织以及联系方式)。除非事先声明,否则不能随意在电子邮件里附加其他文件,方便接收者查看。养成习惯定期查看电子邮箱,及时回复重要文件并直接引用你要回复邮件的相关部分,以便对方了解你所对应的答复。

［案例］

美国邮件营销的案例

“尊敬的刘：

感谢你昨天参观了我们的网站 mysportssite. com。在我们网站上看到你很高兴。

我注意到你在我们的网站上待了很短的时间就离开了。也许是一些事情打断了你，使你不能再接着浏览。

以下是你在离开前浏览的网页，万一你要继续浏览，请点击：

MickeyMantle 签字的棒球：

http://www. mysportssite. com/products/12903. html

PhilSimms 签字的足球衫

http://www. mysportssite. com/products/13849. html

HulkHogan 的海报

http://www. mysportssite. com/products/118594. html

如果你决定在本星期内购买以上任何商品，我们可以给你 10% 的折扣。在你结算时使用折扣码 180384 即可获得这一优惠。它的有效期到本周日，即 4 月 22 日午夜。

最后，如果你想知道更多的没有做广告的商品或新的藏品，请到网页 http://www. mysportssite. com/news. html 订阅我们的实时通信。

再次感谢你的参观。我们希望随时为你提供服务。

此致”

(2)网上论坛

BBS 是英文 Bulletin Board System(电子公告板系统)的缩写。这个称呼也许跟它最初专门用于公布股市价格等信息有关，实际上后来的 BSS 大大突破了这个概念。现在大多数网站的 BBS 就像现实生活中的公告板一样，用户除了可以进入各个讨论区获取各种信息以外，还可以将自己要发布的信息或参加讨论的观点张贴在公告板上并与其他用户展开讨论。BBS 通常分为多个讨论区，每个讨论区有自己的主题与专门的管理者。管理者对用户所发表的文章进行管理。用户可以根据自己的兴趣参加不同的讨论区，阅读讨论区中的文章在讨论区上发表自己的意见。

一般看来，BBS 有三种类型——拨号式 BBS、登陆式 BBS、WWWBBS。各个论坛虽然都有区别，但是基本组成都一样，至少具有可以让用户体验浏览信息、发表文章、回复文章的功能。需要特别注意的是，大多数人气较高的论坛都要求注册后才可以使用发言的功能。例如“新浪网论坛”“腾讯 QQ 论坛”“西陆论坛”“天涯社区”等。

对于那些希望能跟其公众传播交流并对公众施加影响的公司或组织,BBS 尤为重要。从长远看,甚至比万维网信息浏览还要重要,因为 BBS 实现了世界范围的对话,使用的是多对多的传播交流模式。在论坛里,以前素未谋面却志趣相同的人们现在可以迅速从世界各地聚集起来组成共同关注某一社会问题的团体。整个过程只要几天,或几个小时,甚至几秒。在 BBS 的新闻板块里。人们相互支持,及时传播信息,绕过那些逐渐失去他们信任的大众传媒。参与这样的讨论表明每个消费者的特殊性,每个顾客都是他们所属的那一群体的代言人。因此论坛是能及时发现并解决问题的绝好传播渠道。论坛中的讨论组还可被视为一项长期进行的有针对性的市场调研,可以随时咨询参与者的意见,还能做到有的放矢地向论坛的用户提供相关信息以及替公司树立良好的形象。

本章小结

作为一个社会组织为取得与其特定公众的双向沟通和精诚合作而进行的遵循一定行为规范和准则的传播活动的公共关系,最终总要体现在一定的实务操作中。调查是开展公共关系活动的基础,实施是公共关系实务工作的落实。口头语言常常被说成“言语”,尽管书面语言的作用越来越大,但它的基础还是口头语言,所以了解言语传播是有一定必要的。文字传播是人类社会信息交流最重要的工具与手段。社会组织需要运用言语和文字向公众传播信息,也需要通过自身产品形象向公众传播信息。由于现代电子技术的兴起与发展,为整合传播开辟了无限广阔的前景。整合传播成为了传播活动中最重要的部分。在新经济时代,作为第四媒体的因特网正逐步成为公共关系传播中最重要的传播工具之一。我们需透彻了解网络的性质与特点,将其与传播交流工作很好地结合起来。

自测题

1. 言语传播的一般原则是什么?
2. 请简述整合传播与大众传播的异同?
3. 请举例说明整合传播,如何更好地应用它?
4. 网络传播应注意哪些问题?

第7章

公共关系礼仪

[本章导读]

礼仪是人们在社会交往过程中表现出来的行为准则和道德规范。它不仅是实现公共关系人际沟通和公众交往的纽带和重要手段,而且是公共关系人员思想修养、精神风貌、行为方式的综合表现。

[案例导入]

美国总统林肯任职时,曾经有人向他推荐了一名官员,而林肯的回答是:“我不喜欢他的长相和举止。”那个人不满地说:“您不可以貌取人。”林肯却说:“一个人到了40岁就必须对他给人们的印象负责。”由此可看出礼仪在生活中的重要性。然而公共关系活动中,公关人员作为组织的代表,很多时候在开展活动的同时接触到社会公众,其表现与组织的公众形象密切相关。因此公共关系礼仪是很重要的学习内容。

7.1 日常交往中的礼仪

7.1.1 见面与介绍

礼仪是为表示敬意而隆重举行的仪式。礼仪的节度谓之礼节,也是礼貌的具体体现。公共关系人员每天都要和各种各样的公众打交道,日常交往非常多。

1)称呼与问候

日常交往中,与人碰面打招呼、登门拜访或电话交谈、书信往来时,常常要碰到如何称呼别人的问题。

称呼礼节是在社交活动中称呼他人表示礼貌和尊重的习惯形式,不同国家和不同民族的称呼习惯不同。在我国,五里不同风,十里不同俗,称呼差异也很大。在国际上,称呼更是千差万别。可随着改革开放的不断深入,称呼礼节正逐渐趋向国际化。一般来说,在国家机关、内地,以及较为熟悉的环境中,相互间可以称"朋友""同志""老师""师傅"等。而在沿海城市,在涉外场合或正式的社交活动中,无论是国际交往活动,还是国内活动,男子一般称"先生",女子称"女士"(已婚)或"小姐"(未婚),对地位较高的官方人士可称"阁下",如"部长阁下",对君主制国家习惯称国王、王后为"陛下",对有爵位、军衔也可以姓名加上其爵位和军衔。如"该隐伯爵""丹尼上校"。在国内,现在也流行姓氏加上其职务、职称,如"陈局长""李教授"等。除此之外,对称呼的要求还应掌握以下原则:

①根据对方身份、年龄、职业等确定相应的称呼。

②内外有别。尊重不同国家和地区的称呼。

③上下有别。对上级或长辈要用尊称,对下级或晚辈,要用习惯称呼或服务称呼。

④主次有序。在若干人交谈的场合,要注意称呼顺序。基本原则是:先外后内、先长后幼、先上后下、先疏后亲。

问候是对相识者或初识者表示关心的一种礼节,问候在具体的时间、环境、事务中有所不同,对男女老少、身份不同的对象也有区别,准确地把握这些不同和区别,才能博得对方的好感。一般来说,对国内熟悉的朋友、同事的问候内容可以宽泛一些,如"近来可好?""工作忙吧?",等等。特别密切的关系,还可以问候一下家中长辈、夫人、孩子的情况。一般相识,不期而遇,一声"您好"足矣。在紧张繁忙的情况下,即便是熟人,除非有特殊情况,只需礼节性地问候也就够了。在涉外场合,除与工作、学习等方面有关的内容可以较为详细问候外,涉及个人私事方面的问题,一般不要问及,以免引起对方的反感。

[案例]

著名传记作家叶永烈在着手写陈伯达传记时,必须采访陈伯达,采访时究竟怎样称呼陈伯达,叶永烈颇费了一番心思。采访的前一天晚上,叶永烈辗转反侧,明天见到了陈伯达到底该叫他什么呢?叫他陈伯达同志,不合适,因为陈伯达是在监狱服刑的犯人,叫他老陈,也不行,因为陈伯达已经是84岁的老人了,而自己才48岁。究竟应怎样称呼他呢,突然叶永烈灵机一动,称呼他陈老,这是再恰当不过的称呼了。果然,第二天采访时,叶永烈一声"陈老"的亲切得体的称呼,令陈伯达听了感动万分,眼里充满了泪花。由此可见,一个得体的称呼可真谓交际的"敲门砖"啊!

2)介绍礼仪

介绍是社交活动中相互认识的环节,在交往中掌握介绍时的礼节,同样可以给人留下好的印象。常见的介绍有两种方式:一种是自我介绍;另一种是他人介绍。

自我介绍,即把自己介绍给他人。第一次与素不相识的人见面又没有别人介绍自己时,要进行自我介绍。自我介绍可以用口头介绍,也可以借助名片介绍。介绍是交往的重要步骤,初次见面要给别人留下一个好的印象,必须注意介绍的规范。介绍前,首先要引起对方的注意,比如,可以说"您好,请允许我打扰一下"等,将对方注意力引向自己后,再作介绍。其次,在讲话时,声音音量要适中,吐字清晰,语调要热情友好,充满自信,不卑不亢,眼睛注视对方,含笑致意。另外,除了口头自我介绍,还可以利用名片自我介绍。名片介绍的方法是先说明自己的单位,然后双手将自己的名片递给对方,可附带说一句。"请多关照!"接受别人的名片,要注意用双手,接过来后郑重地看一遍,最好要复述一遍名片上的名字和职务,然后郑重装好,切不可接过后马上收起来或随意一放了事。在接到别人的名片后,如果自己带了名片,应及时双手递给对方,如果自己没带名片,可说句"对不起,我没带名片",然后口头自我介绍自己的姓名、单位,表达交往的愿望。

在社交场合,经常会遇到为他人作介绍的情况。这时应遵循最基本的礼仪规范,按顺序进行。年长者、女士、地位高者享有了解别人的优先权,即应把年轻者介绍给年长者,把男士介绍给女士,把地位低者介绍给地位高者。应注意的是,介绍时应先与优先权的一方打招呼,表示一种敬意,然后再介绍。如:"李小姐,请让我给您介绍一下,这位是王先生。"介绍两位素不相识者,除介绍他们的姓名以外,还可简单地提一下被介绍人的特点、特长。介绍时应注意,不要颠倒介绍顺序,随意介绍;不要用手指指点被介绍者,而是手心微向上,手掌自然平伸。介绍别人或被别人介绍时都应站立起来,表情自然,不要用一只手递接名片,更不要在接到别人名片时,不屑一顾地放于桌上或草率地塞进口袋。

[案例]

约翰·梅森·布朗是一位作家兼演说家。一次他应邀去参加一个会议,并进行演讲。演讲开始前,会议主持人将布朗先生介绍给观众。下面是主持人的介绍语:先生们,请注意了。今天晚上我给你们带来了不好的消息。我们本想要求伊塞卡·马克森来给我们讲话,但他来不了,病了。(下面嘘声)后来我们要求参议员布莱德里奇前来,可他太忙了。(嘘声)最后,我们试图请堪萨斯城的罗伊·格罗根博士,也没有成功。(嘘声)所以,结果我们请到了——约翰·梅森·布朗。听到主持人的这个介绍,约翰·梅森·布朗的脸顿时沉了下来。

主持人在连续介绍完三个因为各种情况而缺席的人后,才提到我们出席会议的嘉宾约翰·梅森·布朗。这难免让我们的布朗先生感觉自己只是制片方没有找到合适的嘉宾的一个替代品。试问感觉自己沦为"替代品"的布朗先生又怎么能高兴得起来呢？

3)握手礼仪

在人际交往中，人们不可避免地要经常彼此握手，这在许多国家已成为约定俗成的礼节。据说，这种礼节是古代西方人在见面时，为了表示自己没有携带武器，彼此摸摸手，以示友好而演变而来的。在日常生活和商业往来中，掌握好握手的礼仪将有助于缩短你与对方的心理距离，显示你的诚意和关切。握手的动作看似简单，但其中包含的礼仪礼节也是相当丰富的。

握手是有先后顺序的。在身份高者、长辈和女性伸出手后，身份低者、晚辈和男性方可伸手相握。当然，如果男方是年长者，则应先伸手，年幼的女性才能伸手相握。

握手时应伸出右手，用左手与人相握是失礼的行为。当然，特殊情况如右手受伤时可以斟酌而定。不带着手套握手，不过在社交场合中女性可以例外。

握手时间应长短适宜，除非很亲近的人可以长久地把手握在一起，一般握一下即可。不应太用力，好像在与别人赛手劲似的。如果对方是女性，更不要长久或者用力地与之相握，以免引起对方的误解和反感。

握手还应注意一些禁忌，一般说来，不要坐着与人握手；不要一脚门里一脚门外与人握；不要交叉与人握手。特别需要注意的是，握手时不要心不在焉，东张西望。

握手看似简单，其实大有学问。手的接触极富表现性，虽仅须臾之间，但却反映了一个人的教养程度和交往的愿望。总的说来，握手的要旨是：深情、高雅、得体，令人愉悦、信任和乐于接受。

[案例]

握手引发的尴尬——郑瑞是某单位的经理，有一天，他被邀请参加一场晚宴，此次晚宴规模巨大，聚集了职场上的成功人士。在宴会上，郑瑞被朋友介绍给一位曹女士。为了表示自己的友好，他先把手伸出去了，可是那位曹女士居然没有反应，还在与一旁的朋友说说笑笑。郑瑞觉得非常的尴尬，觉得手不能再缩回去了，撑了大概20多秒，那位女士还是不配合，后来他一着急说：“蚊子！”转手去打莫须有的蚊子。这种场面让周围的人都不禁捏了把冷汗。郑瑞也是满脸通红地离开了。在社交场上，握手是最普遍的礼仪，员工在职场上要懂得握手的相关礼仪，充分显示自己的修养与对对方的尊重。

4)交谈礼仪

交谈是公共关系人员与他人沟通理解、增进友谊的重要手段。言谈是人际交往的重要途径,但言谈是有高低优劣之分的,是要讲究艺术性的。同样的意思、同样的词可有不同的说法,因而产生不同的效果。现实生活中,有的人妙语连珠,使人百听不厌,而有的人言语混乱、呆板乏味,使人兴味索然。要想在社会交往中发挥言谈的作用,使自己的谈话取得良好的效果,必须注意以下要点:

(1)交谈中传递内容准确清晰

言谈中要合乎语言规范。比如,说普通话应当力求标准,避免读音上的错误,只有把话说准、说对,在语音、词汇、语法等方面遵循统一的标准,才能更好地传递信息、交流思想。同时要把话说清讲明。言谈中思路清晰、明确精炼、通俗易懂、简单明了的语言是进行有效传播的必要前提。模棱两可、似是而非、晦涩难懂、不着边际的语言是言谈的大忌。

(2)交谈应礼貌

说话容易,而要把话说得礼貌得体、委婉动听却并非易事。要使人对你的谈话产生兴趣,除了谈话内容外,还应注意谈话时的礼貌。

①尊重对方。被别人尊重的前提是尊重别人,这在与人交谈中表现得尤为突出。一个盛气凌人、口不择言,随意说话的人是不会被人喜爱和受到尊重的。在谈话过程中,注意倾听是尊重对方的表现。在交际场合,能说会道的人并非就是好的交谈者,交谈是说与倾听两种行为方式的组合,会听,也是交谈获得成功的不可缺少的一个要素。

②学会礼貌用语。言谈中要注意基本礼貌用语的运用。礼貌用语具体有以下几类:敬语中如:“请”“谢谢”。初次见面称“久仰”,好久不见称“久违”,请人批评称“指教”,托人办事称“拜托”,求人谅解称“包涵”等。欢迎语中如“您好”“欢迎光临”等。还有例如祝贺语、问候语、征询语、应答语等很多礼貌用语需要积累与掌握。恰当的礼貌用语,可以表现出谈话人应有的修养,使对方产生好感与谈话的兴趣。

[案例]

老田鸡退二线

某局新任局长宴请退居二线的老局长。席间端上一盘油炸田鸡,老局长用筷子点点说:“喂,老弟,青蛙是益虫,不能吃。”新局长不假思索,脱口而出:“不要紧,都是老田鸡,已退居二线,不当事了。”老局长闻听此言顿时脸色大变,连问:“你说什么?你刚才说什么?”新局长本想开个玩笑,不料说漏了嘴,触犯了老局长的自尊,顿觉尴尬万分。席上的友好气氛尽被破坏,幸亏秘书反应快,连忙接着说:“老局长,他说您已退居二线,吃田鸡不当什么事。”气氛才有点缓和。

(3)合理运用体态语言

交谈中,有时目光、表情、姿态等体态语言更能帮助人传情达意,而体态语言表达是否恰当,不仅能影响交谈效果,而且能从细节反映一个人的修养和情感。所以,首先要注意交谈时的目光和表情。交谈时,目光要平视,一会儿高,一会儿低,易造成心里不平衡;要友好、轻松地看着对方的面部,可偶尔离开,但不能离开太久。面部的表情要随交谈内容的变化而变化,感激、同情、愉快、欣赏的表示,要有分寸,不可过分,以免给人虚假之感。其次,要注意手势的运用。富有表现力的手势往往可以加强交谈的效果,但幅度不宜过大,变化不要太快、太乱,否则会给人以不稳重的感觉。

7.1.2 探访、待客、迎送礼仪

1)探访礼仪

(1)应邀前行

拜访之前一般应有约在先,选择好宾主双方都感到比较合适的会面地点和会面时间,不能随随便便地去做“不速之客”,扰乱别人的安排或有违别人的心愿,自己可能也会徒劳往返。即使是到亲友家中去也是如此。如果亲朋好友邀请了您,就应当致谢,并具体商定时间。如果对方邀请你去拜访,一般不要拒绝,即使需要拒绝也要有充分的能使对方接受的理由。对外国人则千万不要提出去他的居所拜访,这是很不礼貌的。

(2)不可迟到

如果您已接受了邀请,就不要迟到。一旦宾主双方约定了会面的具体时间,作为客人就应如期而至,务求准时。如果因为极特殊的情况不能按时到达,要向主人说明原因并致歉意。事实上,不管什么原因迟到,总是不礼貌的。但是去得太早也是无礼的行为,因为你会占用别人做其他事情的时间,一般以提前 1 ~ 5 分钟为宜,迟到也不要超过 5 分钟。

(3)注意举止

到达主人家后,按铃、敲门应当短促,但要使对方听到声音。在台阶上或走廊里就要认真地把鞋擦干净。同时,不应把淋湿的雨伞、外衣拿进室内。如果没有马上请您就座,应当在一个地方稍站一会儿,不要在房间里走来走去四处张望。俄罗斯人有句名言:“做客要和蔼可亲,而不要眼尖。”

(4)礼貌用餐

如果主人是请你来用餐,那么不要忘记,“好的客人最后一个开始吃,而第一个放下筷子。”不要毫不客气地向主人要求某些特别的、您所喜欢的菜或饮料。有一条众所周知的原则是“在家里吃你想吃的东西,做客时则吃端上来的东西。”

(5)适时告别

用完餐后不应当立刻就走,但也不要失去时间感。如果当您在场时主人突然想起一件重要的事需要马上去办,在偷偷地看表,那就意味着您该起身告辞了。

(6)联系慰问

拜访亲人和朋友,去祝贺他们家庭的重要事件或节日,通常要送花和礼品。要长期或永远离开故乡,则在上远路之前必须去拜访朋友和近亲。回来以后,应赶快和他们联系会面。

[案例]

有一位女校长,应邀去拜访一位事业上很有成就的 50 岁左右的女企业家。在办公室门外等待的时候,想到女企业家的名气和出色的业绩,女校长不禁感到有些紧张。当她被请进办公室,见到这位女企业家的时候,她心中的紧张感立刻就没了,并且还平添了几分自信。因为她看到这位胖胖的女企业家穿了一身超短的套裙,并且还穿了一双露着脚趾的凉鞋。顿时,她对这位女企业家的印象立刻大打折扣,之前对这位女企业家名气和业绩的敬佩感也随之消失了。

2)待客礼仪

(1)在客人到来之前充分准备

打扫清理好会客场所,备好茶水和饮料。可能的话事先了解客人的嗜好,准备饮料。清理好烟灰缸,置于客人桌前。

(2)热情待客

客人正式拜访时,主人一方应有相应身份的人准时在门口迎接,引导客人到会晤场所。在接待区应该让客人先行,但主人必须随时指引以防止客人不知所措。如果约定的人到达时你正在打电话,应该马上中止电话,与通话对方再约定通话时间。如果一些突如其来的紧急事情打乱了你接待客人的时间,需要客人等几分钟以上,应先向客人问候、致歉、提供刊物或饮料安抚客人,会晤开始时还要再次诚挚地向客人致歉。要为来访的客人提供挂放外套和雨具的设施,准备好充足舒适的座椅,请客人坐下后主人再坐下。如有其他客人同时来访,则应先予介绍,平等地对待所有来客,不可以表现出有亲有疏。

(3)愉快用餐

如果商谈内容可能延续到用餐时间时,应尽快结束谈话。如果有意请客吃饭,可以把时间拖到用餐时间,或者虽然想尽快解决问题,但事情到用餐时间依然没能解决时,则应请对方吃饭,假如对方谢绝,而事先也没有准备好,可以不必过分勉强。如果事情紧急,需要马上处理,可以请客人一起用工作餐,但事先最好征得对方同意。到外面用餐时，尽量选择一家客人满意又符合经济预算和时间安排的餐厅。与客人一起用餐时，应选择一些轻松的话题来交谈，如果客人坚持，也可以陪他继续讨论公务，但这样做不利于健康。

(4)礼貌对待不速之客

对于不请自来的客人，也应注意礼仪，在了解对方此行目的之前，应先做个好听众。可以问明对方的身份和来历，除非对方所述足可信赖，否则不应谈太多有关公司的事务，尤其是公司的机密。如果实在不便于接触，可以客气地实言相告，或另约时间。

(5)委婉谢客

当客人逗留时间过长，主人又对他的话题或对其本人不感兴趣时，也应尽力与之周旋，以婉转的态度小心应对，或暗示对方，时间已很晚了，明天还有重要的公务，使客人尽量自然意会，主动告辞。

[案例]

丰子恺是著名画家，家里经常有客人来访。每逢来客人，他总是耐心地对孩子们说："客人来了，要热情招待，要主动给客人倒茶、添饭，而且一定要双手捧上，不能用一只手。因为用一只手，就好像是皇上给臣子赏赐，或是像对乞丐布施，这是非常不恭敬的。"他还说："要是客人送你们什么小礼物，可以收下，但你们接的时候，要躬身双手去接。躬身，表示谢意；双手，表示敬意。"这些教导，都深深地印在孩子们的心里。一次，丰子恺在一家菜馆里宴请一位远道而来的朋友，孩子们有礼貌、守规矩地吃完饭。饭后，他们中有人嘟囔着想先回家。父亲听到了，也不敢大声制止，就悄悄告诉他们不能急着回家。事后，丰子恺对孩子们说："我们家请客，我们全家人都是主人，你们也不例外。主人比客人先走，那是对客人不尊敬。就好像嫌客人吃得多，这很不好。"在父亲的正确教导下，丰子恺的孩子们个个都懂规矩、讲礼貌，长大后成了有出息的人。

3)迎送礼仪

(1)迎客礼仪

在接待室迎接客人，公关接待人员应提前到达接待室。宁可等候客人，也不能让客人等候。看到客人来时，首先要立即从座位上站起来礼貌地招呼，以示欢迎。若是首次来访的客人，要很恭敬地问清来访者的姓名、从何处来，双方交换名片。若是经常来的客人，要亲切地叫出他的称呼，这会使客人产生一种朋友之情。随即请来访者坐下。(接待人员的位置宜在进门处；面对入门处远的是上座；背对入门处，离门近的是下座。端茶时也是需要从右边上座开始)。如果遇到工作繁忙，万不得已而请客人等候时,应诚恳地先表示歉意;"请您稍等片刻,我一会就来。"如果客人要找领导,对于熟悉、亲密的客人可尽快地通知领导,如若来意不明的客人则不要先表明领导动向。请示领导决定,领导拒见,则应挡驾,以沉着、冷静、有礼的态度婉言拒绝,并要征求客人的意见;是否要留话,是否要代理。另外,在接待中。对于来访者的伞、帽、包等物,要指明挂放处,有时可以帮助放置。

车站接客也是接待工作的一项重要内容。实践证明,热情周到地做好接待工作,容易赢得客人的信任和合作。反之,客人人生地不熟,没有遇到接站的公共关系人员,自己艰难地寻找社会组织的所在地,那么他们必定会对社会组织产生埋怨情绪和不积极合作的态度,从而影响组织与公众建立和谐一致的关系,也有损于组织的公众形象。

公共关系接待人员做好接待工作应注意以下几点:第一,了解客人到站的确切时间,并提前到达候客车站。第二,为了方便识别要接的客人,事先要准备一块牌子,写上"欢迎您,××同志"或"欢迎××单位代表团"的字样。书写的字牌要工整、醒目,客人到站时能迅速接上关系,而不至于到处问询。第三,接到客人,公共关系接待人员应迎上前去,主动打招呼、问候,并真诚地表示欢迎,同时作自我介绍;若有名片,则应双手递上,有礼貌地交换名片,必要时应让客人检验一下自己的身份证和工作证,以便打消客人不必要的疑虑。第四,主动帮助客人提取行李,但最好不要拿客人的公文包或手提包,因为里面可能装有贵重物品。如果是残疾客人,还应事先准备好车辆,注意扶持。第五,陪同客人乘坐早先安排好的交通车辆,一同前往接待的住宿处,并帮助客人妥善办理住宿事宜。第六,在迎接陪同过程中,应热情回答客人的提问,如会议的日程安排、往返车票登记情况等,并要主动询问客人是否有私人活动的安排、是否需要帮助代办事情。第七,如果客人所乘的车、船、飞机未能准时到达,应主动关心推迟到达的时间,并耐心等候,不能擅自离去。如果客人因故改期也应主动联系,并对接待工作作出相应的调整。

总之,接待客人来访时,要使客人产生被重视的感觉,若客人产生被忽视了的感觉,则是接待的失礼。

[案例]

有一次,著名美籍舞蹈家孟建华来上海参加国际艺术节,应邀来到金沙江大酒店,参加舞厅的开张仪式并表演节目。当他第一次到达大酒店时,站在门厅的迎宾服务员立刻向他微笑致意,说:"您好! 欢迎您光临我们的酒店。"第二次孟先生来酒店时,服务员已经认出他来了,边行礼边热情地说:"孟先生欢迎您再次光临,我们经理已有安排,请上楼。"随即陪同孟先生一起上了楼。时隔数日,当孟先生第三次踏入酒店大厅时,那位服务员脱口说出:"欢迎您三次光临,我们酒店感到十分荣幸。”事后,孟先生对酒店负责人说:“贵店的服务员很不错,不呆板、不机械,你们的服务水平很高!”这个事例告诫我们,无论对初到顾客,还是多次光临的客人,每次见面的第一句话,都要热情礼貌。

(2)送客礼仪

送客是整个接待工作中的最后一个环节。送客工作做得好,可以强化公众对社会组织的良好印象,做得不好,则可能前功尽弃、功亏一篑。因此,公共关系人员应高度重视送客工作,给公众留下一个完整的好印象。

[案例]

日本人的礼仪是举世公认的,在送客的礼仪方面也有独到之处,表现得谦和有礼。有一批企业家去参观日本工厂,参观结束后坐大巴离开时,工厂的领导、员工等都在门口恭送客人。每个人都是90度的鞠躬,很有礼貌。尤其令人惊讶的是,参观团的一个成员看到:后面还有一个工人装束的人在鞠躬。这是一位接近退休年纪的老先生。此时所有的代表团成员都在跟工厂的领导道别,这一切本来与这位老先生无关,可是他依然以厂为家,以公司为荣,用一样的礼仪欢送贵宾离开。

①客人告别时,公共关系人员应婉言相留,客人执意要走,也要等客人起身告辞时,公共关系接待人员站起来相送。不能等客人刚说要走,公共关系接待人员便站起来送客,这是极不礼貌的。

②送客时,不论是送至电梯或车站,都要挥手道别,而且要等客人走远时再回接待处,要给人一种依依不舍的情绪,而且要有礼貌地说“再见”,或对远地客人祝福“一路平安”等,以表示关怀。

③送客时不要坐着不动,或是只点头表示向客人道别,这样会使客人觉得你是摆架子。送客时也不能频频看表,心不在焉,或者东张西望,这样会让客人觉得耽误了你的时间而感到不安。

④来客如果带着礼物前来拜访,临走之前,留下礼物,主人应主动表示感谢,如果相互之间比较熟悉,礼物又不十分贵重,可以在道谢之后双手接过欣然收下。如果礼物比较昂贵,应该婉言推辞。

⑤送客时,要目送客人远去。如果客人回首招呼,主人应举手示意,频频点头。如果是送进电梯则要等电梯门关上再走。出门时,更不要马上关门或者马上把室内的灯熄灭,或站在门外议论客人,这容易引起客人的反感。

[案例]

1957年国庆节后,周总理去机场送一位外国元首离京。当那位元首的专机腾空起飞后，外国使节、武官的列队依然整齐，并对元首座机行注目礼。而我国政府的几位部长和一位军队的将军却疾步离开了队列。他们有的想往车里钻，有的想去吸烟。周总理目睹了这一情况后，当即派人把他们叫回来，一起昂首向在机场上空盘旋的飞机行告别礼。随后，待送走外国的使节的武官，总理特地把中国的送行官员全体留下来，严肃地给大家上了一课："外国元首的座机起飞后绕机场上空盘旋，是表示对东道国的感谢，东道国的主人必须等飞机从视线里消失后才能离开，否则就是礼貌不周。我们是政府的工作人员和军队的干部，我们的举动代表着人民和军队的仪表，虽然这只是几分钟的事，如果我们不加以注意，就很可能因小失大，让国家的形象受损。"

⑥如果到车站、码头、机场送客，则要事先为客人买好票。如果送客时下雨，应为来客提供雨伞等必要的雨具。送客是人际交往中常遇到的活动，通过送客不仅能显示主人的修养和诚意，也能影响与客人的感情。亲切而有礼貌地送客道别，能给客人留下深刻的印象，也能显示公共关系接待人员良好的礼仪修养。

7.2　各类活动的礼仪

7.2.1　会议

会议准备是组织接待工作中一项最经常的任务，做好会议接待工作要注重接待人员的仪表，使礼仪贯穿于会议的全过程，增强组织的公众形象与魅力。

组织召开任何会议，都必须成立会务筹备组，其负责人最好是会议的主持人，这样会议的要求、任务就能得到较好的落实。筹备组为了开展工作需要，可设秘书和会务、宣传三个小组。秘书小组主要是准备会议的文字资料，包括大会的主报告、论文、起草简报等；会务小组主要是做好会议报到、安排住宿、订购返程车票、落实使用车辆、会场服务等会务工作；宣传组主要是会议的会场布置、宣传报道。与新闻媒介部门的联系、安排记者采访、照相、录像以及纪念文集出版等。

[案例]

某分公司要举办一次重要会议，请来了总公司总经理和董事会的部分董事，并邀请当地政府要员和同行业知名人士出席。由于出席的重要人物多，领导决定用U 字形的桌子来布置会议桌。分公司领导坐在位于长 U 字横头处的下首。其他参加会议者坐在 U 字的两侧。在会议的当天开会时，贵宾们都进入了会场，按安排好的座签找到了自己的座位就座，当会议正式开始时，坐在横头桌子上的分公司领导宣布会议开始，这时发现会议气氛有些不对劲，有贵宾相互低语后借口有事站起来要走,分公司的领导人不知道发生什么事或出了什么差错,非常尴尬。

具体礼仪要注意以下几个方面:

1)明确会议主题

任何一次会议都应有明确的目的和所要完成的任务,确立会议主题是会议取得成功的基础。因此,召开会议前,首要的任务是统一思想,紧紧围绕社会发展的需要和组织发展的规划。没有明确目的、可开可不开的会议一定不要召开,以达到精简会议的原则。

2)确定大会发言人和会议主持人

要求根据会议的目的选择思想品德、业务水平、文明举止、发言能力、自信心等方面表现较好以及在公众中有较大影响、担负相当职务的权威人士担任;提高会议的规格和水平是保证会议取得成功的重要条件和关键环节。

3)准备主报告

会议的目的具体体现在会议的主报告内容之中。因此,会议秘书应根据会议的主题和所要解决的问题起草主报告。经集体讨论和反复征求与会者的意见,请会议主持人与大会发言人认真审阅。在定稿后。向本部门有关人员通报,使参与会议的接待人员思想统一,行动一致。另外还应打印成册,在会前发给与会代表,以便代表阅读并作好发言与讨论的准备。

4)会务准备

会议召开的时间一般不宜安排在重大节假日。地点应选择在交通方便、条件齐全之处;会场根据会议参加者的人数选择,但要有较好的会议用具和灯光、音响设备;代表住宿、用餐离会场不能太远,以保证其休息;会议经费预算要注意节约、精打细算,但也要留有余地。

5)发送会议通知和请柬

会议前就应让会议代表收到通知和请柬,以便作好赴会准备。通知和请柬开头顶格写上被邀请者名称(个人或单位),正文写上会议时间、地点、内容、活动安排、末尾具上会议召集单位署名落款,附件可包括会议日程与活动安排、预订车票的回执等。会议通知和请柬的用语力求简洁明确。

6)衣着整洁、态度谦逊

参加会议的人要注意仪容、仪表。在大会报告期间,注意聆听别人的发言。在讨论期间,要积极发言,阐明自己的见解和观点。遇到与自己不同观点的争论时,坚持平等待人,充分地摆事实、讲道理,拿出实验数据和引证资料,切不可以势压人,要心平气和地阐明自己的观点,以理服人。会议接待人员的衣着打扮要干净整洁、朴实大方,要与会议的整体文化氛围相协调,男士的服饰应显得庄重一些,女士的服饰也应以端庄力重,不宜过于华丽,不要浓妆艳抹,也不要佩戴过多的首饰。

7)会议总结

会后要认真总结收集与会者对会议服务提出的改进措施,以利于以后搞好会议接待工作。

8)有始有终地做好会议结束工作

在会议结束、代表未离开会议地点前,无论是参观访问还是浏览名胜古迹都要给予周到的接待服务,特别是送站工作不要疏忽和遗漏,临别时,接待人员要前往住宿所在地告别,虚心听取会议服务意见。

7.2.2　舞会

舞会是一种社交活动,公共关系人员为了广结善缘,联络感情,举办舞会是必要的。

1)舞会的组织工作

作为舞会的组织者,应为来宾准备宽敞的场地,安排好乐队伴奏,准备好音响、灯光等设备。要提前发出邀请,请柬上注明开始、结束时间,并准备好各种饮料。客人来到时,应向他们指引到摆放外套之处。之后再引导客人在步入舞池前与其他来宾相识、寒暄,并示意其在喜欢的地方就座。舞会结束时,应向来宾致谢,欢送客人。

2)舞会应注意的礼仪

舞会是西方国家普遍的友谊活动,近代传入中国,现在已成为一种常见的社交活动。但仍有很多人不懂得舞会上的礼节,常常做出一些出格的或不规范的举动,失去自己的身份和礼貌。因此,了解与学习舞会礼仪是十分必要的。舞会礼仪包含以下几方面:

(1)仪表大方得体

衣冠要端庄整洁。衣着和谐、举止有礼的人会成为舞会上受欢迎的人物。女士切忌浓妆艳抹,弄得花枝招展,与众人格格不人。男士的头发应该梳理整齐,不要满脸胡楂上舞场,也不要弄得油头粉面。出席级别较高的舞会,女士要穿长裙或晚礼服。男士要着西装、系领带,搭配要自然得体。跳舞时一定穿皮鞋,皮鞋要大小合适、擦亮,以牛皮底为佳,光滑省力。鞋底不能带有鞋钉,以免发生刺耳的声音。女士为了美观、安全应穿连裤丝袜,半高跟皮鞋,舞场上不可戴帽子、手套和口罩,那是不礼貌的。无论男女都要认真清洁自身(避免身上带有异味),晚餐最好不要吃生葱、生蒜、生萝卜、韭菜之类，以免与人交谈时口腔异味影响形象。

(2)言谈文雅，符合舞会的整体气氛

舞会上不可大声喧哗，遇到熟悉的朋友可以小声交谈，但不要高谈阔论，特别是谈到高兴时，切不可前俯后仰地大笑。如遇到需商谈事情，应在舞场外找对方洽谈，不要在舞会上商谈，或争论不休，给其他舞伴一种神秘感，不符合舞会的和谐气氛。舞会中的相互交谈要避免庸俗无聊的话题，也不要随意讨论其他的女舞伴。

(3)邀舞礼节

在舞会上邀舞，通常是由男方主动邀请女方共舞。邀请的时候，邀请者的态度要谦和自然、落落大方，既充满自信，又尊重对方。邀舞时，男方应庄重地走到女方面前，弯腰鞠躬 15 度左右，轻声微笑地说；"可以请您跳个舞么?"对方同意后就可进入舞池共同起舞。如果女方有男友或丈夫在旁时，先要征得男士同意后才能邀请女方跳舞。一般女士邀请男士跳舞，男士不得拒绝。舞会音乐结束以后，男士应将女士送回原来的座位，待其落座以后，道谢方可离去。在舞会上切不可争抢舞伴，特别是女舞伴较少时，应相互谦让。

(4)拒舞礼节

当男士邀请女士跳舞时，一般不应拒绝。如有特殊情况，女士可以向男士表示歉意，如说："对不起，已经有人邀请我跳舞了，等下一曲吧！"一旦拒绝某个男士的邀请，就应该坐到位置上，等一支舞曲完了才能与别人跳下一个舞，否则就是对先邀请者的不尊重。

(5)舞姿

跳舞时舞姿要端正，始终保持良好的风度。在跳舞时身体要始终保持平、直、正、稳，动作不要太大，切忌轻浮、鲁莽，耸肩、摇臂和扭曲躯体等。男士动作要轻柔文雅。女士不宜将自己身体与对方太靠近，要有一定距离。跳舞时如果不小心碰到别人，要有礼貌地道歉。

(6)舞会休息与终场礼节

舞会中间休息时，不要吸烟、乱扔果皮，不宜高声谈笑、随意喧哗。对于自己不熟悉的伙伴，除非对方主动致意，否则不宜向其问长问短，闲聊不止。如果对方正同别人谈话，应主动回避。舞会结束时，对共舞过的伙伴要礼貌告别，不能视而不见，即使对不认识的人，如果目光相碰，也要点点头打个招呼。对舞会服务人员也要彬彬有礼，表示谢意。

[案例]

邀舞缘何被拒绝

小张是一位很帅气的小伙子，穿着很讲时髦。一次，他买了一件很漂亮的大衣,正好周末本单位举行舞会,他便来到会场,只见人们都在翩翩起舞,小张兴致很浓,便邀请一位在座位里休息的女士跳舞,那位女士看了他一眼,很礼貌地拒绝了他,接着小张又邀请了两位女士跳舞,结果仍然是被拒绝。这时,一位朋友来到小张身边,拍拍他说:“小张,不能穿着大衣邀请女士跳舞,这是不礼貌的。”小张这才明白刚才为什么被拒绝。

7.2.3　宴会

宴会是最常见的公共关系活动形式之一。为庆祝纪念日、表彰庆功、答谢合作者或进行工作交流、感情联络等,都可以采用宴请的方式。宴请并不仅仅是吃饭,组织宴请和出席宴请都应该遵循宴请的礼仪。

1)宴会的种类

从形式上看,宴会一般分为国宴、正式宴会、便宴、冷餐会、酒会、茶会、工作餐。

国宴是规格最高的一种宴会,是为国家的庆典或外国元首、政府首脑举行的正式宴会。宴会厅内要悬挂宾、主两国的国旗,安排军乐队演奏国歌和席间乐,主、宾双方作正式讲话或简单致辞,并相互祝酒。

正式宴会是指有固定规格和程序的正式宴席,除不挂国旗、不奏国歌以及出席规格不同外,安排大体与国宴相同,有时也安排乐队演奏席间乐。宾主均按身份安排就座,有固定的菜式,通常包括汤和热菜(一般中餐4道、西餐2至3道),另有冷盘、甜食、水果。席间可用甜酒或烈性酒,也可以佐以餐前开胃酒。开宴前主宾双方有正式致辞或祝酒,对服饰、餐具、酒水、菜肴、餐桌陈设、礼仪等有比较严格的要求,一般以晚宴为主。

冷餐会是以冷食为主,配有淡酒、饮料、点心、水果的一种招待宴会,一般设有固定座位,随意入座或站立进餐,食物自取或由招待人员端送。规格可高可低,时间一般在中午12点至下午2点,下午5点至7点。

酒会习惯上又称鸡尾酒会,是以招待酒水为生,略备小吃的一种招待形式,一般不设座椅,可以随意走动,形式灵活自由,便于交谈沟通,中午、下午、晚上都可以安排。酒会不一定都用鸡尾酒,但通常酒类品种较多,并配以各种果汁,不用或少用烈性酒,食品多用三明治、小香肠、炸春卷等小吃,以牙签取食。一些大型酒会亦可邀请乐队或播放轻音乐舞曲,在场地允许的情况下可以让客人跳交谊舞。

茶会是一种最为简便的宴请形式,以茶或咖啡招待客人,一般设在客厅而不是餐厅,茶几、座椅都不排座次,时间一般安排在下午4时左右或上午10时左右。茶会对茶具、茶叶、或咖啡、咖啡饮具应有一定的讲究。

不论组织哪一种形式的宴会,都应该根据目的来确定邀请对象的身份、人数、规格、环境等，以求实效。

[案例]

"高规格"接待

国外某投资集团十分看好当地的旅游资源，在有关部门的努力下，原则上决定巨资开发当地独特的旅游资源，该投资公司派出董事长为团长的高级代表团来到该县进行实地考察。当地县政府对这次接待活动格外重视。县政府在代表团到达当天举办盛大欢迎宴会，出席宴会的外方代表团成员共8人，中方陪同人员100人。菜肴极其丰富，其规模和档次甚至超过国宴。然而，外方代表团成员没有中方陪客那样兴奋，对中方的盛情款待似乎并不领情。第二天，代表团参观了当地尚未开发的旅游资源。外方赞不绝口，但没有按照地方政府期望的那样签署投资协议。为什么对外方如此高规格的接待却没有起到任何效果？县政府领导百思不得其解。原来当地政府单方面的认为，规格越高越显示了地方政府对于投资团的重视和礼仪。但是孰料弄巧成拙，过高的规格却造成了对方的不适和反感，最后使投资计划搁浅。

2）组织宴请活动的礼仪

（1）邀请

在设宴招待客人时，首先应确定邀请什么人，如何邀请，地点有哪里。随后，一方面发请柬或用其他方式进行邀请；一方面就要着手准备宴席。

（2）宴请时，邀请者的第一任务就是迎接宾客

主人应站在门口和宾客握手，先同女宾客握手，再同男宾客握手，在所有的宾客都接待后，方可和你的贵宾交谈，以免使某些客人有被冷落的感觉。

（3）宴客的席次

宴客的席次应在客人入门时即行告之，或在餐桌列上席次表。宴席上设有"上座"和"下座"之分，"上座"即首座，以圆桌为例，一般是靠近正对大门的方向。首座为主人座，右边为第一主客，也有尊者或长者入首座。"下座"即末座，习惯上以上座的对面座为末座，通常由第二主人或主人亲属、晚辈就座。其余宾客，可以把熟悉的朋友排在一起，这样可增加热烈气氛。总之，安排好宴客的座次是一门很深的学问，需要在实际活动中不断累积经验。

[案例]

武汉市与日本某市缔结友好城市，在某饭店举办大型中餐宴会，邀请本市最著名的演员助兴。这位演员到达后，费了很长时间才找到了自己的位置。当她入座后发现与他同桌的许多客人，都是接送领导和客人的司机，演员感到自尊心受到了伤害,没有同任何人打招呼就悄悄离开了饭店。当时宴会的组织者并未觉察到这一点,直到宴会主持人拟邀请这位演员演唱时,才发现演员并不在现场。幸好主持人头脑灵活,临时改换其他节目,才算没有出现“冷场”。

(4)宴席开始

上菜时应从主人旁边端上来,菜上好后,由主人请宾客品尝,用餐。在宴会上,主人是第一敬酒的人,敬酒时可依顺序敬遍全席,不能冷落任何一位客人。

(5)席间谈话

主人要巧妙地选择话题,引导客人愉快地参与交谈,使席间充满和谐欢乐的气氛。

(6)宴席结束

凡宴席即将结束时,主人应先离开自己的座位,准备送客,送客时必须站在门口和宾客握手告别。

3)出席宴会的礼仪

(1)应宴

接到宴会的邀请,能否出席应尽早答复对方,以便主人安排。万一有不得已的特殊情况不能出席,尤其是主宾,应尽早用打电话、信函或登门的形式向主人解释、道歉。应邀出席一项活动之前,要核实活动举办的时间、地点,是否邀请了配偶,以及主人对服装的要求等。按时出席宴请是一种礼貌,赴宴太早,令人尴尬,赴宴太晚,显得不礼貌或给人故意冷淡的印象。因此赴宴时间控制在宴会举行的时间提前几分钟到达即可。

(2)入座

应邀出席邀请活动,应听从主人安排。如果是宴会,进入宴会厅前,应先了解自己的桌次和座位,不要随意乱坐。如邻座是年长者或妇女,应主动协助她们先坐下。

(3)进餐

入座后,在主人招呼后,再开始进餐。取菜时,不要盛得太多,盘中食物吃完后,如果不够,可以再取。如遇到不喜欢吃的菜,当招待员或主人夹菜时,不要拒绝,更不要露出难堪的表情。如果遇到自己喜欢吃的菜,也不要急于站起来夹菜,应先移动转盘,将菜移到面前再夹。吃东西时要文雅,细嚼慢咽,不宜发出声音。如汤菜太热,可稍待凉后再吃,切勿用嘴吹,喝汤不要啜。剔牙时,用手或餐巾纸遮口。

(4)祝酒

赴宴前,应先了解对方祝酒习惯,即为何人祝酒,何时祝酒等,以便作必要的准备。碰杯时主人和主宾先碰，人多可同时举杯示意，不一定碰杯。祝酒时，不要交叉碰杯。在主人、主宾致辞、祝酒时，应先停止进餐与交谈，也不要趁此机会抽烟。碰杯时，要目视对方致意。

(5)西餐礼节

西餐宴请时用长桌，右为高，左为低，以女主人座位为准，男女交叉，主宾坐在女主人右上方，主宾夫人坐在男主人右上方。餐桌正面放汤盆，左边放叉，右边放刀，汤盆上放匙，再上方放酒杯。餐巾放在汤盆上或插在水杯里，面包奶油盆摆在左上方。上菜时先上面包、汤，再上各类菜肴、布丁、咖啡、红茶等。正餐中刀叉数目与菜肴道数相等，使用时由外而内取用。餐巾应平铺在膝上，不能塞在胸前或掖在腰带上。临时离开餐桌要把餐巾放在椅子上，把刀叉横放在两侧，叉的背面向上。用餐完毕则把餐巾放在桌上，把刀叉平行放在前面，叉的正面向上。喝汤时，不能俯下身去迎合汤匙，应当保持身体不动，头略俯下，将汤匙向外舀取，然后送嘴里。吃水果时应切成小块取用。

(6)餐后

用餐完毕，要等主人宣布散席，方可轻轻离开座位，并须逗留一会，向主人道谢后再离开。出席宴会者，不仅在宴会厅时要对主人表示感谢，事后还应当专门致函或名片给主人表示谢意。

[案例]

周小姐有一次代表公司出席一家外国商社的周年庆典活动。正式的庆典活动后，那家外国商社为全体来宾安排了丰盛的自助餐。尽管在此之前周小姐并未用过正式的自助餐，但是她在用餐开始之后发现其他用餐者的表现非常随意，便也就“照葫芦画瓢”，像别人一样放松自己。让周小姐开心的是，她在餐台上排队取菜时，竟然见到自己平时最爱吃的北极甜虾。于是，她毫不客气地替自己满满地盛了一大盘，当时她的主要想法是：这东西虽然好吃，可也不能再三再四地来取，否则旁人就会嘲笑自己没见过什么世面了。再说，它这么好吃，这会不多盛一些，保不准一会儿就没有了。然而令周小姐脸红的是，她端着盛满了北极甜虾的盘子从餐台边上离去时，周围的人居然个个都用异样的眼神盯着她。事后一经打听，周小姐才知道，自己当时的行为是有违自助餐礼仪的。

7.2.4 文娱体育表演活动

文娱晚会、体育表演是一般社会组织经常参与或举办的公共关系活动，邀请公众观看晚会表演有利于沟通思想，树立组织的良好形象。参加文娱晚会、体育表演应注意以下礼仪：

①节目的选定要考虑周全，符合客人的兴趣，不要安排与客人的政治倾向、宗教信仰、风俗人情不相符合的节目，以体现对客人的尊重和友好。

②邀请客人观看表演所发的请柬要符合格式而且一定要给客人留有观看演出的最佳座位，这是礼仪的表现。一般理解的最佳座位，文娱晚会以第 5 排到第 8 排位置为最佳；看电影则以 15 排前后为宜；体育表演以主席台旁两旁的一、二排为最佳。不要在客人尚未到达演出场所前，最佳位置已被占领，然后当着客人的面动员别人让座位。

③入席和退席都要有公共关系人员陪同，演出结束要起立鼓掌谢幕，切忌流露不满情绪。一般不主动提示客人献花，更不要求客人一一上台与演员握手，要主随客便。

④无论是演出、体育表演、观看电影、录像都要备有节目单和说明书，公共关系接待人员要事先了解内容，主动向客人简要介绍剧情。

⑤遵守晚会秩序。演出过程中要保持肃静，不要谈话。不要大声咳嗽，打哈欠，更不能吸烟，嗑瓜子，吃零食。观看体育比赛时，要尊重客队，不起哄，不吹口哨，不鼓倒掌，不喝倒彩，不围攻裁判，更不能在看台上向运动场乱抛瓜皮、软罐。对客队的成绩应热烈鼓掌，发扬社会主义体育道德新风尚。

[案例]

克雷文的精彩一瞬

2008 年 9 月 16 日晚，北京残奥会在国家体育场鸟巢隆重闭幕。盛大的闭幕式美轮美奂，精彩不断，偌大的场馆处处缤纷，一片欢乐的海洋。当整个仪式进行到尾声——将致闭幕辞时，参加演出的演员们组成了人墙夹道，顺着人群的夹道，北京残奥会组委会主席刘淇和国际残奥会主席菲利普·克雷文缓缓走向讲台。场地上四处飘落的通红的象征着收获的枫叶，渲染着浓重热烈的气氛。在万人瞩目之中，克雷文停了下来，他满怀深情地从地上捡起两片枫叶，一片插进西装上兜，另一片交给刘淇。刘淇立刻与他紧紧握手，并把枫叶同样插进了衣兜。在全场热烈的掌声里，他们继续前行。我相信这一幕并非导演事先安排，而是克雷文的即兴所为。他用这一看似细微的动作，表达着对这次残奥会的盛赞、眷恋和感谢。正如他在闭幕辞中所说："这是有史以来最伟大的一届残奥会，这一切源自于精神的力量"。发言的最后，他用中文向世界宣布："谢谢香港，谢谢青岛，谢谢北京，谢谢中国"。这一幕，让看到的每一个人，向这位残疾的老人生出由衷的敬意。

7.2.5　参观游览

客人到来后，安排并陪同其游览参观，也是公关部门的一项经常性工作。公关

人员陪同客人游览参观,在组织参观游览活动中应注意:

1)合理分配时间与游览内容

时间安排应恰到好处,不松不紧,不急不缓。科学地安排布置游览线路和组织好游览参观内容;游览参观线路和景点的选择应突出本地的特色和优势。使客人对本地的自然人文有良好的印象。游览参观的内容应充分考虑客人的意愿、兴趣,做到丰富多彩,点面结合。同时游览参观还要注重当地的实际,做到力所能及、切实可行,综合考虑多种因素,比如安全设施、保密设施及接待条件等。

2)热情陪同服务,周到文明

游览参观时,要有身份相当的人陪同。如果是参观专业性较强的单位。最好由懂业务、熟悉情况的人同时陪同,以便及时回答客人提出的问题。有些重要的参观或游览要安排解说员或导游员,当解说完毕或导游结束后,要对导游和解说员表示感谢。陪同人员要和蔼可亲地向公众介绍情况、交流看法,中途不要离开,不要表现出心不在焉与不耐烦。

3)食宿交通与摄影安排

事先安排好客人在游览过程中的所有食宿交通问题,并且在安排用餐问题时,考虑到部分客人的禁忌问题,切勿因为安排不周而引起客人的不满。安排住宿时,对于接待对象的性别以及相互关系有一定了解,切忌将有过节的人安排在一间房,或者将男女朋友分开等。另外,游览中必须安排摄影拍照的随行人员,要照顾好客人在随行中的摄影需求,使得客人可以更舒适地游览景点。

4)安全工作等注意事项

陪同参观游览的公共关系接待人员要有高度的责任心,做好组织工作与安全工作,特别是陪同人数较多的代表团。进入人来人往的旅游景点参观时应交代清楚集中的时间、安全要求等,开车离去时一定要清点人数,防止漏人。车子开动时,应提示客人坐稳,注意行车安全,避免发生事故。要充分尊重老人和女士,对小孩应多加关照,提醒客人携带好随身使用物品等。

[案例]

有一批应届毕业生,实习时被导师带到国家某部委实验室里参观。全体学生坐在会议室里等待部长的到来。秘书给大家倒水,同学们表情木然地看着她忙活,其中一个还问了句:“有绿茶吗?天太热了。”秘书回答说:“抱歉,刚刚用完了。”轮到林晖时,他轻声地说:“谢谢,大热天的,辛苦了。”秘书抬头看了他一眼,满含着惊奇,虽然这是很普通的客气话,却是她今天唯一听到的一句。两个月后,林晖被录用了。有几位颇感不满的同学找到导师:“林晖的学习成绩最多算是中等,凭什么选他而没选我们?"导师笑道:"是人家点名来要的。其实你们的机会是完全一样的,你们的成绩甚至比林晖还要好,但是除了学习之外,你们需要学的东西太多了,修养是第一课。"

7.3　涉外礼仪

涉外礼仪是指在涉外交往中,对外宾表示友好、尊重、敬意的各种惯用形式。各国不同的历史渊源、地域条件、自然景观和文化传统,形成了风格各异的风俗习惯,各国频繁的政治交往、文化交流、贸易洽谈和旅游观光,产生了形式多样的交际礼仪。

7.3.1　涉外交往的基本方针与原则

在涉外交往中,公关人员要注意发扬中华民族的优良传统,尊重各国各民族的风土人情和风俗习惯,了解他们的不同礼节,努力做到真诚、亲切、热情、朴实、得体,这是涉外的十字方针。具体说来,在与外国人进行交往过程中,要遵循以下原则:

1)坚持维护代表国家的良好形象

在涉外交往中,每一名中国人都代表着中国。一般的外国人对中国的了解和看法,主要来自他所有机会接触到的某些中国人。因此,一个中国人在涉外交往中,如果不注意自身形象,从某种程度上讲,就有可能会损害中国的国际形象和整个中华民族的形象。所以,在涉外交往中,每个人都必须时时刻刻注意维护自身形象,特别是要注意维护自己在正式场合留给初次见面的外国友人的第一印象。这是因为,心理学实验证明:一个人在初次见面时,留给他人的第一印象至关重要,而且往往很难改变。它的好坏,通常会对人际关系构成极大的影响。

2)不卑不亢,是涉外礼仪的一项基本原则

它的主要要求是:每一个人在参与国际交往时,都必须意识到,自己在外国人的眼里,是代表着自己的国家,代表着自己的民族,代表着自己所在单位的,因此其言行应当从容得体,堂堂正正。在外国人面前,既不应该表现得畏惧自卑、低三下四,也不应该表现得自大狂傲、放肆嚣张。在涉外交往中坚持"不卑不亢"的原则,是每一名涉外人员都必须给予高度重视的大问题。

[案例]

20 世纪 90 年代中期,国内的一名中学生应邀前往一个拉美国家,参加民间外交活动。有一天,当他前去出席在那个国家所举行的一次国际性会议时,发现在会场周围所悬挂的各与会国国旗之中竟然缺少中华人民共和国国旗,便立即向会议的组织者指出了这一问题,并且严正地表示:“不悬挂我国国旗,就是缺乏对我国的尊重,假如不马上改正,我将拒绝出席这次会议,并且立即回国。”经过据理力争,中国国旗终于飘扬在会场的上空。在会议组织者再三地表示了歉意之后,那位中学生才终于步入会场,出席会议。在他入场时,有不少与会者主动起立,向他热烈地鼓掌表示欢迎。当地的报纸事后为此发表评论说:“连一名中学生都具有那么强烈的民族自尊心,中国人的确是值得尊重的。”那位中学生之所以受到人们的尊重,主要是因为他能够在涉外交往中表现得不卑不亢,维护祖国尊严。

3)入乡随俗

在涉外交往中,之所以提出“入乡随俗”主要是因为世界上的各个国家、各个地区、各个民族,在其历史发展的具体进程中,形成了各自的宗教、语言、文化、风俗和习惯,并且存在着不同程度的差异。在涉外交往中,必须充分地了解与交往对象相关的习俗,无条件地对交往对象所特有的习俗加以尊重。在涉外交往中,当自己身为东道主时,通常讲究“主随客便”;而自己充当客人时,则又讲究“客随主便”。从本质上讲,这两种做法都是对“入乡随俗”原则的具体贯彻落实。

[案例]

云南省的一家外贸公司与印度某商贸公司新近做成一笔生意,为表示合作愉快,加强两公司今后的联系,努力成为密切的商业伙伴,中方决定向印方赠送一批具有地方特色的工艺品——皮质相框。中方向当地的一家工艺品厂定制了这批货,这家工艺品厂也如期保质保量地完成。当赠送的日子快要临近时,这家外贸公司的一位曾经去过印度的职员突然发现这批皮质相框是用牛皮做的,这在奉牛为神明的印度是绝对不允许的,很难想象如果将这批礼品赠送给印方会产生什么样的后果。幸好及时发现,才使中国的这家外贸公司没有犯下错误,造成损失。他们又让工艺品厂赶制了一批新的相框,这回在原材料的选择上特地考察了一番。最后在将礼品送给对方时,对方相当满意。

4)求同存异

所谓“求同存异”,是指在涉外交往中,为了减少麻烦,避免误会,最为可行的做法,是既要对交往对象所在国的礼仪与习俗有所了解,并予以尊重,更要对于国际上所通行的礼仪惯例认真地加以遵守。比如,在世界各国,人们往往使用不同的见面礼节。其中较为常见的,有中国人的拱手礼,日本人的鞠躬礼,韩国人的跪拜礼,泰国人的合十礼,阿拉伯人的按胸礼,以及欧美人的吻面礼、吻手礼和拥抱礼等。它们各有其讲究,都属于礼仪的“个性”。而以握手作为见面礼节,则可以说是通行于世界各国的。与任何国家的人士打交道,以握手这一“共性”礼仪作为见面礼节,都是适用的,这就是“求同存异”。

[案例]

一位英国老妇到中国旅游观光,对接待她的导游小姐评价颇好,认为她服务态度好,语言水平也很高,便夸奖该导游小姐说:“你的英语讲得好极了!”导游小姐按照中国人的习惯,于是谦虚地回应说:“我的英语说得不好。”英国老妇一听生气了,心想:“英语是我的母语,难道我都不知道英语该怎么讲?”她越想越气,第二天坚决要求旅行社给她换导游。这件事在旅游行业乃至所有的窗口行业引起极大反应。

5)尊重隐私

中国人在涉外交往中,务必要严格遵守“尊重隐私”这一涉外礼仪的主要原则。也就是说,一定要充分地尊重对方的个人隐私权。进而言之,在言谈话语之中,对于凡涉及对方个人隐私的一切问题,如收入支出、年龄、恋爱婚姻、身体健康状况、家庭住址、个人经历、信仰政见等,都应该自觉地、有意识地予以回避。

[案例]

下岗女工肖兰通过中介公司找到一份在外国专家家里做保姆的工作。肖兰热情活泼,精明能干,第一天就给对方留下了不错的印象。她的主要工作之一是打扫房间,包括布朗夫人的卧室。细心的布朗夫人特意给肖兰定制了一份时间表,上面规定每天上午8点清理卧室,让肖兰按照上面的计划严格执行。开始几天,肖兰都干得相当好,很令布朗夫人满意。直到有一天,肖兰照例去清理布朗夫人的卧室,却发现布朗夫人没有像往常一样不在家,而在休息。肖兰心想,我还得按照计划办事,而且我打扫并不会影响她休息。热情的肖兰认真地干起了活。这时,布朗夫人突然醒了,发现肖兰在她的房间里,很惊讶,马上用不很流利的汉语叫起来了:“你来干什么?请出去!”肖兰仍是一片好心,“您接着休息吧,我一会就打扫完了。”布朗夫人提高了嗓门,一字一顿地说:“请—你—出—去!”并且用手指着门。肖兰不明白自己哪里惹了布朗夫人,她怎么这种态度。她心想,不是叫我按时打扫的吗?满肚子委屈地走了。

6)女士优先

所谓“女士优先”,是国际社会公认的一条重要的礼仪原则,它主要适用于成年的异性进行社交活动之时所采用。“女士优先”的含义是:在一切社交场合,每一名成年男士，都有义务主动地、自觉地以自己的实际行动，尊重、照顾、体谅、关心和保护女性，并且还要想方设法、尽心竭力地为女性排忧解难。倘若因为男士的不慎，而使女性陷于尴尬、困难的处境，便意味着男士的失职。人们一致公认，唯有如此这般的男士，才会被视为具有绅士风度。

7.3.2 涉外接待中的礼仪

1)礼宾的依据与原则

《联合国宪章》在序言中阐述了“大小各国平等权利”的信念。由此可见，现代的国际关系应以公认“主权平等”为基础。“主权平等”含有两方面的意义：一方面，每个国家都享有平等主权，不受他人侵犯；另一方面，每个国家都有尊重别国主权的义务，不得借口行使自己的主权而侵犯他国的主权。

“主权平等”既然是现代国际关系的基本准则，作为国际交往中的一种行为规范的现代国际礼仪，当然也必须遵循这一准则。“主权平等”的原则在国际礼仪的实践中，常常体现在六个方面。

①国家尊严受到尊重，国家元首、国旗、国徽不受侮辱。在涉外礼仪活动中，如果有一方的尊严受到损害，丢了面子，甚至感到难堪，就必然会损害相互关系。对于国家元首、国旗、国徽等国家主权的代表或象征，不但不能受到侮辱(这是最起码的要求)，而且应当受到应有的尊敬。所以，在一切正式场合如果遇到升国旗、奏国歌时，都应当肃穆致敬。

[案例]

公元前592年，当时的齐国国君齐顷公在朝堂接见来自晋国、鲁国、卫国和曹国的使臣，各国使臣都带来了墨玉、币帛等贵重礼品献给齐顷公。献礼的时候，齐顷公向下一看，只见晋国的亚卿郁克是个独眼，鲁国的上卿是个秃头，卫国的上卿孙良夫是个跛脚，而曹国的大夫公子首则是个驼背，不禁暗自发笑：怎么四国是使臣都是有毛病的。当晚，齐顷公见到自己的母亲萧夫人，便把白天看到的四个人当笑话说给萧夫人听。萧夫人一听便乐了，执意要亲眼见识一下。正好第二天是齐顷公设宴招待各国使臣的日子，于是便答应，让萧夫人届时躲在帷帐的后面观看。第二天，当四国使臣的车子一起到达，众人依次入厅时，萧夫人掀开帷帐向外望，一看到四个使臣便忍不住大笑了起来，她的随从也个个笑得前仰后合。笑声惊动了众使者，当他们弄明白原来是齐顷公为了让母亲寻开心，特意做了这样的安排时，个个怒不可遏，不辞而别。四国使臣约定各自回国请兵伐齐，血洗在齐国所受的耻辱。四年后，四国联合起来讨伐齐国，齐国不敌，大败，齐顷公只得讲和，这便是春秋时著名的“鞍之战”。

②国家的外交代表，按照国际公约的规定，享有外交特权和豁免，这种外交特权和豁免，不但是工作上的需要，而且也体现出相互的尊重。

③不以任何方式强制他国接受自己的意志；不以任何借口，干涉别国的内部事务。既不要强加于人，又要避免“强人所难”。要尊重对方的风俗习惯。社会政治制度的选择，是各国人民自己的事。宗教信仰也有各自的自由，都不应当加以干涉，对于宗教习俗更应尊重。

[案例]

顾小姐待人热情，工作出色，因而颇受重用。一次，公司派她和几名同事一道前往东南亚某国洽谈业务。可处事稳重、举止大方的顾小姐，竟由于行为不慎，招惹了一场不大不小的麻烦。她和同事一抵达目的地，就受到东道主的热烈欢迎。在为他们特意举行的欢迎宴会上，主人亲自为这些来自中国的嘉宾每人都准备了一份礼物，以示敬意。轮到主人向顾小姐递送礼物之时，一直是“左撇子”的顾小姐不假思索，自然而然地抬起自己的左手去接。见此情景，主人神色骤变，非常不高兴地将它重重放在桌子上，随即理都不理顾小姐，扬长而去。

[案例评述]

跨国交往应该了解各国的礼仪禁忌，顾小姐就是因为不了解东南亚某国的礼仪禁忌而造成了宴会上的不快。在东南亚某些国家，是很忌讳用左手递东西和握手的。这个案例启示我们，在国际商务洽谈和境外旅游业务中需要了解世界各国各民族的基本情况、饮食起居、风俗习惯、礼貌礼节和禁忌等，以便在工作中尊重各民族的信仰、习俗和各种禁忌，这样才能融洽与业务伙伴的关系，树立我国良好的国际形象。

[案例]

20世纪80年代，中国的女排三连冠。一家对外的画报用女排姑娘的照片作封面，照片上的女排姑娘都穿着运动短裤。阿拉伯文版也用了，结果有些阿拉伯国家不许进口。

伊斯兰教认为，男子从肚脐至膝盖，妇女从头至脚都是羞体，外人禁止观看别人羞体，违者犯禁。因此，穆斯林妇女除了穿不露羞体的衣服外，还必须带盖头和面纱，这项规定至今在有些穆斯林国家仍然施行。

④在相互交往中，实行“对等”和大体上的“平衡”。所谓“对等”实际上就是“礼尚往来”。例如，相互交往的双方人员，其身份要大体相当；派代表团互访时，双方的接待规格应相差不多，这是“对等”原则的正面运用。而国际交往中，有时也从负面运用这一原则。所谓“平衡”，也可以理解为“一视同仁”或“不歧视”的原则。曾经有两个非洲国家的部长级代表团同时来我国访问，由于接待单位不同，一个部

长住在国宾馆，另一个住在旅馆里。被周总理发现后，总理严肃批评这是“搞上下铺”的做法，肯定会影响接待效果。但是，所谓“对等”“平衡”都是相对的，不是绝对的。在国际交往中，在礼仪给予“破格接待”的，也有诸多先例。各国为了体现自己的外交政策，往往打破对“对等”“平衡”的机械理解，做出一些与实际情况相结合的特殊安排。从这个意义上说，国际礼仪程序的运用也是一种外交艺术。

[案例]

1964 年，周恩来总理和陈毅副总理出访亚非 14 国，在离开加纳时专门举行特别宴会，宴请所有的加纳服务员，当那些黑人朋友端着中国贵宾敬的酒时感动得流下了眼泪。一个目光敏锐的西方记者报道说：“这是传奇式的礼遇，中国人巧妙地把友谊递给了非洲的子孙后代。”尽管这只是一场特殊的宴会，却体现出了一个泱泱大国总理的风采和气度，饱含着周恩来尊重他人，平等待人的品格和深情，直到 20 世纪 80 年代，我国新华社记者深入非洲腹地访问一些偏远、闭塞的部落和村庄时，那里普通的黑皮肤农民还在用当地话对中国客人喊“周恩来”，他们把周恩来当成时新中国的象征，正是周恩来 20 多年前播撒的友谊种子在非洲偏远地区开花结果。

⑤“主权平等”的原则，在国际组织中和国际会议上，表现为每一个参加国都有同等的“代表权”和“投票权”，每一个国家所投的票在法律上具有同等效力。联合国安理会的常任理事国享有“否决权”是这方面的一个例外，是根据宪章规定，被国际公认的一种特别安排。某些国际金融机构采取“加重票”的做法，也是一种例外。

⑥在“礼宾序列”问题上，也应当体现各国“主权平等”的原则。在国际会议上，各国代表的位次，一般是按会议所用文字的国名字母顺序来排列。而签订条约协定时，应遵守“轮换制”，即每个缔约国在其保存的一份文本上名列首位，其代表在这份文本上首先签字。

[案例]

1995 年 3 月在丹麦哥本哈根召开联合国社会发展世界首脑会议，出席会议的有近百位国家元首和政府首脑。3 月 11 日，与会的各国元首与政府首脑合影。照常规，应该按礼宾次序名单安排好每位元首、政府首脑所站的位置。首先，这个名单怎么排，究竟根据什么原则排列；哪位元首、政府首脑排在最前；哪位元首、政府首脑排在最后；这项工作实际上很难做。丹麦和联合国的礼宾官员只好把丹麦首脑（东道国主人）、联合国秘书长、法国总统以及中国、德国总理等安排在第一排，而对其他国家领导人，就任其自便了。好事者事后向联合国礼宾官员“请教”，答道：“这是丹麦礼宾官员安排的。”向丹麦礼宾官员核对，回答说：“根据丹麦、联合国双方协议,该项活动由联合国礼宾官员负责。”

[案例评述]

国际交际中的礼宾次序非常重要,在国际礼仪活动中,如安排不当或不符合国际惯例,就会招致非议,甚至会引起争议和交涉,影响国与国之间的关系。在礼宾次序安排时,既要做到大体上平等,又要考虑到国家关系,同时也要考虑到活动的性质、内容、参加活动成员的威望、资历、年龄,甚至其宗教信仰、所从事的专业以及当地风俗等。礼宾次序不是教条,不能生搬硬套,要灵活运用、见机行事。有时由于时间紧迫,无法从容安排,只能照顾到主要人员。上例就是灵活应用礼宾次序的典型案例。

2)迎送外宾的礼仪

在国际交往中,对来访的外宾,一般要视其身份和访问性质,以及两国之间的关系安排相应的迎送活动。

迎接外宾,无论团体还是个人,都应事先确定接待规格。考虑两国关系,按照国际惯例,派遣同外宾或外国团体负责人身份相当的我方人士负责迎接外宾。

迎候人员必须准确掌握来宾乘坐的交通工具抵达时间,在交通工具抵达前到达机场、车站或码头,以表示对外宾的尊重。

外宾抵达后,先与对方代表相互见面介绍,如是贵宾应举行献花仪式,然后应陪外宾乘车到下榻宾馆,外宾应坐在主人的右侧。外宾抵达住处后,一般不宜马上安排活动,要给外宾留下充足的洗澡、更衣和休息的时间。在迎接外宾的全过程中,接待人员应该始终面带微笑,以示欢迎,不可故作矜持,一言不发。

送别外宾与迎接外宾的规格相同,送行人员应前往宾客住宿处,用车送外宾至机场、车站或码头,等外宾进安检、列车开动或轮船离开码头后再离开。告别话语有“祝一路顺风”“欢迎有机会再来做客”等。

3)国旗的悬挂

国旗是国家的一种标志,是国家的象征。人们往往通过悬挂国旗,表示对本国的热爱或对他国的尊重。但在一个主权国家领土上,一般不得随意悬挂他国国旗。不少国家对悬挂外国国旗都有专门的规定。在国际交往中,还形成了悬挂国旗的一些惯例,为各国所公认。

按国际关系准则,一国元首、政府首脑在他国领土上访问,在其住所及交通工具上悬挂国旗(有的是元首旗)是一种外交特权。东道国接待来访的外国元首、政府首脑时,在隆重的场合,在贵宾下榻的宾馆、乘坐的汽车上悬挂对方(或双方)的国旗(或元首旗),则是一种礼遇。此外,国际上公认,一个国家的外交代表在接受国境内有权在其办公处和官邸,以及交通工具上悬挂本国国旗。

在国际会议上，除会场悬挂与会国国旗外，各国政府代表团团长也可按会议组织者有关规定在一些场所或车辆上悬挂本国国旗（也有不挂国旗的）。有些展览会、体育比赛等国际性活动，也往往悬挂有关国家的国旗。悬挂双方国旗，按国际惯例，以右为上，左为下。两国国旗并挂，以旗本身面向为准，右挂客方国旗，左挂本国国旗。在汽车上挂旗，则以汽车行进方向为准，驾驶员左手为主方，右为客方。所谓主客，不以活动进行所在国为依据，而以举办活动的国家为依据。也有个别国家，把本国国旗挂在左手。

［**案例**］

国能电力公司与美国 PALID 公司在多次谈判后达成协议，准备正式签字。国能电力公司将公司总部十楼的大会议室作为签字现场，长方形签字桌上摆放了中美两国的国旗，美国国旗放在签字桌左侧中国国旗放在右侧，签字文本一式两份放在黑色塑料的文件夹内，签字笔、吸墨器文具分别置放在两边，会议室空调温度控制在 20 ℃，办公室陈主任检查了签字现场，觉得一切安排妥当，他让办公室张小姐通知国能电力公司董事长、总经理等我方签字人员在会议室等待，自己到楼下准备迎接客商。不料，美方客人进了会议室，在扫视了会议室后，似乎非常不满，不肯就座，好像是临时改变了主意，不想签字了，问题出在哪里呢？

国旗不能倒挂。正式场合悬挂国旗宜以正面（即旗套在旗的右方）面向群众，不用反面。如果旗是挂在墙壁上，应避免交叉挂法和竖挂。如果悬空挂旗，则不成问题。在建筑物上，或在室外悬挂国旗，一般应日出升旗，日落降旗。升降国旗时，服装要整齐，要立正脱帽行注目礼，不能使用破损和污损的国旗。国旗一定要升至杆顶。并排悬挂不同比例的国旗，应将其中一面略放大或缩小，以使两旗的面积大致相同。

当国家有领导人逝世，通常的做法是降半旗来表示哀思。降半旗时，要首先把旗升到杆顶，再降至离杆顶相当于杆长三分之一处。也有的国家不降半旗，而在国旗上方挂黑纱致哀。

4）会见与会谈

会见与会谈是外事礼仪中的另一个重要环节。无论是正式访问、谈判，还是礼节性拜访，通常要安排会见与会谈，以加强了解，发展友谊，增进相互间的合作与交流。

（1）会见与会谈的内涵

所谓会见，特指为了一定目的而进行的约会、见面，在国际上一般称为“接见”或“拜会”。凡身份高的人士会见身份低的，一般称为“接见”或“召见”；凡身份低的人士会见身份高的，或是客人会见主人，一般称为“拜会”或“拜见”。拜见君主，又称“觐见”，我国一般不作上述区别而统称“会见”。接见和拜会后的回访，称“回拜”。

所谓会谈，特指双方或多方就某些重大的政治、经济、文化、军事及其他共同关心的问题交换意见。会谈也可以指洽谈公务和业务谈判。一般说来，会谈的内容较为正式，政治性、专业性较强。

(2)会见与会谈的安排

提出会见，东道国和来访者及外交使节的权力是平等的。主客双方都可以在认为合适的时候提出会见的要求。当然，从礼节和两国关系上考虑，东道国应根据对方身份及来访目的，在来访者抵达的当日或次日，安排相应的领导人和部门负责人会见。来访者及外交使节亦可根据两国关系和本人身份及业务性质，主动提出拜会东道国某些领导人和部门负责人。

通常，礼节性拜会，由身份低者拜会身份高者，来访者拜见东道主；如是正式访问或专业访问，则应考虑安排相应的会谈。

外交使节到任后和离任前，都要对与本国有外交关系的国家驻当地使节作礼节性拜会。外交团之间对同等级别者的到任的礼节性拜访，按惯例均应回拜，身份高者对身份低者可以回拜，也可以不回拜。

[**案例**]

一天上午，惠利公司前台接待秘书小张匆匆走进办公室，像往常一样进行上班前的准备工作。她先打开窗户，接着，打开饮水机开关，然后，翻看昨天的工作日志。这时，一位事先有约的客人要求会见销售部李经理，小张一看时间，他提前了30分钟到达。小张立刻通知了销售部李经理，李经理说正在接待一位重要的客人，请对方稍等。小张就如实转告说：“李经理正在接待一位重要的客人，请您等一会儿。”话音未落，电话铃响了，小张用手指了指一旁的沙发，没顾上对客人说什么，就赶快接电话去了。客人尴尬地坐下……待小张接完电话后，发现客人已经离开了办公室。

(3)座位的安排

会见通常安排在会客室或办公室。有时宾主各坐一边，有时穿插坐在一起。某些国家元首会见还有其独特的礼仪程序，如双方简短致辞、赠礼、合影等。我国习惯在会客室会见，客人坐在主人的右边，译员、记录员安排坐在主人和主宾的后面。其他客人按礼宾顺序在主宾一侧就座，主方陪见人在主人一侧就座，座位不够可以在后排加座。

会谈时一般使用长方形桌子，宾主各自坐在桌子的一边。面向正门的为上座，由客人来坐,背向正门的为下座,由主人来坐。主人与主宾应坐在正中间。我国习惯把译员安排在主谈人右侧,但有的国家让译员坐在后面,一般应尊重主人的安排。其他参加人员按一定顺序坐在左右两侧,记录员可坐在后面。举行多边会谈时,可把座位摆成圆形或正方形,使其无尊卑可言。小范围会谈,有时不用长桌,只设沙发。

一般官员、民间人士的会见,安排大体与上述相同,也要事先声明来意,约定时间、地点,通知来人身份和人数,准时赴约。礼节性的会见,一般不要逗留过久,半小时左右即可告辞。

[案例]

一个企业经理人在一次前往美国出差的机会中,洽谈公司派人驾车载他前往公司,于是这位企业家自然地往"司机"斜后方的座位一靠,舒舒服服地被司机送到了公司。但是在与对方公司洽谈商务时,对方公司的态度却极其不友善,这次的工作便于不融洽的气氛中宣告失败。这位不明就里的企业家一直到事后才明白,原来他一直视为"司机大哥"的先生竟是对方公司的高阶主管!一线商机因为坐错了位子而惨遭破灭。

7.3.3 部分国家涉外礼仪中的注意事项

1)马来西亚

马来西亚虽为东南亚国家,但却是一个地地道道的伊斯兰教国家。伊斯兰教的教规教义在马来西亚具有法律效力,并为人民所严格遵守。在日常生活里,该教的作用几乎无所不在。例如,尽管深受西方文化的影响,并且一年四季气候炎热,马来西亚人平时却非常讲究着装严谨,衣冠端正。在公共场合,过度裸露肢体,绝对是不允许的。此外,在马来西亚,人们还有"男女授受不亲"的讲究。在社交场合,不准许男女进行身体接触。即使夫妻或情侣在大庭广众之前勾肩搭背,挽臂而行,或是拥抱亲吻,也在禁止之列。跟马来西亚人接触时,要注意不要触摸被其视为神圣不可侵犯的头部与肩部;不要在其面前跷腿,露出脚底,或用脚去挪动物品,因为他们认为在人体上脚的地位最为低下;不要一手握拳,去打另一只半握的手,这一动作在马来西亚人来看是十分下流的;与其交谈时,不要将双手贴在臀部上,不然有勃然大怒之疑;不要当众打哈欠,万不得已要打哈欠时,务必要以手遮挡口部,否则便是失敬于人的。

2)印度

印度是个多民族的国家,多种宗教并存。所以公共关系人员一定要小心谨慎地了解公众对象的民族及其宗教信仰。如印度教教徒不吃牛肉,伊斯兰教教徒不吃猪肉,虔诚的教徒不喝酒。印度教教徒素食者多,他们最忌在同一食堂取食。一般来说,等级越高,食荤的越少。等级低者才吃荤(羊肉)。他们认为,左手是肮脏的;拿食物、礼品或敬茶都用右手,不用左手,也不用双手。他们大多不喝酒,因为喝酒违反宗教习俗。因此,宴请印度客人时如对方不愿喝酒,不要勉强劝酒。但是印度人爱喝茶,大部分喝奶茶,他们喝茶是把茶盏放在盘子里,伸出舌头去舔饮。去印度教教徒的住宅或寺庙,进门要脱鞋。主宾见面双手合十致合十礼,口中念"纳马斯堆"(梵文原意是"向您点头",意为"向您祝福")。晚辈在称呼长辈时,常在长辈的姓和称呼后面加一个"儿"字,表示尊敬;行礼时须弯腰摸长者的脚。献花环是印度教教徒迎接贵宾的礼仪,主人将花环套在客人的脖颈上;花环的大小、长短、粗细视客人的身份而定。献给贵宾的花环长度过膝,送给一般人的花环仅至胸前。印度公众视牛为神圣,他们认为牛是给人类带来生命的动物,人类离开了牛就无法生存。听以称之"神牛"。印度公众切忌食用牛肉,大多数公众忌用牛皮鞋和牛皮箱,如果有人穿着牛皮鞋进入庙内,将认为是对"神牛"的污辱。孔雀是印度的国鸟,蛇也是印度公众认为代表吉祥如意的动物,在印度公众心目中都是不能随意捕杀的。

3)日本

日本古称大和,后来正式定名为日本国,具有"日出之国"之意。日本公众酷爱樱花,以其象征民族精神。樱花看起来平凡,可汇集起来却很有气势。每年 3 月末 4 月初,当春风从赤道北上,樱花便由南向北顺势铺开,成林成片。日本公众如过节一样,聚集樱花树下,饮酒赏花,摄影留念,故日本在世界上享有"樱花之国"的美称。日本公众大多信奉佛教和神道教。

日本是以注重礼节而闻名的国家。日本公众见面时,要互相问候致意,以示诚恳、尊敬。鞠躬礼是日本公众最普遍的一种施礼致意方式。而且对鞠躬的深度有明确的规定。一般初次见面的问候礼节为 30 度,告别礼为 45 度。而遇到长辈和重要的对象则行 90 度的问候礼,以示对被问候者的尊敬程度。除鞠躬礼外,日本还很讲究"坐礼"的行礼方式,坐礼一般在"榻榻米"上进行。坐礼中的"指尖礼"要求行礼者端坐在榻榻米上,两手分别垂在双膝的两侧,指尖着地,身体前倾 5 度,此礼多用于向晚辈还礼和向对方提问的情形。"屈手礼"也是坐礼的一种,一般用于平辈之间,行礼者双手掌着地,身体前倾 45 度,脸基本朝下,此礼的尊敬程度一般高于"指尖礼"。坐礼中的"双手礼"是日本最高的行礼方式之一,行礼者的双手掌向前靠拢着地,脊椎和脖颈挺直,整个身子向前倾伏。面额几乎完全着地。

日本公众的忌讳礼俗是很多的。比如,三人不合影,因为日本人认为若在中间被左右两人夹着是不幸的预兆,很不吉利。在日本发信,邮票不能倒贴,否则是绝交的意思,装信时不能让收信人看到自己的名字朝下,这是很不礼貌的。菊花(尤其是十六瓣菊)是皇室专用花饰,不能作礼品送人。荷花在日本公众心目中象征着宇宙精髓含有神圣的原意,不可轻易用作商标。他们对饰有狐狸和獾的图案物品十分反感,认为这两种动物是狡诈、贪婪的象征,但日本公众喜欢仙鹤,认为它是长寿的象征。

4)泰国

在泰国,睡莲是国花,桂树是国树,白象则是国兽。对于这些东西,千万不要表示轻蔑,或是予以非议。泰国人笃信佛教,具体而言他们信奉的是小乘佛教。在社会生活各方面,佛教都对泰国人产生着重要的影响,比如他们的历法所采用的是佛历。泰国男子年满20岁后,都要出家一次,当3个月的僧侣,即使国王也不能例外,否则就被人看不起。与泰国人进行交往时,千万不要信口开河,非议佛教,或对佛门弟子有失敬意,特别是切勿对佛祖表示不敬。在泰国参观佛寺之时,除了进门前要脱鞋之外,还要摘下帽子和墨镜。在佛寺之内,切勿高声喧哗,随意摄影、摄像。特别要牢记,不要爬到佛像上进行拍照。抚摸佛像,或是妇女接触僧侣,也在禁止之列。

泰国宪法规定:国王神圣不可侵犯,任何人不得对其进行指责和控告。在泰国,泰王深受人民的尊敬与爱戴。在正式集会时,首先演奏歌颂国王的颂歌。届时,全场必须肃立,不得走动或交谈,不然必受严惩,而且对泰王和王室的其他成员,是绝对不允许任意评说的。在泰国,军人的地位很高,并深受尊重。因此,不要对其进行议论。

泰国人非常喜爱红色和黄色,并且对蓝色有好感。对于褐色,泰国人则比较忌讳。通常,他们还忌讳用红色的笔签字,或是用红色刻字,因为他们视之为死人所受的待遇。在泰国民间,狗的图案是被禁止的。向僧侣送现金,被视作一种侮辱。泰国人家里大都不种茉莉花,因为在泰语里,它的发音与"伤心"一词相类似。

在举止动作上,泰国人的禁忌很多。总的说来,他们有"重头轻脚"的讲究。所谓"重头",是说泰国人的头部,尤其是孩子的头部,一般绝对不准触摸。拿着东西从泰国人头上通过,被视为一种侮辱。在睡觉时,他们忌讳"头朝西,脚向东",因为在泰国只有停尸时才那么做。所谓"轻脚",则是说泰国人认为脚除了用于走路外,别无所长。因此,他们不准用脚指示方向,不准脚尖朝着别人,不准用脚踏门,或是踩踏门槛。在外人面前席地而坐时,不准盘足或是双腿叉开。跟泰国人接触时,千万不要动手拍打对方。用左手接触对方,讲话时以手指对对方指指点点,也是不允许的。

5)美国

美国人对山植花与玫瑰花非常偏爱。在美国,有的说国花是山植花,有的说国花是玫瑰花。另外还流行一种折中的说法,以玫瑰花为国花,以山楂花为国树。白头雕,亦名白头鹰或秃鹰,是美国人最珍爱的飞禽。它不但成为美国国徽上的生体图案,而且被选定为美国的国鸟。蝙蝠被视为吸血鬼与凶神,令美国人最为反感。在动物之中,美国人普遍爱狗。美国人认为,狗是人类最忠实的朋友。对于那些自称爱吃狗肉的人,美国人是非常厌恶的。在美国人眼里,驴代表坚强,大象代表稳重,它们分别是共和党、民主党的标志。美国人最喜爱的色彩是白色。在他们看来,白色象征着纯洁。在此前提下,白猫也成了美国人很喜欢的宠物,它被视为可以给人们带来好运。在美国,人们喜欢的色彩还有蓝色和黄色。由于黑色在美国主要用于丧葬活动,因此美国人对它比较忌讳。美国人最讨厌的数字是“13”和“3”。他们不喜欢的日期则是星期五。

与美国人打交道时,一般都会发现,他们大都比较喜欢运用手势或其他体态语来表达自己的情感。不过,下列体态却为美国人所忌用:其一,盯视他人;其二,冲着别人伸舌头;其三,用食指指点交流对象;其四,用食指横在喉头之前。美国人认为,这些体态语都具有侮辱他人之意。美国人在公共场合和他人面前,绝对不会蹲在地上,或是双腿叉开而坐。这两个动作,均被视为失礼之举。美国人在跟同性打交道时有不少的讲究:成年的同性共居于一室之中,在公共场合携手而行或是勾肩搭背,在舞厅里相邀共舞,等等,都会被认为有同性恋之嫌。

跟美国人相处时,与之保持适当的距离是必要的。美国人认为,个人空间不容冒犯。因此,在美国碰了别人要及时道歉,坐在他人身边首先要征得对方认可,谈话时距对方过近则是失敬于人的。标榜个性独立的美国人最忌讳他人打探其个人隐私。在美国,询问他人收入、年龄、婚恋、健康、住址、种族等,都是不礼貌的。

本章小结

礼仪是在人类共同生活的基础上产生和形成的,是同一社会中全体成员调节相互关系的行为规范,是不同阶层的成员都应共同遵守的人际和社交的准则。通过本章的学习,我们了解了在公共关系方面的礼仪,对我们在社会交往中正确地处理人际交往具有重要的意义,有利于人们之间的人际交往。同时,良好的公共关系礼仪,对组织的发展也有积极的作用。

自测题

1. 日常交往礼仪主要涉及哪几个方面,具体要注意些什么问题?
2. 在参加会议中,作为一名公关人员,要从哪几个方面做准备?

3. 在安排娱乐休闲活动时，要注意哪些相关的礼仪？
4. 在涉外接待礼仪中，应该遵循哪些原则与方针？
5. 会见与会谈有何区别，其分别应该遵循哪些礼仪？
6. 请以美国为例，说明在与其交往时应注意的问题。

第 8 章

危机公关

［本章导读］

在组织的日常管理中,公共关系在组织中的作用与贡献越来越不容忽视,而要搞好公共关系,处理好公共关系危机是很重要的。从本章我们可以了解到公共关系危机的特点、处理方式以及预防,使我们对公共关系有一个全局性的认识。

［案例导入］

2005 年 1 月,一位从事保险业名叫吕萍的江西女性消费者,在听信了知名化妆品品牌 SK-Ⅱ关于"连续使用 28 天,细纹及皱纹明显减少 47%"的广告宣传后,在南昌一家大型百货公司花 840 元钱,购买了一支 25 克包装的 SK-Ⅱ紧肤抗皱精华乳。结果使用 28 天后吕女士非但没有发现自己的"肌肤年轻 12 年,细纹减少 47%",反而在使用过程中出现过皮肤瘙痒和部分灼痛的情况。她为此就虚假广告等问题委托律师状告 SK-Ⅱ。这成了宝洁遭遇品牌信用危机的肇端。3 月 10 日,宝洁中国有限公司成为被告并获法院批准,宝洁公司收到法院的传票。

公共关系危机是指对企业或社会组织发展有严重影响、关系其生死成败需要运用公共关系来协助调查、处理、解决的灾难性事件。公共关系危机还有一层意思,就是公共关系在危机中的开发和应用,也就是处理危机过程中的公共关系。

在危机发生时,公共关系方面大体有三大任务,即预防、准备和供应。所谓预防,就是要防患于未然,做到居安思危。所谓准备,就是指成立一个"危机管理部门",制订面临危机的沟通计划。供应,就是指向传播媒介提供发布与危机有关的公共关系信息。

8.1 公关危机的概述

8.1.1 公共关系危机的特点

了解公共关系危机的主要特点对于组织具有重要的意义。只有对危机有了充分的了解,组织才能够做好危机的预防和处理工作,也可以减少危机发生时给组织带来的损害和负面影响。

1)突发性

所有危机的爆发都是突然之间出现的,公共关系危机事件同样如此,它往往是在人们毫无察觉或准备的情况下突然发生的,具有不可预测的特点。正是因为它的突发性和难以预测性等特点,使得其一出现就会让人们感到意外、恐惧和恐慌,因此给组织带来一定程度的混乱。有时它潜伏在表层之下,一旦有导火索引燃就会突然爆炸,使企业陷入不利的境地。

[案例]

央视在“3·15”晚会上突然曝光××无线是国内最大的垃圾短信制造者。“3·15”晚会用了将近半个小时曝光了垃圾短信制造内幕,同时对××传媒旗下××无线进行了重点曝光和暗访,揭开了垃圾短信制造的流程和内幕。由此国内大众对××无线的谴责声此起彼伏。3月16日,央视《新闻联播》针对此事做了一个后续报道,××传媒的一位女性副总裁矢口否认。3月17日,××股价大幅下跌26.59%。这次××无线形象受到了巨创,将××无线苦心经营的高科技形象一下打下云端。

2)严重性

危机事件涉及面广,影响巨大,会造成企业或组织多方面的损失和伤害,甚至是灭顶之灾。它往往又是传播媒介最佳的新闻素材与报道线索。因此,危机会在最快的时间以最快的速度传播出去,从而使得危机的严重性扩大。正如国外危机管理专家所指出的,每一起意外事件不尽相同,相关机构应变的态度也颇见差异。但有一件事是无疑的:当悲剧发生的时候,群众与媒体的注意力一定集中在出了事的公司。如2008年9月中国三鹿奶粉事件,从一传出奶粉中含有三聚氰胺便成为媒体关注的焦点,并且迅速地传播到全国甚至全世界。最终导致了三鹿集团的倒闭。

[案例]

2006年8月开始,某品牌电池易发生着火问题在全球范围内刮起了一股“电池召回风”,共计召回近1 000万个电池,这一“电池门”事件对中国笔记本用户影响很大。2006年10月,高某曾透露,未来某品牌中国公司的业务负责人可能由中国人担任。在日本企业,很少有中国人能够进入日企高层。高某发此言论的背景正是某品牌遭遇“电池门”事件之时。分析人士指出,2006年10月该品牌全球总裁的访华以及高某发表的本土化言论,无疑是希望将"电池门"事件在中国的影响降至最低。但是让某品牌始料未及的是,2006 年 11 月份,某品牌在中国又遭遇了"相机门"事件:8 款数码相机由于 CCD 传感器(成像元器件)存在设计缺陷而导致质量问题,某品牌被迫召回产品。一系列的丑闻不但让该品牌大受影响,三季度财报亦遭遇了"滑铁卢":根据该品牌公司(2006 年 10 月 26 日)公布的财务报告显示,2006 财年上半年(4 月至 9 月),该公司营业利润同比猛跌 90.9%,为 62.2 亿日元。"电池门"事件让该品牌直接损失达到约 4.29 亿美元。

3)危害性

危机事件一旦发生,会使企业面临十分困难的局面,如果不能及时地妥善处理会对企业的生存和发展产生极为不利的影响。它不仅会影响组织的正常运行,而且会对组织的良好形象产生致命的打击。另外,它还会引发一系列的更为严重的危害。比如,空难、海难事故,往往在危害企业的同时,还危害当事人及其亲属。而且,一旦发生危机无论是处理、控制,还是协调与危机有关的方方面面,都非常复杂。它要涉及比平时更多的人,投入更大的钱财和物资。

[案例]

自 2010 年初,丰田汽车就处于全球市场的"召回门"风波之中,迫于外面压力,自 2 月下旬开始,丰田方面开始了全球范围内的危机公关救火行动,公司总裁丰田章男在最大市场美国的国会听证会上,被指隐瞒旗下汽车的各种安全隐患,受到了长时间的质询与指责。基于中国市场的重要性,3 月 1 日,丰田章男离开美国后来到了北京,就召回事件在举行了"说明会"。他就丰田产品召回的原因以及处理方式作出说明,并坚持 2010 年丰田在华计划销量 80 万辆不下调。次日,丰田章男与中国国家质检总局的官员会面,就丰田汽车召回问题进行直接政府公关,以图早日化解在华的召回风波。

4)普遍性

危机的发生带有普遍性。大到一个国家,小到一个企业,都可能遭遇。世界上许多跨国公司,诸如雀巢、三星等,在其发展过程中都曾遇到性质不同、表现形式各异的危机。1985 年,美国莱克西肯传播公司对美国主要企业领导人的一项调查表明,89% 的领导人认为"企业发生危机如同死亡和税收一样是不可避免的"。所以,组织更要对危机保持高度的预警和监控,以便在危机将要出现的时候能够早作准备,未雨绸缪。

5)引人注目和动态扩散性

危机一旦出现,通过媒体的关注会迅速吸引公众的眼球,从而成为人们关注的焦点,议论的话题,会一直伴随着整个事件的处理过程。危机的动态扩散性是指公共关系危机可以由公共关系的局部危机扩展到公共关系的整体危机,可以由公共关系领域的危机延伸为社会组织其他领域的危机,甚至还可能扩散为社会的危机等的特征。

8.1.2 公共关系危机的类型

准确认识和判断公共关系危机的类型,是成功进行公共关系危机处理的一个重要前提。从不同角度划分,公共关系危机有以下不同的类型。

1)一般性危机和重大危机

(1)一般性危机

主要是指常见的公共关系纠纷。如企业的内部关系纠纷,消费者关系纠纷、同业关系纠纷、政府关系纠纷、社区关系纠纷等。从某种意义上讲,公共关系纠纷还算不上真正的危机。它只是公共关系危机的一种信号、暗示和征兆。只要及时处理,做好工作,公共关系纠纷就不会向公共关系危机发展。

虽然并非所有的公共关系纠纷都会转变为重大危机,但它带来的危害是不可忽视的。轻者降低组织的声誉,影响产品销售,造成形象损失;重者可能危及企业组织的生存和发展。企业内部纠纷不利于团结,会挫伤企业成员的积极性,降低管理人员的威信,导致企业的效益下降。企业与外部的纠纷,会损害相关公众的物质利益和身心健康。

(2)重大危机

主要指企业的重大工伤事故、重大生产失误、火灾、突发性的商业危机、重大危机、大的劳资纠纷等。对于重大危机,整个组织要齐心协力、举整个组织之力应对危机,各部门协调合作,密切配合公关部门的工作,领导层现场指挥协调,力争在最短的时间内将局势控制,然后开展各种公关工作,尽量将危机带来的损失降低到最低限度。任何组织都不能逃避重大危机,而应积极应对,同时在日常的工作中对重大危机进行密切的监控和预防。

[案例]

3月5日,《深圳商报》刊载《传某公司在美国遭巨额诈骗,受骗金额可能高达数亿》一文。文章称,某公司在美国遭遇巨额诈骗的消息在业内传播甚盛,似乎已成为不争的事实,报道称某公司受骗已惊动了外经贸部。该报记者对此传闻还进行了多方求证,感觉事态确已严重。尽管在当晚某公司进行一系列的危机公关,对《深圳商报》的"报道不实"进行了"澄清",但危机还是来了,让人措手不及。6日股市开盘刚一个小时,四川某公司就遭受了突如其来的巨量抛售,股价上演高台跳水,到收盘时股价下跌 4.22%,成交 2 600 多万,甚至影响了大盘的走势。此后数天内,国内各媒体开始对"某公司在美国遭巨额诈骗"事件的各种角度的追踪报道,形成一边倒的声音。

2) 内部危机和外部危机

(1) 内部危机

内部危机指发生在企业组织内部的,或者是主要由该企业内部成员直接造成的危机。

内部公共关系危机具有下述特点:①波及的范围不太广,主要损害本企业的利益。②责任的归咎对象是本企业的部分人,因而相对容易处理。③危机的主体主要以本企业的领导和职工为重点。

(2) 外部公关危机

外部公关危机指发生在企业外部,影响大多数公众利益的危机。本企业只是受害者之一。如 1992 年"霞飞"危机,就属于某化学品工厂的外部公关危机。引起这一危机的主要原因在于,轻工业部颁发的《化妆品生产管理条例》与卫生部颁发的《化妆品卫生监督条例》中的部分条款内容相冲突。使企业无所适从。除该日用品化工厂付出巨大的代价外,另外几家生产化妆品的企业也蒙受了严重损失。

外部公关危机具有如下特点:危机波及的范围相对较广,受害者大多数是社会公众;责任不在发生危机的某一具体的企业及其成员身上;不可控因素较多,较难处理,需要有关危机的各方面密切配合,共同行动。需要指出的是从这一角度具体划分危机类型时,内部和外部是相对的。因为有些危机的产生,内部和外部原因都有,所承担的责任大小也相差不多,必须具体分析,恰当处理。

[案例]

正己烷是一种常用于擦拭清洗作业的清洗剂,价格比酒精便宜,而且挥发速度快,效率比使用酒精高,曾未被列入国家规定的高毒物品目录,但按照国家规定,企业使用正己烷作业应采取有效的职业卫生防护措施。某公司员工之所以出现"怪病",就是因为对正己烷的不正确使用。经媒体曝光后,某公司方面发言人表示,虽然央视报道是刚刚播出的,但实际上事件是发生在去年 8 月份,公司早就停用了有害物质"正己烷",并改善了现场工作环境。对有关媒体近日对 × × 内部员工采访报道称"实际上中毒的员工数量超过百人,且仍有该厂员工因病入住医院"的说法给予了否认。

3)人为危机和非人为危机

(1)人为危机

人为危机指由于人的某种行为引起的危机。如生产工艺设计欠科学、配方有问题、原材料质量不好、有关工作人员缺岗或不称职、财务管理不善,人为破坏等造成的危机。

人为危机具有两大特点,即可预见性和可控性。也就是说,如果平时采取相应有效措施,有些危机是可以避免或减轻的。

(2)非人为危机

非人为危机指不是由人的行为直接造成的危机。如地震、洪涝灾害、风灾、雹灾等自然灾害造成的危机。

非人为危机有如下特点:①大部分不可预见;②具有不可控性;③造成的损失通常是有形的。这种危机容易得到社会各界和内部公众的同情、理解与支持。

[案例]

2010年2月21日凌晨,山西省太原、晋中等六地几十个县市的人们纷纷走出家门,萎缩在寒风中等待地震的来临。引起大部分人恐慌的是一则简洁的短信:“家人们,明天早上6点以前太原地区有地震,请大家一定要注意,并转告身边的朋友们,切记!”几个小时后,苦苦等待的群众等来了确切消息,地震系谣言!政府部门迅速通过电台、电视台、手机短信、网络等多种措施公告3 400余万山西民众。事后山西省地震局有关领导称,本次地震谣言源于市民对地震应急演练的误解。1月份,根据省政府安排,山西省地震局对全省地震应急预案实施情况进行专项检查,很多部门根据预案进行了地震应急演练,该活动被部分市民误认为要发生地震了。

4)显在危机和内隐危机

(1)显在危机

显在危机指已发生的危机或危机趋势非常明朗,爆发只是个时间问题。

显在危机的特点主要有:①危机的产生与造成的损失大多是同步的;②危机造成的损失明朗,易于评估;③危机造成的损失难以挽回,只能采用其他措施补救;④有形危机的发生常常伴随无形危机的出现。

[案例]

2001年11月,第九届全运会,马俊仁的弟子某运动员被查出血检超标。之后,马俊仁对媒体宣称:某运动员是吃了某品牌的一种补钙又补什么的药,所以导致她血液黏稠,血检超标。18 日,上海一些主要媒体和华东部分媒体点名或不点名地将这件事报道了出来,约有 30 多篇。一时间,“某品牌钙镁片含有兴奋剂”的说法立即在全国范围内传播开来,导致该品牌钙镁片的销量大幅度滑坡。11 月 19 日,该品牌公司公关部门迅速和各大媒体进行沟通,一方面向他们直接说明这则报道有误,希望暂时不要扩大报道面;一方面力邀他们赴广州参加 20 日的品牌新闻发布会。在危机状态下,公司邀请华东地区,特别是上海市这一事件“重灾区”的媒体参加,以使之对事件的真相有一个全面深入的了解。

(2)内隐危机

内隐危机具有下述特征:①危机始发阶段。损失不明显,很容易被忽视;②危机发生后,若任其发展,损失将会越来越大;③这种危机造成的损失是慢性的,可采取相应的措施补救;④处理这类危机要与媒介多打交道,因而必须注意方式方法。与显在危机相比,内隐危机具有更大的危险性。

除上述类型外,还可以依据公共关系危机的性质,将它分为灾变性危机、商誉危机、经营危机、信贷危机、素质危机、形象危机、环境危机和政策危机等。

8.1.3　公共危机产生的原因

综观组织公共关系危机的类型,危机的原因概括起来主要有两个方面。

1)组织内部可控原因

(1)经营决策失误

这是造成经营性危机的重要原因。组织不能根据内外部条件的现状及变动趋势正确制订经营战略和公关战略,使组织的生产经营活动得不到公众的支持,而遭到困难无法经营,甚至使组织走向绝路。

(2)管理不善

这主要是由组织基础工作差,管理的规章制度不健全,管理方式、手段不科学等原因造成的。管理不善会影响商品质量和服务质量,也易引发纠纷和突发性事件。

(3)组织素质低

组织素质是指组织领导和职工队伍素质。特别是组织领导人员,如果不能正确处理组织长远利益与近期利益的关系,往往会出现管理的短期行为,这将扩大组织素质与现代生产经营活动客观要求之间的差距。组织可能会因为自身素质偏低而被社会淘汰。

(4)公关策略失误

如果决策失误,发生误导,就会人为地造成危机。陈旧的观念、落后的形式、一般化的公共关系活动虽然不会对组织造成致命的伤害,但也提高不了组织的知名度。在市场竞争中,组织公共关系活动如果不能发挥应有的作用,本身就孕育着危机。

[案例]

沸沸扬扬的"砸××事件"在国内外反响不小,剑指某国际知名汽车品牌。不久前,一家国际著名的公关公司总监在接受记者采访时认为,这是一个完全失败的危机公关案例,危机公关中的几大忌讳,该国际知名汽车品牌几乎都犯了。

公关界人士对××公关败笔有诸多评论,如反应迟缓、态度傲慢、渠道错误和国情不通等,但认为最不能容忍的失误是:对用户无端指责和威胁,使公司很快在公众中形成难以磨灭的傲慢自负的形象。在"砸××事件"中,××公司的所有声明都有对消费者的指责,并给予它令人难以接受甚至反感的定性。第一辆××被砸后,××公司的声明是:"极端的、没有必要的行为""非理性的而且无意义的举动""不必要且侵害我公司的权益的行为"。几顶大帽子盖下,又没有实质性的解决措施,连旁观者都看不下去。在第二辆××被砸后,××的指责几乎升级为外交恐吓:"希望王先生的行为不会给正在进行国际化的中国造成不良影响。"此时,××给人的联想只有店大欺客和蛮横自负,结果使自己为解决这一事件做的很多努力都付诸东流。其实,公关业人士在讥笑××的处理不当时,也对这种结果丝毫不感到意外,甚至认为"这是迟早要发生的事"。因为说来令人难以置信:这个世界顶级品牌的汽车公司,在中国居然没有聘用一家专业的公关公司,也未成立"危机处理小组"和"危机对策中心"之类的机构,××公关的错位一目了然。

从以上案例中可以看到:①经营决策失误:××公司用技术替代公关、律师替代公关。在××的每次表态中,技术和律师都是主角,技术专家讲一通谁也听不懂的名词,律师再来一通不是每个人都能懂的术语,这些话可能都没有错,但别人听了却不是滋味,无它,因为没有经过公关过滤和包装。②管理不善:制度的刻板导致反应的迟缓,德国公司大多如此,稍大点儿的事要报总部层层审批,新闻稿和采访稿都要字斟句酌。③组织素质低:在"砸××事件"中,××公司的所有声明都有对消费者的指责,并给予它令人难以接受甚至反感的定性。④公关策略失误:3 月 25 日,××也终于对它的失败公关作出检讨,××(中国)有限公司总裁承认:"与客户沟通缺乏技巧"。××公关的错位一目了然:用技术替代公关、律师替代公关。

2)组织外部不可控的原因

(1)不可抗力

不可抗力是组织无法抵御的外力或突发性自然灾害,使组织的生产经营活动无法正常进行。如地震、山洪、海啸等重大自然灾害,战争、政变等社会突发事件等,这些事件的爆发对组织的影响是巨大的,也是组织无法抵御的。

(2)体制和政策因素

国家的经济管理体制和经济政策是组织外部不可控因素,会对组织的经营和发展产生重大影响。国家或地区的经济体制、经济政策是构成组织外部环境的核心。如果体制不顺,政策对组织发展不利,组织经营就会遇到很大阻力,或者陷入欲进不能、欲退不忍、裹足不前的困境。如果没有良好的社会环境和经济环境,组织的危机在所难免。

造成危机的上述原因中,可控的原因通过组织自身努力是可以解决或者改进的;而对不可控的原因,组织也并非是完全被动的。组织有效的公共关系活动可以给外部环境以积极影响,甚至可以促进政府改进或改变政策。

[案例]

某航空公司航空飞行员罢工事件:在全球经济形势低迷的不利形势下,航空公司效益难以保障,削减运营成本本是无可厚非的应对策略,但是在这一过程中,某航空公司并没有将成本控制与日常危机预警管理很好地结合,忽视了广大飞行员的切身利益,最终因此招致大罢工。据媒体报道,欧洲最大的航空公司——德国某航空公司航空机师工会曾组织约 4 000 名工人进行为期 4 天的大罢工,要求雇主加薪及改善福利。受罢工影响,该航空公司被迫取消了大约 600 趟航班。航空公司方面称,罢工将“沉重打击”公司国际航班运营,预计将取消大约 800 个航班,其中多数为国际长途。预计这次 9 年来最严重的罢工将使公司损失 6 500 万欧元。

8.2　公共危机的处理

由非常性事件引发的公共关系危机,往往会给组织带来极大的威胁,不但对组织的形象造成损害,而且有时可能会影响组织的生存。因此面对公共关系危机,组织绝不能置之不理,任其自流,而应当迅速地采取一切有效措施作出妥善处理,维护组织的形象,保证组织不受其危害。

8.2.1　公关危机处理的意义

公共关系危机处理是组织的一项重要的公共关系实务工作,妥善的处理会对组织产生积极的意义。

1)减少危机可能带来的各种损失

危机对组织带来的损失大概有两种:一是组织形象的破坏;二是组织的经济损

失，包括直接经济损失和间接经济损失。公共关系危机的发生都会直接或间接地给社会组织及其有关公众造成多方面的损失，特别是某些重大突发性事件的出现更会对社会组织及其有关公众造成严重的甚至致命的打击。如三鹿奶粉事件、杭州地铁坍塌事故等都给相关社会组织及其相关公众造成了极大的灾难。如果能有效地控制各种非常性因素的发展，妥善处理好各种危机事件，就可能使社会组织及其有关公众的直接损失减到最低限度。

[案例]

危机发生后要尽快采取适当措施，以减少危机可能带来的各种损失。例如，2010年某著名饮料公司在发生"汞中毒"事件以后，迅速发表声明回应称，汞中毒绝不可能来自于生产环节，此个别事件是产品出厂进入流通环节后人为恶意添加，并全力配合警方进行调查，核实饮料产品出处，并一再发表声明称同批次产品并没有问题。最终依靠公正、有法律效力的手段求得自身清白。在此过程中，多家媒体对此事件有歪曲、不实的报道，但公司并没有因此向媒体提起诉讼，而是积极进行沟通澄清，最终把握信息传播的主动权，使事件疑云烟消云散。这种迅速而适当的公关措施既挽救了某著名饮料公司的声誉损失，也保证了它的市场占有率的反弹和稳定。

2）维护组织的良好形象

社会组织的良好形象是社会组织的重要资源，社会组织在建立了良好的社会形象后就应自觉维护和努力强化。然而社会组织的公共关系危机，无论是一般危机还是重大危机都会给社会组织造成较大的形象损失，使社会组织在社会公众中的信誉降低，甚至失去公众的信任。因此，在公共关系危机爆发之前，为了维护社会组织已有的良好社会形象，一般都应进行危机预防，以防止社会组织的形象受损；在公共关系危机出现以后，为了维护社会组织原有的良好社会形象，或使社会组织的社会形象恢复到原有的良好状态，更应妥善地处理公共关系危机。公共关系危机处理对社会组织的社会形象具有维护、恢复甚至刷新的作用。

[案例]

美国新泽西亚洲的某著名药品公司，是一个管理精良的百年老厂。有一天，该公司的拳头产品——超强泰伦诺尔（一种扑热息痛剂）被人用作杀人的武器，毒死了3人。随后几天，又有3名无辜者因服了装有氢化物的泰伦诺尔胶囊而中毒身亡。顷刻间，该公司的形象一落千丈，名誉扫地。面对新闻媒介的群起围攻和别有用心的大肆渲染，该公司的管理人员立即采取危机处理行动。向新闻媒介敞开大门，公布事实真相。公司向新闻界宣布："本公司是坦诚的、愧疚的和富有同情心的，决心解决放毒事件并保护公众。”为了不发生新的意外，该公司下令收回所有同中毒事件有关的超强泰伦诺尔，并花费50万美元，电告全国的医院、医生和销售商，提醒大家注意，为了消除人们的忧虑，该公司决定推出更加坚固的三层密封包装的新型泰伦诺尔，并在纽约举行盛大的记者招待会，把招待会的情况向全国播送，真诚地向新闻媒介对事实的报道和给予的大力支持表示感谢，这种坦诚的做法获得了社会各界的赞赏。就这样，该公司顺利地走出了困境，半年以后，他们生产的新泰伦诺尔重新获得了原有市场份额的95%。公司终于重新获得公众的信任。

3）增强组织内部团结

一般而言，公共关系危机对社会组织来说本是一件坏事，如不及时加以处理，它可能会给社会组织内部的成员造成某种沉重的压力。这种压力的消极作用可使社会组织内部成员疑虑顿生，失去信任，甚至人心涣散，各奔前程，造成社会组织的分化瓦解，但是，坏事也是可能变好事的。如果社会组织面对公共关系危机能采取积极的态度与主动的措施，全面动员广大组织成员团结一心，同舟共济，精诚合作，尽一切努力去解决问题，消除危害，改善局面，那么，公共关系危机不但不会严重影响社会组织内部的团结；反而可能具有促进和增强社会组织内部团结的作用。国外有的企业为了增强其内部的凝聚力，平时十分注重开展危机教育，有的甚至还要专门“制造危机”，让企业成员在危机处理中经受锻炼，增进友谊，加深感情，使企业成为一个十分坚强的团队和集体。

[案例]

2004年7月9日，某集团董事长万某被山西检察院以“涉嫌挪用资金罪”批准逮捕。事发后，受到此事件影响，该集团股东的权利之争致使风波愈演愈烈。结果，恐慌氛围蔓延到该集团内部及外部合作单位，经销商终止打款与销售，供应商停止供应原材料，国外客户纷纷提出赔偿损失，银行停止贷款甚至上门逼债，结果在半个月内该集团资金链断裂，厂房被关闭，资产被查封，员工被遣散，一步步走向了消亡。

4）扩大社会影响

公共关系危机具有引人注目的特征。公共关系危机的这一特征对社会组织来说有不好的一面，也有好的一面。不好的一面在于，公共关系危机的引人注目会使社会组织的不良影响迅速扩展开去；好的一面则在于，引人注目也可以为社会组织知名度的提高垫铺基础。这就是说，如果社会组织能妥善地处理好已经出现的危机，社会组织的良好社会影响也极容易在广大的社会范围内扩散出去。

所以,当组织出现危机的时候,不管是领导层还是组织员工都不能逃避和畏惧,而应该积极应对,妥善处理,最理想的情况是组织不但在危机中没有受到损害,反而通过危机的处理赢得了更多公众的信任和关注。

[案例]

中国民航由广州到长春的飞机因天气异常,迫降沈阳。同时,沈阳至长春、沈阳至上海的班机都延误了。近五百名中外旅客滞留沈阳航空港,心情焦急,吃、住都碰到了极大的困难。不少旅客满肚牢骚,情绪激动。沈阳机场客运公司副经理带领二十多位员工为旅客安排食宿、发电报、挂长途,对急需赴目的地的旅客则为他们购买火车票。因为天气寒冷,他们又给旅客送上衣物和毛毯,旅客怒气渐消。后来经一位服务员建议将候机厅布置成舞厅,不少服务员上场伴舞,很快将旅客带入了欢乐的歌舞氛围中。次日清晨,天气转晴,几百位旅客与服务员依依惜别,带着温暖的友情和对民航沈阳机场的好感,登机而去。

8.2.2 公关危机处理的程序

危机事件发生时,组织内部的危机应变机构要立即开始运作,按照应变计划迅速向有关部门报警、求救,并组织力量进行自救。如遇到有可能对人员追成伤害的事件,应把防止和减少人员伤亡放在首位,在保证人员安全的前提下救护有关档案资料、设备财物等。公共关系部门及其人员要配合组织其他部门,同心协力,抢险救灾。与此同时,要更多地关注组织形象受损害的情况。要在危机处理机构的指挥、部署和其他部门的协助下,有效地控制事态,重新树立组织形象。

1)控制事态,真实传播

这里所说的事态主要指因为舆论影响而形成的失去公众信任和支持、给组织造成更大压力、使危机影响扩大、危机处理难度增加的状态。

(1)传播真实的信息

生活中,任何一类危机事件都会引起公众的关注和新闻媒介的报道。舆论既可以赢得公众的同情和援助,也可以激起公众的愤怒。有许多时候,虚假的信息比真实的信息传播得更快,引起的轰动更大。舆论爆炸常常是因为封锁消息或传播虚假消息造成的。而封锁消息或传播虚假消息这种行为的产生,多是因为害怕承担责任、受到处罚或担心合作者分手、市场消失等而使损失加重。公共关系人员要提醒决策者看到舆论积极的一面,把损失的真实情况和相关数据毫不隐瞒地提供给有关方面,引导舆论朝着对组织有利的方向变化。

(2)开放信息传播的通道

一般情况下,危机发生后会出现各种猜疑、谣传或议论,这些都有可能形成对组织不利的舆论。因此,公共关系人员要迅速与新闻界取得联系,并可通过组织自身的网站和其他自控媒介,向公众传送必要的信息。可通过记者招待会、撰写新闻稿、接受采访等形式,把真实的情况和已经掌握的资料向新闻记者及其他公众通报。要为记者采访和发送消息提供便利,如提供车辆、食宿、电话、传真机、电脑等。

(3)加强对信息的监控

信息监控是真实传播的必要条件,是为了防止一些虚假消息的传播和蔓延。例如对受灾程度、伤亡人数、损失价值、责任原因等有关信息,要经过核实后才能传播。在不了解情况或数据不准确的时候,不要作出推测性的结论。此外,还要把握透露信息的时机,例如,在通知家属之前,伤亡者的姓名不要先向新闻界透露;组织尚未付诸实施的危机处理计划也不要轻易宣布。需要指出的是,对危机信息监控的目的是准确地发布信息,以反驳道听途说的虚假信息和有可能产生的敌视报道,而不意味着隐瞒真相,拖延时间,逃避责任。因为隐瞒真相只能促使人们去猜测,以讹传讹;拖延时间、逃避责任则无助于危机的处理,况且责任也无法逃避。

(4)确定新闻发言人

新闻发言人通常由危机处理机构在事前确定,但也可以根据情况临时委派。可视危机性质和程度确定 2 ~ 3 人,重大事件可由组织负责人担任发言人。一个受委派的新闻发言人要成为组织所有正式信息的唯一来源,整个危机处理机构的信息要全部汇向该发言人。发言人要完全了解和明白所发布的信息,对所发布信息的真实性不容置疑。发言人与新闻界交往的态度要诚实,要具备回答记者提问,控制场面的能力和技巧。要积极主动地介绍情况、发表声明,阐述组织对待危机的态度和采取的措施而不要总是被动地对记者提出的问题进行辩解或辟谣。如果新闻界认为发言人不是可靠的消息来源,那么,无论他说什么人们都会持怀疑态度。

[案例]

作为地产界知名企业,某地产公司一直以来具有不错的品牌美誉度,但在2009年底却陷于一系列的诚信危机之中。先是 11 月份,经有关媒体报道称,该公司旗下建造的项目,因拖欠电、水等多项费用,出现停暖、停热水后果;接下来新年伊始,新楼刚开盘就遇尴尬,自称被骗的 20 余名业主,打着横幅到售楼处,劝人不要买该公司的房子;之后,甚至出现了业主高喊“潘某某,大骗子”以及堵门示威的行为。11 月 20 日,面对“停电门风波”,在有关部门的支持下,该公司高管牵头建立了应对危机的缴费平台,并通过博客、媒体等多种手段,呼吁政府及早介入此事,却被指进行事件炒作,有意另组物业公司接下旗下地产项目的物业管理。而对于之后的系列业主维权行为,至今该公司没有一人进行正面回应。

[案例评述]

发生上述系列事件的内部情况我们不去深究,但该公司必须迅速作出正面回应,向公众解释清楚事件的原委,并承担相应的责任,否则将会陷于更大的被动之中,其良好的品牌美誉度也将严重受损。

2)争取合作,表明态度

争取公众的合作支持是处理危机事件控制事态的关键。对一些重大的危机,单靠组织自身的力量是难以应付和处理的。只有取得社会各界多方面的支持和协助才能渡过难关。依靠真实的传播可以使公众了解危机的性质和组织受损失的情况,赢得普遍的同情。除此之外,组织还要通过表明对危机的态度赢得公众的信任,争取社会各界在精神、资金和人力等方面的支持。

(1)对公众负责,勇于承担责任

危机事件发生后,公众关注的焦点通常集中在危机发生的原因、损失大小、谁来负责、如何善后等问题上。责任问题是非常敏感的,承担责任有时就意味着接受处罚,赔偿损失,因而一些组织在回答这一问题时往往闪烁其词,答非所问。这种做法不利于争取公众的合作和支持,有时还可能激化矛盾,激起公愤。组织要勇于面对现实,正视问题,对危机造成的后果不避重就轻,对应承担的责任不推卸搪塞。不管原因是否已经明确,首先要诚恳地表明组织作为事故承受者,因为危机给相关公众造成了损失或带来了不利影响,向公众致以歉意。这样做表现了对公众利益负责的态度,有利于稳定公众的情绪,还能尽快地展开重塑形象的工作。如果一味强调原因尚不清楚或者等待原因查明以后再谈责任问题,就有可能失去把坏事变为好事的良机。

(2)采取积极措施,尽快表明态度

危机发生后,组织的态度是否正确、明朗,处置是否果断,既影响着危机处理的进程,也关系着组织形象的修补。组织不但要向公众口头说明对危机事件承担的责任和采取的措施,而且要通过实际行动表明对事件负责的态度。要视危机的不同性质,协助有关部门尽快调查危机发生的原因,追查肇事者或搜寻下落不明、生死未卜人员,对遭受伤害的人员进行积极的抢救治疗,对其家属进行慰问、抚恤或对受损失的人员在经济上进行赔付、补偿,必要时予以先行垫付,或对相关人员进行心理干预等。组织的这些行动要争分夺秒,全力以赴。这本身就是一种态度,它不仅有助于控制事态,而且有助于赢得公众的信赖和支持。

(3)争取公众支持,赢得事态转机

争取各类公众的支持,是处理危机事件、重塑组织形象的关键。对内部公众,不管他们是危机事件的目击者,还是从新闻报道中获得的信息,组织都要设法尽快告诉他们事情的真相以及组织明确的态度和所要采取的措施,希望员工保持镇静,增强克服困难的自信心,团结一致,共渡难关。要把危机事件看成是解决内部存在的问题，增强凝聚力的良好时机，通过战胜危机，使组织得到更大的发展。此外，还要注意要求员工真实传播信息，通过自身的人际传播功能，争取社会各界的同情和支持，不散布未经证实的，对组织重塑形象不利的信息。

外部公众的支持，主要包括上级主管部门的关心和救助资金的拨付，新闻界的合作，公安部门、保险公司等的协助，受波及的社区单位、协作单位的理解以及顾客的同情和声援等。对上级主管部门，要专门派人或由组织负责人亲自去通报受灾程度，损失状况和采取的方案、措施等。征求并尊重他们的意见。对公安部门、保险公司等，要根据危机的性质，或提供当事人、目击者的名单以尽快查明事故原因；或请求提供人力物力维持秩序、控制事态、稳定情绪。对受波及的社区单位、协作单位以及顾客等要通过口头保证和实际行动尽量减少他们的损失，使其保持对组织的信心。形成对组织处理危机，重塑形象有利的舆论。

[案例]

菲尔普斯，这位成名于2008年北京奥运会的体坛新星，这位所在运动项目的领军人物，却因吸毒事件的曝光，被媒体推向了风口浪尖。在媒体曝光吸毒之后，菲尔普斯在第一时间内进行了声明，积极承担事件责任。“我才23岁，尽管我在泳池取得了成功，可我表现还显年轻、不当，没表现得像人们期望的那样。为此，我很抱歉。我向支持我的人和公众保证，这种事再也不会发生了。”飞鱼承认自己吸毒，并就不当行为向大家道歉。

[案例评述]

在第一时间内发表声明，积极主动悔改之后，飞鱼接下来开展了事件的真诚沟通工作。与众多明星、企业的官方声明不同，菲尔普斯在沟通环节有力地把握了沟通的关键点——向母亲道歉，有力地开启了媒体的信息来源，从而取得了掌握事件发展的主动权。来自单亲家庭、从小和母亲相依为命的菲尔普斯面对母亲的眼泪痛感无地自容，人们很容易被亲情感动，因为妈妈的眼泪，从而原谅本该为自己的行为负责的“孩子”菲尔普斯。菲尔普斯也承认从未见母亲如此沮丧过，而这件事情对母亲的伤害超过了其他任何事情，所以要深深地向母亲道歉。通过向母亲道歉，一方面让人看到了飞鱼内心的真诚，广大媒体与公众也深受亲情感动，博得大众的支持，从而取得了掌握事件发展的主动，菲尔普斯凭借坦诚的态度与积极的悔改之心，获得了媒体与广大公众的支持，这无疑最大限度地减缓了这起事件的不利影响。

3）标本兼治，重塑形象

公共关系部门在处理危机事件的过程中，要尽快着手开展形象重塑工作，尽快恢复组织在公众心目中的形象和声誉。只有使组织的形象重放光彩组织才能最终摆脱危机,通向兴旺发达的道路。

(1)确立新的公关目标

从危机开始发生起,公共关系人员就要识别和判断危机的类型,掌握组织形象受损的程度,逐步明确重塑形象的目标和内容,为开展新一轮的公共关系活动作好充分的准备。要根据造成危机的原因,全面总结以往组织危机应变工作的问题和经验,分析在危机中与新闻媒介交往的情况,提出标本兼治的计划方案,同时也要看到,危机过后,组织的实力受到一定程度的影响,经营秩序受到了冲击,有的公众对组织产生反感、怀疑或抱有观望态度。这些都使组织经营秩序和形象的恢复变得困难重重。

一般来说,重塑形象的工作主要包括以下四个方面:

①使受害者及家属得到最大的安慰和谅解;

②使利益受到损失者得到补偿;

③使怀疑者获得信心,重新成为忠诚的合作者和支持者;

④吸引新的合作者和支持者。

(2)加大信息传播力度

危机事件往往是组织向公众显示其高超的传播能力和生存能力的好时机。公共关系人员要抓住这一良机,采取各种形式,利用各种传播媒介,展示组织能够经受波折、坚韧不拔的素质和强大的凝聚力,进一步扩大组织的知名度,提高组织的美誉度。要宣传领导人高超的决策水平和指挥能力,宣传应变机构得当的工作计划和准备措施,宣传员工的团结协作风格和奋斗精神,宣传产品和服务的质量与效用。同时,也要宣传公共关系工作在组织应付和处理危机中发挥的作用。

(3)诚恳答谢社会各界

组织能够渡过难关,得力于社会各界的协助和支持。不管他们处于何种动机,客观上都对组织有好处,因此尽管眼下组织资金周转十分困难,但仍然要采取多种形式表示答谢。如可以在产品或服务的价格上让利,可以举办慰问演出活动或演讲会、报告会,也可以由主要领导走访致谢或送达感谢信,还可以通过新闻稿件赞扬。对那些无意中给组织带来危机或使组织受到牵连、波及、误解的单位,要表示宽容和谅解,他们有的可能也是虚假消息或危机的受害者。这些做法一方面表明组织重视情义,是社会大家庭中的亲密成员和前进道路上的友好伙伴,另一方面也有助于获得各类公众的谅解和支持。

[案例]

上海市工商局认定“姗拉娜”纤体收腹组合的广告违规并责令立即停止发布。

一夜之间，国内各大媒体纷纷转载，“姗拉娜”成了众矢之的。面对突如其来的危机，“姗拉娜”公司总裁首先亲自公开表示“非常尊重上海工商部门作出的决定”，同时，立即停止违规广告的播出，并迅速修改出新广告在全国播出。事件爆发后，针对部分消费者将广告违规与产品质量问题联系起来，要求退货的现象。“姗拉娜”除了作出无条件退货的承诺外，还向当地食品药品监督管理局提出了申请，对整个公司的生产进行审核与检查，证明其整个生产过程没有任何违规现象，产品质量是合格的，从而在源头上消除消费者疑虑。同时，“姗拉娜”还邀请许多业内知名专家，阐述外用减肥的科学有效性，从而最终成功有效地化解了这场广告危机。

8.2.3　公共关系危机处理的策略

在处理公关危机时必须要按照一定的策略展开，如果没有任何的策略指挥，盲目进行处理，必然会导致糟糕的后果。公共关系危机处理的策略实际上就是公共关系危机处理的原则规范。一般来说主要包括以下方面的内容：

1）主动积极，不逃避

在公共关系危机处理时，无论面对的是何种性质、何种类型的危机事件，社会组织都应主动地承担义务，积极地进行处理，绝不能畏惧逃避。即使起因在受害者一方，社会组织也应首先消除危机事件所造成的直接危害，以积极的态度去赢得时间，以主动的措施去赢得公众，而不应一开始就追究责任埋怨对方相互指责，从而耽搁处理危机的时间，造成危机处理的被动局面，形成更大的公共关系危机。其实组织的主动积极的最佳表现是超前行动，组织要通过经常的调查分析，及早发现引发危机的线索和原因，预测出将要遇到的问题以及事件发生后的基本发展方向和程度，从而制订出多种可供选择的应变计划。对一些初露端倪的问题，要积极采取措施及早作出处理，将危机扼杀于萌芽状态。

2）以诚相待，不狡辩

公共关系危机事件不仅可能给社会组织本身带来损失，也可能给社会公众造成损失。社会组织在进行危机处理时，面对社会公众一定要有诚意。对于受害者一方，应站在受害者的立场上表示同情和安慰，避免出现为组织的失误而辩解的言辞，以防对方产生不信任感，将事态进一步闹大。对于广大社会公众，还要通过大众媒介发表“谢罪”公告表示愿意承担责任，有效解决危机问题。此外，还要诚心诚意地听取公众意见，正确对待公众的不满和宣泄。诚意是解决危机的基础，只有对公众以诚相待，才有希望妥善地处理好公共关系危机。

[案例]

7 月 29 日，某国际知名品牌（中国）公司发布了一则《致该国际知名品牌彩电用户的通知》函称,由于该国际知名品牌有10款特丽珑电视机的零件有瑕疵,他们将在日本召回34万台"特丽珑"电视机。这是继该国际知名品牌该月早些时候宣布在全球召回1.8万台Vaio笔记本电脑后又一因质量问题而大批量提供产品免费维修的事件。在中国市场,该国际知名品牌公司并没有销售以上10个型号的彩电,但是在1998年1月至1999年6月期间,该国际知名品牌在中国生产的少量21英寸彩电有6种型号也使用了该类电容器件。如有中国用户发现以上型号的该国际知名品牌彩电出现类似情况,该国际知名品牌在华顾客服务机构将会负责提供"恰当的检查及维修服务""如因此为您带来任何不便,我们表示真诚的歉意"。

3)实事求是,不隐瞒

公共关系危机处理的一个重要原则就是实事求是。社会组织的公共关系危机事件发生后,要实事求是地与公众沟通,并主动地与新闻媒介取得联系,公开事实真相。对于新闻媒介记者和广大社会公众,都不能因为他们不在现场,不知底细,或不懂某一专门行业就对其弄虚作假,更不能对他们前来采访或打探情况而设置障碍。总之,在公共关系危机处理过程中,无论是对社会组织内部公众还是对新闻记者、受害者、上级领导及其他社会公众都应做到实事求是,不能隐瞒事实真相,以争取主动,求得公众的理解和信任。

[案例]

某网站与新浪微博合作,希望借用新浪的API机制向新浪微博用户提供该网站的某项服务。不料,该服务的功能之一是可以在不需用户确认的情况下,给用户的好友发出私信,引起了用户对个人隐私的焦虑。这些用户中,受影响最大的当数新浪微博上较有影响力的V字用户(粉丝数千),形成了一场信任危机。一名网友以个人用户的身份在微博帮该网站正言:①希望大家相信该网站其实并没有盗取用户的隐私和密码;②该网站还是不错的,希望大家继续支持和体验。此网友后来承认自己是该网站的员工,并非正式地表达了歉意,该网站老板以实名身份一再发微博表示歉意,但最终该数据接入业务未能继续。

[案例评述]

私信本质上应该是属于个人隐私范畴,利用私信做广告,实质上是侵犯了用户的隐私权。在引发危机后的处理方式上,该网站未能以实事求是和不隐瞒为原则,导致了用户的反感以及网站数据业务的中止。

4)注重后效,不短视

公共关系危机处理要注重后效。所谓注重后效,是指既要着眼于当前公共关系危机事件本身的处理，又要着眼于往后社会组织良好公关形象的重塑。不能只是采取头痛医头、脚痛医脚的权宜之计和视野狭窄、鼠目寸光的短期行为，而应从全面的、整体的、未来的、创新的高度进行公共关系危机事件的处理。须知，公共关系危机总是与公共关系机遇并存的。有时一个公共关系危机事件的出现反而给社会组织提供了展示其优良形象的机会。所以，在公共关系危机处理策划中社会组织更有必要加强创新策划，以取得公共关系危机处理的多重效果和长期效益。

[案例]

1993 年 7 月，美国某国际知名饮料品牌公司突然陷入一场灾难。美国的各个角落都在传说，在罐装该国际知名饮料品牌内接连出现了注射器和针头。甚至有人活灵活现地描述针头如何刺破了消费者的嘴唇。在艾滋病蔓延的美国，人们立刻把此事与传染艾滋病联系起来。一时间，许多超级市场把该国际知名饮料品牌纷纷从货架上撤走。该国际知名饮料品牌公司及时、迅速、果断地推出了一系列措施，一方面通过新闻界向投诉的消费者道歉，并感谢她对该国际知名饮料品牌的信任，还给予其一笔可观的奖金以示安慰，并邀请其到生产线上参观，使其确信该国际知名饮料品牌质量可靠。另一方面该国际知名饮料品牌公司不惜代价买下美国所有电视、广播公司的黄金时间和非黄金时间反复进行辟谣宣传，并播放该国际知名饮料品牌罐装生产线和生产流程录像，使人们看到饮料注入之前，空罐个个口朝下、经过高温蒸汽和热水冲击消毒后便立即注入该国际知名饮料品牌饮料，随之封口，整个过程在数秒钟之内完成，使消费者看到任何雇员要在数秒钟之内将注射器和针头置于罐中都是不可能的。随后该国际知名饮料品牌公司通过与美国食品与药物管理局密切合作，由该局出面揭穿这是件诈骗案，政府部门主管官员和公司领导人共同出现在电视荧屏上，事实得以澄清。

[案例评述]

由于该国际知名饮料品牌公司在危机公关中果断沉着，合理应对，及时地把真相告知公众，使其声誉很快地得到了恢复，也使得公众对其产品也就更加信赖，该国际知名饮料品牌不仅没有在危机中受挫，相反在危机中更得到了提升。

8.3　公共关系危机的预防

尽管一些突发性事件造成的公关危机是无法预测的；但是任何事件的发生都是有或多或少的预兆的，没有事情是在无任何征兆的情况下发生的，因此组织可以通过自身的努力提前发现一些问题，是可以防患于未然的。对危机持续、严格认真的监控便是有效预防危机的重要途径。纵观各种对危机的防范和监控的研究，我们认为预防危机可以通过以下的工作来实现。

8.3.1 组织应专门设立危机管理部门

在组织管理部门中设立专门的独立的危机管理部门,通过危机管理部门的工作帮助组织对危机进行有效的监控与防范。当然,危机管理部门的成员应该具有一些必备的条件,如思想敏锐、观察细致、具有良好的洞察力等。他们必须能够在调查研究和信息管理中发现常人注意不到的问题,并且能够迅速判断出其与组织生存发展的相关程度,有必要的及时通知相关部门和决策者。

危机管理部门在公关管理中应该起到以下几个方面的作用:

①建立完善的预警系统,能够对可能发生的各种危机情况进行全面清楚地预测,制订危机公关的具体策略和步骤,形成易于执行的固定模式。

“有备无患”“凡事预则立”,都说明预测、谋划的重要性,尤其是面对可能危及组织生存的危机事件,做好预测规划工作更为关键。借鉴其他组织的经验教训,针对组织自身的主客观环境,预测可能出问题的环节,对症下药,制订相应的公关措施,尽量易于操作,使之制度化、标准化,对各种可能发生的危机细分化、标准化。例如:消费者投诉到什么程度;销售终端退货为何原因;新闻传媒出现什么程度的反面报道;哪些环节需要引起足够重视等。这就需要组织作出相应对策,及时派专人与消费者沟通,协商解决,与媒体联系,防止不实、不利信息扩散,等等。更重要的是建立组织危机预警机制,当危机一有苗头,组织信息系统就会很快地感受到,及时反馈到管理层,以便随时保持警惕。特别是伴随信息社会的到来,信息掌握的快慢将成为决定组织发展的重要因素,因而加强组织内部沟通的顺畅,市场信息的及时把握就显得十分必要。未雨绸缪,拥有可具体执行的方案,即使没有专家参与也可以轻松地将问题解决。因此,只要组织在自身的建设方面工作做好,有一套完整的预警系统,不但可以预防危机,而且当危机到来的时候组织也可以从容的处理,不至于出现惊慌失措,使组织的形象受到极大的损失。

②组织要定期培训员工使之掌握公关基本技巧,形成全员公关的良好局面。其实危机的预防和监控绝不是危机管理部门自己的事,每个员工其实也可以在日常的工作中去发现一些组织存在的问题。对危机的预防和监控应成为组织内每个成员的义务与责任。要让每个员工都知道危机来临时,他们该做些什么,不该做些什么;该说些什么,不该说些什么;怎样与组织对外态度保持一致;他们灵活掌握的权限有多大等。通过危机管理小组的有效培训,让公关意识深入人心,充分开发、利用人力资源的潜在能量。在某著名饮料公司,每年都要进行数次危机管理小组的训练,多采取情景模拟、角色扮演等直观有效的训练方式。如模拟危机公关中新闻记者深入组织采访,组织如何应对;经理与公关人员角色互换,试图从不同思维、

不同角度分析危机、把握危机。所以,可以想象经历过演练的管理团队和员工在危机到来时的表现一定会从容稳定很多。

③危机管理部门可以负责监督有关公关策略和步骤的正确实施及危机发生时负责危机全面管理工作的具体协调指挥和政策咨询。平时,危机管理部门注意检查有关措施的落实情况,一旦发现不足就及时改进,防微杜渐;危机发生时,危机管理小组充分发挥核心领导作用,注重各部门的协同作战,搞好对外宣传与形象塑造,注意新情况的发生与对策应变。在危机爆发之初,危机管理小组成员宜暂时远离危机,与专家接触,通过头脑风暴、专家论证等方法找出问题症结所在,与预测情况相比较,看需要做哪些改进,从而对症下药制订出组织应对措施,措施越详尽、越果断越好。危机公关贵在组织的快速反应、负责任的态度,给公众以好的印象,这一点要切实策划好。在危机公关中,危机管理小组要注意多从不同方面问问自己:"危机为什么会发生,是偶然还是必然? 是组织内部原因还是外部原因?""危机发生后,会恶化到什么程度,社会影响会扩展到什么程度。最重要的是组织能承受到什么程度?""社会公众对危机的反应怎样,最激进的是哪部分公众,他们对组织是否抵触?""媒体会在多大程度上予以关注,对组织的影响会有哪些?""危机的产生对组织的影响是什么,影响会多大?""如果危机恶化的话,挽救的方法有哪些。可实践的程度怎样?"等等,通过对深层问题的思考,提高认识,尽量找到最佳公关选择。同时随时注意新情况、新信息的收集,以便及时改变应对措施,保持主动。特别要注意与新闻媒体的友好合作,尽量保证危机公关信息发布的准确,掌握宣传上的主动。不少国内组织危机的恶化与其缺少与传媒友好合作不无关系。有了好方案,还要贯彻执行,必须把注意力牢牢地放在执行上,注意发现员工政策执行上的偏差,及时纠正,使之按照既定方案行动。

8.3.2　设立监控系统

危机管理部门的职责就是监控和防范危机的产生,而这一职责实现的基本途径可以通过设立监控系统。监控系统就是把检查的内容、检查的方式、检查的人员和检查的时间等因素进行综合设计,形成一个系统的工作过程,然后严格按照制度办事,确保检查的有效性。对于具体的社会组织来说,可能造成危机的因素是可以预想到的,如消防安全制度,这对于任何社会组织甚至每个家庭都是需要的。安全危机完全可以通过设立检查制度来防范。其他难以直接预想到的危机,只能通过调查研究来防范。危机管理中的调查研究涉及的范围很广,具体的社会组织可根据自身身份和不同时期的管理目标圈定检查项目。监控系统主要负责以下几个方面的工作:监控大众媒介、实地调查、组织形象监控等。

1)监控大众媒介

所谓监控大众媒介,就是由危机管理小组的成员精心选择与本组织密切相关的大众传播媒介和相关栏目或频道,注意和研究大众媒介发布的信息,密切关注社会环境和自然环境的各种变化,并能够通过预测趋势,把握各种变化给本组织带来的正面影响和负面影响。正面影响通报给相关部门,让他们把握机遇,乘势发展;危机管理小组的职责是针对负面影响,制定防范和消除潜在危机的对策,会同有关部门通过切实工作,把危机化解在萌芽中。

2)实地调查

所谓实地调查,就是由危机管理人员经常深入管理对象现场,通过调查研究发现问题,这些问题就是隐患,就是危机,应该根据问题的轻重缓急,把它们转化为管理目标,制订出解决问题的措施,问题一个一个地解决了,爆发管理危机的可能性也就被消除了。

3)组织形象监控

所谓组织形象监控,就是通过知名度、美誉度、认可度的评估管理,重点防范组织的公关危机。在实际的评估管理中,需要与公关部的其他职能部门和组织中的有关部门协同工作,危机管理小组的管理焦点是制定出组织中损害公众利益的政策或行为,给以纠正。

[案例]

2009年4月13日,杭州消费者起诉某著名饮料品牌,称自己的胃溃疡是由于饮用该著名饮料品牌所致。5月11日,国家疾控中心营养与食品安全所常务副所长给红罐该著名饮料品牌定了性:该著名饮料品牌中的有些成分和原料,不在食品安全法已经规定的既是食品又是药品的名单之列。该著名饮料品牌卷入"添加门",危机风波骤然掀起。危机之后的第二天,广东食品协会就紧急召开记者招待会,称该著名饮料品牌凉茶中含有夏枯草配方是合法的,不存在添加物违规问题。事发仅4天,卫生部也发布声明确认该著名饮料品牌凉茶在2005年已备案,并认可夏枯草的安全性。虽然该著名饮料品牌在这次危机公关中不是关键人物,但经常因夏枯草被起诉困扰的该著名饮料品牌,吸取经验,并主动提交国家卫生部备案,为这次危机公关做好了良好的铺垫。5月14日卫生部发布的《关于该著名饮料品牌凉茶有关情况的说明》认定夏枯草为合法添加物。

8.3.3 建立顺畅的信息反馈渠道

信息反馈渠道主要是面对公众的,怎样才能使公众的意见、要求、愿望迅速进入决策层,这是民主化管理必须解决的问题,所以反馈渠道的建立实际上要求建立新的民主化管理制度,具体的社会组织可以根据实际情况创建独特的信息反馈系统。一般的思路是设立沟通接待室、开通专门服务电话、设立专门网站、聘请信息员等。比如,有些组织的危机管理小组成员包括:组织领导人,他是重要的直接参与决策的人物,管理小组有其参加,有利于尽早作出权威决断;公关专业人员,他们是危机公关管理的理论参谋和具体执行者;生产、产品质量检测人员,他们熟悉生产流程,便于危机管理小组密切把握生产过程和产品质量情况;销售人员,他们对于流通程序很熟悉,容易把握流通过程中出现问题的环节;消费热线接待人员,他们是接受消费者投诉、沟通信息和对外树立形象的重要环节,也是危机公关的第一道门户。如果他们处理得当的话,往往会把由投诉引起的危机消灭在萌芽状态。目前,越来越多的组织开始重视消费热线接待人员公关素质的培养,提升其公关水平,为组织树立良好形象。这样,组织内每个关键环节都有人参与,就是要在危机初期比较容易地找出问题所在,避免拖拉、扯皮现象,以便及时采取措施掌握主动。组织还可以根据自身的需要将危机管理小组隶属于公共关系部,也可以将之独立,无论采取何种方式,危机管理部门都必须拥有足够的权力和相对的独立性,专职负责未来可能发生的危机事件,成为组织重要的常设机构。

8.3.4 培养决策层迅速决策的能力

当危机管理部门通过系统的监控和预警系统发现组织存在的问题的时候,通过顺畅的信息反馈系统反馈到决策层的领导部门时,决策层应该有负责人对信息进行迅速的判断和分析。如果发现该信息确实关乎组织的生存和发展,那么决策层就应该以最快的速度排除各方干扰,采取相应的措施将危机扼杀在摇篮之中。如果危机管理部门发现问题并及时地上报了决策层,而决策层并没有足够重视或者行动迟缓就会耽误战机,错失提前解决危机的机会,可能会造成危机的最终发生和扩大。

总之,对于任何危机的预防都不是一件简单的事情,它需要组织有专门的部门和人员在日常的工作中去努力,它需要组织的各部门相互协调和默契的配合,它更需要一套稳定健全的预警机制。当然,只要组织在自身的建设中不断地完善相关机制,以及组织员工的群策群力,则相当部分的危机是可以被成功预防的。

[案例]

2005 年 4 月中旬,国内各大媒体转载英国《旗帜晚报》的一则报道:包括高露洁等品牌在内的数十种超市商品均含有三氯生。三氯生会和自来水中的氯生成三氯甲烷,而三氯甲烷被美国环保署列为可能的人类致癌物。这则报道是根据美国弗吉尼亚工学院的研究者 Peter Vikesland 的《太爱干净可能对你的健康和环境有害》一文写出的。随着这则消息在中国的传播,高露洁在中国消费者中的品牌信任度急速降低,高露洁牙膏的销量比以前有大幅度下降,销售商持观望态度,随时准备撤柜。截至 2005 年 4 月 20 日凌晨 0 时 15 分,共有 60 025 人参加了新浪网的网上调查,其中 54 118 人表示将不再购买高露洁牙膏。

高露洁公司危机公关启动:

一、反应迅速,组建公关团队。高露洁亚太区总裁高仕亚、广州高露洁棕榄有限公司董事长方宝惠、高露洁棕榄公司副总裁魏德威都出现在新闻发布会会场,对该事件表现出高度重视。

二、媒体公关,换取支持和同情。2005 年 4 月 19 日,广州高露洁棕榄公司在国内有影响的主流媒体《南方周末》上发表声明:高露洁全效牙膏有效、有益、安全。并确认接下来还会对媒体和公众作出更详细的说明。

三、及时召开新闻发布会。2005 年 4 月 27 日,高露洁公司召开大型新闻发布会,国内 150 家媒体到会。方宝惠表示,高露洁全效牙膏是全世界经过最广泛测试和评估的牙膏,全世界超过 30 家独立的牙医协会都盖章认证了该品牌牙膏的安全性,消费者完全可以放心使用。高露洁棕榄公司副总裁魏德威博士表示,“高露洁全效”经过多次试验证明,在任何情况下都不会产生有害物质。

四、解铃还须系铃人,澄清信源。高露洁公司还播放了 Peter Vikesland 的一段录音,其在录音中表示自己的研究只是关于自来水和含有玉洁纯的清洁剂相互之间的化学反应,根本没有涉及牙膏。《旗帜晚报》说的英国玛莎超市把有些牙膏下架,显然是对他最近研究的过度反应。

五、树立权威认同。积极与专家、学者、政府官员沟通,“政府对整个事件已非常了解,没有疑问和声明,就是对我们的安全性有信心。”

六、态度诚恳,化危机为商机。高露洁亚太区总裁高仕亚先生对记者说,“在高露洁,我们的工作不仅仅是销售牙膏。高露洁为人称道的是它的产品质量和安全保障。高露洁在全球开展了很多宣传口腔健康的活动,这些都体现了我们最根本的价值观——关心我们所处的社会以及生活在这个社会中的消费者。

[案例评述]

高露洁的危机公关成功地引导消费者的注意力,使大家对此事的关注度逐步降低,维护了品牌形象。处理公关危机,最重要的原则就是减少危机的程度,并尽可能地化“危”为“机”。此危机公关体现了 5S 原则中的承担责任原则,真诚沟通原则,速度第一原则,系统运行原则,权威证实原则。在这次危机公关中,高露洁公司在进行处理时牢牢地掌握了信息发布的主动权,信息的发布人以我出发,增加了信息的保真度,避免了发生信息真空状态。在处理的过程中,组织不断地发布信息,很好地贯彻了公众之上和维护组织声誉的原则,纵观高露洁公司处理危机时的措施,反映出了其公关人员训练有素的职业素质和公司高级管理者对此次事件的关注和企业形象的在乎,总体来说,高露洁公司在处理此事件时的有效措施,将企业的损失降到了最低,将危机很好地转化为了商机,是一个非常成功的危机处理。

本章小结

公关危机对于任何组织来说都有可能出现。现代组织是一个开放的系统,它同社会上的其他组织、群体与个人之间有着千丝万缕的联系和相互影响。由于各类社会组织之间、组织与公众之间存在着种种利益差别,因此在它们的发展过程中,就可能出现种种纠纷与冲突,甚至出现突发性事件,造成组织的形象危机,这就需要组织的公共关系部门妥善处理这些危机事件。与此同时,由于每个组织都是在自然环境和社会环境之中,可能突发的自然灾害以及社会动荡也会严重损害组织和各个方面,在公众中出现形象危机甚至危及组织的生存与发展,这也需要组织的公共关系部门来做好协调工作,使组织重新获得公众的信任和支持,以保证组织的生存与发展。因此,危机公关应该成为每个组织必须掌握和能够灵活运用的一项能力。

自测题

1. 什么是公关危机？它有哪些特点？
2. 简述公关危机的分类及其产生的原因。
3. 处理好公关危机对一个组织有何重要意义？
4. 作为一名公关人员,应该遵循怎样的程序和采取哪些措施来处理公关危机？
5. 简述企业中的危机管理部门在公共管理中的作用。
6. 如何预防公关危机的发生,并举例说明。

公共关系案例集锦

[案例]

2003年可谓是拥有上千家企业的中国乳品业的多事之秋。几家被曝光，几家被收购，几家欢喜几家忧。在这纷纷扰扰中，却始终有一个品牌独树一帜、高歌猛进，它就是来自内蒙古草原的蒙牛。蒙牛早在2002年上半年，就与中国航天基金会进行接触。由于中国航天基金会对合作伙伴的挑选要求十分严格，如必须是民族企业，必须是中国驰名商标，必须是行业领导性企业，必须同航天精神相关联等。通过数次严格的对公司的奶源、生产设备、市场流通等环节的考察、调研，并进行多次物理、化学、微生物学的分析，蒙牛于2003年初成为中国航天首家合作伙伴，这个时候距离“神舟五号”飞天还有半年时间，最主要的是飞天能否成功尚无人完全知晓。蒙牛此举无疑是相当有魄力的。

蒙牛注意到，如果我国第一次载人航天飞船成功发射，其带给国人的巨大民族荣耀感和信心将空前高涨，这时候说什么都不如喝一声彩来得过瘾，顺应潮流，又能显出声音。所以，蒙牛喊出“举起你的右手，为中国喝彩”，迅速引发共鸣，拉近了与消费者的感情，使蒙牛品牌在第一时间得到大家的认同。

2003年10月16日6时23分，“神舟五号”飞船在内蒙古大草原安全着陆，宣告中国首次载人航天飞行圆满成功！就在举国同庆之时，蒙牛关于此次飞行事件的户外广告上午10点即在各大城市出现，蒙牛做到了户外广告最早挂、广告位置最抢眼，幅面大，质量好。蒙牛在此次公关活动的执行中，还注意了从不同媒体的沟通主题到广告与促销的完美结合，使平面广告、影像广告和人员口碑等形成一个传播梯度，更好地实现感性路线和理性路线的结合。“强壮中国人，鼓舞中国心”的广告词，进一步拉近了蒙牛与消费者的距离。

蒙牛通过文字口号“举起你的右手，为中国喝彩”，“强壮中国人，鼓舞中国心”，向国人传达了蒙牛企业民族情怀，该口号抓住了国人高度关注航天事业，希望国家成为航天强国的心理，准确地达到了宣传蒙牛的效果。

[案例]

“潘婷——爱上你的秀发”中国美发百年回顾展

项目背景

1999年5月,宝洁旗下的著名洗发水品牌潘婷打算于1999年8月在上海及浙江市场全面推出其最新的护发产品——潘婷润发精华素,从而带动一种全新的护发新理念,即:从简单护发——深层润发的重大改变。为配合该产品的发布需要策划及展开一系列既新颖又有力度的公关活动。经过层层的筛选与比较,宣伟公关公司终于脱颖而出,取得了推广潘婷润发精华素的任命。

项目调查

在策划活动之前,宣伟进行了详尽的市场调查。由于潘婷润发精华素产品是美发领域的一项新突破,且其上市的时间1999年又正是新旧世纪交替的特殊时间段,再加上1999年10月1日又是新中国成立50周年的大日子,考虑到这一特殊阶段正是对文化、历史等领域进行回顾展望的好时机,而此类活动又比较容易引起媒介及大众的兴趣,宣伟最后决定举办一个名为“潘婷——爱上你的秀发”中国美发百年回顾展活动。

项目实施

前期活动

为了争取各领域权威人士的支持并为产品发布活动作好铺垫工作,装有潘婷润发精华素产品及使用反馈表的礼盒发给上海及浙江地区的媒体及美发界、演艺界等领域的社会知名人士,争取他们对产品的认同和支持。

在对产品有了一定认识的基础上,再邀请各主要媒体于8月15日在上海召开了一次媒介研讨会,为将来的正式活动打下伏笔。为了增加信服力,潘婷还特别从日本邀请了研究发展部的潘婷护发专家为大家介绍护发的基本知识,并向大家当场演示了使用润发精华素产品的即时效果。

前期宣传

为了加强宣传的覆盖面及影响力,并直接影响到产品的目标消费群18~35岁女性,宣伟特别选择在华东地区非常热销的生活类杂志和电台进行合作,进行了一系列宣传活动。

活动部分

“潘婷——爱上你的秀发”中国美发百年回顾展于8月25日在上海图书馆一楼展厅举行。上海图书馆地处闹市交通方便,不仅外观气派而且具有文化底蕴与展览会主题相符。

开幕式暨潘婷润发精华素上市会非常隆重,来自上海、杭州、温州及宁波的80多位媒体代表参加了活动,真可谓盛况空前。

另外,由于潘婷品牌的形象已非常鲜明,为了辅助及加强潘婷润发精华素产品的信服力,还特别邀请了在99中国服装表演艺术大赛系列活动中荣获潘婷优雅气质奖及最佳秀发奖的戴洁小姐及梁馨小姐共同出席开幕式活动。

本次展览会内容相当丰富,不但向参观者展示了从明末清初到现代社会的发型变化及美发、护发技术,还特别制作了一部反映我国各个时代不同发型及美发技术变迁的纪录片。为了增加展览会的生动感,更在展览会现场还原了三四十年代的旧上海美发厅场景,吸引了成千上万的观众驻足观赏。

后期工作

活动结束后,宣伟分别致电与所有与会媒体进行交流,以不断改进今后的工作。更有其他省市的媒体在观看了有关报道后对该选题产生了浓厚的兴趣,并致电宣伟索取详细资料和图片供发稿之用。

[案例评述]

在这个案例中我们不难看出其活动的每一个环节都体现出了公关活动的一些基本原则和要求。

①公关调查是整个活动的基础,宣伟在开展活动前进行了全面的调查,并特别强调了社会环境可能产生的影响。(润发素上市的时间恰逢新中国成立50周年的大日子)在进行调查时也比较有效率,时效性把握得很好。

②实施过程主要分为4个阶段:第一阶段和第二阶段主要是准备工作,通过一系列的活动和宣传为活动的顺利进行做铺垫。第三阶段是主要的实施过程,通过运用实像传播、整合传播等传播手段让受众认识并了解潘婷润发素。第四阶段特别强调了媒体的作用。

③为了加强宣传的覆盖面及影响力,并直接影响到产品的目标消费群18~35岁女性,宣伟特别选择在华东地区非常热销的生活类杂志和电台进行合作,进行了一系列宣传活动。实施公共关系工作方案要借助一定的媒介。因为传播媒介的选择决定公共关系活动的效果。公共关系活动实质上是针对公众进行的信息传播活动,要使这种活动获得最佳效果必须选择能为公众所接受的传播媒介。

④展览会现场还原了三四十年代的旧上海美发厅场景。注重环境气氛的烘托,对于实像传播的效果起着强化作用。

⑤"媒介事件"是指社会组织为吸引新闻媒介报道并扩散自身所希望传播出去的信息而专门策划的活动"潘婷——爱上你的秀发"中国美发百年回顾展活动。该活动将是中国首次举办的有关美发技术及美发历史的回顾展,在吸引大众关注的同时,也能缔造潘婷品牌在美发界的先驱地位。

[案例]

速溶咖啡为何不能速销?

20世纪40年代初期,速溶咖啡首先在美国市场问世。它方便、省时,不会发生配料错误而且价格低于新鲜咖啡。于是,厂家踌躇满志,以为该产品一定大受欢迎,广告制作者也觉得只要刻意宣传其价廉与方便,一定能拨动消费者的心弦而马到成功。结果,销售状况大大出乎他们的意料,速溶咖啡不受欢迎!公司请来消费心理学家调查其中奥秘。初期的调查结果是,速溶咖啡的味道比新鲜咖啡要差,但消费者又说不出速溶咖啡和新鲜咖啡在味道上到底有何区别。在进行了进一步的调查研究之后,消费者拒绝购买速溶咖啡的深层原因被揭示出来了。原来,当时美国消费者的社会心态是,购买速溶咖啡的人被看做是懒汉,是一个生活无计划的、邋遢的和可能没有贤妻照顾的人;而购买新鲜咖啡的顾客,则是有经验的、勤俭的、讲究生活的、有家庭观念和喜欢烹调的人。有谁愿意被冠之以懒汉的称号呢?有哪个家庭主妇愿意被他人看成是不能很好地照顾丈夫和家庭的妻子呢?广告制作者刻意宣扬的"方便"特征并没有与消费者的需求相契合,而是正好与消费者的精神需求相抵触。不难想象,这样的宣传愈是卖力,则愈是引起消费者的反感与厌恶,正可谓事与愿违。

在痛切地认识到这一点后,广告制作者便改变策略,不再强调速溶咖啡方便的特点,而是着力宣传新鲜咖啡所具有的美味、芳香和质地醇厚等特点,速溶咖啡也同样具备。他们在杂志的整版广告上画了这样一幅图画:一杯美味的咖啡,它后面高高地堆着很大的褐色咖啡豆,并在速溶咖啡罐头上写上"100%的真正咖啡"的标签,很快消极印象被克服了,速溶咖啡成为西方咖啡中最受欢迎的产品。

思考题:

①速溶咖啡为什么能由没人光顾变成畅销产品?

②结合本案例,谈谈你对"公共关系 =90%做 +10%说"的理解。

[案例]

可口可乐72小时危机公关

"阿斯巴甜"震撼可口可乐

2000年2月27日,英国《星期日泰晤士报》刊登了一篇题为《秘密报告指控甜味剂》的文章,声称该报记者根据一份刚刚解密的研究报告发现,美国全国饮料协会早在20世纪80年代初曾对一种在汽水饮料中广泛使用的甜味剂——"阿斯巴甜"进行过研究,结果认为"阿斯巴甜"能分解甲醇和苯丙氨酸等有毒物质,从而影响人脑的正常工作。此外,"阿斯巴甜"还会改变消费者的行为,诱使消费者进食更多这类饮料,因此美国全国饮料协会反对在饮料中添加"阿斯巴甜"。这篇报道并且指出,包括可口可乐和百事可乐在内的许多饮料厂家目前仍在使用"阿斯巴甜"。

在每年消费90多亿罐汽水的英国,《星期日泰晤士报》的这篇报道无疑是在人群里扔下了一颗重磅炸弹。很快,可乐饮料含有毒物质的消息就出现在互联网上,然后又快速传递到全球各个角落的电脑屏幕上。

至此,一场令可口可乐公司始料未及的地震已经在互联网的深处悄然爆发。

"阿斯巴甜"并非"阿巴斯甜"

从记者目前掌握的情况来看,地处华中的一家报纸很可能是国内首家"进口"这则消息的媒体,2000年2月29日,这家报纸以《可口可乐百事可乐甜味剂损脑密件公开》为题,对《星期日泰晤士报》的文章进行了转载。

3月1日上午9点刚过,国内人气旺盛的网上出现了一条转载自南方某报的消息,该消息引用《星期日泰晤士报》的报道说,可口可乐含有对大脑不利的成分。同一天,北京的报纸也以《可乐含有对脑不利成分》为题刊发了上述报道,其消息来源同样是英国《星期日泰晤士报》。但远在四川的一家报纸立刻就意识到了这一题材的敏感性。第二天,市民们翻开这份报纸时,看到了一条颇具爆炸性的标题:《两大可乐甜中藏毒》。

在急切与慌乱的传递过程中,来自互联网上的信息开始有些走样:不少媒体把"阿斯巴甜"称为"阿巴斯甜",而文章的标题也渐渐变得吓人。

中国可乐不含"阿斯巴甜"

虽然可口可乐(中国)公司对外事务经理程嵋说,2月28日,可口可乐公司美国总部在看到这则消息后,立即把消息传达下去。3月1日下午,来自各大媒体记者的电话就打进了可口可乐(中国)公司的办公室,要求对英国报纸的报道给予解释。于是可口可乐(中国)公司决定当晚召开新闻发布会,向新闻界澄清事实。

3月1日晚,可口可乐(中国)公司副总裁鲁大卫放下所有工作,出现在北京各大媒体的记者们面前。鲁大卫着重说明的一点是,在中国生产和销售的可口可乐系列饮料中均未使用"阿斯巴甜",特别是红色罐装的可口可乐饮料中选用的是天然蔗糖,根本没有使用任何人工合成甜味剂。可口可乐产品中使用甜味剂的只有白色罐装的"健怡可乐",而且"健怡可乐"也没有使用"阿斯巴甜",而是采用了甜蜜素和糖精钠两种甜味剂,并在外包装上标明了这两种成分。

为了给自己的说法提供旁证,鲁大卫先生还出示了一份美国全国饮料协会2月28日发给英国《星期日泰晤士报》的声明。在这份声明中,美国全国饮料协会主席威廉·波尔指出,《星期日泰晤士报》报道引用的报告中提出的问题早已经过科学研究证明并不存在,而且"阿斯巴甜"已被全球90多个国家批准使用。波尔在这份声明中还批评英国《星期日泰晤士报》刊登的图片误导读者,因为可口可乐并不含有"阿斯巴甜"。

从2月28日到3月1日，业务遍布全球的可口可乐在警醒中进行了一场危机公关。

思考题：

①运用相关知识，分析可口可乐公司是如何应对此次公关危机的？

②从可口可乐处理72小时危机公关中，中国的企业可以从中学到些什么？

[案例]

7月15日是国能电力公司与美国PALID公司在多次谈判后达成协议，准备正式签字的日期，国能负责签字仪式的现场准备工作，国能电力公司将公司总部十楼的大会议室作为签字现场，在会议室摆放了鲜花，长方形签字桌上临时铺设了深圳特区绿色的台呢布，摆放了中美两国的国旗，美国国旗放在签字桌左侧，中国国旗放在右侧，签字文本一式两份放在黑色塑料的文件夹内，签字笔、吸墨器文具分别置放在两边，会议室空调温度控制在20 ℃，办公室陈主任检查了签字现场，觉得一切安排妥当，他让办公室张小姐通知国能电力公司董事长、总经理等我方签字人员在会议室等待，自己到楼下准备迎接客商。

上午9点，美方总经理一行乘坐一辆高级轿车，准时驶入国能电力公司总部办公楼，司机熟练地将车平稳地停在楼前，陈主任在门口迎候，他见副驾驶上是一位女宾，陈主任以娴熟优雅的姿势先为前排女宾打开车门，并做好护顶姿势，同时礼貌地问候对方，紧接着，陈主任迅速走到右后门，准备以同样动作迎接后排客人，不料，前排女宾已经先于他们打开了后门，迎候后排男宾，陈主任急忙上前问候，但明显感觉女宾和后排男宾有不悦之色。陈主任一边引导客人进入大厅，来到电梯口，一边告知客人，董事长在会议室等待，电梯到达十楼后，陈主任按住电梯控制开关，请客人先出，自己后出，然后引导客人到会议室，在会议室等待的国能电力公司的签字人员在客人进入会议室时，马上起立鼓掌欢迎，刘董事长急忙从座位上站起，主动向对方客人握手，不料，美方客人在扫视了会议室后，似乎非常不满，不肯就座，好像是临时改变了主意，不想签字了，问题出在哪里了呢？

[案例评述]

①接待中出现的问题：职位高的人都是坐在驾驶座后排，职位低的人才坐在副驾；尽管副驾上是女性，也要以职位高者为先。在案例中，陈主任先接副驾上的人，然后才接后排的人，这就没有充分尊重职位高者，也就会引起美方谈判人员的不悦。

②美国人在谈判初不喜欢搞得太隆重，他们更注重谈判的利益得失；见面初握手也不是他们喜欢的接待方式。在案例中又是鼓掌又是握手，会让美国人觉得太虚伪。

③会议室布置的问题：美国国旗应放在右边，美国是以右为尊，而案例中把美国的国旗放在了左边，美国人看到了会觉得不尊重他们。

总结：在谈判中，一定要有充分的准备，特别是跨国谈判，一定要先了解对方国家的商务礼仪。

[案例]

这是某著名中国高等学府学生的一个应聘过程的案例。此同学应聘企业管理岗位，聘者不小心把应聘者的简历放在了市场营销类里了，下面是聘者与应聘者的一段对话：

应聘者：杨先生，我应聘企业管理岗位，但怎么被安排到市场营销部门这里面试？

聘者：啊，真对不起，是我的疏忽，把你的简历放错了。那么，我想问你，你应聘企业管理的哪个岗位？

应聘者：办公室管理或者行政管理，你看怎么样？

聘者：请问你了解办公室工作或行政工作吗？

应聘者：行政工作就是进行企业管理工作，请问咱们公司的办公室的工作都有哪些方面的内容？

聘者：办公室工作细密琐碎，主要是为各部门和员工服务的一个部门，很辛苦，当然还不一定显成绩，你觉得你愿意从事这样的工作吗？

应聘者：那么，你们公司的市场营销的工作怎么样？我可以试一试吗？

聘者：你觉得你从事市场营销工作有什么优势吗？

应聘者：我善于交往，善于处理各种人际关系。我的演讲才能也不错，你也许能从我的交谈中感觉出来。再者，我的学习能力十分强，这是知识经济时代中人才竞争的本质。

聘者：那么，你告诉我什么叫市场营销？

应聘者：市场营销比销售大一些，市场营销还要管到研究、开发、生产、销售等方面。

聘者：还有吗？

应聘者：市场营销比销售高级一些。

聘者：你能告诉我市场营销的“4P战略”是什么？并告诉我4P的英文。

应聘者：产品 Products、渠道 Place、价格 Price、推销……

聘者：你能告诉我们市场营销与推销的出发点有何不同吗？

应聘者：推销是往外出卖产品，而市场营销是有组织有计划地销售自己的产品。

聘者:NO,很抱歉,我不能给你机会,因为你出错的地方太多了。

应聘者:您能不能再问一些问题,跟我再谈一谈?

聘者:NO!

[案例评述]

①该应聘者在不了解知识内容的情况下却假装了解,给考官的感觉就是此人不诚实,没有做充分的准备。

②该应聘者在听说管理工作很辛苦的情况下就改变求职意向,给人的感觉就是没诚意和不肯吃苦耐劳。

总结:在求职应聘的时候一定要诚实,并且要有充分的准备。

[案例]

王峰在大学读书时学习非常刻苦,成绩也非常优秀,几乎年年都拿特等奖学金,为此,同学们给他起了一个绰号"超人"。大学毕业后,王峰顺利地获取了在美国攻读硕士学位的机会,毕业后又顺利地进入了美国公司工作。一晃八年过去了,王锋已成为公司的部门经理。

今年国庆节,王峰带着妻子女儿回国探亲。一天,在大剧院观看音乐剧,刚刚落座,就发现有3个人向他们走来。其中一个边走边伸出手大声地叫:"喂!这不是'超人'吗"?你怎么回来了?"这时,王峰才认出说话的人正是他的高中同学贾征。贾征没考上大学,自己跑到南方去做生意,赚了些钱,如今回到上海注册公司当起了老板。今天正好陪着两位从香港来的生意伙伴一起来看音乐剧。这对生意伙伴是他交往多年的年长的夫妇。

此时,王峰和贾征彼此都既高兴又激动。贾征大声寒暄之后,才想起了王峰身边还站着一位女士,就问王峰身边的女士是谁。王峰这才想起向贾征介绍自己的妻子。待王峰介绍完毕,贾征高兴地走上去,给了王峰妻子一个拥抱礼。这时贾征想起了该向老同学介绍他的生意伙伴。大家相互介绍、握手、交换名片和简单的交谈后,就各自回到自己的座位上观看音乐剧了。

请问:上述场合中的见面礼仪有无不符合礼仪的地方。若有,请指出来,并指出正确的做法是什么?

[案例]

"你可以做到"——壳牌中国美境行动

一、项目背景

如果评选当今最热门的社会话题,环保无疑将跻身其间。荷兰壳牌集团是全球最大的企业之一,也是全世界最大的能源公司之一。壳牌以"做负责任的企业公民"为目标,在其有业务活动的各个国家广泛发起并参与各种类型的社会公益活动，称为社会投资。壳牌(中国)公司也秉承集团宗旨，积极从事社会投资，并选择了环保、道路安全与教育作为三大主题。

二、项目调查

壳牌以寻找潜在合作伙伴和目标受众为主线，进行了广泛的调查分析，从中发现了一些十分有价值的线索。

三、项目策划

(一)公关目标

①在中小学生中宣传环保的迫切性；

②通过亲身参与，增强中小学生的动手能力，建立“我能够做到”的信心，变环保意识为环保行动；

③以孩子影响家长、教师以至更广泛的大众，倡导“人人动手搞环保”的理念；

④树立壳牌作为一个负责任的企业公民的形象，增强社区亲和力。

(二)公关策略

①结合环保与教育，动脑与动手，由学生自己设计环保方案，经评选获奖的方案可以获得壳牌3 000元的资金支持，由设计方案的学生自己动手实施。

②选择最佳合作伙伴，最大限度地调动各方面的资源。

③强调动手，在评奖中就考虑方案的可实施性，而所有获奖方案都必须提交实施情况报告。

④将活动的启动时间设定在“六一”儿童节至6月5日“世界环境日”前后。

⑤充分利用媒介扩大活动的影响，传达“你也能做到”的信息。

⑥最大限度地利用活动成果。

四、项目实施

①1998年初与京、沪、穗三地教委和“自然之友”协会就组织“美境行动”达成一致，确定行动目标、方案、费用、各方权利与责任等；

②1998年第一季度准备海报等物资，拟订评奖方案，通过教委将活动通知下发至各个中小学；

③1998年6月初在三地同时举行启动仪式；

④在各个中小学张贴海报，鼓励广大学生参与；

⑤参加“美境行动”的各个中小学进行不定期的访问，了解活动进程，解决实际问题；

⑥1998年9月开始收集环保方案，组织各方专家进行评奖；

⑦1998年11月为获奖方案发奖，获奖师生开始实施其方案；

⑧1999年初收集实施报告，汇编成册。

五、项目评估

京、沪、穗三地共有20 000余名中小学生参与了“壳牌美境行动”,提交环保方案1 000余个。20 000个孩子的参与还意味着20 000个家庭的参与。“美境行动”得到了众多媒体的关注,《人民日报》《中国青年报》《新民晚报》《文汇报》《北京青年报》等都对此进行了专题报道。再加上成果展览、网上宣传和小台历,可以说,“美境行动”影响了几十万甚至更多的人。

[案例评述]

一是参与到世界主流话题中来,塑造和提升企业形象;二是化解自身可能遇到的环保危机,重建目标公众的信任。它的成功之处主要有以下几点:

其一,将企业理念、公关目标落实到实际行动之中,使企业和公众达到认知和谐与行动统一,摆脱了许多项目只运用传播、宣传等手段的窠臼。

其二,达到了社会主题、公众主题和企业主题的有机融合,实现了短期和长期、立竿见影与潜移默化效果的统一。壳牌(中国)公司敏锐地抓住了社会各方对环保问题的重视,主动与教育部门合作,强调环保要“从娃娃抓起”,追求“百年育人”之效。这样的公关策略和手段,既体现出企业对于社会现实问题的强烈责任感,又表明了企业对社会可持续发展的深层关注,体现了公共关系“以长远为方针”的基本特征。

其三,有效整合各种公关策略,多角度、全方位实施公关策略。壳牌(中国)公司在这次环保公关中,开展了一系列围绕环保主题、生动活泼、影响深远的公关活动,与政府教育部门、环保部门、媒体、中小学生和其他目标公众进行了充分、有效的沟通,形成了环保公关的社会合力。这种对公关战略的整体把握和具体策略的综合使用,对公关“成本—收益”最大化的良性追求,值得业界学习和借鉴。

[案例]

广州大厦首创公务酒店品牌形象

一、项目背景

广州大厦的前身是广州市人民政府的接待基地——榕园大厦。为了适应改革中的广州市政府对接待基地的需求,广州市政府办公厅于1993年在榕园大厦的基础上按四星级标准建成了现在的广州大厦,并于1997年9月28日开业。

广州大厦起步之初聘请酒店管理公司管理,管理公司将大厦定位为商务酒店,拟仿照商务酒店的经营管理模式打开市场。由于市场定位的不准确和经济大气候的影响,大厦的经营一直难以打开局面。1997年9月28日至1998年9月30日,经营利润只有4.3万元。广州大厦的经营陷入了困境,管理公司只好提前撤离,由广州市政府办公厅组建了以邝云弘女士为领导核心的新班子,接手大厦的管理。

新领导班子决定通过重新确立酒店定位，树立品牌形象来争取社会和顾客的支持。

二、项目调查

广州大厦新班子在做了大量的市场调查的基础上，对自身和市场的基本情况作了全面的分析：广州商务酒店星罗棋布，传统的招待所也为数甚多，广州大厦要想异军突起，必须寻找全新的市场定位；广州大厦拥有独特的酒店资源和接待资源，问题的关键在于需要重新整合这些资源。

在这样的认识下，一个全新的概念应运而生——创立全国首家公务酒店的品牌形象。这一全新的品牌形象拥有不同于商务酒店的独特优势：

①公务酒店可以打开一个独特的细分市场——公务酒店市场，对于公务消费者而言，公务酒店有更强的适应性，更具信任感、安全感。

②公务酒店有一整套完整的适应政务接待、公务活动和其他商务活动的设施、设备、人员和程序。

③公务酒店依靠政府，与政府职能部门关系密切，能为客人提供更多的政治、经济等方面的咨询和服务。

④公务酒店承担着政府对外联络的职能，它所发挥的“窗口”和“桥梁”作用，是商务酒店无法替代的。

三、项目策划

(一)公关目标

广州大厦确立以全国首家公务酒店为自己的品牌形象。这一形象的释义为：以公务客户、公务活动为主要目标市场，以规范化的酒店服务为基础，以鲜明的公务接待为特色的酒店。

(二)公关策略

①密切联系目标公众，创造良好的人际传播渠道；

②全面强化面向政府的公共关系，拓展公务市场；

③在服务中传播，在传播中营销。

四、项目实施

(一)发挥自身优势，重塑品牌形象

其一，为公务酒店的品牌树立健康的形象。

其二，为公务酒店的品牌注入亲和力。

其三，广州大厦还将公务酒店的品牌形象建设融入企业文化之中，提倡从个人形象做起，携手共塑品牌形象。

(二)强化自身品质，提升品牌形象

全面实施大厦由商务酒店向公务酒店转型的策略。这一转型主要包括两个方面：

其一,调整大厦管理机制。

其二,强化员工培训。

(三)利用多元渠道,传播品牌形象

在总体的形象策略确定后,广州大厦推出了一系列的传播活动:

其一,选取曾经是广州市市花并被人们誉为英雄花的红棉花作为大厦的形象标志,还选取绿色作为企业形象识别色彩,旨在推行绿色管理,普及环保意识。

其二,广州大厦的宣传活动先从内部做起,强化企业形象。

其三,有针对性地选择公众媒体宣传企业形象,在广州地铁沿线投放了以"我在广州有个家"为主题的企业形象广告;还在广九直通车站出口处最醒目的位置上设立了大幅的灯箱广告。

其四,在具有权威性的《人民日报》以及相关杂志,如《接待与交际》上,刊载由记者采写的关于大厦新品牌形象策略的系列报道。

其五,创办《广州大厦人》报,对内作为企业文化建设的载体之一,积极引导全体员工树立正确的价值观,增强团队意识;对外作为与目标公众沟通交流的渠道,传播企业信息,强化品牌形象。

(四)参与公务活动,强化品牌形象

广州大厦定位为公务酒店,这就决定了大厦必须主动参与各类公务活动,同时强化与政府部门的长期沟通和合作。

其一,必须创造出一套适合公务活动的服务模式,并为公务活动营造最佳的环境,创造最佳的气氛,把大厦的"舞台"变成公务活动的"舞台",让公务客人乐于到大厦来组织各项活动。

其二,要把公务活动当做大厦自己的活动来组织。

其三,要把公务活动当做大厦的公关活动来运作。

其四,争取大型公务活动、外事接待是广州大厦营销中的一个重大策略。

(五)像接待市长一样,接待每一个人

在大厦推行"顾客完全满意"的概念,像接待政务、公务活动一样接待好每一项商务活动,像接待市长一样接待好每一位客人,努力提升公务酒店品牌形象。

其一,广州大厦采取了一整套与目标公众联系的措施。

其二,广州大厦专门建立了重点客人的生活习惯档案,为这些客人提供符合其所需的、个性化、人情化的服务。

其三,广州大厦还设置了专门的机构,组织专人调查研究顾客心理与需求,进而制定出相应的服务措施,力求使大厦的服务令每一位客人满意。

其四,广州大厦根据新一代公务员的年龄、层次、工作方式等方面的变化和需要,提供上网、手提电脑以及公务咨询等系列服务,为公务员在大厦构造了临时的办公室,方便了公务所需。

五、项目评估

(一)首创公务酒店,实现品牌更新

(二)在短期内迅速提升了大厦知名度

(三)获得了良好的经济效益

推行公务酒店品牌形象以来,由于形象突出,营销策略得当,广州大厦在完成各项接待任务的同时,经济效益大幅攀升。1999年营业利润达2 065万元,与1998年相比,增长了513%,创造了良好的经济效益。

(四)缔结了良好的公众关系

[案例评述]

广州大厦案例无疑是一个以品牌传播促营销的成功个案,主要依靠的是酒店的品牌运营和整合营销,而公共关系手段的运用成为了其中的关键环节。从"商务酒店"到"公务酒店"是广州大厦经营定位上的转变,同时由于"公务酒店"的定位在广州市内尚属新鲜,因此这一定位本身就蕴涵着显在的品牌价值。既然是"公务酒店",那么政府公众在广州大厦的公共关系活动中就处于了中心地位。对于广州大厦来说,不仅要从一般组织公共关系的角度来处理好与政府的关系,保证组织经营与发展的外在环境,更重要的是政府公众同时也成为了实现营销目标的目标公众。

案例中令人遗憾的是主题宣传口号"我在广州有个家"与公务酒店的形象似乎不甚协调。

[案例]

奇瑞QQ的市场公关策略

一、项目背景

微型客车曾在20世纪90年代初持续高速增长,但自90年代中期以来,各大城市纷纷取消"面的",限制微型客车,这类车型至今仍在行驶区域等方面受限。同时,由于各大城市在安全环保方面的要求不断提高,成本的抬升使微型客车的价格优势越来越小,因此各微型客车厂家已经把主要精力转向轿车生产,微型客车产量的增幅迅速下降。

在这种情况下,奇瑞汽车公司经过认真的市场调查,精心选择微型轿车打入市场。奇瑞的新产品不同于一般的微型客车,是微型客车的尺寸,轿车的配置。

二、项目调查

奇瑞经过缜密的市场调查发现:

①在中国,轿车已越来越多地进入大众家庭,但由于地区经济发展的不平衡和

人们收入水平的差距,公众对汽车的需求逐步细分。因此,对消费者心态和需求的准确把握至关重要。

②在汽车市场上,微型车的品牌形象一向是低端产品的代名词。因此,如何突破低端形象,成为特定消费群体的主流话题,是产品公关的一个核心问题。

③在汽车市场竞争异常激烈的情况下,创新是打开市场的重要出路。对汽车产品而言,创新包含两个层次,一是形式创新,二是功能创新,最优方案是两者的结合。因此,奇瑞如果将微型轿车的外形与主流车的高档配置相结合,就有机会赢得特定的细分市场。

三、项目策划

(一)公关目标

凭借奇瑞的品牌战略和市场细分战略,打开微型车产品市场。

(二)目标公众

奇瑞 QQ 将目标客户定位为:收入并不高,但有知识、有品位的年轻人,同时也兼顾有一定事业基础,心态年轻、追求时尚的中年人。

QQ 的目标客户群体对新生事物感兴趣,富有想象力、张扬个性、思维活跃、追求时尚。虽然由于资金的原因他们比较实际,对品牌的忠诚度较低,但是对汽车的性价比、外观和配置十分关注,是容易互相影响的消费群体。奇瑞把 QQ 定位于"年轻人的第一辆车",从使用性能和价格比上满足他们通过驾驶 QQ 所实现的工作、娱乐、休闲、社交的需求。

(三)公关策略

1. 品牌策略

在产品名称方面:"QQ"在网络语言中有"我找到你"之意,充满时代的张力与亲和力,同时简洁明快,朗朗上口,富有冲击力。

在品牌个性方面:QQ 被赋予了"时尚、价值、自我"的品牌个性,将消费群体的心理情感注入品牌内涵。

2. 上市策略

"QQ"作为一个崭新的品牌,在进行完市场细分与品牌定位后,制定了以大型互动活动为主线的立体化的整合营销传播策略。

与此同时,各种活动"点""面"结合:借助新闻发布会和传媒的评选活动,形成全国市场的互动。在所有的公关活动中,都让目标消费群体参与进来,在体验中将品牌潜移默化地融入消费群体的内心,与消费者产生情感共鸣。

四、项目实施

(一)上市前的公关活动

这一阶段的公关活动,目的是引起消费者注意,调动消费者热情。

2003年4月初，奇瑞公司开始对QQ的上市进行预热。在这个阶段，通过软性宣传，传播奇瑞公司的新产品信息，引发媒体对QQ的关注。

2003年4月中下旬，蜚声海内外的上海国际车展开幕。公司通过媒体，告知奇瑞QQ将亮相于上海国际车展，与消费者见面，引起消费者进一步的关注。

2003年5月，让消费者给出自己心目中理想的价格预期。网上的竞猜活动，有20多万人参与。当时普遍认为QQ的价格应该在6～9万元。

2003年5月底，奇瑞QQ的价格揭晓了，为4.98万元，比消费者期望的价格更吸引人。

此时奇瑞公司宣布：QQ是该公司独立开发的一款微型轿车，因此，消费者在购车时不必多支付技术转让费用。

(二)销售中的公关活动

2003年6月初，消费者对奇瑞QQ的购买欲望已经形成，媒体对奇瑞QQ的高度关注已经形成，奇瑞QQ自身的产销体系也已经形成，开始在全国同时供货。奇瑞一边大批量供货，一边借助平面媒体，大面积刊出定位诉求广告。除了广告，奇瑞同时邀请了专业汽车杂志组织专门人才进行实车试驾，对QQ的品质进行更深入的报道。

2003年7—9月，奇瑞QQ开始进入热卖阶段。这一阶段的重点是持续不断刊登产品诉求广告，推出“奇瑞QQ网络flash设计大赛”。

2003年10月，公司针对已经购车的消费者开展了“奇瑞QQ冬季暖心服务大行动”，为已经购车的用户提供全方位检修服务，不断提高消费者对QQ产品的认同度，以及对奇瑞品牌的忠诚度。

2003年11月下旬，组织开展了“QQ秀个性装饰大赛”。“奇瑞QQ”已逐渐成为年轻一代时尚生活理念新的代言者。

(三)成功后的品牌延伸

2004年3月7日，0.8 L的奇瑞QQ以3.98万元的价格在杭州上市。

此外，奇瑞QQ 1.1 L全配置炫酷版也同时推出。

五、项目评估

①奇瑞QQ上市6个月销售2.8万多辆，创造了国内单牌微型轿车的销售记录。

②媒体传播效果良好，有效地向目标公众传达了奇瑞QQ定位的品牌定位：年轻人的第一辆车。

③一系列成功的公关活动为奇瑞QQ的销售起到了推波助澜的作用，提升了QQ产品的知名度，增强了公众的品牌忠实度。

④注重品牌延伸，给市场一个持续发展的契机，实现了品牌资源的最优配置和

最大效益。

[案例评述]

汽车市场的竞争异常残酷。为在竞争中站稳脚跟,汽车厂家纷纷在产品推广和品牌塑造上大做文章。成为时尚汽车的代言人。这与奇瑞 QQ 在产品研发、品牌创立和市场推广等几个关键阶段屡出公关高招是密不可分的:

一是研发阶段的准确定位。奇瑞 QQ 通过充分的市场调研,对微型客车、微型轿车市场进行了深入了解,由此找到了可供开发的市场空间。奇瑞将 QQ 准确地定位为"年轻人的第一辆车",填补了市场空缺,引领了时尚生活。

二是上市前期的巧妙造势。奇瑞利用媒体和消费者对新上市产品各种指标的关注,充分造势,吊足胃口,形成了媒体和消费者强烈的心理期待。值得注意的是,奇瑞的造势活动,是建立在产品自身新元素和亮点的基础之上的。

三是上市与推广期的步步推进。在这个时期,奇瑞 QQ 借助试驾活动、车饰大赛、暖心服务及理念推广等一系列活动,对目标消费者进行引导,形成观念冲击。

四是品牌延伸期的新款战略。奇瑞 QQ 在占有一定的市场保有量、品牌形象得以树立后,充分开发产品的时尚因素,为品牌延伸创造契机,推出了部分新款产品。新款产品的推出,一方面为企业创造了新财富,一方面提升了奇瑞 QQ 的品牌价值。

[案例]

难忘的"中萃之夜"

——杭州中萃食品有限公司三周年庆典活动策划

一、调查与策划

策划一个成功的公关活动要考虑许多因素。杭州中萃食品有限公司的三周年庆典活动是这样策划的:

1. 创新

有新意的活动,有好的效果。在构思公司三周年庆典活动方案时,公关人员设计的大致构架是:以公司全体员工上街拜访公司的所有客户和广大消费者为开头,晚上在西湖上燃放烟火,感谢全体市民。为了使燃放烟火成为可能,先后设计了三套方案。

2. 时机

时机往往会影响活动的效果。时机选择得不好,活动就达不到预期的效果;如果抓住了适当的时机,活动就会显得有声势。中萃公司把活动时间定于 10 月 8 日。因为 10 月 8 日是公司的成立纪念日,如果把这个庆典活动办好了,既可以利用这个时机来提高员工的士气,树立公司的良好形象,又可以加深公众对公司及其产品的良好印象,他们会逐渐地把10月8日看成是一个特别的日子;同时,10月份又是可口可乐公司的全球拜访周,中萃公司把三周年庆典与客户拜访周结合起来,使公司的客户和广大消费者与自己分享欢乐,这是一个很好的感情融和手段。

3. 地点

室内活动的地点比较容易确定,比较困难的是确定室外活动地点。在确定室外活动地点的时候要考虑诸多方面的问题,如交通、安全、观赏、场内设施、人数与场内空间的比例、气象、通信、电力、照明等。对活动地点几经选择,最后确定在靠近西湖的一个公园内。这个公园地处风景区的繁华地带,可以吸引公众来观赏。

4. 内容

活动是手段,目的是让公众接受活动中所包含的意图。这样就要精心设计活动的内容,使活动既能充分体现设计意图,又容易让公众接受。中萃庆典活动的内容是这样设计的:

①10月8、9日两天,公司组成80多对拜访小组,分别拜访全市3 400家客户,征求他们的意见,感谢他们一年来对公司业务的大力支持;

②10月8日这天,派出四辆广告送货车,分别慰问全市的交警,感谢他们长期对公司的支持和为全市交通所作出的贡献;

③10月9日在全市20个点开展现场赠饮活动,并向广大消费者发放感谢信,以感谢广大消费者对公司的厚爱;

④10月9日晚,举办庆祝活动,进行员工卡拉OK比赛,并评出优秀员工家属,公司领导感谢广大员工和员工家属为公司发展所作出的努力。晚会结束,燃放烟火,与全市人民同乐。

5. 媒介

举办一个大型的活动一定要考虑到媒介的作用,通过媒介可以扩大活动的影响范围。利用媒介的关键是要为活动找到一个好的新闻由头,这就要求企业的公关人员在撰写新闻稿时,必须站在记者的角度观察问题,充分考虑稿件的新闻价值。中萃公司在3周年庆典活动中是这样抓好媒介工作的:

①找一个好的新闻由头:活动前刚好获得一个喜讯,公司的产品在1992年全国质量可靠饮料消费者评比中,获金杯奖第二名、碳酸饮料第一名。公关人员就以这个消息为新闻由头,马上写了新闻稿。10月6日当地的各大报纸都刊登了这一消息。

②充分利用广告:10月8日,在当地的主要报纸上刊登整版祝贺广告,以生动的语言表达了公司对广大消费者的感激与期盼,显示较为浓郁的文化品位。

③精心组织活动:10月8日那天,全体员工挂上写有“杭州中萃食品有限公司向全市广大消费者问好”字样的绶带,前去拜访客户和消费者。

④调动各种传播媒介：除了10月8日的报纸广告和在此之前的报纸新闻以外，中萃公司还约请当地的电台和电视台进行现场采访，把活动的内容和公司的成就宣传出去。当这些采访分别于10月8日中午和晚上的新闻节目中播出后，果然取得很好的宣传效果。

二、方案与实施

1. 感谢客户

①时间：10月8日—9日下午；

②参加部门：市外销售部、行政部、财务部、生产部、产品控制部组成2人一组，80对拜访队伍；

③拜访对象：市内3 400家客户；

④任务：感谢客户，收集意见，每组拜访45家客户；

⑤随身携带：绶带、感谢信、拜访登记表，送给A、B类客户的可口可乐古典画；

⑥拜访要求：

统一服装、佩戴绶带；生动热情、谦虚礼貌；衷心感谢、以情动人；倾听意见、认真记录；不做承诺、反馈消息。

2. 客户赠饮

①时间：10月9日下午13:30—15:30；

②赠饮地点：市内繁华地带20个现场点，每点4人，限赠800杯，赠完为止，赠饮总量9盎司16 000杯(40桶)。

3. 交警赠饮

①时间：10月8日9:00—15:30；

②地点：市内全部60个岗亭值班交警；

③总量：每人500 mL。二瓶，合计70箱。

4. 中萃之夜晚会

①时间：10月8日晚18:00—22:00；

②地点：阮公墩；

③内容：祝词、表扬模范家属、自助餐、卡拉OK赛、烟火；

④程序：

16:00—18:00 准备；

18:00 晚会开始，主持人：郑副总；

18:00—18:10 陈总讲话；

18:10—18:20 陈董事长讲话；

18:20—18:40 宣布模范家属名单并授奖；

18:40 自助餐开始；

19:00—20:30 卡拉 OK 比赛;

20:30—21:00 燃放烟火;

21:00—21:30 宣布卡拉 OK 获奖者并授奖;

21:30—22:00 员工离场。

三、费用预算

①感谢客户:

A 类客户 40 家画 80 元 ×40 =3 200 元

B 类客户 180 家画 40 元 ×180 =7 200 元

绶带和印刷品 4 000 元

小计:14 400 元

②客户赠饮:6 880 元

③交警赠饮:3 300 元

④定点赠饮和调查 13 160 元

⑤中萃之夜晚会 45 300 元

⑥报纸广告 34 000 元

⑦其他费用 3 000 元

合计:现金:107 960 元

实物:13 740 元

总计:121 700 元

四、活动评估

1. 对于政府

这次活动,中萃公司以慰问全市交警的方式来感谢社会各界和当地政府三年来对公司的大力支持,深受大家的欢迎。慰问队伍所到之处,交警们都说:"你们自己过节的时候还来慰问我们,真是感谢。"杭州市交警副支队长王国亮说:"交警的工作确实很辛苦,你们来慰问是对我们工作的支持,我代表全市交警向你们表示感谢。"事实上,对交警工作的支持也就是对市政府工作的支持。所以,当公司的慰问支队来到武林广场岗亭时,一位正在采访途中的记者得知这是中萃公司庆祝开业3 周年的特别行动时,他认为很有意义,立即拍了照,将照片登在第二天的报纸上。

晚上举行联欢会时,公司邀请了一些市政府领导和港台商界的朋友,他们一致认为这次活动是他们所参加过的庆典活动中印象最好的一次。

2. 对于消费者

消费者是"上帝"。感谢广大消费者三年来的厚爱是中萃公司这次活动的重要目的之一。全市 20 个点同时开展现场调机赠饮活动,同时还发送了《致全市消费者的感谢信》。消费者一边喝饮料,一边看着感谢信,自然倍感愉快。晚上的烟火晚会更是精彩。为了让更多的人一起分享这种欢庆的快乐,中萃公司在感谢信上标明了放烟火的地点和时间,又在杭州电视台上作了预告。由于杭州已有多年没放过烟火了,“中萃”此举确实热闹非凡。第二天《杭州日报》第一版上又刊登了放烟火场面的照片,这样议论的人就更多了。事后,又有许多单位打电话来询问中萃公司放烟火的情况,打算效仿。

3. 对于员工及其家属

人是企业的最大资源,企业的共同价值观需要获得员工的认同,企业的经营决策需要员工去执行。所以,重视人的因素是这次活动贯彻的主导思想。在员工联欢晚会上,公司发出了《致员工家属的一封信》,把所有的员工家属都邀请来一起参加联欢。公司对家属们表示感谢,使家属们感到自己也是公司的一分子。家属们对这次晚会都很满意,既增进对公司的了解,又感受到了大家庭的温暖。

杭州市副市长华丽珍女士说:“杭州中萃食品有限公司为繁荣杭州市的饮料市场,促进饮料工业的发展作出了积极的贡献。这是公司全体人员共同努力的结果。在短短的3年时间里取得了如此优异的成绩,我代表市政府向你们表示祝贺。希望大家继续努力,为推动杭州市的经济改革和建设事业作出更大贡献。”这番讲话极大地激励了员工的士气,使大家深深体会到了成功的喜悦。在这之后,员工的工作热情格外高涨,公司的各项工作也都上了一个新台阶。1992年度,杭州中萃公司获得了可口可乐公司颁发的中国区“最佳发展中国家装瓶厂奖”。这是企业管理、厂区卫生、产品质量、市场布置、消费者服务等诸方面的综合评比,评比范围包括在中国内地的13家厂和香港、台湾、澳门的装瓶厂,杭州中萃公司成为唯一获此殊荣的厂家。

[案例评述]

难忘的“中萃之夜”这一公关策划于1993年获“首届中国最佳公关案例大赛”金奖。利用企业举办周年纪念活动来提高企业知名度,强化公众对企业的印象,巩固企业形象,是目前许多企业的公关活动方式之一。杭州中萃食品有限公司之所以举办3周年庆典活动,其目的也在于此。在众多的企业庆典活动中,“中萃之夜”之所以能给人留下难忘的印象,有以下三点原因:

①尊重消费者,真正把顾客作为“上帝”。现在许多企业将“顾客就是上帝”的口号讲在嘴上,贴在墙上,但真正付诸行动的并不多见。“中萃”在3周年庆典活动中,则努力将“顾客就是上帝”的观念变成切切实实的行动,如举行别出心裁的拜访、赠饮等活动,向消费者发放感谢信等,以实际行动赢得消费者的好感。

②重视内部沟通,增强企业凝聚力。人是企业的最大资源,企业的共同价值观需要获得员工的认同,“中萃”在3周年庆典活动中,把所有员工家属都邀请来一起参加联欢,并向他们表示感谢。这既增进了家属对公司的了解,又使他们感受到大

家庭的温暖,从而增强了企业的凝聚力和向心力。

③关心公益事业,增强与社会各界的感情。在3周年庆典活动中,“中萃”通过向交警赠饮,举办烟火晚会与万民同乐等活动,沟通了中萃公司与社会各界的感情,赢得了社区公众的信赖和好感。

[案例]

销售额占北京小家电市场零售额总额38%、在同类产品中市场占有率达93%的亚都牌超声波加湿器,在各方面与北京大致相同的天津市场却遭到冷遇,三年总销售量仅400台。经过分析,北京亚都科技公司的领导们认为,天津人还并不十分了解“亚都”,而“亚都”也未深入了解天津市场,特别是市场的主体——消费者。

于是,“亚都”首先从广泛深入的调查入手:他们借阅了大量描述天津市民生活的通俗读物,以了解天津人的生活习惯;派人去天津各主要商场,了解天津的购物情况;请来天津的新闻记者,咨询天津读者或顾客的口味;请来天津商家有关人士,咨询天津的购物习惯;找来天津市发行量占前10位的报纸,比较它们的发行范围、广告价格、广告周期、广告风格等。然后,经过一次次讨论,最后终于形成了一个“亚都加湿器向天津市民有偿请教”的公关活动方案。

1991年11月15日和16日,在《天津日报》《今晚报》《广播电视报》的最显著的广告位置刊登“亚都有偿请教”广告:

尽管亚都加湿器的特殊功能满足了现代完美生活的新需求;

尽管亚都加湿器在与洋货竞争中市场占有率高达93%;

尽管亚都加湿器销售已突破小家电市场零售总额的38%;

尽管亚都加湿器的热销被商业部部长称为“亚都现象”,并引起国内各大新闻单位数十次重点报道;

总之,尽管亚都加湿器顺天时地利人和已成热销定势,但奇怪的是在天津的购销情况却不尽理想。

是天津市冬季室内气候不干燥吗?不,不是!

是天津市的老年人不懂得湿度对益寿延年的重要性吗?不,不是!

是天津市的女士不懂得湿度是美容驻颜的第一要素吗?不,不是!

是天津市的婴幼儿不需要更接近母体湿度的环境吗?不,不是!

面对上述困惑,国内规模最大、专业性更强的人工环境科研开发高科技机构——北京亚都人工环境科技公司在百思不得其解后,特决定向聪慧的天津公众虚心请教,请热情的天津市民为北京高科技企业指点迷津。

来函赐教,或宏论、或短论,均请注明详细通信地址,亚都人将以礼相送。

在连续两天刊登上述广告以后,11月17日,星期日。40名经过专项培训的

“亚都”公共人员，拂晓自北京出发，一大早，出现在天津商场、百货大楼、国际商场、劝业场的大商场内。他们统一着装，身披绶带，向顾客散发“有偿请教”的各类宣传品，回答人们关于“人工环境”“湿度与健康”等方面的疑问。连续四个星期日，共散发出宣传品14万件，直接接触了60万人次天津市场的顾客。

以上举措一下子使“亚都”成为了天津人议论的话题。从11月16日至26日10天里，1 200多封天津消费者的来信，寄到了“亚都”，他们在信中提出各种建设性意见4 000余条。

12月3日，“亚都”向1 200多名来信的消费者回复“感谢函”，随函寄出“感恩卡”，凭卡可以特价购买“亚都”加湿器1台。

12月6日，在天津《今晚报》上刊出半版广告，1 200多位来信的天津市民的名字，以姓氏为序，逐一见诸报端。

12月8日，“亚都”全体科研技术人员抵达天津，在国际商场举办公开答谢活动。

最后统计表明：1991年11月15日至1992年1月15日两个月内，“亚都”超声波加湿器在天津市场的销量达4 000台，相当于过去3年的销量总和的10倍！

参考文献

[1] 李道平. 公共关系学[M]. 北京:经济科学出版社,2003.
[2] 魏翠芬,王连廷. 公共关系理论与实务[M]. 北京:清华大学出版社,北京交通大学出版社,2007.
[3] 樊泳雪. 公共关系学概论[M]. 成都:四川大学出版社,2006.
[4] 严成根,王学武. 公共关系学[M]. 北京:清华大学出版社,北京交通大学出版社,2006.
[5] 曾湘宜. 公共关系基础[M]. 北京:北京工业大学出版社,2006.
[6] 郑小兰. 公共关系理论与实务[M]. 北京:立信会计出版社,2006.
[7] 汪贤武. 公共关系原理与实务[M]. 北京:人民出版社,2005.
[8] 朱同丹,李尚敏,骆兰,等. 公共关系原理与实务[M]. 重庆:重庆大学出版社,2000.
[9] 郭文臣. 公共关系管理[M]. 大连:大连理工大学出版社,2005.
[10] 付晓蓉. 公共关系学[M]. 成都:西南财经大学出版社,2004.
[11] 金实青,来惠民. 公共关系学[M]. 北京:北京工业大学出版社,2004.
[12] 陈恢忠,郭小林. 公共关系学教程[M]. 武汉:华中科技大学出版社,2003.
[13] 李道魁. 公共关系教程[M]. 成都:西南财经大学出版社,2003.
[14] 刘用卿. 公共关系学[M]. 重庆:重庆大学出版社,2003.
[15] 梁敬贤. 公共关系[M]. 北京:机械工业出版社,2002.
[16] 周晓华. 公共关系学[M]. 北京:学苑出版社,2002.
[17] 姚建平,胡立和. 实用公共关系[M]. 重庆:重庆大学出版社,2002.
[18] 马小红. 企业公共关系教程[M]. 北京:北京出版社,2004.
[19] 谢玉华. 公共关系教程[M]. 长沙:湖南大学出版社,2004.
[20] 崔景茂. 公共关系教程[M]. 北京:北京大学出版社,2005.
[21] 沈国玲,武霞. 公共关系学导引[M]. 上海:同济大学出版社,2004.

[22] 江林.21 世纪企业公共关系构筑[M].北京:中国物资出版社,2002.
[23] 蒋楠.公共关系四步工作法[M].北京:中国工商出版社,2004.
[24] 王培民.公共关系[M].北京:中国科学技术出版社,2003.
[25] 朱国定.公共关系学[M].北京:立信会计出版社,2003.
[26] 熊卫平.公共关系学[M].北京:航空工业出版社,2003.
[27] 范振杰.公共关系策划谋略[M].北京:高等教育出版社,2000.
[28] 于中涛,景庆虹.公共关系学[M].北京:中国农业大学出版社,2004.
[29] 肖贝婴,胡春香,扬帆.现代公共关系学新编[M].北京:北京工业大学出版社,2003.
[30] 汪秀英.公共关系理论与实务[M].兰州:甘肃人民出版社,2002.
[31] 居延安.公共关系学[M].上海:复旦大学出版社,2005.
[32] 侯平.公共关系学[M].北京:中国社会出版社,2004.
[33] 阮可.公共关系理论与实务[M].北京:北京工业大学出版社,2001.
[34] 邱伟光.公共关系礼仪文化[M].北京:高等教育出版社,2002.
[35] 徐美恒.公共关系管理学[M].北京:中国人民公安大学出版社,2005.
[36] 谢俊贵.公共关系学[M].北京:工商出版社,2002.
[37] 孙宝水.公共关系学[M].北京:高等教育出版社,2002.
[38] 王全权.公共关系学实用教程[M].北京:中国林业出版社,2001.